안동독립운동 인물사전

안동독립운동 인물사전

초판 인쇄 2010년 12월 28일
초판 발행 2011년 1월 3일

기   획 | 안동독립운동기념관
저   자 | 김희곤
발행인 | 윤관백
펴낸곳 | 선인

편   집 | 이경남 · 김민희 · 하초롱 · 소성순 · 주명규
표   지 | 김현진
영   업 | 이주하

인   쇄 | 한성인쇄
제   본 | 광신제책

등록 | 제5-77호(1998.11.4)
주소 | 서울시 마포구 마포동 324-1 곳마루 B/D 1층
전화 | 02)718-6252 / 6257   팩스 | 02)718-6253
E-mail | sunin72@chol.com
Homepage | www.suninbook.com

정가 35,000원
ISBN 978-89-5933-420-9 93900

· 잘못된 책은 바꿔 드립니다.

안동독립운동기념관 학술총서 ②

안동독립운동 인물사전

김 희 곤

책을 펴내며

　안동에서 독립운동에 대한 이야기가 본격적으로 펼쳐지기 시작한 지 20년이 되었다. 희미한 그림자 찾기에서 비롯된 발걸음이 어느새 많은 시민들의 입을 오르내리게 되고, 온 나라에 그 소문이 퍼져가고 있을 정도가 되었다. 그러는 사이에 독립운동사에 등장하는 사람들을 쉽게 찾아볼 수 있는 사전을 만들자는 주문도 나왔다. 10년 전에 펴낸 『안동독립운동가 700인』은 그에 대한 답변이었다.
　그 뒤로 독립운동사에 대한 추적과 연구가 진행되면서 새로운 인물들을 많이 발굴하게 되었다. 독립유공자로 포상된 안동사람이 이미 330명을 넘고, 포상되지 못한 인물도 700명을 헤아릴 정도다. 이를 보태고 드러내는 일이야말로 마땅히 뒤를 따라야 한다. 추가할 내용도 많지만, 더러 틀린 내용도 보였다. 한자 이름이 족보와 호적이 다른 경우도 많고, 그래서 독립유공자로 포상된 경우에도 이름이 엇갈리는 분도 있을 정도이니 오류가 있을 수밖에 없다. 생몰연대 기록은 가장 엇갈리는 부분이다. 안동독립운동기념관이 문을 열면서 웹사이트를 통해 인물검색란을 올려놓았더니, 수정해 달라고 주문하는 후손도 더러 있었다. 정말 고마운 말씀이었다.

　이제 새로 사전을 펴낸다. 먼저 혼란을 막기 위해 중요한 사실을 밝혀둔다. 이 사전에는 독립운동사 속에 드러나는 인물 대부분을 포함시켰다. 독립유공자로 포상된 인물은 더 말할 나위가 없고, 앞으로 포상될 가능성이 있는 분도 담았다. 또 독립운동이라고 평가하기 어려운 경계선에 있는 인물도 앞으로의 추적과 연구를 위해 포함시켰다. 1910년대 구국계몽운동에 몸담은 인물들이 대표적이다. 또 독립운동에 나섰다가 뒷날 일제 통치기관에 발을 디딘 인물도 극소수 있지만, 이들도 넣었다. 다만 친일파인명사전에 등재된 인물은 제외시켰다. 사실 안동출신으로 그 사전에 등재된 인물은 아주 적은 편이다.

　줄여서 말하자면, 이 책은 독립운동사에 등장하는 안동사람들을 간추린 사전이다. 한 지역의 독립운동사를 연구하면서 인물사전을 펴낼 수 있게 된 데에는 많은 사람들의 땀이 필요했다. 안동독립운동기념관의 강윤정 학예연구실장을 비롯하여 한준호·김지훈 연구원과 김주현·최미정 해설사의 공력이 없었다면, 이 작업은 결코 이루어질 수 없었다. 이들의 노력을 특별히 가슴에 새겨두고 싶다. 끝으로 도서출판 선인의 윤관백 사장님의 협조와 편집부 여러분의 노고에 감사드린다.

대한민국 92년(2010)
안동독립운동기념관에서
김희곤

차례

책을 펴내며 / 5
일러두기 / 8

ㄱ	9
ㄴ	191
ㄹ	195
ㅁ	251
ㅂ	255
ㅅ	273
ㅇ	291
ㅈ	415
ㅊ	431
ㅌ	435
ㅎ	437

부록 / 445

일러두기

1. 인명의 순서는 가나다순이다.

2. 인명은 한글로 쓰고, 한자는 괄호 속에 넣었다. 본명·가명·별명 가운데, 가장 널리 알려진 이름을 쓰고, 그 외에는 이명으로 적었다.

3. 생몰연대는 서기로 표시하되 년·월·일을 모두 기재하였다. 다만 생몰연도는 독립유공자공훈록이나 족보 등 자료마다 차이가 있음을 밝혀둔다.

4. 출신지는 당시의 행정구역 명칭을, 괄호 속에 현재 행정명을 적었다.

5. 참고문헌은 기초사료와 연구서 가운데 대표적인 것만 적었다.

ㄱ

갈정호(葛正虎)

(조선회복연구단) 출신지는 안동(安東) 동부동(東部洞). 갈정호는 안동농림학교(安東農林學校) 8회생이다. 그는 황해도 겸이포(兼二浦)에 있으면서 조선회복연구단(朝鮮回復研究團)의 이승태(李承台)와 지속적인 연락을 주고받았다. 또 이준택(李準澤)과도 수차례 편지를 주고받았다. 그러다 그는 서신이 검열에 걸려 1945년 겸이포에서 체포되었다.

■ 『황병기회고록』;『안동판독립사』;『안동사학』12집

강건(姜建, 1895~?)

(풍산소작인회) 출신지는 풍산면(豊山面) 하리동(下里洞: 현 풍산읍 하리). 1923년 결성된 안동지방 농민운동의 핵심체인 풍산소작인회(豊山小作人會)에 참여하였다. 풍산소작인회는 1924년부터 소작료 인하운동을 전개하였는데, 소작농민들의 요구가 집단적인 쟁의로 발전하자, 지주와 일본인이 풍서농무회(豊西農務會)를 결성하고 소작투쟁을 탄압하기 시작했다. 이때 투쟁을 벌이던 강건은 1924년 7월 10일과 11일 이용만(李用萬)을 비롯한 동지 12명과 함께 업무방해죄로 경찰서에 구금되고, 벌금 30원의 형을 언도받았다.

■ 『동아일보』1924.8.13, 10.9, 10.19

강낙원

강낙원(姜洛遠, 1882.1.1~1960.4.20)

(예안면 삼일운동) 본관은 진주(晋州). 출신지는 북후면(北後面) 장기동(場基洞: 현 북후면 장기리) 강낙원은 녹전면(祿轉面) 서삼동(西三洞)의 동장으로 재직하던 중 1919년 3월 17일에 일어난 예안면 1차 시위에 참여하였다. 이 활동으로 체포된 그는 1919년 4월 16일 대구지방법원 안동지청에서 징역 10월형을 언도받고, 항소하였으나 5월 6일 대구복심법원에서 기각되어 복역하였다. 1992년 건국포장.

■ 「신원카드」;「판결문」(1919.5.6, 대구복심법원); 『독립운동사자료집』 5집

강대극

강대극(姜大極, 1897.6.6~1959.6.5)

(안동면 삼일운동) 본관은 진주(晋州). 이명은 강석희(姜晳熙). 자는 치명(致明). 호는 송고(松皐). 출신지는 북후면(北後面) 옹천리(甕泉里) 545번지. 1917년 도쿄세이소쿠영어전문학교[東京正則英語專門學校]에 재학 중 동경 2·8선언에 참가하였다. 1919년 2월 16일 귀국하여 안동면 만세시위를 계획·추진하다가, 시위 하루 전날인 3월 12일에 예비검속을 당해 체포되었다. 1919년 3월 31일 대구지방법원 안동지청에서 징역 2년형을 언도받고 항소하여, 1919년 4월 17일 대구복심법원에서 징역 2년, 집행유예 3년형을 언도받았다. 묘는 녹전면(祿轉面) 사천리(沙川里) 앞산에 있다.

■ 「판결문」(1919.4.17, 대구복심법원); 『독립운동사자료집』 5집

강순원(姜淳遠)

(조선회복연구단) 출신지는 북후면(北後面) 옹천(甕川). 강순원은 안동농림학교(安東農林學校) 9회생으로 조선회복연구단(朝鮮回復研究團) 조직에 참여하였다. 그리고 그는 1945년 3월 체포되어 옥고를 치르다, 광복과 더불어 1945년 8월 16일 대구지방검찰청 안동지청에서 기소유예로 풀려났다.

■ 「형사사건부」(1945.3.14) ; 『안동판독립사』 ; 『안동사학』 12집

강인수(姜寅秀, 1869.5.8~1932.10.27)

(북로군정서·신민부·한족연합회) 본관은 진주(晋州). 자는 은수(殷叟). 호는 백서(白棲)·산미(山薇). 출신지는 충남 천안으로 1924년 북후면(北後面) 옹천리(甕泉里)로 옮겨와 살았다. 강인수는 1905년 을사조약(乙巳條約)이 강제로 체결되자, 서울에서 동우회(同友會)를 조직하고 국권회복운동을 전개하였다. 그러던 중 1907년 헤이그밀사 파견에 연루되어 일본경찰로부터 수배를 받게 되자, 그는 블라디보스토크로 피신하여 항일투쟁을 계속하였다.

강인수

이후 1916년에 만주로 이동한 강인수는 1920년 북로군정서(北路軍政署) 김좌진(金佐鎭) 휘하에서 청산리전투(靑山里戰鬪)에 참가하였다. 그리고 1925년 만주 영안현(寧安縣)에서 신민부(新民府)가 조직되자, 강인수는 여기에 참여하여 검사원(檢査院)의 검사원(檢査員)으로 선임되어, 지방조직과 독립군의 편성 및 훈련에 주력하였다.

1929년 그는 만주지역 독립운동단체를 통합한 한족연합회

(韓族聯合會)가 결성되자 여기에 참여하였다. 하지만 1930년 만주지역에서 일제의 탄압이 심해지면서, 그는 하얼빈 접경지인 산시역(山市驛)에 은신하다가, 1932년 10월 병으로 사망하였다. 1982년 건국포장, 1990년 건국훈장 애국장.

- 「제적등본」;「백서진주강씨행장」;『독립신문』1925.5.5 ; 『한국독립운동사』4권 ;『독립운동사』5권 ; 『독립운동사자료집』10집

강일원

강일원(姜一遠, 1923.5.14~2006.11.12)

(조선회복연구단) 본관은 진주(晉州). 자는 윤집(允執). 호는 가헌(稼軒). 출신지는 북후면(北後面) 물한동(勿閑洞: 현 북후면 물한리) 310번지. 강일원은 1944년 결성된 안동농림학교(安東農林學校) 조선회복연구단(朝鮮回復研究團)에 가입하여 활동하였다. 그는 1945년 3월 10일 체포되어 옥고를 치르다가, 광복과 더불어 1945년 8월 16일 대구지방검찰청 안동지청에서 기소유예로 풀려났다. 1996년 대통령표창.

- 『안동농림학생항일약전』;「형사사건부」(1945.3.14)

강재식(康在植, 1905~)

(사회운동) 이명은 강점성(康點成). 출신지는 풍서면(豊西面) 도양동(道陽洞) 332번지. 강재식은 1931년 4월 소련 공산대학에서 수학하였다. 그리고 그는 1934년 소련정부의 밀명을 받아 다시 국내로 돌아오려고 하였다.

- 『국외용의조선인명부』

강재천(姜在天)

(후기의병) 본관은 진주(晋州). 호는 송석(松石). 강재천은 군인출신 의병장으로 대한제국의 육군 호위영관(護衛領官)이었다. 1907년 8월 1일 일제에 의해 군대가 강제로 해산되자, 그는 호남지방으로 내려가서 의병을 일으켰다. 이후 전라남도 장성(長城)을 무대로 하여 300여 명의 의병을 이끌고 일본군과 교전하는 등 활발한 의병항쟁을 전개하였다. 1919년 3·1운동 이후, 강재천은 만주로 망명하여 항일투쟁을 펼치다가 일본경찰에 체포되어 감옥에서 순국하였다. 1991년 건국훈장 애국장.

- 『전남폭도사』; 『독립운동사』 1권; 『한국독립운동사』; 『한국독립사』 하권

강정만(姜正萬, 1889~?)

(광복회) 강정만은 광복회(光復會)에 가담하여 군자금 모집 활동을 전개하였다. 그가 가입한 광복회는 1915년 7월에 결성된 단체로서, 1913년 채기중(蔡基中)을 중심으로 한 의병계열 인사들이 경상북도 풍기(豊基)에서 결성한 비밀결사단체인 풍기광복단(豊基光復團)과 1915년 음력 정월 대구에서 결성된 조선국권회복단(朝鮮國權回復團) 일부가 결합하여 이루어진 단체이다. 그는 여기에 가입하여 군자금 모집 활동을 전개하던 중 1918년 일본경찰에 체포되었다.

- 『박상진자료집』

강진수(姜盡秀)

(후기의병) 강진수는 1908년 안동과 인근지역에서 의병항쟁을 펼쳤다.

■ 『한국독립운동사』 자료 10

강하형(姜夏馨)

(교남교육회・교육구국운동) 강하형은 1908년 3월 15일 재경 영남인사들이 창립한 교남교육회(嶠南敎育會)에 참여하여 본회 임원으로서 교육구국운동을 펼쳤다.

■ 『교남교육회잡지(회원명부)』

강해평(姜海平)

(금계사숙 설립・교육구국운동) 본관은 진주(晉州). 1912년 풍남면(豊南面) 금계동(錦溪洞: 현 풍천면 금계리)에 사립학교인 금계사숙(錦溪私塾)을 설립하고 교사로 활동하였다.

■ 『안동 사람들의 항일투쟁』

강혜전(姜惠典・慧典)

(지방학림 교사・교육구국운동・안동불교청년회) 본관은 진주(晉州). 강혜전은 안동면 내에 설립된 지방학림(地方學林)에서 교사로 활동하였다. 이후 그는 1920년 8월 22일 법룡사(法龍寺)에서 창립된 안동불교청년회(安東佛敎靑年會)에 참여하였고, 창립총회 때 체육부장으로 선출되었다.

■ 『안동 사람들의 항일투쟁』; 『동아일보』 1920.8.31

강황(姜璜)

(전기의병) 강황은 1895년 12월(음력) 결성된 안동의진에서 도서기(都書記)로 참여하였다.

■ 「안동의소파록」

고제하(高濟夏, 1927.2.20~1950.9.20)

(조선회복연구단) 출신지는 안동면(安東面) 동부동(東部洞: 현 안동시 동부동) 14번지. 고제하는 안동농림학교(安東農林學校) 임과(林科) 8회생으로서, 재학 시 조선회복연구단(朝鮮回復研究團)에 가입하여 활동하였다. 그는 1945년 3월 10일 체포되어 옥고를 치르다가, 광복과 더불어 1945년 8월 16일 대구지방검찰청 안동지청에서 기소유예로 풀려났다. 2006년 대통령표창.

■ 『안동농림학생항일약전』; 「형사사건부」(1945.3.14)

권계홍(權桂洪, 1871.4.9~1945.2.24)

(후기의병) 본관은 안동(安東). 이명은 권계홍(權桂弘). 자는 계승(繼承). 호는 해암(海岩). 출신지는 임동면(臨東面) 대곡동(大谷洞: 현 임동면 대곡1리) 해천마을. 권계홍은 안동·영양·봉화 등지를 무대로 활약한 박인화(朴仁和, 일명 박처사) 의진에서 활동하였다. 그는 1908년 7월 14일(음력)에 영양 순사주재소를 습격하였다가 체포되어, 1909년 1월 27일 대구지방재판소에서 징역 3년형을 언도받고 항소하였으나, 3월 27일 대구공소원에서 기각되어 대구형무소에서 복역하였다. 묘는 현재 대곡1리 해천마을의 동암사 왼쪽

에 있다. 1990년 건국훈장 애족장.

■ 「판결문」(1909.1.27, 대구지방재판소) ; 「판결문」(1909.3.27, 대구공소원) ; 『독립운동사자료집』 별집 1

권구원(權九瑗, 1923.2.1~?)

권구원

(한국광복군) 본관은 안동(安東). 이명은 권준호(權俊豪). 호는 현오(玄悟). 출신지는 일직면(一直面) 광연동(光淵洞: 현 일직면 광연리) 103번지. 권구원은 1944년 9월에 징집되어 중국전선에 투입되었다가, 1945년 1월 11일 중국 호남성(湖南省) 중앙군 제9전구지역에서 탈출하였다. 그 후 그는 한국광복군 제1지대 제3구대에 편입되어, 광동성(廣東省) 낙창(樂昌)전선에서 활동하였다. 1963년 대통령표창, 1990년 건국훈장 애족장.

■ 『독립운동사』 6권 ; 『한국독립사』 하권

권기일(權奇鎰, 1886.10.5~1920.8.15)

(부민단·한족회) 본관은 안동(安東). 이명은 권혁린(權赫麟). 자는 공서(公瑞). 호는 추산(秋山). 출신지는 남후면(南後面) 검암동(儉岩洞: 대곡·대애실·한실) 31번지. 권기일은 1912년 3월경 만주로 망명하여, 길림성 통화현(通化縣) 합니하(哈泥河)에 정착한 후 독립군기지 건설에 참여하였다. 그는 1912년 교육회에 참여하여 경리와 재무를 맡아보았고, 1916년 결성된 부민단(扶民團)에 참여하여 한인동포사회의 안정적인 정착과 독립운동기지 건설에 기여하였다.

1917년 12월 권기일은 국내에서 통화현으로 들어오는 독립운동자금을 받으러 갔다가, 일본경찰에 체포되어 곤욕을 치르던 중 1918년 3월에 탈출하였다. 그리고 1919년 한족회(韓族會)가 결성되자, 그는 여기에 참여하여 구정(區正)을 맡아, 새로 이주해 오는 동포들을 안정시키고, 또 그들을 교육시켜 독립전쟁에 필요한 인물로 육성하는 데 기여하였다. 하지만 권기일은 1920년 8월 15일 통화현 합니하 신흥무관학교에서 일본군에 의해 살해되었다. 1963년 대통령표창, 1977년 건국포장, 1990년 건국훈장 애국장.

- 「선부군유사」;『조선독립운동』2권 ;『독립운동사자료집』7 · 14집 ;『조선민족운동연감』;『독립운동으로 쓰러진 한 명가의 슬픈 이야기』

권기하(權奇夏)

(교남교육회 · 교육구국운동) 권기하는 1908년 3월 15일 재경 영남인사들이 창립한 교남교육회(嶠南敎育會)에 참여하였다.

- 『교남교육회잡지(회원명부)』

권대일(權垈一 · 玳一, 1859~1896.4.2)

(전기의병) 본관은 안동(安東). 자는 종오(宗五). 출신지는 서후면(西後面). 권대일은 향리 출신이었다. 1895년 을미사변과 단발령 소식이 안동에 전해지자, 그는 양아버지의 상중임에도 불구하고 앞장서서 통문을 돌리며 거사를 주도하였다. 1896년 3월 29일 안동의진과 호좌의진이 상주(尙州) 함창(咸昌) 태봉에 주둔한 일본군을 공격하였고, 일본군이 반격해

오자 안동의진은 안동 방어전을 펼쳤다. 이 과정에서 권대일은 4월 2일 봉정사(鳳停寺) 일대에서 일본군과 전투를 벌였고, 이어서 안기역(安奇驛: 안동시 안기동과 운안동 일대) 뒷산에서 전투를 벌이다가 전사하였다. 1995년 건국훈장 애족장.
■ 「안동하리통문」;「권대일만사」;『기려수필』;『척암문집』;『독립운동사』1권

권대진(權大鎭)

(진명학술강습회・교육구국운동) 권대진은 1921년 길안면(吉安面)에 창립된 진명학술강습회(進明學術講習會)에 참여하였고, 1925년 5월 8일 제4회 정기총회에서 회계로 선출되었다.
■ 『동아일보』1925.5.15

권대형(權大亨)

(풍산소작인회) 권대형은 1923년 11월 11일에 열린 풍산소작인회(豊山小作人會) 창립총회에서 집행위원으로 선출되었다.
■ 『동아일보』1923.11.18 ;『시대일보』1925.5.21, 11.14

권덕진(權德進)

(예안면 삼일운동) 권덕진은 1919년 3월 17일 예안면 1차 시위에 참가하였다. 그는 김창옥(金昌玉)・조상인(趙喪人)과 예안주재소를 파괴하는 등의 활동을 하였다.
■ 『독립운동사자료집』5집

권도익(權道益, 1889.8.8~1919.3.23)

(안동면 삼일운동) 본관은 안동(安東). 출신지는 북선면(北先面) 태동(台洞: 현 와룡면 태리) 272번지. 권도익은 1919년 3월 18일에 일어난 안동면 2차 시위와 3월 23일에 일어난 3차 시위에 참가하였다. 그는 3차 시위 과정에서 일본경찰과 안동거류 일본인으로 구성된 자위단(自衛團)에 의해 안동면(安東面) 서부동(西部洞: 현 안동시 서부동) 시가지에서 피살되었다. 묘는 와룡면(臥龍面) 태리(台里) 공동묘지에 있다. 1983년 대통령표창, 1991년 건국훈장 애국장.

■ 『안동 사람들의 항일투쟁』;
「제적등본」(1919.3.23 서부동 시가지에서 순국)

권동수(權瞳守)

(조선회복연구단) 권동수는 안동농림학교(安東農林學校) 10회생이다. 그는 재학 시 비밀결사 조선회복연구단(朝鮮回復研究團)에 가입하여 활동하였다. 그리고 권동수는 1945년 3월 체포되었으나 가석방으로 풀려났다.

■ 『안동판독립사』;『안동사학』 12집

권두경(權斗慶, 1898.6.6~1919.3.23)

(안동면 삼일운동) 본관은 안동(安東). 이명은 권경영(權慶永). 출신지는 서후면(西後面) 이개리(耳開里) 548번지. 권두경은 1919년 3월 18일에 일어난 안동면 2차 시위와 3월 23일에 일어난 3차 시위에 참가하였다. 그는 3차 시위 과정에서 일본경찰과 안동거류 일본인으로 구성된 자위단(自衛團)에 의

해 안동면(安東面) 서부동(西部洞: 현 안동시 서부동) 서문뚝 다리에서 피살되었다. 1983년 대통령표창, 1991년 건국훈장 애국장.

■ 『안동 사람들의 항일투쟁』;
「제적등본」(1919.3.23 서부동 서문교에서 순국)

권목룡(權穆龍, 1909~1950)

(일본방면) 이명은 권한휘(權漢輝). 출신지는 남후면(南後面) 광음(光音). 권목룡은 고려공산청년회일본본부 대판야체이카에서 활동하다, 1930년 2월 징역 3년을 언도받았다.

■ 『재일조선인관계자료집성』;『독립운동사자료집』별집 3

권무현(權武鉉)

(국내항일, 흠치교) 출신지는 길안면(吉安面) 천지(泉旨). 권무현은 1920년 여름경 남선면 용상동 김위진(金渭鎭) 집에서 조선독립을 표방하는 흠치교(吽哆敎)에 가입하였다. 그는 8인조로 국권회복을 위한 독립운동 자금모집 등의 활동을 하다가 체포되어 징역 1년을 받았다.

■ 「판결문」(1921.7.11. 대구지방법원안동지청);
「판결문」(1921.11.26. 대구복심법원)

권문팔(權文八, 1854.11.13~1903.5.26)

(전기의병) 출신지는 봉화군(奉化郡) 춘양(春陽). 본관은 안동(安東). 이명은 권재호(權載昊). 권문팔은 1896년 안동향교에서 권세연(權世淵)을 대장으로 하는 안동의진이 결성되었을

때 중군(中軍)으로 활약하였다. 그 뒤 안동의진의 대장이 김도화(金道和)로 교체되었을 때, 그는 중군장에 선임되었다. 1896년 3월 26일 상주 함창 태봉에 있는 일본군 수비대를 공격하기 위해, 산양장터에서 안동권 6개 의진과 호좌의진의 연합이 결성되었다. 이때 그는 안동의진의 중군장으로 250여 명을 거느리고 이 연합의진에 참여하였다. 3월 29일 태봉에서 일본군과 전투가 벌어졌을 때, 권문팔은 안동의진을 이끌고 분전하였으나, 화력과 조직력의 열세로 후퇴하였다.

- 『을미의병일기』(이긍연) ; 『독립운동사』 1권 ; 『독립운동사자료집』 2집

권병남(權丙南, 1899~?)

(풍산소작인회 · 신간회 안동지회) 본관은 안동(安東). 자는 극노(極老). 출신지는 풍북면(豊北面) 매곡동(梅谷洞: 현 풍산읍 매곡리). 권병남은 1923년 11월 11일에 열린 풍산소작인회(豊山小作人會) 창립총회에서 집행위원으로 선출되어 농민운동을 전개하였다. 이후 그는 1929년 8월 10일 신간회 안동지회 총회에서 집행위원으로 선출되었다. 묘는 풍산읍 매곡리 밤실에 있다.

- 『동아일보』 1923.11.18 ; 『조선일보』 1929.8.14

권병수(權丙洙, 1897~?)

(풍산소작인회) 출신지는 풍산면(豊山面) 하리동(下里洞: 현 풍산읍 하리) 235번지. 권병수는 1923년 11월 11일 결성된 풍산소

작인회(豊山小作人會)에 참여하여 활동하였다. 풍산소작인회에서는 1924년부터 소작료 인하운동을 전개하였는데, 소작농민들의 요구가 집단적인 쟁의로 발전하자, 대지주와 일본인 지주들이 풍서농무회(豊西農務會)를 결성한 뒤 탄압에 나섰다. 이때 쟁의를 벌이던 권병수는 1924년 7월 10일과 11일 이용만(李用萬)을 비롯한 동료 12명과 함께 업무방해죄로 경찰에 구금되고, 벌금 20원의 형을 언도받았다.

■ 『동아일보』 1924.8.13, 10.9, 10.19

권병추(權炳錘)

(전기의병) 권병추는 1895년 12월(음력) 결성된 안동의진에서 참모(參謀)로 활약하였다.

■ 「안동의소파록」

권봉호(權鳳浩)

(안동노우회) 권봉호는 1925년 10월 13일 조선노동공제회가 해소되고 창립된 안동노우회(安東勞友會)에 참여하여, 창립총회에서 집행위원 가운데 한 명으로 선출되었다.

■ 『동아일보』 1925.10.18

권상기(權相琪, 1905.8.26~?)

(교육구국운동 · 정광단 · 신간회 안동지회) 본관은 안동(安東). 이명은 권오석(權五石) · 권상기(權相琪). 자는 가우(稼雨). 호는 의당(毅堂). 출신지는 북선면(北先面) 이하리(伊下里: 현 와룡면 이하리). 권상기는 임청각 내에 설립된 동흥강습소(東興

講習所)에서 수학한 후 구국계몽운동을 전개하였다. 이후 그는 1925년 10월 창립된 사상단체 정광단(正光團)에 참여하여, 1925년 10월 8일 준비회에서 조사부 임원으로 선출되었고, 1927년 8월에 창립된 신간회 안동지회에도 참여하여 활동하였다.

■ 『동아일보』 1925.10.13

권상룡(權祥龍)

(신간회 안동지회) 권상룡은 1927년 8월에 창립된 신간회 안동지회에 참여하여, 1929년 1월에 간사로 선출되어 활동하였다.

■ 『조선일보』 1929.1.29

권상식(權尙植, 1886~?)

(풍산소작인회) 본관은 안동(安東). 출신지는 풍산면(豊山面) 하리동(下里洞: 현 풍산읍 하리). 권상식은 1923년 11월 11일에 결성된 풍산소작인회(豊山小作人會)에 참여하여 활동하였다. 풍산소작인회는 1924년부터 소작료 인하운동을 전개하였는데, 소작인들의 요구가 집단적인 쟁의로 발전하자, 대지주와 일본인 지주들이 풍서농무회(豊西農務會)를 조직하여 소작인들과 대립하였다. 이때 쟁의를 벌이던 권상식은 1924년 7월 10일과 11일 이용만(李用萬)을 비롯한 동료 12명과 함께 업무방해죄로 경찰에 구금되고, 벌금 20원의 형을 언도받았다.

■ 『동아일보』 1924.10.9, 10.19

권상욱(權相旭, 1898.10.22~1988.6.19)

(와룡청년회) 본관은 안동(安東). 이명은 권오길(權五吉). 자는 자강(子剛). 호는 우확(宇矱). 출신지는 북선면(北先面) 이하리(伊下里: 현 와룡면 이하리). 권상욱은 안동면(安東面) 법흥동(法興洞) 임청각 내에 설립된 동흥강습소(東興講習所)에서 수학하였다. 이후 그는 1925년 2월에 창립된 와룡청년회(臥龍靑年會)에 참여하여, 창립총회 때 집행위원으로 선출되었다. 묘는 풍산읍(豊山邑) 현애리(玄厓里)에 있다.

■ 『동아일보』 1925.2.16

권상학(權相鶴, 1908.2.5~?)

(안동청년동맹) 출신지는 안동(安東) 법상동(法尙洞) 415번지. 권상학은 1927년 창립된 안동청년동맹(安東靑年同盟)에 참여하여 활동하던 중 동맹회관에 표어를 써 붙였다 하여, 1930년 10월 16일 안동경찰서에 체포되었다. 그는 이로 인해 징역 6월형을 받아 옥고를 치렀다. 2005년 대통령표창.

■ 「판결문」(1930.12.18, 대구복심법원)

권성(權姓, 1868.2.2~1920.12.20)

(항일자정순국) 본관은 안동(安東). 출신지는 봉화군(奉化郡) 유곡(酉谷, 닭실마을). 권성은 17세에 예안면 부포마을의 이명우(李命羽)와 결혼하였다. 남편 이명우가 광무황제의 상기(喪期)가 끝나는 날에 자결을 결단하자 그녀도 자결을 결심하였다. 권성은 1920년 12월 20일(음력) 저녁, 자식들을 물리고, 이명우와 함께 독을 마시고 조용히 눈을 감았다.

그녀는 남편을 따라가며 「계삼아(戒三兒)」(세 아들에게 경계하는 말), 「기친가제(寄親家弟)」(친정 동생들에게), 「상시숙부(上媤叔父)」(시숙부님께 올립니다), 「상시숙(上媤叔)」(시숙께 올립니다), 「두 며느리 보아라」로 시작되는 다섯 통의 한글유서를 남겼다.

■ 『성재옹유고』

권세연(權世淵, 1836.1.19~1899.12.10)

(전기의병) 본관은 안동(安東). 자는 조원(祖源). 호는 담와(澹窩)·성대(星臺). 출신지는 봉화군(奉化郡) 유곡(酉谷: 닭실마을). 1895년 말부터 1896년 초에 걸쳐 의병이 전국 도처에서 일어났다. 안동의병도 1895년 12월 초에 시작되었으며, 을미사변과 단발령이 그 계기가 되었다. 1895년 11월 15일(양 1895.12.30)에 내려진 단발령이 안동부에 문서로 도착한 것은 12일이 지난 1896년 1월 11일(음 1895.11.27)이었다.

단발령 소식이 안동에 전해지자 안동지역 유림 대표들은 봉정사(鳳停寺)에 모여 거병 문제를 논의하였다. 권세연은 1월 20일 아침, 안동부 삼우당(三隅堂) 앞뜰에서 석호 류도성(石湖 柳道性)·서산 김흥락(西山 金興洛)·세산 류지호(洗山 柳止鎬)·척암 김도화(拓菴 金道和)·류지영(柳芝榮) 등 유림 대표들에 의해 의병장으로 추대되었다. 권세연은 의병 본부를 향교에 차려두고 인근지역에 의병 동참을 촉구하는 격문 「경상도안동창의대장 권세연격(慶尙道安東倡義大將 權世淵檄)」을 발표하였다.

1월 24일 관찰사 김석중이 도망감에 따라 권세연은 손쉽게 안동부를 장악할 수 있었다. 그러나 1월 29일, 도망갔던 김석중이 예천에서 반격을 준비하여 안동부를 향해 밀고 들어왔다. 권세연은 김석중을 막아내느라 전투를 벌였지만 패하고 말았다.

권세연은 일단 성을 버리고 후퇴해야 했지만 곧 반격 준비를 갖추었다. 예안에서 이중린(李中麟)이 이끄는 의진이 청량산에서 편성되었고, 예천에서도 박주대(朴周大)를 이어 박주상(朴周庠)이 의진을 맡으면서 안동을 중심으로 반격 대열이 형성되었다.

안동의진이 주변지역 의진들과 연합하여 반격을 준비하자, 관찰사 김석중은 형세가 불리함을 알고 도망가다가 2월 25일 문경에서 거의한 이강년의진에게 붙잡혀 문경의 농암장터(현 문경시 가은면 농암리)에서 처형되었다. 안동의병장 권세연은 김석중이 처형되던 2월 25일에 안동의병을 이끌고 안동부에 무혈입성하고, 향교에 본부를 차린 후 군자금을 모집하는 등 진영을 정비하였다.

안동부성을 탈환하는 데 성공한 권세연은 3월 7일 포(砲)를 중심으로 하는 전투적인 편제로 지휘부를 편성하였다. 그리고 일주일 후, 그는 한 달여 전에 있었던 패배를 자책하며 의병장에서 스스로 물러났다. 1983년 건국포장, 1990년 건국훈장 애국장.

- 『을미의병일기』(이긍연) ; 「안동격문」 ; 「창의격문」 ; 『매천야록』 ; 『독립운동사』 1 · 8권 ; 『독립운동사자료집』 1 · 2 · 3집

권소선(權小先)

(안동노우회) 권소선은 1925년 10월 13일 조선노동공제회

가 해소되고 창립된 안동노우회(安東勞友會)에 참여하여, 창립총회에서 집행위원 가운데 한 명으로 선출되었다.

■ 『동아일보』 1925.10.18

권수억(權壽億, 1856~?)

(안동면 삼일운동) 본관은 안동(安東). 출신지는 남후면(南後面) 수상동(水上洞) 648번지. 권수억은 1919년 3월 18일 안동 읍내에서 만세시위가 일어났다는 소식을 들었다. 이에 그는 1919년 3월 20일 오후 3시경 단신으로 안동경찰서를 찾아가 구내(構內) 앞뜰에서 독립만세를 고창하였다.

권수억은 이 일로 체포되어 1919년 4월 9일 대구복심법원에서 징역 1년을 받고 옥고를 치렀다. 2003년 건국훈장 애족장.

■ 「판결문」(1919.4.9, 대구복심법원)

권수억

권수영(權秀盈, 1874.3.5~1940.6.18)

(신사참배거부투쟁) 본관은 안동(安東). 이명은 권수백(權秀伯). 출신지는 일직면(一直面) 국곡동(菊谷洞: 현 일직면 국곡리). 1938년경 일직면에서 신사참배거부운동을 전개하다가 일본경찰에 체포되어 수개월 간 옥고를 치렀다고 한다.

■ 『안동판독립사』

권순(權淳, 1909.10.22~?)

(군자금 모집) 본관은 안동(安東). 자는 도진(道眞). 호는 선오당(善吾堂). 출신지는 임북면(臨北面) 정산동(鼎山洞: 현 예안

면 정산리). 권순은 1928년 봉천(奉天)으로 망명하여 항일투쟁을 전개하였다. 이후 서간도 반석현(盤石縣)으로 이동하여, 이상룡(李相龍)의 지도 아래 국내로 잠입하여 군자금 모집 활동을 전개하였다. 이런 일련의 활동으로 인해 그는 일본 경찰에 체포되어 3~4개월 간 옥고를 치렀다고 한다.

■ 『안동판독립사』

권순

권영달(權寧達, 1901~1945)

(언어민족주의) 본관은 안동(安東). 호는 정당(井堂). 출신지는 풍서면(豊西面) 가곡리(佳谷里: 가일마을, 현 풍천면 가곡리). 권영달은 휘문고등학교를 졸업하고 경성고등상업학교(서울상대 전신)에 재학 중, 1926년 6·10만세운동으로 일본경찰에 쫓기면서 학교를 그만두었다. 이후 그는 예천대창학교 교편을 잡으면서, 최현배를 비롯한 한글학자들과 교유하면 나랏말 연구를 통한 민족문제 해결에 나섰다. 권영달은 『조선어문정체(朝鮮語文正體)』(1941, 덕흥서림)와 「조선문자철자법(朝鮮文字綴字法)」을 펴내어 언어민족주의운동을 전개했다.

■ 『정산자락에 드리운 節義』

권영동(權寧東)

(조선회복연구단) 본관은 안동(安東). 출신지는 안동면(安東面) 법상동(法尙洞: 현 안동시 법상동). 권영동은 안동농림학교(安東農林學校) 농과(農科) 8회생으로서, 재학 시 조선회복연구단(朝鮮回復研究團) 조직에 참여하여 참모부(參謀部)의 직책

을 맡아 활동하였다. 그는 1945년 3월 7일 체포되어 옥고를 치르다가, 광복과 더불어 1945년 8월 16일 대구지방검찰청 안동지청에서 기소유예로 풀려났다.

- 『안동농림학생항일약전』;「형사사건부」(1945.3.14)

권영상(權寧相)

(국내항일, 흠치교) 출신지는 남선면(南先面) 이천(梨泉). 권영상은 1920년 여름 남선면 용상동 김위진(金渭鎭) 집에서 조선독립을 표방하는 흠치교(吽哆敎)에 가입하였다. 그는 8인조로 국권회복을 위한 독립운동 자금모집 등의 활동을 하다가 체포되어 징역 1년을 받았다.

- 「판결문」(1921.7.11, 대구지방법원안동지청);
 「판결문」(1921.11.26, 대구복심법원)

권영석(權寧奭, 1900.2.2~?)

(임동면·임북면 삼일운동) 본관은 안동(安東). 자는 상문(尙文). 호는 이산(二山). 출신지는 임북면(臨北面) 사월동(沙月洞: 현 임동면 사월리). 권영석은 1919년 3월 21일 임동면 중평동 편항시장(鞭巷市場)에서 일어난 만세시위에 참여하였고, 그 여세를 몰아 3월 22일 당시 임북 면소재지이던 사월에서 만세시위를 전개하다가 체포되었다. 1919년 8월 18일 대구복심법원에서 징역 2년형을 언도받고 복역하였다. 1977년 대통령표창, 1990년 건국훈장 애족장.

권영석

- 「판결문」(1919.5.31, 대구지방법원);「판결문」(1919.8.18, 대구복심법원);『독립운동사자료집』 5집 ;『독립운동사』 3권

권영식(權寧植, 1894.4.3~1930.3.6)

(풍기광복단·광복회·안동청년회·조선노동공제회 안동지회) 본관은 안동(安東). 자는 원무(元茂). 호는 하강(荷崗). 출신지는 풍서면(豊西面) 가곡리(佳谷里: 가일마을, 현 풍천면 가곡리) 405번지. 권영식은 풍기광복단(豊基光復團)에 가담하여 군자금 모집활동을 하였다. 풍기광복단은 1913년 채기중(蔡基中)을 중심으로 의병계열 인사들이 경상북도 풍기(豊基)에 모여 조직한 비밀결사단체이다. 이후 풍기광복단은 1915년 7월 대구에서 비밀리에 결성되어 활동하던 조선국권회복단(朝鮮國權回復團) 일부와 결합하여 광복회(光復會)로 발전하였다. 풍기광복단에 이어 광복회에 참가하여 활동한 권영식은 군자금 모집에 주력하여, 류시만(柳時萬)·권준희(權準羲)·권준흥(權準興) 등과 함께 군자금을 모금하여, 박상진(朴尙鎭)에게 전달하였다. 그는 이 활동으로 인해 1918년 2월 일본경찰에 체포되어, 공주감옥(公州監獄)에서 수개월간 옥고를 치렀다.

출옥 후 그는 1920년 5월 창립된 안동청년회에 참여하였고, 1920년 9월 17일에 열린 조선노동공제회 안동지회 설립준비위원회에서 준비위원으로, 1921년 7월 제2회 총회에서 의사(議事)로 선출되어 활동하였다.

■ 『안동판독립사』 ; 『동아일보』 1921.7.22

권영윤(權寧潤)

(안동청년회·안동노우회) 권영윤은 1920년 5월 창립된 안동청년회(安東靑年會)에 참여하여, 1921년 4월 2회 정기총회

에서 회장으로 선출되었다. 또한 1925년 10월 18일 조선노동공제회 안동지회 해소 이후 창립된 안동노우회(安東勞友會) 창립총회에서 집행위원 가운데 한 명으로 선출되었다.

■ 『동아일보』 1921.4.27, 1925.10.18

권영재(權寧宰)

(국내항일, 흠치교) 출신지는 안동면(安東面) 서부동(西部洞). 권영재는 차경석(車京錫)을 교주로 하는 흠치교에 가입하여, 겉으로 종교활동을 표방하며 국권회복운동에 진력하기로 결의하였다. 그는 12인조로 국권회복을 위한 독립운동 자금모집 등의 활동을 하다가 체포되어 징역 2년을 받았다.

■ 「판결문」(1921.11.26, 대구복심법원)

권영직(權寧職, 1891.12.23~1940.12.24)

(길안면 삼일운동) 본관은 안동(安東). 자는 순오(順五). 출신지는 임서면(臨西面) 오대동(梧垈洞: 현 임하면 오대리) 133번지. 권영직은 1919년 3월 21일 길안면 천지장터에서 일어난 만세시위에 참여하였다. 이 활동으로 체포된 그는 1919년 4월 28일 대구지방법원 안동지청에서 징역 6월형을 언도받고 대구형무소에서 복역하였다. 1993년 대통령표창.

■ 「형사사건부」; 「수형인명부」; 『안동판독립사』

권영진(權寧鎭)

(와룡강습소 교사·교육구국운동) 본관은 안동(安東). 권영진은 와룡면(臥龍面) 지내동(池內洞)에 설립된 와룡강습소(臥

龍講習所)에서 교사로 활동하였다.
■ 『안동 사람들의 항일투쟁』

권영찬(權寧燦)

(안동청년회) 1920년 5월 창립된 안동청년회(安東靑年會)에 참여하여 활동하던 권영찬은 1921년 6월 안동청년회 주관으로 열린 학술강습소에서 교사로 활동하였다.
■ 『동아일보』 1921.6.24

권영헌(權寧憲, 1890.1.7~1976.3.27)

(안동면·풍서면 삼일운동) 본관은 안동(安東). 출신지는 풍산면(豊山面) 노동(魯洞: 현 풍산읍 노리) 460번지. 권영헌은 1919년 3월 18일에 일어난 안동면 2차 시위와 3월 23일에 일어난 3차 시위에 참가하였다고 한다. 이후 그는 3월 24일 전성철(全聖哲)·김후성(金後性)을 비롯한 기독교인 30여 명과 함께 풍산장날을 이용하여 만세시위를 벌였다. 이때 일본수비대의 저지로 군중은 해산하였고, 전성철·김후성은 일본수비대에게 체포되었지만, 권영헌은 일본경찰을 피해서 전국 각지를 돌아다니다가 1921년 7월 23일 체포되었다. 묘는 임동면(臨東面) 갈전리(葛田里) 야산에 있다.
■ 『안동판독립사』; 『안동 사람들의 항일투쟁』

권영형(權寧涧, 1893~1972.6.28)

(안동청년회·조선노동공제회 안동지회) 본관은 안동(安東). 출신지는 안동면(安東面) 법상동(法尙洞: 현 안동시 법상동).

1920년 5월 창립된 안동청년회에 참여하여 활동하던 권영형은 1920년 8월 21일 안동청년회의 주관으로 개최된 강연회에서 '자아의 개조'란 주제로 강연하였다. 또한 그는 1920년 9월 17일 조선노동공제회 안동지회 설립준비위원으로 활동하였으며, 1921년 7월 15일 의사(議事)로 선출되었다.

- 『동아일보』1920.9.15, 1921.7.22

권영호(權永浩)

(풍산소작인회) 권영호는 1923년 11월 11일에 열린 풍산소작인회(豊山小作人會) 창립총회에서 집행위원으로 선출되었다.

- 『동아일보』1923.11.18 ; 『시대일보』1925.11.14

권영호(權寧昊)

(풍산소작인회) 권영호는 1923년 11월 11일에 열린 풍산소작인회(豊山小作人會) 창립총회에서 집행위원으로 선출되었다.

- 『동아일보』1923.11.18

권영훈(權寧熏)

(안동청년회) 권영훈은 1920년 5월 창립된 안동청년회(安東靑年會)에 참여하여 활동하였으며, 1921년 4월 2회 정기총회에서 부회장으로 선출되었다.

- 『동아일보』1921.4.27

권예윤(權藝潤, 1910.1.24~1935.4.1)

(안동청년동맹·안동콤그룹) 출신지는 안동읍(安東邑) 법상

동(法尙洞) 165번지. 권예윤은 1927년 창립된 안동청년동맹(安東靑年同盟)에 참여하였다. 여기에서 활동하던 권예윤은 동맹회관에 표어를 써 붙였다 하여, 1930년 10월 16일 체포되어 11월 18일 대구지방법원 안동지청에서 징역 6월에 집행유예 4년형을 선고받았다.

또한 1928년 이후 합법적인 단체로서 신간회가 더 이상 제 기능을 발휘하지 못하자 그는 공산당재건운동에 힘을 기울였다. 1930년 안동의 사회주의 인물들이 속속 경북공산당사건에 연루되어 체포되었고, 그 나머지 세력과 더불어 권예윤은 1931년 안동콤그룹을 결성하였다. 그 뒤 산하 적색농민조합 여자부 결성에 참여하다가 경찰에 체포되었다. 이 활동으로 인해 그는 1934년 7월 2일 대구지방법원에서 징역 1년 6월형을 선고받고 대구형무소에서 옥고를 치르던 중, 고문 후유증으로 1935년 4월 1일 순국하였다. 1993년 건국훈장 애족장.

■ 「판결문」(1934.7.2, 대구지방법원) ; 『한국사회주의운동인명사전』 ; 『조선일보』 1934.6.16, 7.2

권오규(權五奎, 1898.11.27~1932.10.26)

(임동면·임북면 삼일운동) 본관은 안동(安東). 자는 명오(明五). 출신지는 임북면(臨北面) 사월동(沙月洞: 현 임동면 사월리) 729번지. 권오규는 1919년 3월 21일 임동면 중평동 편항시장(鞭巷市場)에서 일어난 만세시위에 참여하였고, 그 여세를 몰아 3월 22일 당시 임북 면소재지인 사월에서 만세시위를 주도하다가 체포되었다. 그는 1919년 8월 18일 대구

복심법원에서 징역 2년형을 언도받고 대구형무소에서 복역하였다. 묘는 사월리 버스종점이 있는 마을 뒷편에 있다. 1977년 대통령표창, 1990년 건국훈장 애족장.
- 「판결문」(1919.5.31, 대구지방법원) ; 「판결문」(1919.8.18, 대구복심법원) ; 『독립운동사자료집』 5집 ; 『독립운동사』 3권

권오복(權五福, 1924.5.2~2007.12.18)

(한국광복군) 본관은 안동(安東). 이명은 권오옥(權五玉). 자는 백우(白遇). 호는 서언(瑞彥). 출신지는 일직면(一直面) 망호동(望湖洞: 현 일직면 망호리) 338번지. 권오복은 1944년 9월 일본군 제44부대로 징집되어, 호남성으로 이동하던 중 형양(衡陽)지방에서 탈출하였다. 탈출 후 한국광복군에 입대하여 총사령부 경위대에 편성되어 활동하였다. 1963년 대통령표창, 1990년 건국훈장 애족장.

권오복

- 『독립운동사』 6권 ; 『한국독립사』 하권

권오상(權五尙, 1900.10.12~1928.6.3)

(신흥청년동맹 · 고려공산청년회 · 조선공산당 · 육십만세운동) 본관은 안동(安東). 자는 전현(田賢). 이명은 권오돈(權五敦). 출신지는 풍서면(豊西面) 가곡리(佳谷里: 가일마을, 현 풍천면 가곡리) 495번지. 권오상은 광복회(光復會) 고문으로 활동한 권준희(權準羲)의 손자이다. 1924년 중앙고등보통학교에 재학 중이던 권오상은 신흥청년동맹에 가입하여 활동하였다. 이후 그는 1925년 연희전문학교에 입학하여 그 해 고려공산청년회 및 조선공산당에 입당하였다. 그 후 조선

권오상

학생과학연구회 결성에 참여하여 집행위원으로 선출되었다. 1926년 6·10만세운동 당시 태극기와 조선독립만세기를 만들고 격문을 작성하여 배포하며 시위에 참여하였다. 이 사건으로 1926년 8월 안동에서 검거되어 징역 1년형을 선고받았다. 그러나 복역 중 고문후유증으로 고생하다가 1928년 5월 보석으로 석방되었으나 6월 3일 사망했다. 묘는 풍산읍 수리(水里) 조부 권준희 묘 아래에 있다. 2005년 건국훈장 애족장.

■ 「판결문」(1928.2.13, 경성지방법원) ; 「신원카드」 ; 『고등경찰요사』 ; 『한국사회주의운동인명사전』 ; 『조선일보』 1926.7.15 ; 『동아일보』 1926.8.5, 1928.6.8

권오설

권오설(權五卨, 1897.11.25~1930.4.17)

(삼일운동·원흥학술강습소·조선노동공제회 안동지회·풍산소작인회·화성회·화요회·조선노동자총동맹·고려공산청년회·조선공산당) 본관은 안동(安東). 자는 윤백(倫伯). 호는 막난(莫難). 이명은 홍일헌(洪一憲)·권일(權一)·박철희(朴喆熙)·김삼수(金三洙)·김형선(金亨善). 출신지는 풍서면(豊西面) 가곡리(佳谷里: 가일마을, 현 풍천면 가곡리). 권오설은 34년의 일생을 사회운동과 계몽활동을 통해 독립운동에 투신하다가 생을 마쳤다.

권오설은 1907년 가일에 있는 남명학교(南明學校)에 입학 후 동화학교(東華學校: 남명학교가 하회에 있는 동화학교로 편입됨)에 편입되었다. 1914년 동화학교 졸업 후 1916년 대구고등보통학교(경북고등학교 전신)에 입학하였으나 2년 만에 그만두고, 다시 경성 중앙고등보통학교와 경성부기학교(京城簿記學校)에 입학 후 퇴학하였다. 그는 1918년 전남도청에 부임하여 근무하던 중 1919년 광주 3·1만세시위에 참가하다가 체포되었다.

권오설은 1919년 고향으로 돌아오자마자 11월 원흥학술강습소(元興學術講習所)를 조직하여 교장 겸 교사로 활동하였다. 이에 그치지 않고 농민조합과 청년회를 조직하여 활동하였다. 우선 그의 고향마을인 가곡에 가곡농민조합(佳谷農民組合)을 조직하고, 1920년 8월 안동청년회(安東青年會)에 가입하여 집행위원이 되었다. 9월 4일 일직면금주회(一直面禁酒會)를 창립하여 회장으로 선출되었고, 9월 23일 조선노동공제회 안동지회(朝鮮勞動共濟會 安東支會)에 입회하였다. 1920년 4월 일직서숙(一直書塾)과 1922년 풍산학술강습회(豊山學術講習會)를 설립하여 교사로 활동하였다. 1922년 풍산청년회(豊山青年會)와 풍산소작인조합(豊山小作人組合)에 참여하였고, 1923년 11월 11일 풍산소작인회(豊山小作人會) 집행위원으로 선출되어 활동하였다.

그는 지역사회의 활동에 그치지 않고 1924년 상경하여 김재봉(金在鳳)이 이끌던 화요회(火曜會)에 가입하였고, 같은 해 2월 11일 신흥청년동맹(新興青年同盟)·한양청년연맹(漢陽青年聯盟)의 중앙집행위원이 되었다. 4월 17일 조선노농총동맹(朝鮮勞農總同盟)에 풍산소작인회의 대표로 참가하였고, 4월 20일 50인중앙집행위원회의 집행위원과 10인상무위원회의 상무위원이 되었다. 4월 하순에 조선노농총동맹 임시대회 사건으로 간부 26명과 함께 구속되었다가 5월 3일

무죄 방면되었다. 12월 25일 조선노농총동맹 상무위원의 자격으로 남부지방에 파견되어 가맹단체 내용조사와 가맹 권유 및 일반통계를 조사하였다. 또한 무산자동맹회 회원 및 혁청당 당원·불꽃사(火花社) 동인으로 활동하기도 했다. 그 외에도 1924년부터 인쇄직공조합을 조직하여 1925년 2월 9일 인쇄공파업(대동인쇄주식회사 문선공 동맹파업을 신흥청년동맹이 지도하도록 하였음)과 양말직공파업·고무직공파업·양화직공파업 등을 지도하였다.

1925년 1월 3일 재경사회운동자간친회(在京社會運動者懇親會) 발기에 참여하였고, 1월 8일 안동에서 화성회 창립에 참여하였다. 2월 16일 전조선민중운동자대회준비회 조직 및 준비위원으로 선출되었고, 2월 18일에는 경북사회운동자간친회에 출석하였다. 4월 17일 조선공산당(朝鮮共産黨) 창당에 참가하여 18일 조선공산당(제1차당) 중앙집행위원회 위원에 피선, 같은 날 고려공산청년회(高麗共産靑年會) 조직에 조선노농총동맹 대표로 참석하여 고려공산청년회 7인 중앙집행위원회 위원 및 조직부 책임자가 되었다. 또한 김단야(金丹冶: 고려공산청년회)와 함께 모스크바 동방노력자공산대학에 유학생 21명을 파견하였는데, 이때 동생 권오직(權五稷)도 보냈다. 그 해 6월 조선노농총동맹 서면대회를 개최하고, 개표위원과 50인중앙집행위원으로 선출되었다. 11월 5일 신의주사건이 발생하자 은신하였고, 조선공산당(제1차당) 사건 후 고려공산청년회 7인중앙집행위원회 중앙집행위원이 되었다. 12월 중순 제2차 고려공산청년회 책임비서 및 조직부 책임자로 선출되었다. 12월 하순 제2

차 조선공산당(제2차당: 강달영 책임비서)의 7인중앙집행위원회 위원으로 피선되었다.

1926년 초 상해지역에서 여운형(呂運亨)·조봉암(趙奉岩)·김단야(金丹冶)·김찬(金燦) 등을 만나고 밀입국하였다. 그 해 2월 28일 조선공산당(제2차당) 중앙집행위원회에서 중앙집행위원이 되었다. 5월 3일 고려공산청년회(高麗共産靑年會) 간부회에서 6·10만세운동 추진 총책임을 맡아 5월 15일 선전문을 작성하여 인쇄총책임자 박래원에게 전달하였다. 이 사건의 전모가 6월 4일 발각되어 결국 권오설은 6월 7일 검거되었다. 이 일로 1927년 9월 13일 공판이 열려, 1928년 2월 14일 7년형을 언도받고 복역 중 1930년 4월 17일 옥사하였다. 묘는 가곡리 공동묘지에 있다. 2005년 건국훈장 독립장.

■ 「신원카드」;『고등경찰요사』;
『한국사회주의운동인명사전』;『권오설』1·2

권오운(權五雲, 1904~1927.12.23)

(육십만세운동·신간회 안동지회·안동청년동맹) 본관은 안동(安東). 자는 용경(龍卿). 출신지는 풍서면(豊西面) 가곡리(佳谷里: 가일마을, 현 풍천면 가곡리). 1926년 당시 중앙고보(中央高普) 1학년에 재학 중이던 권오운은 이선호(李先鎬)·권오상(權五尙)·류면희(柳冕熙) 등과 함께 6·10만세운동에 참여하였다가, 일본경찰에 검거되어 고초를 겪었다고 한다.

이후 그는 고향으로 내려와 신간회 안동지회와 안동청년동맹에 참여하여 활동하던 중 고문후유증으로 1927년 12월

권오운

23일 사망했다.

■ 『안동판독립사』;『중외일보』1927.8.30 ;
『동아일보』1928.1.10, 8.9

권오직

권오직(權五稷, 1906.3.6~미상)

(고려공산청년회·조선공산당) 본관은 안동(安東). 이명은 권선득(權善得)·남병철(南秉喆)·보스또꼬프(Boctokob)·행전오직(幸田五稷). 자는 원회(元會). 호는 일파(一波). 출신지는 풍서면(豊西面) 가곡리(佳谷里: 가일마을, 현 풍천면 가곡리). 권오설의 동생으로서 1923년부터 사회운동에 참여하였다. 1924년 2월에 신흥청년동맹과 혁청단, 1925년 4월 고려공산청년회(高麗共産靑年會)에 참여하였다. 이 무렵 형 권오설의 추천으로 안상훈(安相勳: 안동 와룡면 출신)과 함께 모스크바 동방노력자공산대학에 입학하여, 1929년 3월에 졸업하였다. 같은 해 8월 국제공산청년동맹(國際共産靑年同盟)으로부터 고려공산당청년회(高麗共産黨靑年會)를 재조직하라는 지시를 받고 9월과 10월 무렵에 귀국하였다.

1929년 11월 조선공산당조직준비위원회(朝鮮共産黨組織準備委員會)를 결성하고 선전부 책임자가 되었다. 1930년 1월에 조선공산당 경성지구조직위원회를 결성하고 2월에 3·1운동 11주년 기념일을 맞아, 때마침 광주학생운동으로 고조된 반일감정을 격발시키기 위해 전국의 청년동맹·농민조합·노동단체에 반일격문을 배포하였다. 이 활동으로 일본경찰에 체포되어 1931년 10월 경성지방법원에서 징역 6년형을 선고받고 옥고를 치렀다. 1940년 12월 또다시 종로경찰서에 검거되어 징역 8년형을 선고받고 복역하던 중 해방을 맞아 출옥하였다. 1945년 9월 정치국원, 기관지 『해방일보』의 사장이 되었고, 조선인민공화국 후보위원이 되었다. 1946년 2월 민주주의민족전선 결성대회에 참가하여 중앙위원으로 선출되었고, 조선공산당 중앙 및 지방동지 연석간담회에 참석하였다.

1946년 5월에 정판사(精版社)위조지폐 사건으로 지명수배를 받자 38선 이북으로 피신하여, 1948년 8월 해주에서 열린 남조선인민대표자대회(南朝鮮人民代表者大會)에서 제1기 최고인민회의 대의원으로 선출되었다. 1950년 2월부터 1952년 1월까지 헝가리 주재 조선민주주의인민공화국 공사로 활동하였다. 그 해 3월 중국주재 대사로 부임했으나, 1953년 8월 소환되어 조선노동당 중앙위원회 후보위원에 선출되었다. 그 후 반당·반국가 파괴분자라는 이유로 숙청되어 평안북도 삭주의 농장으로 추방되었다고 한다.

■ 「판결문」(1942.5.31. 경성지방법원) ;
「신원카드」; 『한국사회주의운동인명사전』;
『조선일보』 1930.4.7. 4.19. 6.13. 1931.2.1. 5.8. 5.25

권오직(權五稷, 1927.7.28~1981.11.20)

(조선회복연구단) 본관은 안동(安東). 자는 순익(舜翊). 호는 일범(一範). 출신지는 길안면(吉安面) 송사동(松仕洞: 현 길안면 송사리) 206번지. 권오직은 안동농림학교(安東農林學校) 임과(林科) 10회생으로서, 재학 시 조선회복연구단(朝鮮回復硏究團)에 가입하여 활동하였다. 그는 1945년 3월 10일 체포되

권오직

어 옥고를 치르다가, 광복과 더불어 1945년 8월 16일 대구지방검찰청 안동지청에서 기소유예로 풀려났다. 1996년 대통령표창.

■ 『안동농림학생항일약전』;「형사사건부」(1945.3.14)

권오헌

권오헌(權五憲, 1905~1950)

(신간회 안동지회) 본관은 안동(安東). 호는 야향(野香). 자는 유환(由煥). 출신지는 풍서면(豊西面) 가곡리(佳谷里; 가일마을, 현 풍천면 가곡리). 권오헌은 1927년 8월에 신간회 안동지회가 창설되자, 1928년 5월 13일에 열린 신간회 안동지회 제6회 간사회에 참여하였다. 이후 안동청년동맹풍산지부 집행위원으로 활동하던 중 1929년 불온문서사건으로 징역 8개월을 언도받았으나 집행유예로 풀려났다.

■ 「판결문」(1929.10.31, 대구지방법원안동지청);
『중외일보』1928.5.18, 1929.11.1, 11.5

권용길(權龍吉, 1858~?)

(중기의병) 본관은 안동(安東). 이명은 권용길(權用吉). 출신지는 예안군(禮安郡) 이동면(梨洞面) 가사동(加沙洞). 1905년 을사조약이 체결되자 국권회복을 위한 무력투쟁이 곳곳에서 일어났다. 이때 권용길은 봉화·재산·울진 등지에서 활동하던 김치로(金致老)의진에 가담하여, 1906년 11월에서 12월 중순까지 예안군 재산면 청룡사를 근거로 하여 예안 일대에서 의병항쟁을 펼쳤다. 그 뒤 체포되어 1908년 12월 25일 대구지방재판소에서 징역 5년형을 언도받았으나,

항소하여 1909년 2월 25일 대구공소원에서 징역 2년형을 언도받고 복역하였다. 1995년 건국훈장 애족장.
- 「판결문」(1908.12.25, 대구지방재판소) ; 「판결문」 1909.2.25, 대구공소원) ; 『독립운동사자료집』 별집 1 ; 『독립운동사』 1권

권용하(權龍河, 1847.8.13~1910.10.9)

(항일자정순국) 본관은 안동(安東). 자는 현필(賢弼). 호는 월곡(月谷). 출신지는 와룡면(臥龍面). 권용하는 귀가 먼 인물로 와룡에서 농사를 지으며 살던 중 1910년 10월 9일(음 9.7) 종제 권용혁으로부터 나라가 망하고 일제의 식민지가 되었다는 소식을 전해 듣고 통분하여 기둥에 머리를 부딪쳐 자결하였다. 1995년 건국훈장 애국장.
- 『월곡실기』 ; 『기려수필』 ; 『독립운동사』 7 · 10권

권용현(權用鉉)

(전기의병) 이명 권용현(權用賢). 권용현은 1895년 12월(음력) 결성된 안동의진에서 우익장(右翼將)을 맡았다. 이후 그는 도망쳤던 관찰사 김석중이 안동부를 탈환하기 위해 공격해 오자 60명을 이끌고, 1896년 1월 29일 좌익장(左翼將) 이운호(李運鎬)와 함께 안동시 송현동에서 맞서 싸웠다.
- 「안동의소파록」 ; 『을미의병일기』(이긍연) ; 『일록』(김정섭) ; 『주한일본공사관기록』 8권

권우철(權又哲, 1894.8.14~1971.3.5)

(길안면 삼일운동) 본관은 안동(安東). 이명은 권차철(權且喆).

출신지는 임서면(臨西面) 오대동(梧垈洞: 현 임하면 오대리) 133번지. 권우철은 1919년 3월 21일 길안면 천지장터에서 일어난 만세시위에 참여하였다. 이 활동으로 체포된 그는 1919년 4월 28일 대구지방법원 안동지청에서 징역 6월형을 언도받고 복역하였다. 1993년 대통령표창.

■ 「형사사건부」; 「수형인명부」; 『안동판독립사』

권유하(權有夏, 1852~1922.7.31)

(충의사) 본관은 안동(安東). 본명은 권내하(權內夏). 호는 죽파(竹坡). 출신지는 북후면(北後面) 연곡리(蓮谷里). 권유하는 주로 을미의병에 참여했던 재야 유생층이 1904년 8월 서울에서 조직한 충의사에 참여하여 활동하였다. 묘는 영주시 평은면 오운리에 있다.

■ 『남은선생유집(서명록)』

권의식(權義植, 1895~?)

(광복회) 본관은 안동(安東). 권의식은 광복회(光復會)에 가담하여 군자금 모집활동을 전개하였다. 그가 가입한 광복회는 1915년 7월에 결성된 단체로서, 1913년 채기중(蔡基中)을 중심으로 한 의병계열 인사들이 경상북도 풍기(豊基)에서 결성한 비밀결사단체인 풍기광복단(豊基光復團)과 1915년 음력 정월 대구에서 결성된 조선국권회복단(朝鮮國權回復團) 일부가 결합하여 이루어진 단체이다. 여기에 가입하여 군자금 모집활동을 전개하던 권의식은 1918년 광복회사건(光復會事件)에 연루되어 일본경찰에 체포되었다.

■ 『고등경찰요사』 ; 『박상진자료집』

권이원(權貳元, 1896.9.24~1942.9.7)

(안동면 삼일운동) 본관은 안동(安東). 이명은 권이원(權二元). 자는 우범(尤範). 출신지는 북선면(北先面) 이하리(伊下里: 현 와룡면 이하리) 514번지. 권이원은 1919년 3월 18일에 일어난 안동면 2차 시위와 3월 23일에 일어난 3차 시위에 참여하였다. 이 활동으로 체포된 그는 1919년 4월 7일 대구지방법원 안동지청에서 징역 6월형을 언도받고 항소하였으나, 5월 2일 대구복심법원과 6월 5일 고등법원에서 기각되어 복역하였다. 묘는 와룡면(臥龍面) 이하리(伊下里) 야산에 있다. 1993년 대통령표창.

권이원

■ 「판결문」(1919.4.7, 대구지방법원안동지청) ; 「판결문」(1919.5.2, 대구복심법원) ; 「판결문」(1919.6.5, 고등법원)

권인술(權仁述)

(전기의병) 권인술은 1895년 12월(음력) 결성된 안동의진에서 유격장(遊擊將)으로 활약하였다.

■ 「안동의소파록」

권일영(權一英)

(신간회 안동지회) 1927년 8월에 신간회 안동지회가 창설되었는데, 권일영은 1928년 3월 6일 신입회원으로 가입한 후 활동하였다.

■ 『조선일보』 1928.3.10

권재경(權載經)

(교남교육회 · 교육구국운동) 권재경은 1908년 3월 15일 재경 영남인사들이 창립한 교남교육회(嶠南敎育會)에 참여하여 교육구국운동을 전개하였다.

■ 『교남교육회잡지(회원명부)』

권재도(權在度)

(중방사숙 교사 · 교육구국운동) 본관은 안동(安東). 권재도는 남후면(南後面) 중방동(中坊洞)에 설립된 중방사숙(中坊私塾)에서 교사로 활동하였다.

■ 『안동 사람들의 항일투쟁』

권재수(權在壽, 1882~?)

(무관학교생도모집) 본관은 안동(安東). 출신지는 풍서면(豊西面) 가곡리(佳谷里: 가일마을, 현 풍천면 가곡리) 446번지. 1920년 9월 24일 김두칠(金斗七) · 배승환(裵昇煥) 등과 함께 무관학교생도(武官學校生徒)를 모집하다가 일본경찰에 체포되었다.

■ 『고등경찰요사』

권재점(權宰点)

(광복회) 본관은 안동(安東). 권재점은 광복회(光復會)에 가담하여 군자금 모집활동을 전개하였다. 그가 가입한 광복회는 1915년 7월에 결성된 단체로서, 1913년 채기중(蔡基中)을 중심으로 한 의병계열 인사들이 경상북도 풍기(豊基)에 모여 조직한 비밀결사단체인 풍기광복단(豊基光復團)과 1915년 음력 정

월 대구에서 결성된 조선국권회복단(朝鮮國權回復團) 일부가 결합하여 이루어진 단체이다. 여기에 가입하여 군자금 모집 활동을 전개하던 권재점은 1918년 일본경찰에 체포되었다.

■ 『박상진자료집』

권재중(權在重, 1853~1919.2.12)

(전기의병·교육구국운동) 본관은 안동(安東). 이명은 권재중(權載重). 자는 군집(君執). 호는 석하(石霞). 1895년 을미사변과 단발령을 계기로 전국 각지에서 의병이 일어났을 때, 권재중은 문경·제천 등지에서 의병항쟁을 펼친 이강년의 진에 참여하여 종사부(從事部)로 활약하였다. 이후 그는 교육구국운동에 가담하여 1914년 임서면(臨西面) 금소동(琴韶洞: 현 임하면 금소리)에 설립된 금양의숙(錦陽義塾)에서 교사로 활동하였다.

■ 『독립운동사자료집』 1·2집 ; 『안동 사람들의 항일투쟁』

권재추(權在錘)

(전기의병) 권재추는 1895년 12월(음력) 결성된 안동의진에서 석격장(石擊將)으로 활약하였다.

■ 「안동의소파록」

권점필(權點弼, 1896.1.6~1944.1.18)

(안동면 삼일운동) 본관은 안동(安東). 이명은 권점필(權點必). 출신지는 안동면(安東面) 법상동(法尙洞: 현 안동시 법상동). 권점필은 1919년 3월 18일에 일어난 안동면 2차 시위를 주도

하다가 일본경찰에 체포되었다. 이 활동으로 그는 1919년 4월 7일 대구지방법원 안동지청에서 징역 6월형을 언도받고 항소하였으나, 5월 2일 대구복심법원과 6월 5일 고등법원에서 기각되어 복역하였다. 1995년 대통령표창.

■ 「판결문」(1919.4.7, 대구지방법원안동지청) ; 「판결문」(1919.5.2, 대구복심법원) ; 「판결문」(1919.6.5, 고등법원)

권정갑(權鼎甲)

(신간회 안동지회) 권정갑은 1927년 8월에 창립된 신간회 안동지회에 참여하여, 1929년 8월 10일 집행위원으로 선출되어 활동하였다.

■ 『조선일보』 1929.8.14

권정삼(權正三)

(신간회 안동지회) 권정삼은 1927년 8월 창립된 신간회 안동지회에 참여하여, 1929년 1월 대표회원과 간사로 활동하였다. 이후 1929년 8월 10일에는 재정부원을 맡았고, 집행위원에 선출되었다.

■ 『조선일보』 1929.1.29, 8.14

권정식(權貞植)

(충의사) 권정식은 주로 을미의병에 참여했던 재야 유생층이 1904년 8월 서울에서 조직한 충의사에 참여하여 활동하였다.

■ 『남은선생유집(서명록)』

권정필(權正弼, 1886.2.10~1935.12.10)

권정필

(의열단) 본관은 안동(安東). 이명은 권재만(權在萬). 자는 종백(宗伯). 호는 동산(東山). 출신지는 안동면(安東面) 율세동(栗世洞: 현 안동시 율세동). 권정필은 1919년 11월 만주로 망명하여, 의열단(義烈團)에 가입하였다. 1922년 6월 의열단 단장인 김원봉(金元鳳)의 명령에 따라 상해에서 서울로 들어와 당시 국내에 파견된 의열단원들에게 무기를 공급하였다. 이후 그는 독립운동에 필요한 군자금을 모금하기 위해 동지 류병하(柳秉夏)·류시태(柳時泰) 등과 함께 서울 내자동(內資洞)에 살던 변호사 이인희(李麟熙)에게 자금지원을 강요하고 그것을 받아 임시정부로 보냈다.

1923년 만주 안동현(安東縣)에서 의열단원 김시현(金始顯)·황옥(黃鈺)·김지섭(金祉燮) 등과 함께 일제 고관의 암살 및 주요 관공서 파괴를 목적으로 무기를 서울로 반입했다가 일본경찰에 발각되어 동지 대다수가 체포되었는데, 이때 체포를 면한 권정필은 김지섭과 함께 만주로 피신하였다. 그러나 그는 1929년 만주 안동현에 있는 홍종우(洪鍾祐)의 집에서 의열단원 10여 명과 항일투쟁 방안에 관해 논의를 하던 중 일본영사관 경찰의 급습을 받고 검거되었다. 그리하여 신의주지방법원에서 징역 5년형을 언도받고 항소하였으나, 평양복심법원에서 징역 4년 6월형이 확정되어 복역하였다. 4년 1개월 동안 옥고를 치르다가 병환으로 형집행정지 처분을 받고 풀려났으나, 1935년 12월 10일 순국하였다. 묘는 안동시 안막동(安幕洞)에 있다. 1982년 건국포장, 1990년 건국훈장 애국장.

- 『고등경찰요사』;『독립운동사』 7권 ;『국외용의조선인명부』 ;『독립운동사자료집』 11집 ;『한국민족운동사료』(중국편) ; 『동아일보』 1932.3.10, 12.18, 12.25, 1935.12.17

권정필(權正弼, 1890~?)

(서울청년회 · 고려공산당 · 풍산소작인회 · 조선공산당 만주총국) 이명 권동삼(權東三). 권정필은 1914년 강원도 일대에서 의병부대의 일원으로 활동하였다고 한다. 이후 그는 1920년 2월 서울청년회 평의원이 되었고, 1921년 10월 고려공산당에 입당했다. 또 11월에는 모스크바에서 코민테른 주최로 개최된 극동인민대표회의와 국제공산청년동맹 주최로 열린 극동청년대회에서 조선청년연합회를 대표하여 참가했다. 1922년 1월부터 11월까지 고려공산당(이르크츠크파) 정치학교에서 수학한 후 귀국하여 1923년 11월 11일에 창립된 풍산소작인회(豊山小作人會)에 가입하여 활동하였다. 이후 권정필은 1925년 12월 길림성(吉林省) 동경성(東京城)에서 만주공산당 건립에 참여하여 1926년 2월 만주공산당 동경성지부의 책임자가 되었다. 이 무렵 대중단체인 북만조선인청년동맹을 조직했다. 5월 조선공산당 만주총국에 입당하여, 아성현(阿城縣) 야체이카 책임자가 된 그는 아성현 소해구(小海溝)에서 농민조합을 조직하고 사회주의 사상을 선전하기 위해 노력했다. 1928년 1월 조선공산당 만주총국(화요파) 책임비서에 취임했고, 그 해 10월경 민족주의단체 국민부(國民府)에 참여하여 쁘락션활동에 종사했다. 그 뒤 그는 1931년 1월 중국공산당에 입당하여 아성현 소해구 일대

에서 활동하다가 1932년 봄 봉천(奉天) 주재 일본영사관 경찰에 체포되어 12월 신의주지방법원에서 재판을 받았다.
■ 『한국사회주의운동인명사전』;『동아일보』1923.11.18

권제녕(權濟寧, 1850~1903.8.17)

(전기의병) 본관은 안동(安東). 자는 사문(士文). 호는 구산(龜山). 출신지는 서후면(西後面) 명동(鳴洞: 현 서후면 명리). 권제녕은 명성황후 시해사건과 단발령을 계기로 1896년 1월 초에 일어난 안동의병에 참여하여 활동하였다. 안동의병이 3월 7일 포(砲)를 중심으로 하는 전투적인 편제로 지휘부를 새롭게 편성할 때, 권제녕은 서기(書記)로 발탁되어 활동하였다. 2002년 건국포장.
■ 『을미의병일기』(이긍연);『구산문집』

권종철(權鍾喆)

(만주방면) 권종철은 만주로 망명하였다. 그는 길림성 통화현 고산자에서 학생들을 가르치는 교사로 활동하였다.
■ 「不逞團關係雜件-朝鮮人의 部-在滿洲의 部(4)」

권종표(權鍾杓)

(화산구락부) 권종표는 재동경안동유학생(在東京安東留學生)으로 조직된 화산구락부(花山俱樂部)에 참여하였다. 그는 이 단체가 1921년 여름방학을 맞아 안동 일대에서 순회강연회를 가지자, 연설자로 참여하였다. 그리하여 7월 16일 안동불교청년회 포교당에서 '교육의 필요'라는 주제로, 이

어 7월 22일에는 하회 우리청년회의 주관으로 개최된 강연회에서 '신문명을 발휘'란 주제로 연설하였다.

■ 『동아일보』 1921.7.22, 7.31

권준표(權準杓, 1894~1953)

(풍산소작인회) 본관은 안동(安東). 자는 맹규(孟圭). 출신지는 풍서면(豊西面) 가곡리(佳谷里: 가일마을, 현 풍천면 가곡리). 권준표는 가곡에 설립된 원흥의숙(元興義塾)에서 교사로 활동하였고, 1923년 11월 11일에 열린 풍산소작인회(豊山小作人會) 창립총회에서 집행위원으로 선출되었다.

■ 『동아일보』 1923.11.18

권준흥(權準興, 1881~1939.4.6)

(풍기광복단 · 광복회 · 원흥의숙) 본관은 안동(安東). 자는 맹인(孟仁). 출신지는 풍서면(豊西面) 가곡리(佳谷里: 가일마을, 현 풍천면 가곡리) 407번지. 권준흥은 풍기광복단(豊基光復團)에 가담하여 군자금 모집에 참가하였다. 그가 가입한 풍기광복단은 1913년 채기중(蔡基中)을 중심으로 의병계열 인사들이 경상북도 풍기(豊基)에 모여 조직된 비밀결사단체이다. 이후 풍기광복단은 1915년 7월 대구에서 비밀리에 결성되어 활동하던 조선국권회복단(朝鮮國權回復團) 일부와 결합하여 광복회(光復會)로 발전하였다.

풍기광복단에 이어 광복회에 참가하여 활동한 권준흥은 류시만(柳時萬) · 권준희(權準羲) · 권영식(權寧植) 등과 함께 군자금을 모금하여, 박상진(朴尙鎭)에게 전달하였다. 이로 인하여 그는 1918년 일본경찰에 체포되었다.
한때 그는 풍서면 가곡리에 설립된 원흥의숙(元興義塾)에서 교사로 활동하기도 하였다.

■ 『고등경찰요사』; 『박상진자료집』; 『독립운동사자료집』 11집

권준희(權準羲, 1849.9.14~1936.9.19)

(풍기광복단·광복회) 본관은 안동(安東). 자는 계상(啓象). 호는 우암(友巖). 출신지는 풍서면(豊西面) 가곡리(佳谷里: 가일마을, 현 풍천면 가곡리). 권준희는 풍기광복단(豊基光復團)에 가담하여 군자금 모집활동을 하였다. 그가 가입한 풍기광복단은 1913년 채기중(蔡基中)을 중심으로 의병계열 인사들이 경상북도 풍기(豊基)에 모여 조직한 비밀결사단체이다. 이후 풍기광복단은 1915년 7월 대구에서 비밀리에 결성되어 활동하던 조선국권회복단(朝鮮國權回復團) 일부와 결합하여 광복회(光復會)로 발전하는데, 권준희는 그 고문직을 맡았다. 또한 그는 류시만(柳時萬)·권준흥(權準興)·권영식(權寧植) 등과 함께 군자금을 모금하여 박상진(朴尙鎭)에게 전달하였고, 이로 인하여 그는 1918년 일본경찰에 체포되었다. 묘는 풍산읍 수리(水里)에 있다.

권준희

■ 『고등경찰요사』; 『박상진자료집』

권중락(權重洛)

(만주방면) 권중락은 만주로 망명하여 독립군 기지건설에 노력하였다.

■ 「遼行日記」

권중봉

권중봉(權重鳳, 1891.10.19~1967.10.15)

(신흥중학교·부민단) 본관은 안동(安東). 이명은 권중철(權重哲). 자는 덕원(德元). 호는 학안(學安). 출신지는 서후면(西後面) 명동(鳴洞: 현 서후면 명리) 독잠(獨岑). 권중봉은 1912년 길림성 통화현(通化縣)으로 망명하였고, 이후 그는 군자금 모집 임무를 띠고 국내로 들어와 수개월 간 군자금 모집 활동을 하였다. 그 후 다시 만주로 넘어가 1913년에 신흥중학교(新興中學校)를 졸업하였고, 부민단(扶民團)에 참가하였다. 그리고 그가 신흥무관학교 2기생이었다고 전해진다.

■ 『안동판독립사』; 『안동 사람들의 항일투쟁』

권중석

권중석(權重錫, 1922.5.14~?)

(조선회복연구단) 본관은 안동(安東). 출신지는 안동면(安東面) 법상동(法尙洞: 현 안동시 법상동). 권중석은 안동농림학교(安東農林學校)에서 결성된 조선회복연구단(朝鮮回復研究團)에 가입하여 활동하였다. 1945년 3월 10일 체포되어 옥고를 치르다가 광복과 더불어 1945년 8월 16일 대구지방법원 안동지청에서 기소유예로 풀려났다.

■ 『안동판독립사』; 「형사사건부」(1945.3.14)

권중식(權重植, 1893~?)

(광복회) 본관은 안동(安東). 권중식은 광복회(光復會)에 가담하여 군자금 모집활동을 전개하였다. 그가 가입한 광복회는 1915년 7월에 결성된 단체로서, 1913년 채기중(蔡基中)을 중심으로 한 의병계열 인사들이 경상북도 풍기(豊基)에

모여 조직한 풍기광복단(豊基光復團)과 1915년 음력 정월 대구에서 결성된 조선국권회복단(朝鮮國權回復團) 일부가 결합하여 조직된 단체였다. 여기에 가입하여 군자금 모집활동을 전개하던 권중식은 1918년 일본경찰에 체포되었다.
■ 『박상진자료집』

권중연(權重淵)

(진명학술강습회·교육구국운동) 1921년 길안면(吉安面)에 창립된 진명학술강습회(進明學術講習會)에 참여하여, 1925년 5월 8일 제4회 정기총회에서 회장으로 선출되었다.
■ 『동아일보』 1925.5.15, 7.24

권중열(權重烈, 1895~1963.10.5)

(신간회 안동지회) 본관은 안동(安東). 자는 무일(武一). 출신지는 안동면(安東面) 율세동(栗世洞: 현 안동시 율세동). 권중열은 1927년 7월 9일 신간회 안동지회 창립 준비위원 20인 가운데 한 명으로 선출되어 지회 설립에 참여하였으며, 1928년 1월에 부회장으로 선출되었다. 1928년 3월 6일에는 신간회 강좌개설 실행위원으로 선출되어 활동하였다. 묘는 남후면(南後面) 무릉리(武陵里)에 있다.
■ 『조선일보』 1927.7.17, 1928.1.21, 2.7, 3.10

권중용(權重龍)

(태오서당 교사·교육구국운동) 본관은 안동(安東). 권중용은 1919년에 월곡면 사곡동에 설립된 태오서당(台塢書堂)에

서 교사로 활동하였다.
■ 『안동 사람들의 항일투쟁』

권중윤(權重潤, 1900.2.3~1928.1.31)
(대구 삼일운동) 본관은 안동(安東). 출신지는 안동면(安東面) 법상동(法尙洞: 현 안동시 법상동) 427번지. 1919년 3월 8일 대구 서문시장부근에서 만세시위가 일어나자, 당시 계성학교(啓聖學校) 재학 중이던 권중윤은 여기에 참여하여 시위를 전개하다가 일본경찰에 체포되었다. 1919년 대구지방법원에서 징역 6월형을 언도받고 복역하였다. 2000년 대통령표창.
■ 「판결문」(1919.4.18, 대구지방법원) ; 「신분장지문원지」(경찰청) ; 『대구경북항일독립운동사』 ; 『독립운동사자료집』 5집 ; 『독립운동사』 3 · 9권

권중인(權重仁, 1896.2.27~1973.4.17)
(신간회 안동지회) 출신지는 안동(安東) 남부동(南部洞) 160번지. 권중인은 1927년 8월 창립된 신간회 안동지회에 참여하여, 1929년 1월 간사로 1929년 8월 10일에는 집행위원으로 선출되었다.
■ 『조선일보』 1929.1.29, 8.14

권중준(權重准)
(신간회 안동지회) 권중준은 1927년 8월 창립된 신간회 안동지회에 참여하여, 1929년 1월 간사로 1929년 8월 10일에

는 조사부장으로 선출되었다.

■ 『조선일보』 1929.1.29, 8.14

권중택(權重澤, 1908~?)

(안동청년동맹·신간회 안동지회·안동콤그룹) 출신지는 안동읍(安東邑) 법상동(法尙洞) 99번지. 권중택은 안동공립보통학교를 졸업하고, 안동청년동맹(安東靑年同盟)에 참여하여 활동하였다. 또한 그는 1927년 8월 신간회 안동지회가 설립되자 여기에 참여하여 활동하기도 하였다. 그러나 일제의 잦은 간섭으로 신간회가 합법적인 단체의 기능을 상실하자, 그는 1931년 안동콤그룹의 지도자인 안상윤(安相潤)과 손잡고 안동야체이카를 결성하였다. 그러던 중 1933년 안동적색비사사건(安東赤色秘社事件)으로 검거되어, 징역 2년 6월형을 언도받았다.

권중택

■ 「판결문」(1934.10.3, 대구복심법원); 『한국사회주의운동인명사전』
; 『조선일보』 1934.3.8, 6.16, 7.3, 10.6

권중호(權中鎬)

(안동면 삼일운동) 권중호는 1919년 3월 18일에 일어난 안동면 2차 시위에 참여하였다고 한다.

■ 「안동의 3·1운동」

권중희(權重熙, 1890.7.25~1946.7.11)

(임동면 삼일운동) 본관은 안동(安東). 자는 순여(舜汝). 출신지는 임북면(臨北面) 사월동(沙月洞: 현 임동면 사월리). 권중희

는 1919년 3월 21일 임동면 중평동 편항시장(鞭巷市場)에서 일어난 만세시위에 참여하였다. 이 활동으로 체포된 그는 1919년 8월 18일 대구복심법원에서 징역 2년형을 언도받고 복역하였다. 1977년 대통령표창, 1990년 건국훈장 애족장.
- 「판결문」(1919.5.31, 대구지방법원) ; 「판결문」(1919.8.18, 대구복심법원) ; 『독립운동사자료집』 5집 ; 『독립운동사』 3권

권진순(權鎭淳)
(전기의병) 권진순은 1895년 12월(음력) 결성된 안동의진에서 돌격장(突擊將)으로 활약하였다.
- 「안동의소파록」

권태동(權泰動)
(신간회 안동지회) 권태동은 1927년 8월에 창립된 신간회 안동지회에 참여하여, 1928년 1월 18일 총회에서 간사로 선출되고, 대표위원과 서무부를 역임하였다. 또한 같은 해 3월 6일에는 강좌개설 실행위원으로 선출되어 활동하였다.
- 『조선일보』 1928.1.21, 2.6, 3.10, 4.5

권태동(權泰東, 1907~)
(신간회 안동지회) 출신지는 안동(安東) 법상동(法尙洞). 권태동은 1927년 8월에 창립된 신간회 안동지회에 참여하여, 1928년 1월 18일 총회에서 간사로 선출되었다.
- 『조선일보』 1928.1.26, 2.6 ; 『동아일보』 1930.3.23

권태림(權泰林, 1909.10.15~1976.7.31)

(학생운동) 출신지는 안동면(安東面) 법상동(法尙洞: 현 안동시 법상동) 70번지. 권태림은 1929년 대구수창공립보통학교 훈도로서 프롤레타리아 문예 연구를 위한 '권대(拳隊)'라는 비밀결사를 조직하여 활동하다가 1930년 3월 일본경찰에 체포되었다. 그는 이 일로 인하여 징역 1년 6월형을 언도받고 옥고를 치렀다. 2009년 건국포장.
- 「재소자신분카드」;「판결문」(1930.8.30, 대구지방법원);「판결문」(1930.11.8, 대구복심법원);『중외일보』1930.4.8

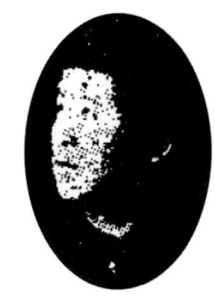
권태림

권태봉(權泰奉)

(중방사숙 교사 · 교육구국운동) 본관은 안동(安東). 권태봉은 1912년에 남후면(南後面) 중방동(中坊洞)에 설립된 중방사숙(中坊私塾)에서 교사로 활동하였다.
- 『안동 사람들의 항일투쟁』

권태석(權泰錫, 1887~1939.8.20)

(교육구국운동 · 화성회 · 정광단 · 안동기자단 · 신간회 안동지회) 본관은 안동(安東). 이명은 권석한(權錫漢). 호는 회계(會稽). 출신지는 풍산면(豊山面) 막곡동(幕谷洞: 현 풍산읍 막곡리). 권태석은 안동면 화성동에 설립된 지방학림(地方學林)에서 교사로 활동하였다. 이후 사상단체인 화성회(火星會)에 참여하여 활동하였으며, 1925년 10월에는 안동의 유지들을 모아서 지호동우구락부를 발기하고, 10월 16일에는 정광단(正光團)의 발기식에 참여하였다. 또한 그는 1926년

6개 군(郡)의 기자 모임인 안동기자단(安東記者團) 창립 때, 동아일보 지국장으로서 여기에 참여하였다.

1927년 화성회 해체선언 이후 그는 신간회 안동지회 창립 준비에 참여하여 총무간사의 한 명으로 선출되어 활동하다가, 1927년 후반 서울로 올라가 민중서림을 개설하고, 서양의 선진서적을 구입하여 뜻있는 젊은이들에게 보급하였다. 그러나 1927년 출판물 부정취급사건으로 종로경찰서에 구인(拘引)되었다.

- 『안동판독립사』; 『동아일보』 1925.1.12 ; 『조선일보』 1927.7.17, 8.30, 8.31

권태섭(權泰燮, 1911~1949)

(사회과학연구회·마르크스주의 경제학자) 출신지는 안동읍(安東邑) 52번지. 권태섭은 경성제국대학을 중퇴하고 일본으로 건너가, 1936년 도쿄(東京)에서 공산주의그룹에 가담하여 사회과학연구회 결성에 참여했다. 이 활동으로 1939년 1월 일본경찰에 검거되어, 1941년 3월 도쿄지방재판소에서 징역 2년, 집행유예 3년형을 선고받았다. 이후 그는 1946년 2월 민주주의민족전선 결성대회에 경북대표로 참가하였으며, 1947년 『조선경제의 기본구조』(同心社)를 저술했다. 1949년 남조선노동당 기관지 부책(副責)으로 활동하다가 검거되어 간첩죄로 총살당했다.

- 『재일조선인관계자료집성』; 『한국사회주의운동인명사전』

권태성(權泰晟, 1908~?)

(육십만세운동) 본관은 안동(安東). 출신지는 풍산면(豊山面) 안교동(安郊洞: 현 풍산읍 안교리) 80번지. 1926년 당시 중앙고보(中央高普) 3년에 재학 중이던 권태성은 조선학생과학연구회에 참여하여 조사부 집행위원으로 활동하였다. 그는 1926년 6월 10일 순종 인산일을 기해 일어난 대규모 만세시위에 참여하였다가 일본경찰에 검거되어 6월 14일 서대문형무소에 수감되었다. 그리고 1926년 8월에는 안동유학생회 회장으로 선출되었다.

■ 『사상문제에 관한 조사서류(2)』; 『독립운동사』 9권; 『고등경찰요사』

권태염(權泰琰, 1927.7.10~?)

(명성회) 본관은 안동(安東). 출신지는 안동면(安東面) 서부동(西部洞: 현 안동시 서부동) 177-2번지. 권태염은 안동농림학교(安東農林學校) 농과(農科) 9회생으로서, 재학 시 비밀결사단체인 명성회(明星會)에 가입하여 활동하였다. 그는 1945년 3월 10일 체포되어 옥고를 치르다가, 광복과 더불어 1945년 8월 16일 대구지방법원 안동지청에서 기소유예로 풀려났다. 1998년 대통령표창.

권태염

■ 『안동농림학생항일약전』; 『대구경북항일독립운동사』; 「형사사건부」(1945.3.14)

권태환(權泰煥, 1872.8.7~1946.6.18)

(임동면·임북면 삼일운동) 본관은 안동(安東). 자는 성관(聖觀). 출신지는 임북면(臨北面) 사월동(沙月洞: 현 임동면 사월리).

권태환

권태환은 1919년 3월 21일 임동면 중평동 편항시장(鞭巷市場)에서 일어난 만세시위에 참여하였고, 그 여세를 몰아 3월 22일 당시 임북 면소재지인 사월에서 만세시위를 전개하다가 체포되었다. 이 활동으로 그는 1919년 대구복심법원에서 징역 3년형을 언도받고 대구형무소에서 복역하였다. 묘는 사월리 보마곡(甫馬谷, 포마골)에 있다. 1977년 대통령표창, 1990년 건국훈장 애족장.

- 「판결문」(1919.5.31, 대구지방법원) ; 「판결문」(1919.8.18, 대구복심법원) ; 『독립운동사자료집』 5집 ; 『독립운동사』 3권

권태훈

권태훈(權泰勳, 1890.1.2~1976.2.11)

(안동불교청년회 · 신간회 안동지회) 본관은 안동(安東). 자는 이건(而建). 호는 석아(石啞). 출신지는 안동면(安東面) 법상동(法尙洞: 현 안동시 법상동). 권태훈은 1920년 8월 22일 창립된 안동불교청년회에 참여하여, 창립총회 때 평의원으로 선출되었다. 1921년 4월 불교청년회의 일반노동자 교육기관으로 개설된 노동야학부에서 교사로 활동하며, 1921년 4 · 5월의 문예극 개최 준비를 하기도 하였다. 이후 그는 1928년 1월 신간회 안동지회 전형위원, 서무부 총무간사, 대표위원 후보로 선출되어 활동하였다. 묘는 안동시 이천동 산 252번지에 있다.

- 『동아일보』 1920.8.31, 1921.5.1 ; 『조선일보』 1928.2.2, 2.6

권태희(權泰熙)

(동흥강습소 교사 · 교육구국운동) 본관은 안동(安東). 권태

희는 안동면(安東面) 법흥동(法興洞: 현 안동시 법흥동) 임청각(臨淸閣) 내에 설립된 동흥강습소(東興講習所)에서 교사로 활동하였다.

■ 『안동 사람들의 항일투쟁』

권헌이(權憲伊, 1897.9.15~1980.6.1)

(예안면 삼일운동) 본관은 안동(安東). 출신지는 도산면(陶山面) 토계동(土溪洞: 현 도산면 토계리) 222번지. 권헌이는 1919년 3월 17일 예안면 1차 시위에 참여하였다가 체포되었다. 이 활동으로 그는 1919년 5월 3일 대구지방법원 안동지청에서 징역 8월형을 언도받고 복역하였다. 1993년 대통령표창.

■ 『독립운동사자료집』 5집 ; 「판결문」(1919.5.3, 대구지방법원안동지청) ; 「신원카드」

권헌이

권혁수(權赫壽, 1926.9.15~?)

(조선회복연구단) 이명은 권재탁(權在倬). 출신지 풍천면(豊川面) 가곡(佳谷: 현 가일마을). 권혁수는 1944년 안동농림학교(安東農林學校) 재학 중 학우(學友)들과 함께 조선회복연구단(朝鮮回復研究團)을 조직하고 경찰서·헌병파견대 등을 습격한 후 의성(義城)으로 진출하여 일본군과 교전할 것을 계획하였다. 그러나 이 계획이 드러나 1945년 3월 일본경찰에 체포되었다가, 광복으로 풀려났다. 2006년 대통령표창.

■ 「형사사건부」(1945.3.14) ; 『안동판독립사』 ; 『안동사학』 12집

권황중(權黃仲)

(전기의병) 출신지는 풍산(豊山). 권황중은 1896년 결성된 안동의진의 척후관(斥候官)을 맡았다. 그는 사방의 요새가 될 만한 곳에 경수막(警守幕)을 설치하고, 주야로 수상한 행동을 하는 사람과 왕래하는 편지를 살폈다.

■ 『일록』(김정섭)

금명석

금명석(琴明石, 1894.8.19~1961.5.5)

(임동면·임북면 삼일운동) 본관은 봉화(奉化). 자는 병원(秉元). 출신지는 임북면(臨北面) 사월동(沙月洞: 현 임동면 사월리). 금명석은 1919년 3월 21일 임동면 중평동 편항시장(鞭巷市場)에서 일어난 만세시위에 참여하였고, 그 여세를 몰아 3월 22일 당시 임북 면소재지이던 사월에서 만세시위를 전개하다가 체포되었다. 이 활동으로 그는 1919년 8월 18일 대구복심법원에서 징역 2년형을 언도받고 대구형무소에서 복역하였다. 1977년 대통령표창, 1990년 건국훈장 애족장.

■ 「판결문」(1919.5.31, 대구지방법원) ; 「판결문」(1919.8.18, 대구복심법원) ; 『독립운동사자료집』 5집 ; 『독립운동사』 3권

금봉술(琴鳳述)

(전기의병) 이명 금봉렬(琴鳳烈). 출신지는 예안면(禮安面). 1896년 1월 초에 단발령이 전해지자, 1월 13일(음 1895.11.29)에 안동지방의 의병봉기를 도모하는 첫 통문이 예안에서 나왔다. 이때 금봉술은 이만응(李晩膺)·목사(牧使) 이만윤(李晩胤) 등 220명의 이름으로 발송된 통문작성에 참여하였다.

이를 바탕으로 향산 이만도(響山 李晩燾)를 대장으로, 이중린(李中麟)을 중군으로 하는 선성의진(예안의진)이 조직되었다.

■ 『독립운동사자료집』 1집 ; 『독립운동사』 1권

금성철(琴聲轍)

(교남교육회·교육구국운동) 금성철은 1908년 3월 15일 재경 영남인사들이 창립한 교남교육회(嶠南敎育會)에 참여하였다.

■ 『교남교육회잡지(회원명부)』

금용문(琴鏞文, 1882.8.27~1961.11.18)

(예안면 삼일운동) 본관은 봉성(鳳城). 자는 우명(禹命). 호는 청원(淸園). 출신지는 예안면(禮安面) 귀단리(歸團里) 606번지. 금용문은 1919년 3월 17일 예안면 1차 시위에 참여하였다가 체포되었다. 이 활동으로 그는 1919년 3월 31일 대구지방법원에서 징역 1년형을 언도받고 복역하였다. 1990년 건국훈장 애족장.

금용문

■ 「신원카드」 ; 『독립운동사』 3권 ; 「형사사건부」 ; 「판결문」(1919.4.15, 대구복심법원) ; 「판결문」(1919.5.8, 고등법원)

금중연(琴重淵)

(임하면 삼일운동) 출신지는 남선면(南先面) 이천동(梨泉洞). 금중연은 1919년 3월 21일 안동군 임하면 만세시위를 주도하였다. 그는 임찬일·노말수 등과 만세시위를 계획·준비하여 시위 군중들과 함께 임하면사무소·신덕주재소에

서 만세시위를 전개하였다. 금중연은 이후 일본경찰에게 체포되어 1919년 7월 4일 대구지방법원에서 징역 1년 6월을 선고받았다.

- 「판결문」(1919.7.4, 대구지방법원) ; 「판결문」(1919.9.19, 대구복심법원) ; 『독립운동사자료집』 5집

김강아지(金江牙之, 1892~)
(만주방면, 정의부) 이명 김병만(金秉萬). 출신지는 임하면(臨河面) 천전(川前) 279번지. 김강아지는 1911년 3월 만주로 망명하여 길림성 연수현(延壽縣) 소량자하(小亮子河)에 거주하며 정의부에서 활동하였다.

- 『국외용의조선인명부』

김건수(金建洙, 1905~1958.4.10)
(와룡청년회) 본관은 광산(光山). 자는 공서(公瑞). 출신지는 동선면(東先面) 가구리(佳邱里: 현 와룡면 가구리). 김건수는 1925년 2월에 열린 와룡청년회(臥龍靑年會) 창립총회에서 집행위원으로 선출되었다.

- 『동아일보』 1925.2.16

김건식(金建植)
(신간회 안동지회) 김건식은 1927년 8월 창립된 신간회 안동지회에 참여하여, 1928년 1월 간사로 선출되었다.

- 『조선일보』 1928.1.21, 2.6

김건우(金建佑, 1926.7.21~1999.8.26)

(명성회) 본관은 안동(安東). 이명은 김원현(金元顯). 호는 응천(應天). 출신지는 안동면(安東面) 법상동(法尙洞: 현 안동시 법상동) 153-1번지. 김건우는 안동농림학교(安東農林學校) 임과(林科) 10회생으로서, 재학 시 비밀결사 단체인 명성회(明星會)에 가입하여 연락책으로 활동하였다. 1945년 3월 10일 체포되어, 옥고를 치르다가 광복과 더불어 1945년 8월 16일에 기소유예로 풀려났다. 1996년 대통령표창.

김건우

■ 『안동농림학생항일약전』;「형사사건부」(1945.3.14)

김경한(金慶漢, 1904.1.14~?)

(안동청년연맹·정광단·고려공산청년회·신간회 안동지회·조선공산당·안동기근구제회) 본관은 안동(安東). 출신지는 안동면(安東面) 옥정동(玉井洞: 현 안동시 옥정동). 김경한은 1925년 8월 안동청년연맹 결성에 참여하여 집행위원으로 선출되었으며, 그 해 10월에는 사상단체 정광단(正光團) 결성에도 참여하여 조사부를 맡았다. 이후 그는 1927년 2월 고려공산청년회에 참여하여 안동야체이카에 배속되어 활동하였으며, 5월 안동청년동맹 집행위원장으로 선출되었다. 1927년 8월 신간회 안동지회가 창립되자, 그는 여기에 참여하여 조직부원·상무간사·대표의원으로 선출되었다. 이후 그는 사회운동을 꾸준하게 벌여 그 해 가을 조선공산당에 입당하여 안동야체이카 책임자가 되었다. 1928년 1월 조선청년총동맹 경북연맹위원회 교양부원, 1929년 안동기근구제회 창립대회 준비위원으로 활동하다가, 1930

김경한

년 경북공산당사건으로 경찰에 검거되어 1930년 12월 대구지방법원에서 징역 1년 3월형을 선고받았다.

■ 「판결문」(1930.12.27, 대구지방법원) ; 『한국사회주의운동인명사전』;『동아일보』1925.9.5, 10.13, 1928.1.21, 2.6, 3.10, 4.5, 1929.8.10, 8.14

김계한

김계한(金啓漢, 1867.6.12~1956.7.13)

(안동면 삼일운동) 본관은 안동(安東). 출신지는 안동면(安東面) 법상동(法尙洞: 현 안동시 법상동). 김계한은 1919년 3월 18일 안동면 2차 시위에 참여하여 시위를 주도하다가 일본 경찰에게 체포되었다. 1919년 4월 7일 대구지방법원 안동지청에서 징역 6월형을 언도받고 항소하였으나, 5월 2일 대구복심법원과 6월 5일 고등법원에서 기각, 형이 확정되어 복역하였다. 1995년 대통령표창.

■ 「판결문」(1919.4.7, 대구지방법원안동지청) ; 「판결문」(1919.5.2, 대구복심법원) ; 「판결문」(1919.6.5, 고등법원) ;『독립운동사』3권

김공망(金公望, 1906~?)

(안동청년연맹·신간회 안동지회·안동콤그룹) 출신지는 임하면(臨河面) 천전동(川前洞: 내앞). 김공망은 1925년 안동청년연맹과 1927년 창립된 신간회 안동지회에 가입하여 활동하였다. 1928년 신간회에 대한 일제의 탄압이 가해지자, 신간회는 합법단체로서의 제 기능을 상실하게 되었다. 이에 김공망은 안상윤(安相潤)·이필(李銳)·권중택(權重澤)과 더불어 1931년 안동콤그룹을 결성하여, 그 산하 조직인 임하

그룹과 임하그룹 산하 적색농민조합결성에 참여했다. 그는 이러한 일련의 활동으로 검거되어 1935년 대구지방법원에서 징역 1년 6월형을 선고받았다.
- 『한국사회주의운동인명사전』;『조선일보』1934.6.16, 7.3

김광철(金光澈)

(안동청년회) 김광철은 1920년 5월 창립된 안동청년회(安東靑年會)에 참여하여, 1921년 4월 2회 정기총회에서 서기로 선출되었다. 그리고 1921년 6월 19일 임시총회에서는 부회장에 선출되었다.
- 『동아일보』1921.4.27, 6.24

김광현(金光顯, 1913.9.22~2006.12.10)

(조선회복연구단) 출신지는 안동시 화성동 151번지. 안동교회 목사로 재직 중이던 김광현은 1945년 안동농림학교(安東農林學校) 학생 항일운동단체인 조선회복연구단(朝鮮回復研究團)을 지도하였다고 한다.
- 『안동판독립사』;『안동농림50년사』

김광현

김구현(金九鉉, 1900.5.6~?)

(예안면 삼일운동) 본관은 풍산(豊山). 이명은 김수특(金壽特). 자는 범주(範疇). 출신지는 예안면(禮安面) 서부동(西部洞: 현 도산면 서부리) 117번지. 김구현은 1919년 3월 17일 예안면 1차 시위에 참여하였다가 체포되었다. 이 활동으로 그는 1919년 4월 7일 대구지방법원 안동지청에서 징역 1년

형을 언도받고 항소하였으나, 5월 10일 대구복심법원, 6월 12일 고등법원에서 기각되어 복역하였다. 1995년 건국훈장 애족장.

- 「판결문」(1919.5.10, 대구복심법원) ;「판결문」(1919.6.12, 고등법원) ;『독립운동사자료집』5집 ;『독립운동사』3권

김구현

김구현(金龜顯, 1889.11.28~1969.10.21)

(국내항일, 흠치교) 출신지는 서후면(西後面) 교리(校里) 392번지. 김구현은 1920년 5월(음력) 안동군 서후면(西後面) 교리에서 흠치교(吽哆教)에 가입하였다. 그는 12인조로 조선의 독립을 주장하며, 교도모집 및 자금모금 등 교세의 확장을 도모하다 체포되어 1921년 징역 2년을 선고받아 옥고를 치렀다. 2006년 건국포장.

- 「판결문」(1921.6.22, 대구지방법원안동지청) ;「판결문」(1921.11.26, 대구복심법원) ;「판결문」(1922.2.27, 고등법원)

김국진(金國鎭, 1905.12.24~1974.11.9)

(신간회 안동지회) 본관은 안동(安東). 출신지는 안동면(安東面) 법상동(法尙洞: 현 안동시 법상동). 김국진은 1927년 8월 신간회 안동지회 결성에 참여하였고, 1928년 1월 간사 및 건의안 작성위원으로 선출되어 조사연구부에 속해 활동하였다. 이후 1929년에는 간사와 대표회원으로 선출되어 활동하였다. 안동청년동맹 집행위원장으로 활동하다, 1930년 체포되기도 하였다. 그리고 묘는 경기도 양주군 주내면 야산에 있다.

■ 『조선일보』 1928.1.21, 2.6, 1929.1.29

김규섭(金奎섭)

(교남교육회·교육구국운동) 김규섭은 1908년 3월 15일 재경 영남인사들이 창립한 교남교육회(嶠南敎育會)에 참여하였다.

■ 『교남교육회잡지(회원명부)』

김규성(金奎聲, 1908.6.24~1974.6.6)

(광동학술강습소 교사·교육구국운동) 본관은 의성(義城). 자는 정대(正大). 호는 항산(恒山). 출신지는 서후면(西後面) 금계동(金溪洞: 현 서후면 금계리). 김규성은 1919년에 설립된 광동학술강습소(廣東學術講習所: 서후면 금계리)에서 교사로 활동하였다.

■ 『안동 사람들의 항일투쟁』

김규식(金圭植, 1880.8.27~1945.8.10)

(교육구국운동·경학사·부민단·한족회·정의부) 본관은 의성(義城). 출신지는 임하면(臨河面) 천전동(川前洞: 내앞) 269번지. 김규식은 1907년 안동 내앞(川前)에 설립된 근대식 학교인 협동학교(協東學校)에서 교사로 활동하였다. 1910년 일제에 의해 대한제국이 멸망하자, 김동삼(金東三)·이상룡(李相龍) 등 안동지역 인사들이 신민회(新民會)와 더불어 해외 독립운동 기지건설 계획을 추진함에 따라, 1910년 12월 24일 백부(伯父) 김대락(金大洛)을 따라 서간도 삼원포(三源浦)로

망명하였다. 삼원포에 정착한 그는 경학사(耕學社) · 부민단(扶民團) 등에 가담하여 독립운동 기지건설에 노력하였다. 1919년 3월 김규식은 부민단(扶民團)을 한족회(韓族會)로 확대 개편될 때, 학무부장으로 선임되어 만주 이주한인들의 생활안정에 기여하였다. 또 같은 해 4월 서로군정서(西路軍政署)가 조직되자, 여기에도 참여하여 활동하였다. 이후 그는 정의부(正義府)에 참여하여 항일투쟁을 전개하였으며, 한때 심양에서 동아여관(東亞旅館)이란 여인숙을 운영하며, 독립운동의 연락거점으로 활용하였다. 이후 오상현 안가촌(安家村)으로 이주하여 중국 관내와 러시아지역 동포와 연락하며 활동하다가, 1944년 8월에 일본경찰에 체포되었고, 이후 행적은 알려지지 않고 있다. 1996년 건국훈장 애국장.

■ 「백하일기」(김대락) ; 『고등경찰요사』 ; 『국외용의조선인명부』 ; 『독립운동사자료집』 10집

김규헌

김규헌(金奎憲, 1886.1.9~1970.8.9)

(의병항쟁 · 의용단) 본관은 의성(義城). 자는 치방(致邦). 호는 속은(俗隱). 출신지는 서후면(西後面) 성곡동(城谷洞: 현 서후면 성곡리). 안동에서는 중 · 후기 의병의 활동이 전기에 비해 크게 약화되었다. 따라서 이 시기에는 이강년의진에 참가하는 경우가 많았는데, 김규헌은 이강년의진에 참여하여 활동한 대표적인 인물이다. 이후 그는 1921년 의용단(義勇團)에 참여하여 군자금 모집활동을 하였다. 이 의용단은 군자금 지원을 원하는 서로군정서(西路軍政署)의 뜻에 호응하여 영남지방 인사들이 결성한 조직체였다. 1922

년 6월 서로군정서 총재 이계원(李啓元: 이상룡)이 국내로 파견한 김찬규(金燦奎: 영주 이산면 석포리)가 체포됨으로 인해 그 전모가 드러났는데 당시 의용단의 경북단장은 신태식(申泰植)이고, 경남단장은 김찬규였다.

김규헌은 의용단 단원으로서 1922년 4월 안동군(安東郡) 도산면(陶山面) 옥계동(玉溪洞)의 이중면(李中冕)과 영덕(盈德)의 박재인(朴載寅)·박세찬(朴世燦) 등에게 독립자금을 요구하다가 일본경찰에 체포되어, 1923년 12월 22일 대구지방법원에서 징역 1년을 언도받고 옥고를 치렀다. 이후 1926년 9월 12일 대구복심법원에서 재판에 항의하다가 공무집행방해죄로 징역 10월형을 언도받고 다시 옥고를 치렀다. 1986년 대통령표창, 1990년 건국훈장 애족장.

■ 「신분장지문조회회보서」; 「판결문」(1923.12.22, 대구지방법원); 『고등경찰요사』; 『일제침략하한국36년사』; 『독립운동사자료집』 10·14집

김근(金根)

(의열투쟁) 김근은 문상직(文相直)의 암살음모단 사건에 참여하였다. 문상직은 1919년 9월 11일 중국 길림성 유하현 신흥학교에서 대구로 들어왔다. 그의 목적은 일제의 주요 관공서와 조선인 관리를 공격하는 것이었다. 이에 김근은 대구에서 서영균(徐榮均)·송정덕(宋貞德) 등과 함께 이 일에 참가하기로 하였다. 하지만 이 계획이 일제에게 발각되어 체포되었다.

■ 『고등경찰요사』

김기진

김기진(金箕鎭, 1904.12.3~1950.9.6)

(신흥청년회·풍서농민회·고려공산청년회) 본관은 안동(安東). 자는 성오(成五). 출신지는 풍서면(豊西面) 소산리(素山里: 현 풍산읍 소산리). 김기진은 1924년 9월 풍산청년회를 혁신하여 설립된 신흥청년회(新興靑年會)에 참여하여 활동하였다. 1925년 11월 그는 풍서농민회에 참여하여 집행위원이 되었는데, 풍서농민회는 '상호부조와 생활개량'을 목적으로 소작료와 지세문제를 당면과제로 삼고, 악독한 지주에게 대항하고 간악한 소작인들을 처치하여 농민의 생활보장을 투쟁방향으로 잡았다. 이에 그는 1926년 5월 소작권 이동문제로 인해 야기된 분규에 가담하다가 업무방해 및 협박죄로 구속되어 징역 6월형을 언도받았다. 출옥 후 그는 1927년 가을 고려공산청년회에 참여하여 안동야체이카에 속했다가, 1930년 2월 대구지방법원에서 또 다시 징역 8월형을 선고받고 옥고를 치렀다.

■ 『한국사회주의운동인명사전』;『동아일보』1924.9.22 ; 『조선일보』1924.9.23, 1926.5.3

김남수(金南洙, 1899.2.22~1945.3.22)

(예안면 삼일운동·조선노동공제회 안동지회·안동청년회·조선노동연맹회·풍산소작인회·화성회·안동청년연맹·안동노우회·안동기우단·안동기자단·조선공산당) 본관은 광산(光山). 자는 중심(仲尋). 호는 우전(雨田)·학산(鶴山). 출신지는 예안면(禮安面) 오천동(烏川洞) 117번지. 김남수는 군자리 탁청정(濯淸亭) 종손 김영도(金永燾)의 차남

으로 출생하였다.

안동에서 류인식(柳寅植)·김동삼(金東三) 등이 세운 최초의 중등학교인 협동학교(協東學校)와 서울 중동학교에 다닌 적이 있다고 전해진다. 예안 3·1운동에 참여한 그는 1920년부터 사회운동에 뛰어 들었다. 1920년 가을에 류인식의 지도로 조선노동공제회 안동지회가 조직되자, 여기에 참여하면서 그의 사회운동이 시작되었다. 안동청년회에 참가하고 동아일보 안동지국 총무로 활약하던 그는 상경하여 동향출신인 김재봉(金在鳳)·권오설(權五卨)·이준태(李準泰) 등과 무산자동맹, 혹은 조선노농총동맹 등에서 활동하며 서울에서도 두각을 나타냈다. 그는 1923년 6월 경성고무공장 여공 파업의 진상을 알리기 위해 「경성고무 여공(女工) 동맹파업의 전말(顚末)」이란 보도문서를 작성하고 78개 노동단체에 발송하였다가 체포되어 벌금형을 받았다. 그리고 이 해에 조선노동연맹회 제2회 정기총회에서 중앙집행위원으로 선임되어 활동했다.

김남수

1923년 11월에 그는 안동으로 내려와 양반지주 출신들인 이준태·권오설·안상길(安相吉) 등과 더불어 풍산소작인회(豊山小作人會)를 조직하여 안동에 사회운동의 뿌리를 내렸다. 1924년 이후 안동지방 사회운동의 핵심으로 자리잡은 김남수는 1925년 1월에 청년운동단체들을 지도하고 여기에 사회주의 사상을 주입하기 위해 화성회(火星會)를 조직하는 데 앞장섰고, 상무집행위원을 맡아 주도인물이 되었다. 그 해 4월에는 화요회가 계획한 전조선민중운동자대회를 준비하기 위해 경남지방으로 파견되기도 하였다.

그런데 8월 9~10일 이틀 동안 친일·극우인물들이 형평사 예천지회사무소를 파괴하고 사상자를 발생시켰는데, 김남수는 조선일보 특파원으로서 상세하게 그 전말을 연일 보도하여 형평사운동에 대한 전국적 지원을 이끌어 냈다. 그러한 와중에서도 김남수는 안동청년연맹의 임시의장으로서 조직을 결성하고, 「국제청년데이의 유래」라는 제목으로 강연하기도 했다. 노동운동의 연장선에서 1925년 10월에 안동노우회(安東勞友會)를 결성하였는데, 그가 창립총회의 사회를 맡았다. 또 1925년 11월에는 도산서원에서 소작료 납부 약속을 지키지 않는 소작인들을 구타하자 소작투쟁 차원에서 도산서원철폐운동을 벌이기도 했다. 또한 같은 11월에 기자들의 모임인 안동기우단을, 다음해 12월에는 안동기자단을 결성하였다. 제3차 조선공산당에서 핵심간부로 활동하던 그는 1928년 9월경에 체포되어 징역 2년형을 선고받았고, 폐병에다가 '정신이상설'이 신문에 보도되는 등 어려운 옥살이를 버텨냈다. 또 1939년에는 사문서위조행사라는 이름 아래 다시 체포되어 징역 10월형을 선고받았다. 옥중 투쟁의 여독으로 해방을 맞기 직전에 사망하였다. 2005년 건국훈장 애족장.

■ 『김남수선생 자료집』; 『한국공산주의운동사』; 『한국사회주의운동인명사전』; 「신원카드」; 『동아일보』 1925.2.19 ; 『조선일보』 1925.9.4, 1929.11.23, 1930.11.21

김대규(金大圭, 1878.11.9~1907.11.21)

(중기의병) 출신지는 예안면(禮安面). 1905년 을사조약이 강

제로 맺어지자, 김대규는 11월 17일 청송 주치(周峙)에서 거의를 결의하고, 1906년 2월 영양 입암(立岩)에서 의진을 확정하여 도포장(都砲將)에 선출되었다. 그 후 진보·울진 일대에서 일본군과 접전을 벌였으며, 1906년 8월에는 의병 대장으로 추대되어 안동·임동·대곡과 태백산맥의 산악지대를 중심으로 활약하다가 1907년 11월 21일에 순국하였다. 1977년 건국훈장 독립장.

■ 「김대규의사전」

김대락(金大洛, 1845~1914.12.10)

(교육구국운동·경학사·공리회) 본관은 의성(義城). 자는 중언(中彦). 호는 비서(賁西)·백하(白下). 출신지는 임하면(臨河面) 천전동(川前洞: 내앞) 260번지. 1907년 류인식(柳寅植)·김후병(金厚秉)·하중환(河中煥) 등이 안동에 근대식 학교인 협동학교(協東學校)를 설립하려 하자 김대락은 문중의 원로와 함께 신교육에 반대하였다. 그러나 이듬해 1908년 매부인 석주 이상룡(石洲 李相龍)이 신문화를 수용하여 대한협회 안동지회(大韓協會 安東支會)를 설립하자 그때부터 생각이 크게 변화하였다. 1909년 협동학교 교사(校舍)로 사용되던 가산서당(可山書堂)이 학생수의 증가로 인해 협소하게 되자, 자신은 작은 집으로 물러나고 본 저택을 교실과 기숙사로 사용하도록 하였다. 그 후 협동학교 운영에 앞장을 서 안동지방의 개화에 크게 영향을 주었고, 또 협동학교 교장을 맡았던 종손 김병식(金秉植)과 더불어 문중 개화와 혁신 유림으로 전환하는 데 크게 기여했다.

1910년 대한제국이 멸망하자, 김동삼(金東三)·이상룡 등 문중의 청장년들이 신민회(新民會)와 더불어 해외 독립운동기지 건설을 위해 서간도 망명을 계획하자, 그는 앞장서서 망명을 결단하고, 그 해 12월 24일 66세의 늙은 몸을 이끌고 문중의 청장년을 비롯한 만삭인 손부와 손녀(평해 사동으로 출가)를 대동하고 서간도 삼원포로 망명하였다. 삼원포(三源浦) 이도구(二道溝)에 정착한 그는 1911년 5월에 설립된 신흥학교(新興學校) 교장에 추대되었으나 나이가 많다는 이유를 들어 사양하고 취임하지 않았다. 이후 동년 6월 경학사(耕學社)와 1913년 공리회(共理會) 결성에 참여하여, 「공리회취지서(共理會趣旨書)」를 작성하였다. 이처럼 김대락은 만주망명 후 줄곧 이주한인들의 안정된 정착을 위해 노력하다가, 1914년 12월 10일 삼원포 남산(藍山)에서 작고하였다. 1977년 대통령표창, 1990년 건국훈장 애속장.

■ 「백하일기」(김대락) ; 『고등경찰요사』 ; 「전통명가의 근대적 변용과 독립운동사례」

김덕수(金德修)

(계명학교 교사·교육구국운동) 김덕수는 1911년 안동교회 내에 설립된 계명학교(啓明學校)에서 교사로 재직하였다.

■ 『안동 사람들의 항일투쟁』

김도곡(金道谷)

(후기의병) 김도곡은 1907년 군대해산 이후 문경출신 의병장인 이강년 휘하에서 활약하였다. 그는 이강년이 체포된

후에는 스스로 군사를 모아 안동·예천 경계지역에서 주로 유격전으로 큰 전과를 올렸다.

■ 『독립운동사자료집』 3집 ; 『독립운동사』 1권

김도주(金道周, 1899.11.28~1919.4.5)

(임하면 삼일운동) 본관은 의성(義城). 출신지는 임하면(臨河面) 임하리(臨河里) 867번지. 김도주는 1919년 3월 21일 임하면 만세시위에 참가하였다. 그는 안동군 임하면(臨河面) 금소동(琴韶洞)에서 마을사람 3백여 명과 함께 독립만세를 부르며 면소재지인 신덕리(新德里)로 행진하였다. 이어 면사무소와 주재소를 불태우는 등 강렬한 시위를 펼쳤다. 그러다 김도주는 3월 26일 안동수비대에 의해 순국하였다. 2006년 건국훈장 애국장.

■ 『안동판독립사』 ; 『안동 사람들의 항일투쟁』

김도현(金道鉉, 1904~?)

(풍서농민회) 출신지는 풍서면(豊西面) 소산리(素山里: 현 풍산읍 소산리). 김도현은 1925년 11월 풍서농민회에 참여하여 집행위원이 되었다. 풍서농민회는 '상호부조와 생활개량'을 목적으로 소작료와 지세문제를 당면과제로 삼고, 악덕지주에게 대항하고 간악한 소작인을 처치하여 농민의 생활보장을 투쟁방향으로 잡았다. 그는 1926년 5월 소작권 이동문제로 인해 일어난 분규에 가담하여 활동하다 업무방해 및 협박죄로 구속되어 징역 6월형을 언도받았다.

■ 『조선일보』 1926.5.3 ; 『동아일보』 1926.5.4

김도현(金道顯)

(남후청년회) 김도현은 1925년 9월 27일 열린 남후청년회(南後靑年會) 창립식에서 임원으로 선출되었다.

■ 『동아일보』 1925.10.2

김도화(金道和, 1825.9.6~1912.8.7)

(전기의병) 본관은 의성(義城). 자는 달민(達民). 호는 척암(拓菴). 출신지는 일직면(一直面) 귀미동(龜尾洞: 현 일직면 귀미리). 1895년에 전해진 을미사변과 단발령에 항거하여 김도화는 김흥락(金興洛)·류지호(柳止鎬) 등과 더불어 안동의진 결성을 결의하고,「안동통문」작성에 참여하였다.

1896년 1월 20일, 안동의진이 구성될 때, 척암은 여러 지도자들과 협의하여 봉화군 유곡(酉谷: 닭실) 출신 권세연(權世淵)을 의병장으로 뽑았다.

김도화는 3월 13일 안동의진의 대장으로 천거되고, 3월 14일 대장에 취임하였으며, 이어서 류난영(柳蘭榮)을 도총(都摠)에, 김흥락과 류도성을 지휘장으로 선임하는 등 조직을 정비하였다. 또한 의병을 일으킨 뜻을 왕에게 아뢰는「창의진정소(倡義陳情疏)」를 올리고, 각지로 격문을 발송하는 한편 인근지역에도 의병을 모으는 소모관을 파견하기도 하였다.

이후 척암은 태봉의 일본군 수비대를 공격하기 위해 권문팔(權文八)을 대표로 삼아 안동의병 250명을 파견하였다. 3월 26일 예천에서 안동지역의 6개 의진과 제천의 호좌의진은 연합전투를 다짐하였고, 3월 29일 태봉을 향하여 진격하였다. 그러나 여러 차례의 격렬한 공방전 끝에 태봉 함락은 실패로 돌아갔다.

태봉전투 패배 이후, 김도화는 다시 병력을 보충하여 의진을 정비하고 전투 준비를 갖추었다. 하지만 9월 11일(음 8. 6)에 대대장(大隊長) 이겸제(李兼齊)가 병정 100여 명을 이끌고 안동부에 도착하면서 의병투쟁은 일단락 된다. 묘는 현재 안동시 송천동 안동대학교 후문 근처에 있다. 1983년 건국포장, 1990년 건국훈장 애국장.

■ 『척암집』;『을미의병일기』(이긍연);『의병항쟁사』;『독립운동사』 1권 ;『독립운동사자료집』1・2집 ;『한국독립사』하권

김동만(金東滿, 1880~1920.9.27[음])

(서로군정서) 본관은 의성(義城). 초명은 찬식(纘植). 이명은 김동만(金東萬). 출신지는 임하면(臨河面) 천전동(川前洞: 내앞). 일송 김동삼(一松 金東三)의 동생이다. 1910년 대한제국이 멸망하자, 김대락(金大洛)・이상룡(李相龍) 등 안동지역 인사들이 신민회와 더불어 해외 독립운동기지 건설을 위해 서간도 망명을 추진하자, 그는 형(兄) 김동삼을 따라 1911년 만주로 망명하였다. 망명 후 김동만은 1912년 삼원포(三源浦)에 세워진 삼광학교(三光學校)의 교장으로 취임하여 민족교육에 힘을 쏟았다. 이후 1919년 4월에 조직된 서로군정서(西路軍政署)에 참여하여 활동하다가, 1920년 9월 경 신참변 때 일본군에 의해 살해되었다. 1963년 대통령표창, 1991년 건국훈장 애국장.

■ 『조선민족운동연감』;『독립운동사』 5권 ;

『독립운동사자료집』 14집 ; 『민족투쟁사사료』(해외편) ;
『한국독립사』 하권

김동삼

김동삼(金東三, 1878.6.23~1937.4.13)
(교육구국운동·신민회·대동청년단·신흥학교·경학사·백서농장·한족회·서로군정서·통의부·정의부·한국독립당) 본관은 의성(義城). 초명은 긍식(肯植)·종식(宗植). 자는 한경(漢卿). 호는 일송(一松). 출신지는 임하면(臨河面) 천전동(川前洞: 내앞) 278번지. 서산 김흥락(西山 金興洛)을 스승으로 모시고 공부했던 김동삼은 1907년에 들어 혁신적인 변화를 보이며 계몽운동으로 방향을 전환하였다. 1907년 3월 류인식(柳寅植)·김후병(金厚秉)·하중환(河中煥) 등과 함께 협동학교(協東學校)를 설립한 후 교감이 된 일이 바로 구국운동의 시작이다. 비밀결사조직인 신민회(新民會)와 대동청년단(大東靑年團)에 가입하여 활동하던 그는 1910년 대한제국이 멸망하자, 해외 독립운동기지 건설을 위해 집안 어른인 김대락(金大洛)과 함께 서간도로 망명하였다.

유하현 삼원포에 도착한 김동삼은 신흥학교(新興學校)를 설립하고 경학사(耕學社) 사장 이상룡(李相龍)을 도와 독립운동기지 건설에 힘을 쏟았다. 1913년 3월부터 이름을 중국 동삼성(東三省)의 호칭을 따서 동삼(東三)이라 했다. 1914년에는 신흥학교 1~4회 졸업생들과 그 분교의 노동야학 졸업생 385명을 인솔하여 독립군 군관구(軍管區)로서 통화현(通化縣) 팔리초(八里哨) 깊은 산 속에 백서농장(白西農庄)을 건립하고, 그 장주(庄主)가 되었다.

1919년 3·1운동이 국내외 각처에서 전개될 때 길림(吉林)에서는 「대한독립선언서(大韓獨立宣言書)」가 발표되었는데, 김동삼은 민족대표 39인 가운데 한 사람으로서 서명하였다. 이 무렵 서간도에는 세 가지 조직이 결성되어 독립운동 전선이 새롭게 정비되었다. 하나는 종래의 부민단을 한족회(韓族會)로, 다른 하나는 백서농장 군영을 서로군정서(西路軍政署)로, 또 다른 하나는 고산자에 있는 신흥중학교(新興中學校)를 신흥무관학교(新興武官學校)로 각각 개편한 것이다. 먼저 한족회는 부민회의 유화·통화·흥경현 대표들이 1919년 4월 삼원포에 모여 결성하였는데, 그때 백서농장에 대한 철수령을 내려 한족회를 민정(民政)과 군정(軍政) 이원체제로 결성하였다. 이때 김동삼은 백서농장을 해체하고 삼원포로 귀환하여 부민단을 확대·발전시킨 한족회의 서무사장(庶務司長)을 맡았다. 그리고 곧 백서농장 군영의 후신인 서로군정서 참모장에 취임하면서 서무사장 자리를 같은 마을 출신인 김성로(金聲魯)에게 인계했다.

1920년 여름부터 일본군의 침략이 간헐적으로 자행될 때, 그는 서로군정서의 참모장으로서 300여 명의 독립군을 이청천(李靑天) 사령관 인솔하에 북간도로 이동시켰다. 7월 29일에는 안도현(安圖縣) 삼인방(三仁坊)에 주둔시키고, 그는 8월에 왕청현 서대파(西大坡)의 북로군정서(北路軍政署)를 방문하여 작전을 논의하였다. 그 후 서로군정서군이 청산리전투(靑山里戰鬪)를 치른 후 북상하여, 밀산(密山)에서 북로군정서군을 비롯한 10여 개 독립군과 연합하여 대한독립군단(大韓獨立軍團)을 결성하고 러시아로 넘어갈 때, 김동삼은 서간도에 남아 독립전선을 재정비하였다.

1920년 경신참변(庚申慘變)을 맞아 삼원포 삼광학교(三光學校) 교장으로 활약하던 동생 김동만(金東滿)을 일본군에 잃고 가정을 북만주 영안현 주가둔(周家屯: 현재 연안현 강남 조선족·만주족 공동 자치향)으로 옮기고, 자신은 유하현과 흥경현(지금의 신빈현) 일대로 옮겨 활동했다. 이후 그는 1922년 6월, 경신참변으로 붕괴되어 버린 동포사회와 독립군을 통합하기 위해 남만통일회(南滿統一會)를 주도하여, 통군부(統軍府)를 탄생시켰다. 이후 8월 30일 전만한족통일회(全滿韓族統一會)가 결성되었다. 이때 통군부는 통의부(統義府)로 확대·개편되었으며, 통군부 교육부장이던 김동삼이 통의부 총장을 맡게 되었다.

1923년 1월 상해에서 국민대표회의(國民代表會議)가 열리자 김동삼은 서로군정서와 남만주(南滿洲)의 한인대표로 참석하여 의장으로 선출되고, 독립운동세력의 통일을 위해서 노력하였다. 당시 국민대표회의가 임시정부의 개조론(改造論)·창조론(創造論)으로 대립할 때 그는 개조론에 가세하였으나, 그 회의는 결국 결렬되고 말았다.

1923년 가을 만주로 돌아온 그는 독립군의 분열을 극복하기 위하여 이상룡·양기탁(梁起鐸)이 노력하던 독립군의 통합 업무를 인수하여 1924년 7월 10일과 10월 18일에 10개 단체대표를 모아 전만통일회의주비회(全滿統一會議籌備會)를 열었다. 거기에서 김동삼은 의장에 선임되어, 동년 11월 24일 정의부(正義府)를 탄생시키는 데 주역을 맡았다. 또한 그는 정의부에서 중앙행정위원 겸 외무위원장으로 선임되었다. 1926년 임시정부 국무령에 취임한 이상룡이 김동삼을 국무위원으로 임명하였으나, 그는 만주에서 항일무장투쟁을 전개하기 위해 취임하지 않았다.

이후 김동삼은 1927년 4월 1일 정의부 간부 30여 명과 함께 농민호조사(農民互助社)를 결성하여 농민들의 상호부조 속에서 독립운동의 근거지를 굳게 만드는 등 농민조합운동의 단서를 열었다. 4월 15일 길림 남쪽 영길현(永吉縣) 신안둔(新安屯)에서 유일당 촉성회의가 열리자, 김동삼은 정의부 중앙위원 자격으로 참석하였다.

1928년 5월 정의부를 대표하여 삼부통합회의를 가지고 분열된 독립운동세력의 대통합을 모색했으나 실패하였다. 1928년 7월 삼부통일회의가 결렬되기 앞서 김동삼은 정의부를 이탈하였다. 그리고 그를 비롯한 이탈세력을 규합하여 혁신의회를 조직하고 의장이 되었다. 1929년 좌우합작을 도모하기 위해 민족유일당재만책진회가 조직되었고, 김동삼은 중앙집행위원장으로 선출되어 민족유일당 결성에 노력하였다. 그러나 1929년 4월 같은 지역에 국민부(國民府)가 출범됨으로써 민족유일당 계획은 무산되고, 1929년 5월 민족유일당재만책진회도 해체되었다. 이어서 1930년 7월 한국독립당(韓國獨立黨)이 조직되자 김동삼은 고문을 맡았다. 이와 같이 독립군 단체에 문제가 발생하면 그 수습회의에 의장을 독점하다시피 선출되었던 김동삼이었다. 그것을 통해 그의 큰 인간상을 엿볼 수 있다. 또 그는 남만통일회 · 국민대표회의 · 전만통일회 · 민족유일당운동촉성회 등 독립운동 단체의 통일에 정성을 쏟은 통일의 화신 역할을 하였다.

1931년 만주사변이 일어나자 김동삼은 북만주로 가서 활동을 모색하던 중 하얼빈에서 일제 밀정의 밀고로 일본영사관 경찰에 체포되어 국내로 압송되었다. 평양지방법원에서 10년형을 선고받고, 복역하던 중 1937년 4월 13일 서대문형무소에서 순국하였다. 묘는 서울현충원에 있다. 1962년 건국훈장 대통령장.

- 「신원카드」;「백하일기」(김대락);『기려수필』;『고등경찰요사』;『한국독립운동사』;『민족독립투쟁사사료』(해외편);『한국민족운동사료』(중국편);『일제침략하한국36년사』;『임시정부의정원문서』;『독립운동사』2·3·4·5·7·8·10권;『독립운동사자료집』3·9·14집;『동아일보』1933.1.12;『조선일보』1923.1.29, 3.19, 4.18, 6.26, 10.2, 1925.4.14, 4.17, 1932.12.24, 12.26, 12.29, 1933.1.14, 1937.4.15;『독립신문』1922.9.30

김동수(金東洙)

(임동면 삼일운동) 김동수는 1919년 3월 21일 안동군 임동면 편항시장(鞭巷市場)에서 일어난 만세시위를 주도하였다. 그는 이강욱(李康郁)·류연성(柳淵成) 등과 3월 21일 장날을 이용하여 만세시위를 계획하고, 마령동(馬嶺洞) 주민들을 참가시키기 위해 노력하였다.

- 「판결문」(1920.4.24, 대구지방법원);『독립운동사자료집』5집

김동엽(金東燁, 1898~?)

(풍서농민회) 본관은 안동(安東). 출신지는 풍서면(豊西面) 소

산리(素山洞: 현 풍산읍 소산리). 김동엽은 1925년 11월 풍서농민회에 참여하여 집행위원으로 선출되었다. 풍서농민회는 '상호부조와 생활개량'을 목적으로, 소작료와 지세문제를 당면과제로 삼고, 투쟁방향을 악독한 지주에게 대항하고 간악한 소작인들을 처치하여 농민의 생활을 보장하는 것으로 잡았다. 그는 1926년 5월 소작권 이동문제로 투쟁을 벌이다가 업무방해 및 협박죄로 구속되어 100원의 벌금형을 받았다.

■ 『조선일보』 1926.5.3 ; 『동아일보』 1926.5.4

김동욱(金東郁, 1905~1971)

(안동콤그룹) 출신지는 녹전면(祿轉面) 신평(新坪). 김동욱은 안상윤·이필 등이 1931년 3월 20일 조직한 비밀결사 안동콤그룹에 참여하였다.

■ 「형사사건부」(1933.7)

김동택(金東澤, 1899.10.2~1943.8.29)

(예안면 삼일운동·재일항일) 본관은 선성(宣城). 출신지는 예안면(禮安面) 서부동(西部洞: 현 도산면 서부리) 57번지. 김동택은 1919년 3월 17일 일어난 예안면 3·1운동에 참여하였고, 이어서 18일에는 안동면 2차 시위에 참여하여 시위를 전개하다가 일본경찰에 체포되었다. 이 활동으로 1919년 3월 24일 대구지방법원 안동지청에서 징역 6월, 집행유예 2년형을 언도받았다.

이후 서울 보성전문학교(普成專門學校)를 졸업한 뒤 일본 오사카(大阪)로 건너가, 1932년 전협토건(全協土建) 오사카지부에 가입하여 활동하였다. 한편 그는 천주일반노동조합(泉州一般勞動組合) 본부 상임위원으로 활동하기도 하였으며, 공명학원(共鳴學院)에서 교사로 재직하였다. 또한 사상잡지(思想雜誌)인 『동방평론(東方評論)』・『삼천리(三千里)』, 조선현대사(朝鮮現代社) 우송부(郵送部)의 오사카지부를 설치하고, 항일민족운동을 전개하기도 하였다. 이 활동으로 인해 1936년 12월 14일 체포되어, 1938년 7월 19일 오사카지방재판소에서 징역 1년형을 언도받고 복역하였다. 1995년 건국훈장 애족장.

- 「형사사건부」; 『독립운동사자료집』 별집 3 ; 『재일조선인관계자료집성』 3권

김동택(金東澤)

(안동청년동맹・신간회 안동지회) 김동택은 1927년 8월에 신간회 안동지회가 설립되자 여기에 참여하여, 1929년 1월 간사로 선출되었다.

- 『조선일보』 1929.1.29 ; 『동아일보』 1930.1.1

김두성(金斗成, ?~1924)

(풍산소작인회) 1923년 11월 11일에 열린 풍산소작인회(豊山小作人會) 창립총회에서 김두성은 집행위원으로 선출되었다.

- 『동아일보』 1923.11.18, 1924.6.27

김두진(金斗鎭, 1887.10.21~1944.1.25)

(예안면 삼일운동) 출신지는 예안면(禮安面) 천전동(川前洞:

현 예안면 천전리). 김두진은 1919년 3월 17일 예안면 1차 시위에 참여하였다. 이 활동으로 체포된 그는 1919년 5월 3일 대구지방법원 안동지청에서 징역 2년 6월형을 언도받았다. 1990년 건국훈장 애족장.

■ 『독립운동사자료집』 5집 ; 「판결문」(1919.5.3, 대구지방법원안동지청) ; 「판결문」(1919.5.31, 대구복심법원)

김두진(金斗鎭, 1900~?)

(조선노동조합·고려공산청년회 일본총국) 출신지는 남선면(南先面) 원림(院林). 김두진은 서울 고학당(苦學堂)에서 수학한 후 고향에서 보통학교 선생으로 근무했다. 1926년 도쿄(東京)로 건너가 노동을 하면서 쥰뗀중학(順天中學) 야간부에 다니다가 중퇴한 후 다시 세이소쿠(正則) 영어학교를 다녔다. 1927년 7월 도쿄 조선노동조합 동부지부에 참여하여 지부장이 되었다. 1928년 5월 고려공산청년회 일본총국에 참여하여 후카가와(深川)야체이카에 소속되었다. 8월 조선공산당 일본총국이 주도한 국치일기념투쟁에 참가했다가 일본경찰에 검거되었다.

■ 『한국사회주의운동인명사전』; 『고등경찰요사』; 『재일조선인관계자료집성』

김두칠(金斗七, 1891~?)

(무관학교생도모집·조선혁명군정부) 김두칠은 1920년 9월 24일 권재수(權在壽)·배승환(裵昇煥)과 함께 무관학교생도(武官學校生徒) 모집에 참여하였다가 일본경찰에 체포되었

다. 이후 그는 만주로 망명하여, 1934년 10월경에 결성된 조선혁명군정부(朝鮮革命軍政府)에 가담하여 활동하였으며, 1936년 2월 10일에 열린 제1회 의사회(議事會)에서 의장과 정치부장에 선출되었다.

■ 『고등경찰요사』

김두한(金斗漢)

(신간회 안동지회) 김두한은 1927년 8월에 설립된 신간회 안동지회에 참여하여, 1929년 1월 간사, 1929년 8월 집행위원으로 각각 선출되었다.

■ 『조선일보』 1929.1.29, 8.14

김두형(金斗衡)

(국내항일, 구국단) 출신지는 임하면(臨河面) 임하(臨河) 32번지. 김두형은 1920년 11월 조직된 구국단(救國團)에 가입·활동하였다. 이 조직은 정인호(鄭寅琥)에 의해 결성되었으며, 대한민국 임시정부 지원을 목표로 하였다. 김두형은 정인호의 권유로 가입하여 군자금을 모금하던 중 체포되어 1922년 경성지방법원에서 징역 1년을 받고 옥고를 치렀다.

■ 「판결문」(1921.12.19 · 1922.2.14, 경성지방법원) ; 『동아일보』 1922.2.2

김락(金洛, 1862.12.2~1929.2.12)

(삼일운동) 본관은 의성(義城). 출신지는 임하면(臨河面) 천전동(川前洞: 내앞). 김락은 독립운동 가문의 한 가운데를 지

킨 여성독립운동가이다. 그녀는 협동학교(協東學校)에 집을 내 놓기도 하고, 독립군기지 건설을 위해 가족을 이끌고 서간도로 망명한 김대락(金大洛)의 누이요, '파리장서의거' 즉 제1차 유림단의거의 핵심인물인 이중업(李中業)의 아내이며, 예안(禮安) 의병장을 지내고 1910년 나라를 잃자 단식하여 순국한 이만도(李晩燾)의 며느리이자, 광복회와 제2차 유림단의거에 참여한 이동흠(李棟欽)·이종흠(李棕欽)의 어머니이다. 1919년 3월 안동지역에서 일어난 3·1만세시위에 참가했다가 일본경찰에 끌려가 모진 고문을 당해 두 눈을 모두 잃고 11년 동안 고초를 겪다가 1929년 2월에 사망하였다. 2001년 건국훈장 애족장.

■ 『고등경찰요사』;「민족의 딸, 아내 그리고 어머니」

김락기(金洛基)

(동명학교 설립·교육구국운동) 김락기는 1908년 안동향교의 명륜당을 교사(校舍)로 활용하여 동명학교(東明學校)를 세우는 데 기여하였다.

■ 『황성신문』 1908.9.3

김만수(金萬秀, 1894.11.5~1924.4.9)

(서로군정서) 본관은 풍산(豊山). 자는 회일(會一). 출신지는 풍북면(豊北面) 오미동(五美洞: 현 풍산읍 오미리). 김만수는 1913년 만주로 망명하여, 1919년 4월에 조직된 서로군정서(西路軍政署)에 가담하여 활동하였다. 그러다 그는 1924년 서로군정서 참모부원의 임무를 띠고 하얼빈에 체류 중 일

본 경찰에 발각되자 이들과 충격전을 벌여 일본영사(日本領事) 쿠니요시(國吉精保), 형사부장 마쓰시마(松島) 등 일본경찰 10여 명을 살해하고, 최병호(崔炳浩)·류기동(柳基東)과 함께 현장에서 순국하였다. 1963년 건국훈장 독립장.

- 『석주유고』; 『독립신문』 1924.4.26 ; 『독립운동사』 5·7권 ; 『독립운동사자료집』 14집 ; 『한국독립사』 하권

김만식

김만식(金萬植, 1866.10.4~1933.9.23)

(대한협회 안동지회·서로군정서) 본관은 의성(義城). 이명은 김형일(金亨一). 호는 근암(槿庵). 출신지는 임하면(臨河面) 천전동(川前洞: 내앞). 김만식은 1909년 이상룡(李相龍)을 도와 대한협회 안동지회(大韓協會 安東支會) 설립에 참여·활동하였다. 1910년 대한제국이 멸망하자 김동삼(金東三)·이상룡 등 안동출신 인사들이 신민회(新民會)와 더불어 해외 독립운동기지 건설을 추진할 때 김만식은 그 선발대로서 만주지역을 왕래하였다.

1910년 12월 그는 백부(伯父) 김대락(金大洛)을 따라 만주로 망명하여, 1919년 4월 서로군정서(西路軍政署) 조직에 참여하여 활약하였다. 이후 군자금을 모집하기 위해 국내를 출입하며 활동하던 중 1928년 압록강 청성진에서 일본경찰에 체포되어 고초를 겪었다. 이때 당한 고문 후유증으로 병을 얻어 고생하다가, 1933년 9월 사망하였다. 1999년 건국훈장 애족장.

- 「백하일기」(김대락) ; 『동구유고』 ; 「제내형김공만식문」(1937, 이준형 수필초본)

김명섭(金明燮)

(안동청년연맹 · 정광단 · 신간회 안동지회) 김명섭은 1925년 8월 안동청년연맹 창립대회에 참여하여 선언강령 작성위원과 집행위원으로 선출되었고, 같은 해 10월 정광단(正光團) 설립을 위한 준비회에서 서무부 임원으로 선출되었다. 이후 그는 1927년 8월 창립된 신간회 안동지회에 참여하여 교육부원으로 활동하였다.

- 『동아일보』 1925.8.26, 9.5, 10.13 ; 『조선일보』 1929.8.14

김명인(金明仁, 1899.4.2~1966.8.22)

(계명학교 교사 · 안동면 삼일운동 · 교육구국운동) 본관은 안동(安東). 출신지는 안동면(安東面) 법상동(法尙洞: 현 안동시 법상동). 김명인은 1907년 3월에 설립된 안동의 근대 중등교육기관인 협동학교(協東學校)를 졸업하였고, 1919년 3월 18일에 일어난 안동면 2차 시위에 참여하였다. 이후 그는 1921년 1월 안동 계명학교(啓明學校) 교사로 활동하면서 학생들에게 망향가(望鄕歌) · 소년행진곡(少年行進曲) · 용진가(勇進歌) 등 애국적 창가를 가르치고 일제의 불법침략 사실을 인식시키며 독립정신을 고취시키다가 1921년 2월 3일 일본경찰에 체포되었다. 이로 인해 그는 3월 14일 대구지방법원 안동지청에서 징역 1년형을 언도받고 항소하였으나, 4월 11일 대구복심법원에서 형이 확정되어 복역하였다. 1983년 대통령표창, 1990년 건국훈장 애족장.

김명인

- 「형사사건부」 ; 『안동판독립사』

김명한(金命漢)

(남후청년회) 김명한은 1925년 9월 27일 창립된 남후청년회(南後靑年會)에 참여하여 활동하였다. 남후청년회는 그 지방의 유지들이 옛 호남강습소(湖南講習所)에 모여 창립식을 가졌는데, 이때 김명한은 임원으로 선출되었다.

■ 『동아일보』 1925.10.2

김무규(金武圭, 1887.8.7~1945.3.28)

(국내항일, 흠치교) 출신지는 임동면(臨東面) 대곡동(大谷洞) 289번지. 김무규는 1920년 8월(음력) 임동면에서 차경석(車京錫)을 교주로 하는 흠치교에 가입하였다. 그는 8인조로 자금모집 및 교도포섭에 힘을 쏟다가 활동이 노출되어 체포되었다. 김무규는 이 일로 징역 1년을 언도받고 1년 4개월 동안 옥고를 치렀다. 2008년 건국포장.

■ 「판결문」(1921.4.22, 대구지방법원안동지청) ;
「판결문」(1921.11.26, 대구지방법원)

김문로(金文魯, 1911~1969)

(만주방면) 출신지는 임하면(臨河面) 천전(川前). 김문로는 백하(白下) 김대락(金大洛)의 종손자이다. 그는 김대락을 모시고 만주로 망명하여 항일투쟁을 펼쳤다.

■ 「백하일기」(김대락)

김병걸(金炳杰)

(교남교육회 · 교육구국운동) 1908년 3월 8일에 설립된 교

남교육회(嶠南教育會)에 참여하여 활동하던 김병걸은 1908년 광명학교(廣明學校: 풍산) 설립에 참여하여, 김태동(金泰東)과 함께 설립비용과 운영경비를 부담하였다.

■ 『교남교육회잡지』 11호 ; 『황성신문』 1910. 3. 31

김병국(金秉國, 1905~1940. 9. 19)

(고려공산청년회) 본관은 풍산(豊山). 이명은 김차암(金且巖)·전병걸(全秉杰). 자는 성소(聖韶). 출신지는 풍북면(豊北面) 오미동(五美洞: 풍산읍 오미리). 1928년 고려공산청년회 일본부 오사카[大阪]지부 회원이었던 그는 신간회 오사카지회에 가입하여 1928년경 총무간사를 역임했다. 또 재일본 조선청년동맹 오사카지부와 고려공산청년회 오사카지부에 가입하여 활동하였다. 그는 이러한 활동으로 1930년 일본경찰에 검거되어 1931년 3월 징역 2년형을 선고받고 보석으로 출옥했으나, 1932년 4월 공판장에서의 전술을 모의하다가 보석이 취소되고, 도쿄[東京] 이치가야[市ヶ谷] 형무소에 수감되었다. 얼마 뒤 출옥한 그는 1933년부터 반전격문을 배포하고, 각종 기념일에 시위를 전개하는 한편 노동자 간담회, 『아카하타[赤旗]: 일본공산당 기관지』 독서회 등을 개최했다. 1936년 11월에 히로시마공흥소비조합[廣島共興消費組合] 결성에 참여하여 활동하던 그는 경찰에 요시찰인물 갑호(甲號)로 분류되었고, 1940년 2월 히로시마공흥소비조합 사건으로 검거되었다가 그 해 9월(양력) 사망했다.

■ 『고등경찰요사』 ; 『독립운동사자료집』 13집 ; 『재일조선인관계자료집성』 ; 『한국사회주의운동인명사전』

김병기(金秉夔)

(교남교육회·교육구국운동) 김병기는 1908년 3월 15일 재경 영남인사들이 창립한 교남교육회(嶠南敎育會)에 참여하여 교육구국운동을 전개하였다.

■ 『교남교육회잡지(회원명부)』

김병달(金秉達, 1894.7.11~?)

(정의부) 본관은 의성(義城). 출신지는 임하면(臨河面) 천전동(川前洞: 내앞). 김병달은 1910년 대한제국이 멸망하자 김동삼(金東三)·이상룡(李相龍) 등 안동지역 인사들이 신민회(新民會)와 더불어 추진한 해외 독립운동기지 건설계획에 따라 만주로 망명하였다. 만주망명 후 그는 김대락(金大洛)·김동삼 등과 함께 독립운동기지 건설에 참여하였으며, 정의부(正義府)에 참여하여 항일투쟁을 전개하기도 하였다.

■ 『국외용의조선인명부』; 『안동 사람들의 항일투쟁』

김병대(金秉大, 1889.4.1~1975.5.6)

(정의부) 본관은 의성(義城). 자는 숙경(叔卿). 호는 근헌(槿軒). 출신지는 임하면(臨河面) 천전동(川前洞: 내앞). 김병대는 1907년에 개교한 협동학교(協東學校)를 1회로 졸업하였다. 1910년 대한제국이 멸망하자 그는 김동삼(金東三)·이상룡(李相龍) 등 안동지역 인사들과 함께 해외 독립운동기지 건설을 위해 만주로 망명하였다. 만주망명 후 김대락(金大洛)·김동삼 등과 함께 독립운동기지 건설에 참여하였으며, 정의부(正義府)에 참여하여 항일투쟁을 전개하기도 하였다.

■ 「백하일기」(김대락) ; 「협동학교 졸업증서」 ;
『안동 사람들의 항일투쟁』

김병도(金炳道, 1886.4.17~1965.2.15)

(교남교육회 · 길안면 삼일운동) 본관은 안동(安東). 이명은 김병도(金炳途). 자는 의사(義士). 호는 박련(薄蓮). 출신지는 임서면(臨西面) 현하동(縣下洞: 현 길안면 현하리) 1053번지. 김병도는 1908년 3월 15일 재경 영남인사들이 창립한 교남교육회(嶠南敎育會)에 참여하여 교육구국운동을 전개하였다. 이후 그는 1919년 3월 21일 길안면 천지장날에 일어난 만세시위에 참여하여 시위를 주도하다가 일본경찰에 체포되었다. 5월 3일 대구지방법원 안동지청에서 징역 1년, 벌금 50원의 형을 받고 대구형무소에서 복역하였다. 1986년 대통령표창, 1990년 건국훈장 애족장.

■ 「판결문」(1919.5.3, 대구지방법원안동지청) ;
「판결문」(1919.5.23, 대구복심법원) ;『교남교육회잡지(회원명부)』;
『독립운동사자료집』 5집 ;『독립운동사』 3권

김병동(金秉東, 1854~1929.3.12)

(전기의병) 본관은 의성(義城). 자는 중함(仲涵). 호는 백하(白下). 출신지는 서후면(西後面) 금계동(金溪洞: 현 서후면 금계리). 1895년 을미사변과 단발령을 계기로 전국 각지에서 의병이 봉기할 때, 김병동은 문경 · 제천 일대를 중심으로 활동하던 이강년의진에 가담하여 좌종사부(左從事部)로 활약하였다. 묘는 문경 주흘산에 있다.

■ 『독립운동사자료집』 1집

김병렬(金炳烈, 1892.3.26~1946)

(대한독립단) 출신지는 예안면(禮安面). 김병렬은 의병장 김관수(金觀洙)의 아들로 평남 맹산(孟山)에서 살았다. 그는 1919년 4월 조직된 대한독립단에 가입·활동하였다. 이 조직은 무장투쟁을 통하여 조선의 독립을 목적으로 하고 있었으며, 만주와 국내와의 상호협조를 위해 평안도와 황해도에 지단을 설치하였다.

김병렬은 1918년 평남 덕천(德川)의 광명(光明)학교 교사로 교육활동을 하다가 1919년 6월 김두석(金斗石)의 소개로 대한독립청년연합회에 가입하여 군자금모집을 하였고, 대한독립단 맹산지단(孟山支團)을 조직하고 활동하였다. 그는 조원조(趙元祚)·안국정(安國鼎) 등 100여 명의 단원들과 함께 영원(寧遠)·맹산(孟山)·덕천(德川) 등지에서 일본경찰을 습격하여 무기를 획득하고 일본경찰을 처단하는 등의 활동을 하였다. 그러나 일본경찰의 추격이 계속되면서 맹산군 옥천면(玉泉面)에서 대한독립단원 이원보(李元甫)가 체포되면서 조직이 발각되어 그를 비롯해 80여 명의 단원이 체포되기에 이르렀다. 김병렬은 이 일로 1923년 12월 24일 평양지방법원에서 징역 10년을 선고받고 옥고를 치렀다. 하지만 그는 옥고를 치른 후에도 계속해서 독립운동에 매진하였다. 2001년 건국훈장 애국장.

- 「판결문」(1923.12.24, 평양지방법원) ; 『독립운동사자료집』 14집 ; 「金炳烈簡曆書」(1943.4.10, 中國陝西省 案局所藏)

김병륜(金秉倫)

(만주방면) 본관은 의성(義城). 출신지는 임하면(臨河面) 천전(川前). 김병륜은 만주에서 항일투쟁을 전개하였다.

■ 「백하일기」(김대락)

김병만(金秉萬)

(정의부) 본관은 의성(義城). 출신지는 임하면(臨河面) 천전동(川前洞: 내앞). 1910년 대한제국이 멸망하자 김병만은 김동삼(金東三)·이상룡(李相龍) 등 안동지역 인사들과 함께 만주로 망명하여 독립운동기지 건설에 참여하였다. 1924년 11월 정의부(正義府)가 조직되자 여기에 참여하여 항일투쟁을 전개하기도 하였다.

■ 『안동 사람들의 항일투쟁』

김병문(金秉文, 1894.6.10~1967.5.15)

(국내항일, 흠치교) 출신지는 임하면(臨河面) 천전(川前) 268번지. 김병문은 1920년 8월경(음력) 안동군 풍산면(豊山面)에서 차경석(車京錫)을 교주로 하는 흠치교에 가입하였다. 그는 1924년 갑자년(甲子年)에 흠치교의 힘에 의해 조선이 독립이 될 것이라고 선전하면서 자금모집 및 교도증대에 힘을 쏟다가 일본경찰에 발각되어 체포되었다. 그는 이 일로 징역 2년을 선고받았으나, 다시 면소되었다. 2005년 건국포장.

■ 「판결문」(1921.6.12, 대구지방법원안동지청) ;
　「판결문」(1921.11.26, 대구지방법원)

김병수(金秉洙)

(교남교육회·교육구국운동) 김병수는 1908년 3월 15일 재경 영남인사들이 창립한 교남교육회(嶠南敎育會)에 참여하여 교육구국운동을 전개하였다.

■ 『교남교육회잡지(회원명부)』

김병식

김병식(金秉植, 1856.4.10~1936.1.4)

(협동학교 교장·파리장서의거) 본관은 의성(義城). 출신지는 임하면(臨河面) 천전동(川前洞: 내앞). 김병식은 1907년에 설립된 안동의 근대 중등교육기관인 협동학교(協東學校)에서 교장으로 활동하였다. 이후 1919년 3월 파리강화회의에 일제의 조선국권 침탈과정을 폭로하면서 한국독립의 정당성과 당위성을 호소하기 위해서 김창숙(金昌淑)이 주도한 '파리장서의거'에 유림의 한 사람으로 서명하였다. 그러나 1919년 4월 서명 사실이 일본경찰에게 알려져 체포되었다. 1995년 건국훈장 애족장.

■ 「협동학교 졸업증서」 ; 『독립운동사』 8권 ; 『고등경찰요사』 ; 『동산전집』

김병우(金炳宇, 1879.11.7~1936.2.10)

(안동면 삼일운동) 본관은 안동(安東). 출신지는 풍남면(豊南面) 어담리(漁潭里: 현 풍천면 어담리). 김병우는 1919년 3월 18일에 일어난 안동면 2차 시위와 3월 23일 3차 시위에 참여하여 시위를 주도하였다. 이 활동으로 일본경찰에 체포된 그는 1919년 4월 7일 대구지방법원 안동지청에서 징역 2

년형을 언도받고 항소하였으나, 5월 2일 대구복심법원과 6월 5일 고등법원에서 기각되어 복역하였다. 1977년 대통령표창, 1990년 건국훈장 애족장.
- 「판결문」(1919.4.7, 대구지방법원안동지청) ; 「판결문」(1919.5.2, 대구복심법원) ; 「판결문」(1919.6.5, 고등법원) ; 「신원카드」

김병우

김병진(金秉軫, 1895.9.6~1964.8.25)

(안동면 삼일운동) 출신지는 임북면(臨北面) 마동(馬洞: 현 임동면 마리). 김병진은 1919년 3월 18일 안동면 2차 시위에 참여하였다. 이 활동으로 그는 1919년 4월 7일 대구지방법원 안동지청에서 징역 6월형을 언도받고 항소하였으나, 5월 2일 대구복심법원과 6월 5일 고등법원에서 각각 기각되어 복역하였다. 2006년 대통령표창.
- 「판결문」(1919.4.7, 대구지방법원안동지청) ; 「판결문」(1919.5.2, 대구복심법원) ; 「판결문」(1919.6.5, 고등법원)

김병칠(金秉七, 1884~1960)

(협동학교 교사·재만항일) 본관은 의성(義城). 자는 형중(衡重). 출신지는 임하면(臨河面) 천전동(川前洞: 내앞). 김병칠은 안동의 근대 중등교육기관인 협동학교(協東學校)에서 교사로 활동하였다. 1910년 대한제국 멸망 이후 김동삼(金東三)·김대락(金大洛) 등이 독립운동기지 건설을 위해 만주로 망명할 때 그도 함께 만주로 가서 항일투쟁을 전개하였다.
- 「백하일기」(김대락) ; 『안동 사람들의 항일투쟁』

김병하(金炳河)

(국내항일, 군자금 모집) 출신지는 풍서면(豊西面) 소산(素山). 김병하는 1920년 대한민국 임시정부의 자금모집 활동을 하였다. 그는 안동시 서후면 금계리 출신 김연환(金璉煥)이 1920년 1월 임시정부의 밀명을 받고 국내로 들어와 자금모집을 하자, 이에 가담하여 군자금을 제공하였다.

■ 『고등경찰요사』

김병홍(金秉洪)

(교남교육회·교육구국운동) 김병홍은 1908년 3월 15일 재경 영남인사들이 창립한 교남교육회(嶠南敎育會)에 참여하였다.

■ 『교남교육회잡지(회원명부)』

김병훈

(교남교육회·교육구국운동) 김병훈은 1908년 3월 15일 재경 영남인사들이 창립한 교남교육회(嶠南敎育會)에 참여하여 교육구국운동을 전개하였다.

■ 『교남교육회잡지(회원명부)』

김병희(金秉熙)

(임하청년회) 김병희는 1925년 6월 12일 임하면 백운정(白雲亭)에서 열린 임하청년회(臨河靑年會) 창립총회에서 조사부 집행위원으로 선출되었다.

■ 『동아일보』 1925.9.19

김복한(金福漢, 1920.12.1~1979.4.23)

김복한

(조선회복연구단) 본관은 김해(金海). 이명은 김영일(金瑛一). 호는 우보(遇步). 출신지는 안동면(安東面) 서부동(西部洞: 현 안동시 서부동) 66번지. 김복한은 1943년 3월 20일 일본대학을 졸업 후 8·9월경에 귀국하여, 조선회복연구단(朝鮮回復硏究團)에 가입하여 활동하였다. 이로 말미암아 1945년 3월 10일 체포된 그는 옥고를 치르다가 광복과 더불어 1945년 8월 16일 대구지방검찰청 안동지청에서 기소유예로 풀려났다. 1999년 대통령표창.

■ 『안동농림학생항일약전』; 「형사사건부」(1945.3.14)

김봉규(金奉圭)

(국내항일, 흠치교) 출신지는 안동(安東) 법상동(法尙洞) 156번지. 김봉규는 1920년 차경석(車京錫)을 교주로 하는 흠치교에 가입하였다. 그는 8인조로 1924년 갑자년(甲子年)에 흠치교의 힘에 의해 조선이 독립이 될 것이라고 선전하면서 자금모집 및 교도증대에 힘을 쏟다가 일본경찰에 발각되어 체포되었다. 그는 이 일로 1921년 대구지방법원에서 징역 1년을 선고받았다.

■ 「판결문」(1921.7.11, 대구지방법원안동지청) ; 「판결문」(1921.11.26, 대구복심법원)

김봉년(金奉年, 1924~)

(만주방면) 본관은 안동(安東). 이명은 김봉년(金峰年). 출신지는 풍산면(豊山面) 현애(玄厓). 김봉년은 의열투쟁가 김시

현(金始顯)의 아들이다. 그는 중국 길림성 영길현 영신농장(永新農場) 학생으로 위장 입학하여 비밀활동을 펼쳤다. 그러다 1943년 3월 말 모친 권애라와 함께 체포되어 장춘형무소에서 11년간 옥고를 치렀다고 전해진다.

■ 『안동사학』 3집

김봉한(金鳳漢, 1889~1946.11.1)

(소산서숙 교사·교육구국운동) 본관은 안동(安東). 자는 성소(聖韶). 출신지는 풍서면(豊西面) 소산리(素山里: 현 풍산읍 소산리). 김봉한은 풍서면 소산리 청원루(淸遠樓) 내에 설립된 소산서숙(素山書塾)에서 교사로 활동하였다. 묘는 소산리 검동곡(黔東谷)에 있다.

■ 『안동 사람들의 항일투쟁』

김사순(金社淳)

(신흥무관학교·재만항일) 김사순은 대한제국이 멸망하자 만주로 망명하여, 신흥무관학교(新興武官學校)를 졸업하였다. 이후 그는 만주일대에서 항일투쟁을 전개하였다.

■ 『안동 사람들의 항일투쟁』

김상대(金相大)

(국내항일, 흠치교) 출신지는 길안면(吉安面) 지례(知禮) 630번지. 김상대는 1920년 8월 말(음력) 차경석(車京錫)을 교주로 하는 흠치교에 가입하였다. 그는 1924년 갑자년(甲子年)에 흠치교의 힘에 의해 조선이 독립이 될 것이라고 선전

하면서 자금모집 및 교도증대에 힘을 쏟다가 일본경찰에 발각되어 체포되었다. 그는 이 일로 1921년 대구지방법원에서 징역 1년을 선고받았다.

■ 「판결문」(1921.7.11, 대구지방법원안동지청),
「판결문」(1921.11.26, 대구복심법원)

김상우(金相雨, 1926.6.14~?)

(명성회) 출신지는 안동면(安東面) 율세동(栗世洞: 현 안동시 율세동) 423번지. 김상우는 안동농림학교(安東農林學校) 농과(農科) 9회생으로서, 재학 시 비밀결사 단체인 명성회(明星會)에 가입하여 활동하였다. 그는 1945년 3월 10일 체포되어, 옥고를 치르다가 광복과 더불어 1945년 8월 16일에 풀려났다.

■ 『안동농림학생항일약전』; 「형사사건부」(1945.3.14)

김상화(金相華)

(교남교육회·교육구국운동) 김상화는 1908년 3월 15일 재경 영남인사들이 창립한 교남교육회(嶠南敎育會)에 참여하였다.

■ 『교남교육회잡지(회원명부)』

김서락(金瑞洛, 1840~1917.12.6)

(전기의병) 본관은 의성(義城). 자는 서오(瑞五). 출신지는 임하면(臨河面) 천전(川前) 269번지. 김서락은 1895년 12월 안동의진 결성 당시 종사관(從事官)에 선임되어 안동의진의

결성과 의병활동을 주도하였다.
■ 「안동의소파록」 ; 『일록』(김정섭)

김석교(金奭敎)

(전기의병) 본관은 광산(光山). 출신지는 와룡면(臥龍面) 오천(烏川). 김석교는 2차 선성의진에 참가하였다. 선성의진은 1896년 1월 23일 결성되어 향산 이만도가 제1차 대장을 맡았다. 그러나 결성된 지 9일 만인 2월 1일에 해산되었다. 그리고 다시 이중린에 의해 2월 20일 제2차 선성의진이 결성되었다. 이때 김석교는 이 의진에서 중군을 맡아 3월 29일 태봉전투에 참가하였다.
■ 「벽산선생창의전말」(김도현) ; 『안동 사람들의 항일투쟁』

김석동(金石東)

(남후청년회) 김석동은 1925년 9월 27일 창립된 남후청년회(南後靑年會)에 참여하였다. 남후청년회는 그 지방의 유지들이 옛 호남강습소(湖南講習所)에 모여 창립식을 가졌는데, 그 자리에서 김석동은 위원으로 선출되었다.
■ 『동아일보』 1925.10.2

김석이(金石伊, 1895~?)

(임동면 삼일운동) 출신지는 임동면(臨東面) 중평동(中平洞: 현 임동면 중평리). 김석이는 1919년 3월 21일 임동면 중평동 편항시장(鞭巷市場)에서 일어난 만세시위에 참여하였다가 체포되어, 1919년 8월 18일 대구복심법원에서 징역 2년형

을 언도받았다.

- 「판결문」(1919.5.31, 대구지방법원) ; 「판결문」(1919.8.18, 대구복심법원) ; 『독립운동사자료집』 5집

김석정(金石井)

(후기의병) 출신지는 임서면(臨西面) 유곡(榆谷). 김석정은 1907년 8월부터 의병항쟁을 벌이다 대구경찰서 변장대에게 체포되었다.

- 『독립운동사자료집』 3집 ; 『폭도에 관한 편책』

김선규(金善圭)

(풍산소작인회) 김선규는 1923년 11월 11일에 열린 풍산소작인회(豊山小作人會) 창립총회에서 집행위원으로 선출되었다.

- 『동아일보』 1923.11.18

김성대(金成大, 1901~1978.1.10)

(임하청년회) 본관은 의성(義城). 자는 자유(子有). 출신지는 임하면(臨河面) 천전동(川前洞: 내앞). 김성대는 1925년 6월 12일 임하면 백운정(白雲亭)에서 열린 임하청년회(臨河靑年會) 창립총회에서 조사부 및 상무 집행위원으로 선출되었다. 묘는 임하면 사의동(思義洞)에 있다.

- 『동아일보』 1925.9.19

김성동(金聖東)

(교남교육회) 김성동은 1908년 3월 15일 재경 영남인사들

이 창립한 교남교육회(嶠南敎育會)에 참여하여 교육구국운동을 전개하였다.

■ 『교남교육회잡지(회원명부)』

김성로(金成魯, 1896.6.5~1936.3.5)

(신흥무관학교·북로군정서·청산리전투) 본관은 의성(義城). 출신지는 임하면(臨河面) 천전동(川前洞: 내앞). 김성로는 1910년 12월 조부(祖父) 김대락(金大洛)과 함께 만주로 망명하여, 신흥중학교(新興中學校)를 졸업하였다. 이후 1919년 4월 종래의 신흥중학교를 신흥무관학교(新興武官學校)로 확대·개편할 때, 김성로는 교관으로 발탁되어 활약하였다. 3·1운동 후 신흥무관학교 교관이 각처의 독립군부대에서 활약할 때, 김성로는 북간도 왕청현 서대파(西大坡)의 북로군정서(北路軍政署) 사관연성소에 교관으로 파견되어 활동하였다. 이후 그는 1920년 10월 북로군정서(北路軍政署) 독립군단에 편성되어 청산리전투(靑山里戰鬪)에 참전하여 전투를 벌이다가 부상 후유증으로 사망하였다. 1990년 건국훈장 애국장.

■ 「백하일기」(김대락) ; 『신흥무관학교』 ; 『독립운동사』 5권 ; 『독립운동사자료집』 10집

김성로(金聲魯, 1890~1922.4.30)

(부민단·한족회·서로군정서) 본관은 의성(義城). 이명은 김종훈(金宗勳). 자는 맹옥(孟玉). 호는 일산(一山). 출신지는 임하면(臨河面) 천전동(川前洞: 내앞). 김성로는 1907년에 설립

된 협동학교(協東學校)를 졸업하였다. 1910년 대한제국이 멸망하자 그 해 12월 문중 어른인 김대락(金大洛)과 함께 만주 망명길에 오른 그는 1916년에 조직된 부민단(扶民團)에 참여하여 독립운동 기지건설에 힘을 쏟았다.

1919년 신흥중(무관)학교를 졸업한 김성로는 1919년 3월 부민단을 한족회(韓族會)로 확대·발전시킬 때 그 주역을 담당하였으며, 김동삼(金東三)의 후임으로 서무사장(庶務司長)에 선임되었다. 또한 서로군정서(西路軍政署)에서도 서무를 맡아 만주 이주한인들의 생활안정에 기여하였다.

1920년 경신참변으로 인해 동포사회가 폐허로 변하자, 군자금 모금을 위해 국내로 파견되었다. 국내에 들어온 그는 고향 근처인 임하(臨河)에서 군자금 모금활동을 전개하였다. 그러던 중 1922년, 김동삼이 흥경현 왕청문에서 설립한 통의부(統義府) 공작대가 모금 금액을 인수하려고 국내로 파견되어 들어오다가 평북 정주(定州)에서 체포됨에 따라 이와 관련된 김성로도 체포되고 말았다. 이 활동으로 그는 5년형을 언도받고 평양감옥에서 옥고를 치르던 중 1922년 4월 30일 감옥에서 순국하였다. 1963년 대통령표창, 1991년 건국훈장 애국장.

- 「백하일기」(김대락) ; 『고등경찰요사』 ; 『독립운동사』 8권 ; 『한국독립운동사』 ; 『한국독립사』 ; 『동아일보』 1922.5.4 ; 「수형인명부」

김성로(金聖魯, 1906.8.28~1947.2.16)

(재만항일) 본관은 의성(義城). 자는 공극(孔極). 출신지는 서

후면(西後面) 금계동(金溪洞: 현 서후면 금계리). 김성로는 김동삼(金東三)·김응섭(金應燮)·이광민(李光民) 등과 함께 정의부(正義府) 설립에 참여하여 행정원 비서장을 지낸 김원식(金元植)의 아들이다. 그는 1920년을 전후하여 부친 김원식과 함께 만주로 망명하여 독립운동을 전개하다가 귀국하였다.

- 『안동금계마을-천년불패의 땅』;
「서산 김흥락의 독립운동과 그 여맥」

김성복(金聖福, 1856.1.21~1938.12.1)

(임동면 삼일운동) 출신지는 임북면(臨北面) 구룡동(九龍洞). 김성복은 1919년 3월 21일 임동면 중평동 편항시장(鞭巷市場)에서 일어난 만세시위에 참여하였다가 체포되었다. 이로 인해 1919년 4월 25일 대구지방법원 안동지청에서 징역 1년 6월형을 언도받고 항소하였으나, 5월 17일 대구복심법원과 6월 26일 고등법원에서 각각 기각되어 복역하였다. 1992년 건국훈장 애족장.

- 「판결문」(1919.4.25, 대구지방법원안동지청);「판결문」(1919.5.17, 대구복심법원);「판결문」(1919.6.26, 고등법원);『독립운동사자료집』 5집

김성오(金省吾)

(안동청년회) 김성오는 1921년 6월 안동청년회에서 지방청년의 장래를 지도하기 위한 목적으로 개최한 학술강습회에서 교사로 활동하였다.

- 『동아일보』 1921.6.24

김성진(金聲鎭)

(봉양의숙 교사 · 교육구국운동) 김성진은 임하면(臨河面) 송천동(松川洞: 현 안동시 송천동)에 설립된 봉양서숙(鳳陽書塾)에서 교사로 활동하였다.

■ 『안동 사람들의 항일투쟁』

김세동(金世東, 1870.5.14~1942.8.2)

(군자금 모금) 출신지는 서후면(西後面) 금계(金溪). 김세동은 1919년 음력 2월경 안동에서 정관식(鄭寬植)으로부터 "강화회의(講和會議)가 열리고 있는 파리(巴里)로 가서 독립운동을 할 필요가 있다"는 권유를 받고 이에 필요한 경비를 마련하기 위해 1919년 3월 15일 안동군 서후면의 부호인 김봉경(金鳳慶)으로부터 1천 원을 받아냈다. 이 활동으로 그는 일본경찰에 검거되어 그 해 7월 18일 경성지방법원에서 징역 2년형을 언도받고, 경성복심법원을 거쳐 12월 8일 고등법원에서 징역 1년 6월형이 확정되어 옥고를 치렀다. 1993년 건국훈장 애국장.

■ 「판결문」(1919.7.18, 경성지방법원) ; 「판결문」(1919.12.8, 고등법원) ; 『독립운동사자료집』 10집

김세로(金世魯, 1895~1940.7.11)

(임하청년회) 본관은 의성(義城). 자는 도경(道卿). 출신지는 임하면(臨河面) 천전동(川前洞: 내앞). 김세로는 1925년 6월 12일 임하면 백운정(白雲亭)에서 열린 임하청년회(臨河靑年會) 창립총회에 참석하고, 그 자리에서 서무부 및 상무 집행

위원으로 선출되었다. 묘는 만주 아성현에 있다.
■ 『동아일보』 1925.9.19

김수규

김수규(金壽圭, 1899~?)

(풍서농민회) 본관은 안동(安東). 출신지는 풍서면(豊西面) 소산리(素山里: 현 풍산읍 소산리). 김수규는 1925년 11월 풍서농민회에 참여하여 집행위원으로 선출되었다. 그는 1926년 5월 소작권 이동문제를 제기하고 투쟁하다가 업무방해 및 협박죄로 구속되어 벌금 50원의 형을 언도받았다.
■ 『조선일보』 1926.5.3 ; 『동아일보』 1926.5.4

김수락(金秀洛)

(후기의병) 1908년 이강년의진이 근거지를 봉화군 춘양면 서벽(西碧)으로 옮긴 후 일월산을 중심으로 활동하고 있을 때, 김수락은 주로 군수물자를 공급하여 의병활동을 지원하였다. 1995년 대통령표창.
■ 『운강선생창의일록』 ; 『독립운동사자료집』 1집

김수철(金壽哲, 1888~?)

(임동면 삼일운동) 출신지는 임동면(臨東面) 중평동(中平洞: 현 임하면 중평리). 김수철은 1919년 3월 21일 임동면 중평동 편항시장(鞭巷市場)에서 일어난 만세시위에 참여하였다가 체포되었으나, 1919년 5월 31일 대구지방법원에서 무죄판결을 받고 풀려났다.
■ 「판결문」(1919.5.31, 대구지방법원) ; 『독립운동사자료집』 5집

김수한(金守漢, 1900~?)

(풍산소작인회) 출신지는 풍산면(豊山面) 하리동(下里洞: 현 풍산읍 하리). 풍산소작인회에 참여하여 활동하던, 김수한은 이용만(李用萬)을 비롯한 여러 동지들과 더불어 1924년에 소작료 인하운동을 대규모로 전개하였는데, 소작농민들의 요구가 집단적인 쟁의로 발전하자, 지주와 일본인이 풍서농무회를 결성한 뒤 탄압에 나섰다. 그는 1924년 7월 10일과 11일 이용만을 포함한 동료 12명과 함께 구속되어 30원의 벌금형을 언도받았다.

■ 『동아일보』 1924.8.13, 10.9, 10.19

김수한(金壽漢, 1902.7.6~1973.10.25)

(풍서농민회) 본관은 안동(安東). 출신지는 풍서면(豊西面) 소산리(素山里: 현 풍산읍 소산리). 택호는 물외이. 김수한은 1925년 11월 풍서농민회에 참여하여 집행위원으로 선출되었다. 풍서농민회는 '상호부조와 생활개량'을 목적으로, 소작료와 지세문제를 당면과제로 삼고, 악독한 지주에게 대항하고 간악한 소작인을 처치하여 농민의 생활을 보장하는 것으로 투쟁방향을 잡았다. 그는 1926년 5월 소작권 이동문제로 투쟁을 벌이다가 업무방해 및 협박죄로 구속되어 100원의 벌금형을 언도받았다.

■ 『조선일보』 1926.5.3 ; 『동아일보』 1926.5.4

김순흠(金舜欽, 1840.12.15~1908.9.28)

(항일자정순국) 본관은 풍산(豊山). 자는 치화(穉華). 호는 죽

포(竹圃). 출신지는 풍산면(豊山面) 수동(水洞: 현 풍산읍 수리). 김순흠은 1905년 을사조약이 강제로 체결되자 5적의 매국행위를 규탄하는「토오적문(討五賊文)」을 지어 전국 유림에 배포하였으며, 중기의병 때는 군자금 조달을 위해 노력하였다. 1907년에 일본인 재무서가 세금을 거두어 일본군에게 납부하자 그는 의분을 금치 못하고 "내가 죽거든 빈소를 차려 곡을 하기는 해도 상식(上食)은 하지 마라. 왜놈 천하에서 자란 곡식을 먹을 수 없으니 국권을 회복하는 날 올리도록 하라"라는 유언을 남기고 단식한지 23일 만인 1908년 9월 28일에 순절하였다. 1963년 대통령표창, 1977년 건국포장, 1990년 건국훈장 애국장.

■ 『기려수필』;『척암선생별집』

김술로(金述魯, 1898~1946)

(국내항일, 흠치교) 본관은 의성(義城). 출신지는 임하면(臨河面) 천전(川前) 193번지. 김술로는 1920년 7월 임하면 천전동 뒷산에서 차경석(車京錫)을 교주로 하는 흠치교에 가입하였다. 그는 1924년 갑자년(甲子年)에 흠치교의 힘에 의해 조선이 독립이 될 것이라고 선전하면서 자금모집 및 포교에 힘을 쏟다가, 체포되어 1년 동안 옥고를 치렀다.

■ 「수형인명부」;「판결문」(1921.6.22, 대구지방법원안동지청);
「판결문」(1921.11.26, 대구지방법원)

김술병(金述秉, 1878.7.27~1972)

(길안면 삼일운동) 본관은 의성(義城). 출신지는 임서면(臨西

面) 오대동(梧垈洞: 현 임하면 오대리). 김술병은 1919년 3월 21일 길안면 천지장날을 이용하여 만세시위를 주도하다가 체포되었다. 이로 인하여 그는 5월 3일 대구지방법원 안동지청에서 징역 1년, 벌금 50원의 형을 언도받고 대구형무소에서 복역하였다. 2007년 건국훈장 애족장.

- 「신원카드」 ; 「판결문」(1919.5.3. 대구지방법원안동지청) ; 「판결문」(1919.5.23. 대구복심법원) ; 『독립운동사자료집』 5집

김술병

김시린(金時麟, 1904~1978)

(임하청년회) 본관은 의성(義城). 출신지는 임하면(臨河面) 천전리(川前里: 내앞). 김시린은 1925년 6월 12일 임하면 백운정(白雲亭)에서 열린 임하청년회(臨河靑年會) 창립총회에서 체육부 집행위원으로 선출되었다.

- 『동아일보』 1925.9.19

김시태(金時兌, 1896.11.2~1979.6.20)

(국내항일, 흠치교) 본관은 의성(義城). 이명은 김희팔(金義八). 출신지는 임하면(臨河面) 천전(川前) 341번지. 김시태는 1920년 음력 10월 차경석(車京錫)이 교주로 있는 흠치교 교단(敎團)의 8인조에 가입하여, 겉으로 종교활동을 표방하며 국권회복운동에 진력하기로 결의하였다. 그리고 경북 일대에서 흠치교의 신도를 모집하여 교세를 확장하였다. 그는 1924년 갑자년(甲子年)에 흠치교의 힘에 의해 조선이 독립이 될 것이라고 선전하면서 자금모집 및 포교에 힘을 쏟다가, 체포되어 약 7개월의 옥고를 치렀다. 2005년 대통령표창.

■ 「판결문」(1921.4.22, 대구지방법원안동지청) ; 「판결문」(1921.11.26, 대구지방법원) ; 「판결문」(1921.12.5, 대구복심법원)

김시현(金始顯, 1883.6.9~1966.1.3)

김시현

(의열단) 본관은 안동(安東). 자는 윤화(潤和). 호는 하구(何求)·학우(鶴友). 출신지는 풍북면(豊北面) 현애동(玄崖洞: 현 풍산읍 현애리) 358번지. 김시현은 청소년기에 안동에서 일어난 갑오·을미의병을 겪으면서 항일의식을 가졌다. 1908년 이후 교남교육회의 일원으로 영남지방의 항일 구국인사들과 폭넓은 교류를 통해 항일의식을 더욱 다졌다. 1919년 3·1운동이 일어나자, 그는 그 해 5월 상해를 거쳐 만주로 망명하여 그곳에서 망명 애국지사들 가운데 김좌진(金佐鎭)을 비롯하여 황상규(黃尙奎)·장건상(張建相)·김원봉(金元鳳) 등과 접촉하면서 직접적인 항일 독립투쟁에 뛰어들었다. 그 이듬해 국내에 잠입하여 국내의 여러 독립운동 단체를 위해 동지규합·군자금 모금·무기구입 등에 힘썼다. 이러한 활동으로 그는 일본경찰에 검거되어 1920년 9월 대구형무소에서 1년의 옥고를 치렀다.

1921년 출감 후 바로 상해로 망명한 그는 이르크츠크파 고려공산당에 입당하고, 1922년 1월 모스크바에서 열린 극동인민대표자회의에 참석하여 조선대표단의 위원으로 활약하였다. 그리고 그 해 5월 상해로 돌아오면서부터 본격적인 무력적 의열투쟁에 앞장섰다. 김시현은 김원봉이 이끄는 의열단과 함께 7월 하순경부터 일제 식민통치기관 파괴를 목적으로 대규모 폭탄운반(일명 '김시현·황옥' 사건)의

실행 책임을 맡았다. 그는 김지섭과 함께 국내에 잠입하여 사전 계획을 세운 뒤 황옥을 포섭하여 류석현·장건상 등과 더불어 그 이듬해 3월 초순경부터 실행하였다. 그러나 3월 15일 이들 일행 13명은 모두 체포되어 실패하였으며, 이 사건으로 10년형을 언도받고 복역하다가 1929년 1월 29일 대구형무소에서 풀려 나왔다.

이후 그는 다시 망명하여 만주 길림을 중심으로 활동을 계속하던 중 김규식의 요청으로 조선혁명군사정치간부학교를 설립하는데 힘썼으며, 의열단의 길림과 북경의 대표자로서 활동하였다. 당시 중국 국민당 하북성 당부와 북평시 당부와 연계되어 활동하면서, 1934년 5월 초순경 북경에서 배반자 한삭평(韓朔平)을 처단하는 일을 지휘하다 체포되어 9월 22일 일본 장기지방재판소에서 5년형을 언도받고 복역하였다. 1939년 이른 봄 출옥한 김시현은 이듬해 북경으로 다시 건너가 국내와 자주 연락하며 전국을 무대로 군자금 조달·동지규합·무기구입 등 활동을 계속하였다. 이 활동으로 인해 그는 1944년 4월 북경에서 또 다시 일본헌병대에 체포되어 그 이듬해 해방을 맞을 때까지 경성헌병대에 감금되었다가 해방과 더불어 자유의 몸이 되었다.

■ 『교남교육회잡지(회원명부)』;『독립운동사』 3·7권 ; 『약산과 의열단』;『독립운동사자료집』 9·11집 ;『고등경찰요사』 ;『동아일보』 1921.3.5, 1923.4.13, 8.9, 12.15, 12.19, 12.20, 1924.4.20, 1929.1.31, 9.16 ; 『조선일보』 1923.8.12, 8.29, 1934.9.22, 9.29

김실경(金實經, 1887.5.23~1959.1.24)

(임동면 삼일운동) 본관은 안동(安東). 이명은 김영진(金榮鎭). 자는 성중(成中). 호는 죽차(竹此). 출신지는 임동면(臨東面) 중평동(中平洞: 현 임하면 중평리) 329번지. 김실경은 1919년 3월 21일 임동면 중평동 편항시장(鞭巷市場)에서 일어난 만세시위에 참여하였다가 체포되었다. 그리고 그는 1919년 8월 19일 대구복심법원에서 징역 2년형을 언도받고, 대구형무소에서 복역하였다. 묘는 현재 임동중학교 교문 오른편 계곡 입구에 있다. 1977년 대통령표창, 1990년 건국훈장 애족장.

- 「판결문」(1919.6.26, 대구지방법원안동지청) ; 「판결문」(1919.8.19, 대구복심법원) ; 『독립운동사자료집』 5집 ; 『독립운동사』 3권

김암회(金岩回, 1881.3.29~1936.4.18)

(후기의병) 출신지는 임동면(臨東面) 납시동(納是洞). 김암회는 안동·영양·봉화 등지에서 활동하던 박처사의진(본명: 朴仁和)에 가담하여 활동하였다. 그는 1908년 8월 23일부터 같은 해 11월 16일까지 박처사의 지휘 아래 동료 30여 명과 함께 안동·영양·예안·평해 일대를 돌면서 무장 투쟁을 벌이다가 체포되었다. 이로 인해 그는 1909년 7월 7일 대구지방재판소에서 징역 5년형을 언도받고 항소하였으나 기각되었다. 1995년 건국훈장 애족장.

- 「판결문」(1909.7.7, 대구지방재판소) ; 「판결문」(1909.7.29, 대구공소원) ; 『독립운동사자료집』 별집 1

김양모(金瀁模, 1850.12.21~1935.11.26)

(파리장서의거) 본관은 의성(義城). 이명은 김익모(金翊模)·김양모(金養模). 자는 여함(汝涵). 호는 응암(鷹菴). 출신지는 서후면(西後面) 금계리(金溪里: 현 서후면 금계리) 852번지. 김양모는 1919년 3월 일제의 조선국권 침탈과정을 폭로하면서 한국독립의 정당성과 당위성을 호소하기 위해 김창숙(金昌淑)이 주도한 '파리장서의거'에 유림의 한 사람으로 서명하였다가 체포되었다. 1996년 건국포장.

■ 『고등경찰요사』 ; 『경사유방』 ; 『독립운동사』 8권 ; 『벽옹김창숙일대기』

김양진(金養鎭, 1829~1901)

(전기의병) 본관은 의성(義城). 자는 정백(正伯). 호는 우헌(愚軒). 출신지는 임하면(臨河面) 망천(輞川). 김양진은 14세인 1842년 류치명의 문하에 들어갔으며, 1870년 임천서원의 복향을 주청하는 상소를 올렸다가 횡성으로 유배되었다. 이후 1895년 12월에는 호계서원의 회원으로 안동의병 거의를 종용하는「호계통문」작성에 참여하였다. 그는 안동의병 창의에 천전문중(義城金門)의 대표로 참가했을 뿐만 아니라, 두 아들 김익락(金翼洛)과 김한락(金翰洛)을 의진에 참여시켰다. 김익락은 안동의진 도청(都廳)에 참여하여 '差定5人'에 선임되었으며, 김익락은 서기(書記)로 해산때까지 활동하였다.

■ 『을미의병일기』(이긍연)

김여원(金如源)

(와룡청년회) 김여원은 1925년 2월 11일에 열린 와룡청년회(臥龍靑年會) 창립총회에서 집행위원으로 선출되었다.

■ 『동아일보』 1925.2.16

김연식(金衍植)

(신간회 안동지회) 1927년 8월 신간회 안동지회가 창설되었는데, 김연식은 1929년 1월 간사로 선출되어 활동하였다.

■ 『조선일보』 1929.1.29

김연한(金璉漢, 1905.8.2~1986.10.18)

김연한

(신간회 안동지회 · 정광단 · 고려공산청년회) 본관은 안동(安東). 출신지는 안동면(安東面) 법상동(法尙洞: 현 안동시 법상동) 46번지. 김연한은 1925년 10월에 창립된 사상단체인 정광단에 참여하여 활동하였다. 이후 그는 1928년 4월경 고려공산청년회에 가입하여 안동야체이카에 속했다가, 제3·4차 조선공산당 검거사건으로 일본경찰에 검거되어, 1930년 12월 대구지방법원에서 징역 8월, 집행유예 3년형을 선고받았다.

■ 「판결문」(1930.12.27, 대구지방법원) ; 『한국사회주의운동인명사전』 ; 「형사재판서원본」(1930 대구지방법원검사국) ; 『동아일보』 1925.10.19, 1930.11.11

김연환(金璉煥, 1879.10.29~1947.12.20)

(군자금 모집) 본관은 의성(義城). 이명은 김연환(金鍊煥) · 김

사기(金寫奇)·김기중(金器重). 출신지는 서후면(西後面) 금계리(金溪里: 현 서후면 금계리). 김양모(金瀁模)의 아들인 김연환은 1912년 만주로 망명하여 봉천시(奉天市) 소남문(小南門)에 근거지를 마련한 후 천성여관(天城旅館)을 중심으로 활약하였다. 그가 주로 맡은 일은 국내와의 연락담당이었고, 폭탄을 만주 일대와 국내에 공급하여 의열투쟁에 사용하게 만드는 일이었다.

1919년 9월 15일 천성여관에서 비밀리에 제조하던 폭탄이 폭발하는 사건이 발생하자, 일본경찰로부터 국내와 만주 등지에 폭탄을 제공한 혐의자로 수배 당했다. 이에 그는 상해로 건너가 임시정부에 가담, 자금모집을 담당하였다. 1920년 1월경 김연환은 김창숙과 김법(金法)을 만나 모금계획을 수립한 후 국내로 잠입하였다. 대구에 도착한 그는 영양출신 권태일(權泰馹)에게 임시정부의 현황을 설명하면서 독립운동에 가담하라고 권유하였다. 또 서건수(徐健洙)라는 인물도 포섭하여 임시정부에 원조할 것을 권유하였다. 이어서 1920년 2월 27일 상주 상하리에 사는 류경원(柳慶元)을 방문하고, 그곳에서 만난 정재룡(鄭在龍)·강원석(姜原錫)에게 임시정부에 대한 자금지원을 요청하다가, 1920년 2월 29일 일본경찰에 체포되었다. 이로 인해 1920년 6월 대구지방법원에서 1년형을 선고받고 복역하였다. 출옥 후 다시 만주로 건너간 그는 서로군정서(西路軍政署)의 무관학교 운영자금을 마련하기 위해 활동하였다. 1977년 대통령표창, 1990년 건국훈장 애족장.

■ 「판결문」(1920.6.19, 대구지방법원) ; 『고등경찰요사』 ;

『독립운동사자료집』 5 · 9집

김영갑(金永甲, 1866~1938.4.8)

(교남교육회 · 교육구국운동) 본관은 광산(光山). 자는 회목(晦木). 호는 동괄(東适). 출신지는 동선면(東先面) 가구리(佳邱里: 현 와룡면 가구리). 김영갑은 1908년 3월 15일 재경 영남 인사들이 창립한 교남교육회(嶠南敎育會)에 참여하여 활동하였다. 또한 그는 1908년 재정난으로 폐교 직전에 있던 동양학교(東陽學校: 현 와룡면 가구리)를 안찬중(安燦重)과 함께 재건하는 등 활발한 교육구국운동을 전개하였다.

■ 『안동 사람들의 항일투쟁』; 『교남교육회잡지』 11호

김영계(金永桂)

(신간회 안동지회) 1927년 8월에 신간회 안동지회가 창설되었는데, 김영계는 1928년 3월 입회하여 활동하였다.

■ 『조선일보』 1928.3.10

김영목

김영목(金永睦, 1868.5.7~1944.12.13)

(안동면 삼일운동) 본관은 김해(金海). 이명은 김정식(金正植). 호는 근심(謹心). 출신지는 임북면(臨北面) 마동(馬洞: 현 임동면 마리). 김영목은 1919년 3월 18일에 일어난 안동면 2차 시위와 3월 23일 3차 시위에 참여하였다. 이 활동으로 일본경찰에 체포된 그는 1919년 4월 7일 대구지방법원 안동지청에서 징역 1년형을 언도받고 항소하였으나, 5월 2일 대구복심법원과 6월 5일 고등법원에서 각각 기각, 형

이 확정되어 복역하였다. 출옥 후 그는 만주로 망명하여 항일운동을 전개하였다고 한다. 1983년 대통령표창, 1990년 건국훈장 애족장.

- 「판결문」(1919.4.7, 대구지방법원안동지청) ; 「판결문」(1919.5.2, 대구복심법원) ; 「판결문」(1919.6.5, 고등법원) ; 『독립운동사』 3권 ; 「신원카드」

김영백(金永伯)

(안동여성회) 김영백은 1925년 11월 7일에 열린 안동여성회(安東女性會) 창립총회에서 집행위원으로 선출되었다.

- 『조선일보』 1925.11.11

김영석(金永石, 1873~미상)

(안동면 삼일운동) 출신지는 남후면(南後面) 수하동(水下洞: 현 안동시 수하동). 김영석은 1919년 3월 18~19일에 걸쳐 일어난 안동면 2차 시위에 참여하여, 시위를 전개하다가 일본경찰에 체포되었다. 이로 말미암아 1919년 4월 7일 대구지방법원 안동지청에서 징역 1년 6월형을 언도받은 후 항소하여, 5월 10일 대구복심법원에서 1년형을 언도받고 복역하였다. 2010년 건국훈장 애족장.

- 「신원카드」 ; 「판결문」(1919.5.10, 대구복심법원)

김영석

김영숙(金永淑)

(안동여성회) 김영숙은 1925년 11월 7일에 열린 안동여성회(安東女性會) 창립총회에서 집행위원으로 선출되었다.

- 『조선일보』 1925.11.11

김영식(金寧植, 1894~)

(만주방면) 본관은 의성(義城). 출신지는 임하면(臨河面) 천전(川前). 김영식은 1910년 일제에게 나라를 빼앗기자, 백하(白下) 김대락(金大洛)을 모시고 만주로 망명하였다.

- 「백하일기」(김대락) ; 『안동사학』 5집

김영옥(金泳玉)

(안동면 삼일운동) 김영옥은 안동면 만세시위를 계획·추진하다가, 1919년 3월 12일 예비검속을 당해 일본경찰에 체포되었다고 한다.

- 「안동의 3·1운동」

김영종(金永鍾, 1928.1.4~미상)

(조선회복연구단) 본관은 의성(義城). 출신지는 임하면(臨河面) 천전(川前) 341번지. 김영종은 1942년 안동농림학교(安東農林學校) 임과에 입학하였다. 그리고 그는 3학년 재학 시 안동농림학교 비밀결사 조선회복연구단(朝鮮回復研究團)에 가입·활동하였다. 이로 말미암아 김영종은 1945년 3월 체포되어 5개월의 옥고를 치르다 1945년 8월 16일 기소유예로 풀려났다.

- 「형사사건부」(1945.3.14) ; 『안동사학』 12집

김영찬(金永讚)

(임동면 삼일운동) 김영찬은 1919년 3월 21일 임동면 편항시장(鞭巷市場) 만세시위에 참가하였다. 그는 편항시장에 모

인 군중과 함께 주재소로 밀고 들어가 주요 서류 및 건물을 부수었다.

■ 『독립운동사자료집』 5집

김영창(金永昌, 1884.2.16~1943.10.19)

(임동면 삼일운동) 본관은 광산(光山). 이명은 김영창(金永唱). 자는 성연(成淵). 출신지는 임북면(臨北面) 계곡동(桂谷洞: 현 예안면 계곡리). 김영창은 1919년 3월 21일 임동면 중평동 편항시장(鞭巷市場)에서 일어난 만세시위에 참여하였다가 주동자로 체포되었다. 그는 1919년 8월 18일 대구복심법원에서 징역 2년형을 언도받고 대구형무소에서 복역하였다. 묘는 와룡면(臥龍面) 주계리(周溪里)에 있다. 1982년 대통령표창, 1990년 건국훈장 애족장.

■ 「판결문」(1919.5.31, 대구지방법원) ; 「판결문」(1919.8.18, 대구복심법원) ; 『독립운동사자료집』 5집 ; 『독립운동사』 3권

김영춘(金永椿, 1924.3.11~?)

(한국광복군) 본관은 의성(義城). 출신지는 임서면(臨西面) 금소동(琴韶洞: 현 임하면 금소리). 김영춘은 1945년 1월경 일본군 히노키[檜]부대를 탈출하여, 중국 호북성 신점진(新店鎭)지구에서 중국 중앙군 유격대에 편입되어 활동하였다. 그 후 그는 호남성을 중심으로 한 중국군 제9전구 지역에서 한국광복군 제1지대 제3구대에 편입되어 활동하였다. 1982년 대통령표창, 1990년 건국훈장 애족장.

김영춘

■ 『독립운동사』 6권

김영팔(金永八, 1883.3.16~1934.3.9)

(임동면 삼일운동) 본관은 광산(光山). 호는 성기(聖基). 출신지는 임북면(臨北面) 계곡동(桂谷洞: 현 예안면 계곡리). 김영팔은 1919년 3월 21일 임동면 중평동 편항시장(鞭巷市場)에서 일어난 만세시위에 참여하였다가 체포되었다. 이 활동으로 그는 1919년 8월 18일 대구복심법원에서 징역 2년형을 언도받고 복역하였다. 1982년 대통령표창, 1990년 건국훈장 애족장.

- 「판결문」(1919.5.31, 대구지방법원) ; 「판결문」(1919.8.18, 대구복심법원) ; 『독립운동사자료집』 5집 ; 『독립운동사』 3권

김오섭(金五燮)

(조선회복연구단) 출신지는 북후면(北後面) 오산(梧山). 김오섭은 안동농림학교 9회생이다. 그는 1944년 안동농림학교(安東農林學校) 비밀결사 조선회복연구단(朝鮮回復研究團)에 가입·활동하였다. 이로 말미암아 김오섭은 1945년 3월 체포되어 5개월의 옥고를 치르다 1945년 8월 16일 기소유예로 풀려났다.

- 「형사사건부」(1945.3.14) ; 『안동사학』 12집

김옥서(金玉瑞)

(전기의병) 김옥서는 1895년 12월(음력) 결성된 안동의진에서 선봉장(先鋒將)을 맡았다. 그는 도망쳤던 관찰사 김석중이 안동부를 탈환하기 위해 공격해 오자 포군 70명을 이끌고, 예천과 안동의 접경지대인 감애에서 맞서 싸웠다.

- 『을미의병일기』(이긍연) ; 『일록』(김정섭)

김옥진(金玉鎭, 1901~1919.3.23)

(안동면 삼일운동) 본관은 안동(安東). 출신지는 안동면(安東面) 법상동(法尙洞: 현 안동시 법상동). 김옥진은 1919년 3월 23일 안동면 3차 만세시위에 참여하여 시위를 전개하던 중 일본경찰과 수비대 및 안동거류 일본인들로 구성된 자위단(自衛團)에 의해 피살되었다고 한다.

■ 『안동판독립사』

김용환(金龍煥, 1887.2.27~1946.7.10)

(후기의병 · 의용단) 본관은 의성(義城). 자는 여현(汝見). 출신지는 서후면(西後面) 금계동(金溪洞: 현 서후면 금계리). 학봉 김성일(鶴峯 金誠一)의 종손이자 서산 김흥락(西山 金興洛)의 손자이다. 의병전쟁에서 중·후기 의병은 안동에서 강하게 나타나지 않았다. 이 시기에는 이강년의진에 참가하는 경우가 많았는데, 김용환은 1908년경 이강년의진에 참여하여 활동한 대표적인 인물이다. 이강년의 체포로 백우(白愚) 김상태가 잔존부대의 일부를 재정비하여 전투를 계속해 나가자, 그는 김상태의진에서 활동하였다. 1911년 순흥 상단곡(上丹谷) 전투에 참가한 김용환은 부상당한 김현동을 업고 해압재(용문면과 유천면을 잇는 고개)를 거쳐 예천군 유천면 중평동으로 돌아왔다고 한다.

이후 그는 1919~1920년경, 같은 마을 출신인 김원식(金元植)과 함께 만주 망명길에 올랐다. 그러나 신의주에서 경찰에 체포되어 고향으로 돌아와 1921년에 결성된 의용단(義勇團)

에 가입하여 경북단 서기로 활약하였다. 의용단은 군자금 지원을 원하는 서로군정서(西路軍政署)의 뜻에 호응하여 영남지방 인사들이 결성한 조직체인데, 김용환은 여기에 참여하여 군자금 모집활동을 전개하던 중 1922년 12월 28일 일본경찰에 체포되어 고초를 겪었다. 1995년 건국훈장 애족장.

- 「형사사건부」;『고등경찰요사』;「회문김현동선생약사」;『일제침략하한국36년사』;『매일신보』1922.12.21, 12.30 ;『동아일보』1922.12.20, 12.22, 12.23, 12.30

김용희(金容熙)

(안동여성회) 김용희는 1925년 11월 7일에 열린 안동여성회(安東女性會) 창립총회에서 집행위원으로 선출되었다.

- 『조선일보』1925.11.11

김우규(金佑圭, 1891.9.22~1964.10.25)

(안동불교청년회) 본관은 안동(安東). 자는 자필(子弼). 출신지는 안동면(安東面) 법상동(法尙洞: 현 안동시 북문동 일대). 김우규는 1920년 8월 22일에 열린 안동불교청년회 창립총회에서 평의원으로 선출되었다. 묘는 안동시 안막동 야산에 있다.

- 『동아일보』1920.8.31

김우상(金宇相)

(만주방면・대한통의부) 이명은 김락(金洛) 또는 김아일(金亞一). 출신지는 예안면(禮安面) 삼계동(三溪洞). 김우상은 1911년

만주로 망명하여 길림성(吉林省) 유수현(榆樹縣) 동구(東溝)에 거주하였다. 그는 배일사상을 가지고 대한통의부(大韓統義府)에서 활동하였다.

■ 『국외용의조선인명부』

김우식(金宇植)

(만주방면) 본관은 의성(義城). 출신지는 임하면(臨河面) 천전(川前). 김우식은 1910년 나라를 일제에게 빼앗기자, 백하(白下) 김대락(金大洛)을 따라 만주로 망명하여 항일투쟁을 전개하였다.

■ 「백하일기」(김대락)

김우철(金又鐵, 1882~?)

(후기의병) 출신지는 임북면(臨北面: 현 임하면 일대). 김우철은 1907년 음력 10월경부터 안동·영양·봉화 등지에서 활약하던 박처사(본명: 朴仁和) 의진에 가담하여 활동하다가 일본군경에 체포되었다. 1908년 9월 4일 대구지방재판소에서 유형 3년을 언도받았다. 1995년 건국훈장 애족장.

■ 「판결문」(1908.9.4, 대구지방재판소) ; 『독립운동사자료집』 별집 1

김운락(金雲洛)

(충의사) 김운락은 주로 을미의병에 참여했던 재야 유생층이 1904년 8월 서울에서 조직한 충의사에 참여하여 활동하였다.

■ 『남은선생유집(서명록)』

김원대(金源大)

(신간회 안동지회) 1927년 8월에 신간회 안동지회가 창설되었는데, 김원대는 1928년 3월 입회하여 활동하였다.

■ 『조선일보』 1928.3.10

김원로(金元魯)

(만주방면) 본관은 의성(義城). 출신지는 임하면(臨河面) 천전(川前). 김원로는 1910년 나라를 일제에게 빼앗기자, 백하(白下) 김대락(金大洛)을 따라 만주로 망명하여 항일투쟁을 전개하였다.

■ 「백하일기」(김대락)

김원수(金元壽)

(후기의병) 김원수는 안동진위대 상등병이었다. 그는 소모장(召募將)으로 1908년 안동·봉화·영양 등지에서 의병항쟁을 펼쳤다.

■ 『한국독립운동사』 자료 11

김원식

김원식(金元植, 1888.8.28~1940.1.10)

(서로군정서·대한통의부·정의부·농민호조사·혁신의회·신한독립당·민족혁명당) 본관은 의성(義城). 이명은 김소창(金笑蒼). 자는 계서(繼西). 출신지는 서후면(西後面) 금계동(金溪洞: 현 서후면 금계리). 김원식은 1919~1920년 사이 대구를 중심으로 폭탄구입과 임시정부 자금지원에 참여하였다가 만주로 망명하였다. 이후 그는 서로군정서(西路軍政

署)에 가담하여, 군자금 모집과 동포 지원사업을 펼치는 것으로 만주지역에서의 활동을 시작하였다.

1921년 그는 서로군정서 독판 이상룡(李相龍)과 상의하여, 군자금 모집을 목적으로 국내를 왕래하는가 하면, 1922년 대한통의부(大韓統義府) 파견원으로 북경에서 활동하기도 하였다. 이후 1924년 11월 24일 김동삼(金東三)·김응섭(金應燮)·이광민(李光民) 등과 정의부(正義府) 설립에 참여하여 주도적 역할을 하였으며, 1926년 11월 제3회 중앙회의에서 법무위원으로, 1928년에는 내무위원으로 선임되었다. 또한 1924년 11월 한족노동당(韓族勞動黨) 결성에 주역으로 참여하여, 1926년 11월 26일 중앙집행위원회 간부로 선출되었다. 1926년에는 조선공산당 만주총국 남만도 선전부 간부로 선출되기도 하였다.

1927년 4월 1일 김동삼·이광민 등과 농민호조사(農民互助社)를 조직하여 만주지역 동포들의 산업생산 증가와 교육 발전 및 위생·보건 향상에 노력하는 등 전반적으로 만주 이주한인들의 생활을 안정시키는 데 주력하였다. 또한 그는 1927년 4월 15일 길림 남쪽 영길현(永吉縣) 신안둔(新安屯)에서 열린 유일당 촉성회의에 참여하여 김동삼·이광민·오동진(吳東振) 등과 함께 분열되어 활동하던 독립운동 세력을 하나로 결집하기 위해 노력하였다.

1927년경 중국 본토에서는 좌우합작을 위한 노력이 펼쳐지고, 국내에서도 신간회(新幹會)가 조직되어 좌우세력이 민족의 독립을 위해 합작을 도모하게 되자 만주지역에서도 동일한 현상이 나타났다. 이에 김원식은 1928년 7월 중국본부한인청년동맹의 상해지부 집행위원으로 선정되어 활동하게 되었고, 1927~1928년에는 정의부(正義府)·참의부(參議府)·신민부(新民府)로 구성된 만주지역 3대 독립운동 추진체를 통합하는 3부 통합회의에 정의부 대표로 참석하여, 분열되어 있는 독립운동세력의 통합을 위해 노력하였다. 하지만 독립운동세력의 통합운동이 여러 가지 문제점으로 인해 결렬되자, 김원식은 김동삼과 함께 정의부를 이탈하여 혁신의회를 구성하고 중앙집행위원장을 맡았다. 1930년 3월 전만한인반제국주의대동맹창립주비회(全滿韓人反帝國主義大同盟創立籌備會) 결성에 참여하여, 김동삼과 함께 집행위원에 선출되어 활동을 하다가, 일제가 만주를 침공하자 중국 본토로 이동하였다.

일본군이 만주를 침공하자 만주지역 독립운동계는 커다란 변화에 직면하게 되었다. 3부 통합운동은 결국 조선혁명당과 한국독립당(재만)이라는 두 단체로 정리되었는데, 이들 가운데 이청천(李靑天)이 이끄는 한국독립당군의 지도부는 1934년 남경으로 이동하여 임시정부 주변에 포진하였고, 조선혁명당군도 간부 일부가 남경으로 이동하여 임시정부 주변에서 활약하였다.

김구의 초청으로 남경에 도착한 이청천은 한인청년들을 군사 간부로 양성하는 일에 매달렸다. 김구가 장개석으로부터 허락 받아 마련한 이 사업에 김원봉(金元鳳)도 참여하였다. 그래서 개설된 과정이 중국중앙육군군관학교 낙양분교 제2총대 제4대대 육군군관훈련반 제17대(일명 한인특별반)였다. 학교는 중국군관학교였지만, 한인청년에 대한

교육은 이청천을 비롯한 한인군사간부들이 책임지는 운영방식을 채택했다. 이청천은 한인특별반을 운영하기 위해 입교생을 모집하려고 북경에 신임이 두터운 대표를 상주시켰다. 그 대표가 바로 김원식이었다. 1931년에 체포되었다가 2년 동안 옥고를 치른 뒤 다시 망명한 그를 북경에 보낸 것이다.

북경에 파견된 김원식은 덕승문(德勝門) 안 회문공우(會文公寓) 9호를 거점으로 삼고 통의부(統義府) 활동 때 동지였던 김두천(金斗川)과 당시 동아일보 길림지국 기자 한일광(韓一光) 등을 동원하여 두 달여 만에 18명이나 모집하는 성과를 올리기도 했다. 그러나 입교생 모집활동이 일본경찰에 발각되자, 그는 남경으로 철수하였다.

이후 김원식은 1932년 4월 13일 상해에 잠입하여 김원봉·김규식(金奎植: 우사) 등과 만주사변에 대항한 중한항일의용군을 결성했는데, 그때 다시 만주로 파견되어 이청천·김상덕(金尙德)과 함께 새롭게 독립군을 일으켜 한중연합전선을 펴다가 1933년 동녕현전투 이후 이청천과 함께 관내로 이동했다. 관내로 들어온 그는 신한독립당 결성에 주역으로 참여하였으며, 이어서 1935년에는 남경에서 양기탁·김규식·김원봉 등과 함께 좌우합작, 혹은 민족협동전선체로서 민족혁명당(民族革命黨)을 창당하여 새로운 정세에 대응한 독립운동을 전개하다가 1940년 1월에 작고하였다. 1968년 건국훈장 독립장.

■ 『경사유방』;『고등경찰요사』;『기려수필』;『국외용의조선인명부』;『한국독립운동사』;『한국독립사』;『일제침략하한국36년사』;

『한국민족운동사료』(중국편) ;『독립운동사자료집』14집 ;
『임시정부의정원문서』;『독립운동사』4 · 5권 ;『동아일보』1927.5.14

김원익(金元益)

(임하청년회) 김원익은 1925년 6월 12일 임하면 백운정(白雲亭)에서 열린 임하청년회(臨河靑年會) 창립총회에서 서무부 및 상무 집행위원으로 선출되었다.

■『동아일보』1925.9.19

김원진(金元鎭, 1890.9.4~1945.9.13)

(안동면 삼일운동 · 조선노동공제회 안동지회 · 안동청년회 · 안동물산장려회 · 화성회 · 안동기우단 · 신간회 안동지회)
본관은 안동(安東). 호는 선약(善若). 출신지는 안동면(安東面) 안막동(安幕洞: 현 안동시 안막동). 김원진은 1912년 경성사범학교(京城師範學校)를 졸업하고, 4월 1일에 안동공립보통학교(安東公立普通學校) 교사, 1913년 10월 의성공립보통학교(義城公立普通學校)에서 교사로 근무하였다. 그 후 1914년 7월에는 함경남도 정평(定平) 군청에서, 10월에는 단천군(端川郡)으로 옮겨 서기로 근무하다가, 1915년 7월 면직되었고, 이후 안동군청으로 옮겨 서기로 근무하였다.

1919년 3월 13일 안동면 시위를 계획 · 추진하다가, 그는 시위 하루 전날인 3월 12일에 예비검속을 당해 일본경찰에 체포되었다. 1919년 3월 31일 대구지방법원 안동지청에서 징역 2년형을 언도받고 항소하였으나, 1919년 4월 17일 대구복심법원에서 형이 확정되어 복역하였다.

이후 그는 동아일보 안동지국 기자로 활동하며, 안동청년회(安東靑年會)에 가입하여 활동하였다. 그가 가입한 안동청년회는 1920년 5월 창립하여 지역의 교육활동을 담당하였는데, 김원진은 1920년 8월 24일 안동청년회 주관으로 개최된 강연회에서 '사랑과 교육'이란 주제로 강연하였다. 또한 그는 1920년 9월 23일 창립된 조선노동공제회 안동지회에 참여하여, 1921년 7월 제2회 총회에서 간사로 선출되었으며, 1923년 안동물산장려회가 창립되자 여기에도 참여하여 활동하였다.

1925년 화성회(火星會)와 안동기우단에 참여하여 활동하던 김원진은 같은 해 예천형평사 습격사건이 일어나자 화성회 대표로 연합회 결성에 참여하고, 『동아일보』에 사건 전모를 게재하였다. 이로 인해 예천형평사 습격사건의 주모자로 지목된 김석희(金碩熙: 예천청년회장)와 장수암(張守岩)이 명예훼손으로 고소하였고, 이에 징역 8월형을 언도받았다. 이후 1927년 8월 신간회 안동지회가 창립되자 여기에 참여하여, 1928년 1월 대표위원과 1929년 1월 간사 및 대표회원으로 각각 선출되었다.

■ 『독립운동사자료집』 5집 ; 『대구경북항일독립운동사』 ; 「판결문」(1919.4.17, 대구복심법원) ; 『동아일보』 1920.9.15, 1921.7.25, 1925.8.6, 1926.1.29, 4.9, 8.24, 1927.9.9 ; 『조선일보』 1928.1.21, 2.6, 1929.1.29

김원학(金元鶴)

(신간회 안동지회) 1927년 8월에 신간회 안동지회가 창설

되었는데, 김원학은 1929년 1월 대표회원으로 선출되었다.
■ 『조선일보』 1929.1.29

김윤로(金允魯)

(만주방면) 출신지는 임하면(臨河面) 천전(川前). 김윤로는 일제에게 나라를 빼앗기자, 백하(白下) 김대락(金大洛)을 따라 만주로 망명하여 항일투쟁을 전개하였다.
■ 「백하일기」(김대락)

김윤모(金潤模, 1847~1897.6.12)

(전기의병) 본관은 의성(義城). 자는 경능(敬能)·용암(慵庵). 출신지는 서후면(西後面) 금계(金溪) 373번지. 안동의진은 1894년 일제가 강제로 경복궁을 점령하자, 이에 대항하여 거의하였다. 이후 을미사변·단발령 등이 일어나자 안동의진은 다시 1895년 재기하였다. 당시 김윤모는 1895년 12월 호계서원의 재유사로 거의를 종용하는 「호계통문」의 발의자로 참여하였을 뿐만 아니라, 권세연이 이끄는 안동의진에서 정제유사(整齊有司)에 선임되어 활동하였다. 2008년 건국포장.
■ 「안동의소파록」;『을미의병일기』(이긍연)

김윤호(金潤鎬)

(화산구락부) 김윤호는 재동경안동유학생(在東京安東留學生)으로 조직된 화산구락부(花山俱樂部)에 참여하였다. 그는 이 단체가 1921년 여름방학을 맞아 안동 일대에서 순회강연

회를 가지자, 연설자로 참여하였다. 그리하여 7월 16일 안동불교청년회 포교당에서 '우리의 行할 一日의 程路'라는 주제로, 이어 7월 22일에는 하회 우리청년회의 주관으로 개최된 강연회에서 '자녀의 해방'이란 주제로 연설하였다.

■ 『동아일보』 1921.7.22, 7.31

김은수(金銀守, 1887~?)

(임동면 삼일운동) 출신지는 임동면(臨東面) 중평동(中平洞: 현 임동면 중평리). 김은수는 1919년 3월 21일 임동면 중평동 편항시장(鞭巷市場)에서 일어난 만세시위에 참여하였다. 이 활동으로 그는 1919년 8월 19일 대구복심법원에서 징역 3년형을 언도받고, 대구형무소에서 복역하였다.

■ 「판결문」(1919.6.26, 대구지방법원안동지청) ; 「판결문」(1919.8.19, 대구복심법원) ; 『독립운동사자료집』 5집

김응로(金應魯, 1894~1969.1.15)

(임하청년회) 본관은 의성(義城). 자는 경선(景善). 호는 일산(逸山). 출신지는 임하면(臨河面) 천전동(川前洞: 내앞). 김응로는 1925년 6월 12일 임하면 백운정(白雲亭)에서 열린 임하청년회(臨河靑年會) 창립총회에 참석하여, 그 자리에서 교육부 집행위원으로 선출되었다.

■ 『동아일보』 1925.9.19

김응섭(金應燮, 1878.11.10~1957.5.29)

(교남교육회 · 서로군정서 · 임시정부 · 의용단 · 한족노동

김웅섭

당·정의부·혁신의회) 본관은 풍산(豊山). 이명은 김웅범(金應範). 자는 경장(景章). 호는 동전(東田). 출신지는 풍북면(豊北面) 오미동(五美洞: 현 풍산읍 오미리). 김웅섭은 1908년 교육구국운동의 일환으로 설립된 교남교육회(嶠南敎育會)에 가입하여 본회 임원으로 활동하였다. 이후 만주로 망명한 그는 서로군정서(西路軍政署)에 참여하여 법무사장(法務司長)으로 선임되어 이주한인들의 안정된 정착을 노력하였다. 또 김웅섭은 1919년 중국 상해에 수립된 대한민국 임시정부에 김동삼(金東三)과 참여하여 정부 수립을 위한 모임, 즉 제헌의회의 성격을 가진 의정원 회의에 참석하여 정부 명칭과 헌장 결정 등 초기의 활동에 참여하였고, 임시정부 법무차장으로 활동하였다. 또한 임시정부에 군자금을 지원하기 위해 결성된 의용단(義勇團)에 참여하여 군자금 모집활동을 전개하기도 하였다.

1921년 고려공산당에 입당하여, 1922년 베르흐네우진스크 고려공산당 연합대회에 출석하여 임시집행부 위원이 되었다. 1923년 6월 국민대표회의에 참가하여 분열되어 있던 독립운동세력들을 하나로 결집하기 위해 노력하였다. 같은 해 8월 김웅섭은 이광민(李光民)과 함께 반석현(磐石縣)에서 한족노동당(韓族勞動黨)을 조직하기로 하고, 1924년 11월 창립총회를 열고 위원장으로 선출되었다. 이후 1926년 3월에는 중앙집행위원 및 상무집행 위원회 위원장 겸 서무부 간부로 활동하였다.

1924년 11월 김웅섭은 정의부(正義府) 발족에 주역으로 참여하여, 중앙심판원장에 선임되었다. 이때 정의부 중앙행정위원 겸 외무위원장을 김동삼(金東三), 1년 뒤에는 김형식(金衡植)이 민사(내무)위원장에 선임되었는데, 김형식은 사양하고 취임하지 않았다. 또 금계동(金溪洞) 출신 김원식(金元植)은 행정원 비서장을, 법흥동(法興洞) 출신 이광민은 서무주임을 각각 맡아 동분서주하였다.

이들에 의해 결성된 정의부는 남쪽 압록강변의 관전현과 환인현에 군사 거점을 두고 국내에 유격활동을 전개하는 한편, 길림성 일대 동포사회에 대한 민사업무를 조직적으로 관리하였다. 또한 화전에는 화성의숙(樺城義塾), 삼원포에는 동명학교(東明學校), 흥경현 왕청문에는 화흥학교(化興學校)를 설치하여 각처의 소학과정 동포학교와 연계하여 중등과정의 민족교육을 강화하였다.

1926년경 중국 관내에서 독립군 단체 위에 하나의 지도 정당을 만들자는 민족유일당운동이 일어나자 만주에서는 1927년 4월 15일 길림 남쪽 영길현(永吉縣) 신안둔(新安屯)에서 유일당 촉성회의가 결성되었다. 김응섭은 한족노동당 대표로 참석하여 김동삼·오동진·이광민·김원식 등과 함께 만주지역 독립운동 전선의 통합을 위해 노력하였다. 하지만 유일당 촉성회의는 횟수를 거듭할수록 여러 가지 문제를 노출시켰다. 이념 문제나 통합 방법을 둘러싸고 극복해야 할 문제들이 너무 많았던 것이다. 결국 김응섭은 1928년 7월 김동삼과 함께 정의부를 이탈하여 혁신의회(革新議會)를 조직하여 만주지역에서 지속적인 항일투쟁을 전개하였다. 한편 한족노동당이 1928년 재만농민동맹으로 개편될 때 김응섭은 중앙집행위원장으로 선출되기도 했다.

■ 『고등경찰요사』;『안동 사람들의 항일투쟁』;『오미마을 사람들의 민족운동』;『교남교육회잡지(회원명부)』

김응성(金應星, 1890.2.7~1960.2.7)

(임동면 삼일운동) 본관은 안동(安東). 자는 덕우(德宇). 호는 청헌(淸軒). 출신지는 임동면(臨東面) 중평동(中平洞: 현 임동면 중평리) 33번지. 김응성은 1919년 3월 21일 임동면 중평동 편항시장(鞭巷市場)에서 일어난 만세시위에 참여하였다. 이 활동으로 그는 1919년 8월 18일 대구복심법원에서 징역 2년형을 언도받고, 대구형무소에서 복역하였다. 1982년 대통령표창, 1990년 건국훈장 애족장.

■ 「판결문」(1919.5.31, 대구지방법원);「판결문」(1919.8.18, 대구복심법원);『독립운동사자료집』5집;『독립운동사』3권

김응수(金應洙, 1880.9.14~1957.6.18)

김응수

(안동면 삼일운동) 본관은 광산(光山). 자는 명진(明進). 호는 소계(小溪). 출신지는 동선면(東先面) 가야리(佳野里: 현 와룡면 가야리) 822번지. 김응수는 1919년 3월 18일 안동면 2차 시위에 참가하였다. 이 활동으로 그는 1919년 4월 1심에서 1년형을 언도받았으나 항소하여, 5월 10일 대구복심법원에서 무죄로 풀려났다. 묘는 와룡면 견우골 야산에 있다.

■ 『안동판독립사』;「판결문」(1919.5.10, 대구복심법원)

김응식(金應植, 1861~1921.11.2)

(전기의병) 본관은 의성(義城). 자는 경립(敬立). 호는 일몽재

(一夢齋). 출신지는 서후면(西後面) 금계동(金溪洞: 현 서후면 금계리). 서산 김흥락(西山 金興洛)의 조카인 김응식은 1896년 안동 전기의병에 참여하여 활동하였다.

■ 『을미의병일기』(이긍연)

김응진(金應鎭, 1890.7.7~1934.10.9)

(예안면 삼일운동) 본관은 선성(宣城). 출신지는 예안면(禮安面) 천전리(川前里) 428번지. 김응진은 양자인 김동택(金東澤)과 함께 1919년 3월 17일 예안면 1차 시위에 참여하였다가 체포되었다. 이 활동으로 그는 1919년 3월 24일 대구지방법원 안동지청에서 징역 6월형을 언도받고 항소하였으나, 4월 17일 대구복심법원에서 기각되어 복역하였다. 1992년 대통령표창.

■ 「판결문」(1919.4.17, 대구복심법원) ; 「판결문」(1919.5.19, 고등법원) ; 『독립운동사자료집』 5집

김응한(金應漢, 1901.4.8~1971.12.28)

(사합동맹·안동청년연맹·신간회 안동지회) 본관은 안동(安東). 이명은 김응한(金膺漢). 출신지는 안동면(安東面) 법상동(法尙洞: 현 안동시 법상동). 김응한은 1925년 3월 사합동맹(四合同盟)에 참여하였으며, 또한 그 해 8월 안동청년연맹 결성에 참여하여 집행위원으로 선임되었다. 1927년 8월 신간회 안동지회가 조직되자 여기에도 참여한 그는 1928년 1월에 대표위원이 되었다. 이후 그는 1931년 9월에서 1932년 5월까지 동아일보 안동지국장을 지냈고, 이후의 활동은 드러나지 않는다. 묘는 와룡면(臥龍面) 가구리(佳邱里) 장

자봉(長子峰)에 있다.
- 『조선일보』 1928.1.21, 2.6 ; 『한국사회주의운동인명사전』

김의동(金宜東)

(교남교육회) 김의동은 1908년 3월 15일 재경 영남인사들이 창립한 교남교육회(嶠南敎育會)에 참여하여 교육구국운동을 전개하였다.
- 『교남교육회잡지(회원명부)』

김의한(金義漢, 1904.1.25~1945.12.1)

김의한

(풍서농민회) 본관은 안동(安東). 자는 덕장(德章). 출신지는 풍서면(豊西面) 소산리(素山里: 현 풍산읍 소산리). 김의한은 1925년 11월 창립된 풍서농민회에 참여하여 활동하였다. 풍서농민회는 '상호부조와 생활개량'을 목적으로, 소작료와 지세문제를 당면과제로 삼고, 투쟁방향을 악독한 지주에게 대항하고 간악한 소작인을 처치하여 농민의 생활을 보장하는 것으로 잡았다. 그는 1926년 5월 지주들에게 소작권 이동문제를 따지며 투쟁하다가 업무방해 및 협박죄로 체포되어 벌금 100원형을 언도받았다. 묘는 풍산읍 소산리 역동(嶧洞)에 있다.
- 『조선일보』 1926.5.3 ; 『동아일보』 1926.5.4

김이규(金二圭)

(서부사숙 설립) 김이규는 1917년 예안면(禮安面) 서부동(西部洞: 현 도산면 서부리)에 사립학교인 서부사숙(西部私塾)을 설

립하고 교사로 활동하였다.
■ 『안동 사람들의 항일투쟁』

김이섭(金履燮)

(교남교육회·교육구국운동) 김이섭은 1908년 3월 15일 재경 영남인사들이 창립한 교남교육회(嶠南敎育會)에 참여하였다.
■ 『교남교육회잡지(회원명부)』

김익근(金益根, 1871~1921.4.2)

(안동면 삼일운동) 출신지는 안동면(安東面) 신세동(新世洞: 현 안동시 신세동) 104번지. 김익근은 1919년 3월 18~19일에 걸쳐 일어난 안동면 2차 시위에 참여하여, 시위를 전개하다가 일본경찰에 체포되었다. 이 활동으로 그는 1919년 4월 7일 대구지방법원 안동지청에서 6월형을 언도받고, 항소하여 5월 10일 대구복심법원에서 1년형을 언도받았다. 2006년 건국훈장 애족장.

김익근

■ 「신원카드」;「판결문」(1919.5.10, 대구복심법원)

김익락(金翼洛, 1852~1911)

(전기의병) 본관은 의성(義城). 자는 후경(厚卿)·우경(羽卿). 출신지는 임하면(臨河面) 망천(輞川) 354번지. 김익락은 1895년 12월 부친 김양진이 안동 을미의병 발기에 참여하자 함께 참여하였으며, 1896년 1월 도청(都廳)에서 차정(差定) 5인에 선임되어 5월까지 의병항쟁을 전개하였다. 이후 그는 1906~1907년 의병에게 식량을 지원하다 일제관헌에 의

해 본가(本家)가 소실되고 피체·구금을 당하였다.
■ 『을미의병일기』(이긍연)

김익장(金翼張)

(전기의병) 김익장은 1895년 12월(음력) 결성된 안동의진에서 전봉장(前鋒將)을 맡아 활약하였다.
■ 「안동의소파록」

김익현

김익현(金翊顯, 1869.7.7~1950.4.17)

(안동면 삼일운동) 본관은 안동(安東). 호는 성숙(聖淑). 출신지는 안동면(安東面) 광석동(廣石洞: 현 안동시 광석동) 15번지. 김익현은 1919년 3월 18일에 일어난 안동면 2차 시위와 3월 23일 3차 시위를 계획·주도하다가 일본경찰에 체포되었다. 이 활동으로 그는 1919년 4월 7일 대구지방법원 안동지청에서 징역 1년형을 언도받고 항소하였으나, 5월 2일 대구복심법원과 6월 5일 고등법원에서 기각되어 복역하였다. 1983년 대통령표창, 1990년 건국훈장 애족장.
■ 「신원카드」;『독립운동사』3권 ;『독립운동사자료집』5집 ; 「판결문」(1919.4.7, 대구지방법원안동지청) ; 「판결문」(1919.5.2, 대구복심법원) ;「판결문」(1919.6.5, 고등법원)

김인배(金仁培)

(예안청년회) 김인배는 1920년 7월 창립된 예안청년회(禮安靑年會)에 참여하여 활동하였으며, 그 해 8월 24일 예안청년회 주관으로 개최된 강연회에서 '과거의 일몽(一夢)'이란

주제로 연설하였다.

■ 『동아일보』 1920.9.1

김일선(金日先, 1894~?)

(임동면 · 임북면 삼일운동) 출신지는 임북면(臨北面) 사월동(沙月洞: 현 임동면 사월리). 김일선은 1919년 3월 21일 임동면 중평동 편항시장(鞭巷市場)에서 일어난 만세시위에 참여하였고, 그 여세를 몰아 3월 22일 당시 임북 면소재지이던 사월에서 만세시위를 전개하다가 체포되었다. 이로 인하여 그는 1919년 8월 18일 대구복심법원에서 징역 2년형을 선고받고 대구형무소에서 복역하였다. 2007년 건국훈장 애족장.

■ 「판결문」(1919.5.31, 대구지방법원) ; 「판결문」(1919.8.18, 대구복심법원) ; 『독립운동사자료집』 5집 ; 『독립운동사』 3권

김장식(金章植, 1889.1.4~1949)

(서로군정서 · 대한통의부 · 정의부) 본관은 의성(義城). 이명은 김매정(金梅亭) · 김을석(金乙錫) · 김낙파(金洛坡) · 김훈식(金勳植) · 김근식(金根植). 자는 문백(文伯). 출신지는 임하면(臨河面) 천전동(川前洞: 내앞). 일송 김동삼(一松 金東三)의 6촌 동생인 김장식은 1919년을 전후하여 만주로 망명하였다. 망명 후 서로군정서(西路軍政署)에 가담하여 만주와 국내를 오가며 군자금 모집활동을 하였다. 그가 가담한 서로군정서는 1919년 4월 이상룡(李相龍) · 김동삼 등이 중심이 되어 유하현(柳河縣) 고산자(孤山子)에서 조직한 군정부가 동년

11월 임시정부의 산하 군대로 개편된 것이다. 1922년 서간도지방의 독립군 통합이 추진되어 그해 6월에 남만통일회(南滿統一會)가 결성되고 통군부(統軍府)가 탄생하였다. 이후 8월 30일에는 남만한족통일회(南滿韓族統一會)를 결성하여 통군부를 통의부(統義府)로 확대·개편하였다. 이때 서로군정서도 통의부에 흡수·통합되었으며, 통군부 교육부장이던 김동삼이 통의부 총장을 맡게 되자, 김장식은 김동삼을 따라 통의부에 참여하여 활동하였다.

이후 1924년 11월 24일 정의부(正義府)가 발족하자 김장식은 김동삼을 도와 정의부에 참여하여 활동하였으며, 1932년 4월 향방(吞方) 농무계에 참여하여 항일투쟁을 전개하기도 하였다. 1995년 건국훈장 애국장.

■ 「백하일기」(김대락) ; 『고등경찰요사』 ; 『조선독립운동사』 1권 ; 『국외용의조선인명부』 ; 『동아일보』 1924.10.26

김장환(金璋煥)

(교남교육회·교육구국운동) 김장환은 1908년 3월 15일 재경 영남인사들이 창립한 교남교육회(嶠南敎育會)에 참여하여 교육구국운동을 전개하였다.

■ 『교남교육회잡지(회원명부)』

김재락(金載洛, 1888.4.6~1950.10.10)

(길안면 삼일운동) 본관은 의성(義城). 자는 문중(文重). 출신지는 임서면(臨西面) 오대동(梧垈洞: 현 임하면 오대리). 김재락은 1919년 3월 21일 길안면 천지장날에 일어난 만세시위

에 참여하였다가 체포되었다. 이 활동으로 그는 4월 28일 대구지방법원 안동지청에서 징역 6월형을 언도받고 복역하였다 한다. 2005년 대통령표창.

■ 『안동판독립사』

김재봉(金在鳳, 1891.5.19~1944.2.28)

(오릉강습소 · 고려공산당 · 신사상연구회 · 화요회 · 조선공산당) 본관은 풍산(豊山). 자는 주서(周瑞). 호는 근전(槿田). 출신지는 풍북면(豊北面) 오미동(五美洞: 현 풍산읍 오미리). 김재봉은 조선공산당의 제1차 책임비서를 지낸 한국 공산주의 운동의 태두였으며, 공산주의 운동을 통해 조국 독립을 실현하고자 했던 인물이었다.

김재봉

그는 대구 계성학교(啓聖學校)를 다니다가, 1912년 경성공업전습소(京城工業專習所)에 입학하여 염직과를 3년간 수학하고 고향으로 돌아왔다. 이후 1917년 풍산 오미동에 오릉강습소를 개설하여 계몽운동을 전개하였다.

1919년 9월경 『만주일보(滿洲日報)』 경성지사 기자가 되었지만, 1920년 말 신문사의 폐지와 동시에 퇴직하였고, 이 무렵 상해에서 대한민국 임시정부의 경북교통부장으로 임명되어 국내로 파견된 안상길(安相吉)과 서울에서 만나, 그로부터 『독립신문』을 비롯한 많은 문서들을 받아 대구지역에 파급시키려다가 체포되어 징역 6월형을 받았다.

1921년 9월에 출옥한 그는 만주로 망명하였다. 이 시기 김재봉은 『마르크스 자본론』 · 『사회주의학』 · 『레닌주의』 · 『진화』 등과 같은 사회주의 관련 서적을 탐독하여 사상과 활동의 전환기를 맞게 된다. 이후 그는 1922년 1월 모스크바에서 열린 극동인민대표회의에 조선노동대회 대표 자격으로 참석하였다. 같은 해 11월에는 베르흐네우진스크 고려공산당 연합대회에 참석하였고, 대회 결렬 이후에는 치타에서 소집된 고려공산당(이르크츠크파) 대회에 참가하여 중앙위원으로 선임되었다.

1923년 블라디보스토크 꼬르뷰로(조선공산당중앙총국)에 참가, 5월 꼬르뷰로 국내 파견원으로 선임되어 국내에 들어온 그는 신사상연구회 조직에 참여했다. 또한 그 해 8월 서울에서 비밀리에 꼬르뷰로 국내부를 설치하고 책임비서가 되었으며, 1924년 꼬르뷰로 국내부를 대표하여 '통일 조공' 결성을 협의하기 위해 각파 공산주의자그룹의 대표자 회합인 '13인회'에 참석했다. 10월 정재달(鄭在達) 사건에 연루되어 체포되었으나 증거 불충분으로 석방되었으며, 이 무렵 화요회를 이끌었다. 그리고 『조선일보』 기자로 재직하면서 비밀리에 조선공산당 창당작업을 주도해 나갔다. 1925년 4월 서울에서 조선공산당 창립대회 개최를 주도하고 초대 책임비서로 선임되어 활동하였다. 그러나 그 해 12월 일제에 체포되어 징역 6년형을 선고받고 복역하다 1931년 11월 8일 서대문형무소에서 출옥하였다. 그리고 그는 1944년 2월 28일(음력) 사망했다. 2005년 건국훈장 애국장.

■ 「신원카드」 ; 『한국사회주의운동인명사전』 ; 『한국공산주의운동사자료집』 1권 ; 『조선공산당 초대 책임비서 김재봉』

김재성(金在成, 1897.11.3~1982.11.5)

(안동면 삼일운동) 본관은 안동(安東). 출신지는 풍남면(豊南面) 어담리(漁潭里: 현 풍천면 어담리). 김재성은 1919년 3월 18일 안동면 2차 시위에 앞서 계획단계에 참여하여 태극기를 제작하였고, 시위를 전개하다가 일본경찰에 체포되었다. 이로 인하여 그는 1919년 4월 7일 대구지방법원 안동지청에서 징역 6월형을 언도받고 항소하였으나, 5월 2일 대구복심법원과 6월 5일 고등법원에서 기각, 형이 확정되어 복역하였다. 1992년 대통령표창.

■ 「판결문」(1919.4.7, 대구지방법원안동지청) ; 「판결문」(1919.5.2, 대구복심법원) ; 「판결문」(1919.6.5, 고등법원)

김재성

김재연(金在淵, 1904.9.20~1940)

(신간회 안동지회) 본관은 풍산(豊山). 자는 단여(溥汝). 출신지는 풍북면(豊北面) 오미동(五美洞: 현 풍산읍 오미리). 1927년 8월 신간회 안동지회가 창설되자 여기에 참여한 김재연은 1929년 1월 간사로 선출되었으며, 1929년 8월에는 집행위원으로 선출되어 활동하였다. 묘는 오미리 아미산에 있다.

■ 『조선일보』 1929.1.29, 8.14

김재연

김재원(金在源, 1899.1.5~1971.1.15)

(국내항일, 흠치교) 출신지는 예안면(禮安面) 정산(鼎山). 김재원은 1920년 4월(음력) 안동에서 조선독립을 표방하는 흠치교(吽哆敎)에 가입하였다. 그는 12인조로 국권회복을 위한 독립운동 자금모집 등의 활동을 하다가 체포되어 1921년 4

월 대구지방법원 안동지청에서 징역 2년을 받았다. 2006년 건국포장.

■ 「판결문」(1921.4.22, 대구지방법원안동지청) ;
「판결문」(1921.11.26, 대구복심법원)

김재홍(金在洪)

(안동불교청년회) 김재홍은 1920년 8월 22일에 열린 안동불교청년회 창립총회에 참석하여, 포교부장으로 선출되었다.

■ 『동아일보』 1920.8.31

김점수(金點壽)

(임동면 삼일운동) 김점수는 1919년 3월 21일 임동면 편항시장(鞭巷市場) 만세시위에 참가하였다. 그는 편항시장에 모인 군중과 함께 주재소로 밀고 들어가 주요 서류 및 건물을 부수었다.

■ 『독립운동사자료집』 5집

김정로(金正魯)

(만주방면) 본관은 의성(義城). 자는 직부(直夫). 출신지는 임하면(臨河面) 천전(川前). 김정로는 백하(白下) 김대락(金大洛)의 손자이며, 김형식의 아들이다. 그는 할아버지를 따라 만주로 망명하여 그곳에서 항일투쟁을 펼쳤다.

■ 「백하일기」(김대락)

김정묵(金定黙, 1905~1950)

(만주방면) 본관은 의성(義城). 출신지는 임하면(臨河面) 천전동(川前洞: 내앞). 일송 김동삼(一松 金東三)의 아들인 김정묵은 1910년 12월 부친을 따라 만주로 망명하였다. 만주망명 후 그는 부친 김동삼을 도와 독립군기지 건설을 위해 노력하였다. 김동삼과 함께 망명한 이원일(李源一)이 그의 장인이다.

- 『만주생활 77년』;「전통명가의 근대적 변용과 독립운동 사례」

김정묵

김정석(金正錫)

(임하청년회) 김정석은 1925년 6월 12일 임하면 백운정(白雲亭)에서 열린 임하청년회(臨河靑年會) 창립총회에 참석하여, 그 자리에서 상무집행위원으로 선출되었다.

- 『동아일보』1925.9.19

김정식(金廷植, 1898~1952.7.5)

(임하청년회 · 신간회 안동지회) 본관은 의성(義城). 출신지는 임하면(臨河面) 천전동(川前洞: 내앞). 김정식은 1925년 6월 12일 임하면 백운정(白雲亭)에서 열린 임하청년회(臨河靑年會) 창립총회에 참석하여, 그 자리에서 교육부 및 상무 집행위원으로 선출되었다. 이후 그는 신간회 안동지회에 참여하여 1928년 1월 조직부, 1929년 1월에 간사 및 대표회원, 1929년 8월에는 조사부원 및 집행위원으로 선출되어 활동하였다. 묘는 임하면 백운정 부근에 있다.

- 『동아일보』1925.9.19 ;

『조선일보』 1928.1.21, 2.6, 1929.1.29, 8.14

김정식(金政植, 1888.6.10~1941.4.20)

김정식

(만주방면 · 군자금 모집) 본관은 의성(義城). 이명은 김정식(金正植) · 김욱이(金郁伊). 출신지는 임하면(臨河面) 천전동(川前洞: 내앞). 김정식은 백하 김대락(白下 金大洛)의 조카이다. 1910년 대한제국이 멸망하자, 백부(伯父) 김대락이 김동삼(金東三) · 이상룡(李相龍) 등과 더불어 해외 독립운동 기지건설을 위해 서간도로 망명할 때 김정식도 김대락을 따라 서간도로 망명하였다. 삼원포(三源浦) 이도구(二道溝)에 정착한 그는 김대락의 독립운동을 보좌하면서 독립군 기지건설에 앞장섰다.

1920년 경신참변으로 망명 촌락이 폐허가 되자, 이를 재건하기 위해 국내로 들어와 군자금 모금활동을 벌이던 중 일본경찰에 검거되어 3년간의 옥고를 치렀다. 출옥 후 다시 만주로 건너가 심양에서 아버지 김소락(金紹洛)을 모시고 살다가, 1920년대 후반에 하얼빈으로 옮겨 살았다. 이후 1927년 만주에서 민족유일당운동(民族唯一黨運動)이 부상하여 독립운동세력의 새로운 개편이 추진되고 있을 때 그는 동서인 함안출신 김두종(金斗鍾)과 연락하며, 그의 형 김서종(金書鍾)과 하얼빈 동북쪽 35키로미터 지점, 아성현(阿城縣) 북쪽 송화강변의 취원창(聚源昶)을 개척하여 항일투쟁을 지속적으로 전개하였다. 1993년 건국훈장 애족장.

- 「백하일기」(김대락) ; 『고등경찰요사』 ; 『국외용의조선인명부』 ; 「전통 명가의 근대적 변용과 독립운동 사례」

김정연(金正演, 1891.7.25~1958.11.25)

(길안면 삼일운동) 본관은 경주(慶州). 자는 장언(長彦). 출신은 임서면(臨西面) 오대동(梧垈洞: 현 임하면 오대리). 김정연은 1919년 3월 21일 길안면 천지장터에서 일어난 만세시위에 참여하였다가 피신하였다. 1920년 2월 11일 김정연은 김정익(金正翼)과 함께 박재하(朴在夏: 의성군 의성읍) 집에서 임시정부로 갈 여비를 박훈(朴勳: 의성군 산운면 만천동)으로부터 조달할 것을 논의하다가 일본경찰에 체포되었다. 이 활동으로 그는 5월 21일 대구지방법원에서 징역 5년형을 언도받고 대구형무소에서 복역하였다. 1977년 건국포장, 1990년 건국훈장 애국장.

- 『독립운동사』 3권 ; 『독립운동사자료집』 5집 ;
  「판결문」(1920.5.21, 대구지방법원) ;
  「판결문」(1920.6.12, 대구복심법원)

김정익(金正翼, 1891.5.16~1938.10.23)

(길안면 삼일운동) 본관은 경주(慶州). 출신지는 임서면(臨西面) 오대동(梧垈洞: 현 임하면 오대리). 김정익은 1919년 3월 21일 길안면 천지장터에서 일어난 만세시위에 참여하였다가 피신하였다. 1920년 2월 11일 김정익은 김정연(金正演)과 함께 박재하(朴在夏: 의성군 의성읍) 집에서 임시정부로 갈 여비를 박훈(朴勳: 의성군 산운면 만천동)으로부터 조달할 것을 논의하다가 일본경찰에 체포되었다. 이 활동으로 그는 5월 21일 대구지방법원에서 징역 5년형을 언도받고 대구형무소에서 복역하였다. 1977년 대통령표창, 1991년 건국훈

장 애국장.

■ 『독립운동사』 3권 ; 『독립운동사자료집』 5집 ; 「판결문」(1919.5.21, 대구지방법원)

김정한(金珽漢)

(신간회 안동지회) 본관은 안동(安東). 출신지는 안동면(安東面) 신세동(新世洞: 현 안동시 신세동). 김정한은 정현모(鄭顯模)와 함께 1927년 8월 창립된 신간회 안동지회에 참여하여 활동하였다. 1929년 1월 대표회원 후보로 선출되었다. 묘는 와룡면(臥龍面) 가구리(佳邱里) 장자봉(長子峰)에 있다.

■ 『조선일보』 1929.1.29

김정한(金鼎漢, 1892~1969)

(진명학술강습회) 본관은 의성(義城). 출신지는 길안면(吉安面) 묵계리(黙溪里). 김정한은 1921년 길안면에서 창립된 진명학술강습회(進明學術講習會)에 참여하였고, 1925년 5월 8일 제4회 정기총회에서 부회장으로 선출되었다.

■ 『동아일보』 1925.5.15

김정현(金禎顯, 1903.1.24~1964.10.29)

(의열단) 본관은 안동(安東). 이명은 김재현(金在顯). 출신지는 풍북면(豊北面) 현애리(玄厓里: 현 풍산읍 현애리) 347번지. 김정현은 의열단(義烈團) 출신인 김시현(金始顯)의 동생이다. 1922년 가을, 서울 숙부 집에 있으면서 김시현의 심부름으로 권총 1정과 실탄 3발을 류병하(柳秉夏)에게 전달하는 등

국내에서 의열투쟁을 전개하였다. 그 해 12월 모스크바 비행학교에 입학하려고 상해로 갔다. 상해에 도착한 그는 황옥(黃鈺)의 소개로 김원봉(金元鳳)을 만나 의열단에 가입하여 항일투쟁을 전개하였다.

1923년 김시현이 제2차 국내 폭탄운반 사건을 황옥과 함께 직접 실행 지휘하다가, 그 해 3월 계획이 발각되어 일본경찰에 체포되었다. 이 소식을 전해들은 김정현은 1923년 6월 북경에서 구여순(具汝淳)·오세덕(吳世悳) 등과 함께 자금 모집을 위해 12월에 국내로 들어왔다가 12월 22일 그 자신도 일본경찰에 체포되어 징역 8월형을 언도받고 옥고를 치렀다. 1924년 10월 출옥 후 다시 중국 북경으로 건너가 1925년 신민부(新民府)의 성동사관학교(城東士官學校)를 수료하고, 독립군으로 활동하였다고 한다. 1990년 건국훈장 애족장.

- 「예심종결결정서」(1924.1.25, 경성지방법원) ; 「판결문」(1924.2.28, 경성지방법원) ; 『한국민족운동사료』(중국편) ; 『고등경찰요사』; 『약산과 의열단』; 『동아일보』1923.12.23, 12.26, 12.30, 1924.2.7, 2.14, 2.16

김조동(金朝東, 1878.2.23~1958.7.21)

(풍산소작인회) 본관은 안동(安東). 자는 해경(海卿). 출신지는 풍서면(豊西面) 소산리(素山里: 현 풍산읍 소산리). 김조동은 1923년 11월 11일에 열린 풍산소작인회(豊山小作人會) 창립총회에 참석하여, 그 자리에서 집행위원으로 선출되었다. 묘는 풍산읍 소산리 역동(嶧洞)에 있다.

- 『동아일보』1923.11.18

김조한(金朝漢)

(남후청년회) 김조한은 1925년 9월 27일 창립된 남후청년회(南後靑年會)에 참여하여 활동하였다. 남후청년회는 그 지방의 유지들이 옛 호남강습소(湖南講習所)에 모여 창립식을 가졌는데, 이때 김조한은 위원으로 선출되었다.

■ 『동아일보』 1925.10.2

김종부(金鍾富)

(충주지역 삼일운동) 출신지는 풍천면(豊川面) 구담(九潭). 김종부는 1919년 4월 8일 장양헌(張良憲)·오언영(吳彦泳)·최명희(崔明熺)와 함께 충주군 충주면 칠금리 권태은(權泰殷) 집에서 충주공립보통학교 여교사 김연순(金漣順)을 만세시위에 참여시키기로 결의하였다. 그녀에게 권유문과 태극기 등을 주어 여학생들을 충주장날 만세시위에 참가하도록 시도한 것이다. 특히 김종부는 창칼로 왼팔을 찔러서 피로 태극기를 그리고, 조선독립을 고취하는 장양헌의 말을 태극기에 적었다. 하지만 이 계획이 일본경찰에게 사전에 탐지되어 실행되지는 못하였다. 김종부는 이로 말미암아 1919년 5월 31일 청주지방법원 청주지청에서 징역 1년 6월을 받았으나, 상고하여 1919년 7월 16일 경성복심법원에서 징역 10월을 선고받았다.

■ 「판결문」(1919.5.31, 청주지방법원청주지청) ; 「판결문」(1919.7.16, 경성복심법원) ; 「판결문」(1919.9.25, 고등법원)

김종식(金種植, 1907~1946)

(만주방면) 출신지는 임하면(臨河面) 천전(川前). 김종식은 만주로 망명하여 그곳에서 항일투쟁을 전개하였다.

■ 「백하일기」(김대락)

김종연(金鍾淵, 1863~1905.5.17)

(전기의병) 본관은 의성(義城). 자는 성우(聲于). 출신지는 임하면(臨河面) 천전(川前) 341번지. 김종연은 1895년 음력 12월 안동의진 결성당시 안동의진의 관량(管糧)에 선임되어 안동의진의 결성과 의병항쟁을 주도하였다.

■ 「안동의소파록」

김주로(金宙魯, 1895.4.8~1963.3.31)

(국내항일, 흠치교) 이명 김내홍(金乃洪). 출신지는 임하면(臨河面) 천전(川前) 111번지. 김주로는 1920년 7월(음력) 임하면(臨河面) 내앞마을 뒷산에서 차경석(車京錫)을 교주로 하는 흠치교에 가입, 겉으로 종교활동을 표방하며 국권회복운동에 진력하기로 결의하였다. 그는 1924년 갑자년(甲子年)에 흠치교의 힘에 의해 조선이 독립이 될 것이라고 선전하면서 자금모집 및 교도포섭에 힘을 쏟다가 일본경찰에게 체포되었다. 김주로는 이 일로 1921년 6월 대구지방법원 안동지청에서 징역 1년을 받았다가, 같은 해 11월 대구복심법원에서 무죄 판결을 받았다. 2005년 건국포장.

■ 「판결문」(1921.6.12, 대구지방법원안동지청) ;
「판결문」(1921.11.26, 대구복심법원)

김주병(金周秉, 1846~1896.1.15)

(전기의병) 본관은 의성(義城). 자는 건팔(建八). 호는 고천(古川). 출신지는 임하면(臨河面) 천전(川前) 279번지. 김주병은 1895년 12월(음력) 안동의진 결성 당시 안동의진의 정제유사(整齊有司)에 선임되었으나 1896년 정월 사망하였다.

■ 「안동의소파록」

김주봉(金周鳳, 1889.7.24~1981.2.24)

(후기의병) 본관은 안동(安東). 출신지는 서선면(西先面) 수동(水洞) 중동(中洞: 현 풍산읍 수리 중동마을). 김주봉은 1908년에 의병항쟁에 가담하였으나, 소속은 분명하지 않다. 그는 일본군과의 교전 후 후퇴하다가 8월 14일 서후면(西後面) 독실(獨實)에 사는 박도일(朴道一)의 집에서 일본헌병에게 체포되었다. 1908년 9월 11일 대구지방재판소에서 징역 7년을 언도받고 복역하였다. 1990년 건국훈장 애국장.

■ 『독립운동사자료집』 별집 1 ; 「판결문」(1908.9.11, 대구지방재판소)

김주섭(金冑燮, 1894~1978.7.10)

(오릉학술강습소 교사) 본관은 풍산(豊山). 자는 치교(穉敎). 출신지는 풍북면(豊北面) 오미동(五美洞: 현 풍산읍 오미리). 김주섭은 1917년 풍북면 오미동에 설립된 오릉학술강습소(五陵學術講習所)에서 교사로 활동하였다. 묘는 오미리 원대(院垈)에 있다.

■ 『안동 사람들의 항일투쟁』 ; 『오미마을 사람들의 민족운동』

김준모(金濬模, 1845~1896.3.28)

(전기의병) 이명은 김덕심(金德深)·김송오(金松塢). 출신지는 서후면(西後面) 교리(校里) 236번지. 김준모는 1896년 제2차 대장 김도화가 안동의진을 이끌 때, 소모장(召募將)에 선임되었다. 그는 3월 22일 의성지역에 파견되어 의성 옥산에 주둔하고 있던 의성의진을 거쳐 비안(比安) 등지에서 군사를 모집하다가 의성군 봉양 도리원(桃李院)에서 적군과 접전 끝에 순국하였다. 2006년 건국훈장 애국장.

- 『을미의병일기』(이긍연) ; 『척암집』

김중규(金重圭)

(신흥청년회) 김중규는 1924년 9월 12일 풍산청년회를 혁신하여 결성된 신흥청년회(新興靑年會)에 참여하여 집행위원으로 선출되었다.

- 『동아일보』 1924.9.22

김중동(金重東, 1890.12.26~1929.8.7)

(풍산소작인회) 본관은 안동(安東). 자는 순명(舜明). 출신지는 풍서면(豊西面) 소산리(素山里: 현 풍산읍 소산리). 김중동은 1923년 11월 11일에 열린 풍산소작인회(豊山小作人會) 창립총회에서 집행위원으로 선출되었다. 묘는 풍산읍 소산리 역동(嶧洞)에 있다.

- 『동아일보』 1923.11.18

김중한

김중한(金重漢, 1897.12.4~1952.8.15)

(서로군정서) 본관은 안동(安東). 자는 국현(國賢). 호는 춘산(春山). 출신지는 풍산면(豊山面) 상리동(上里洞: 현 풍산읍 상리). 1919년 2월 만주로 망명한 김중한은 신흥무관학교(新興武官學校)를 졸업한 후 서로군정서(西路軍政署) 해룡지구(海龍地區) 경비대에 소속되어 활동하였다.

1920년 청산리전투(靑山里戰鬪)에 참가하여 일본군과 전투를 벌였고, 그 직후 소련으로 이동하였다. 1936년 다시 만주로 돌아온 그는 호란현에 한인소학교(韓人小學校)를 설립하고, 교장으로 재직하면서 민족교육에 투신하였다. 1983년 대통령표창, 1990년 건국훈장 애족장.

■ 『독립운동사자료집』 10집

김중한

김중한(金重漢, 1909.5.19~?)

(화성회·정광단) 본관은 안동(安東). 호는 춘판(春坂). 출신지는 안동면(安東面) 법상동(法相洞: 현 안동시 법상동). 김중한은 1925년 1월 창립한 화성회(火星會)에 참여하여 활동하였다. 또한 그는 1925년 10월 8일 정광단 창립을 위한 준비회에서 서무부 임원으로 선출되었다.

■ 『동아일보』 1925.10.13

김지섭(金祉燮, 1884.7.21~1928.2.20)

(의열단) 본관은 풍산(豊山). 자는 위경(衛卿). 호는 추강(秋岡). 출신지는 풍북면(豊北面) 오미동(五美洞: 현 풍산읍 오미리). 김지섭은 1907년 상주보통학교(尙州普通學校) 교원에 이어,

금산지방법원(錦山地方法院) 서기 겸 통역관으로 재직하였으며, 1908년 설립된 교남교육회(嶠南教育會)에 참여하여 교육구국운동을 전개하였다.

이후 1920년 중국 상해로 망명한 김지섭은 의열단(義烈團)에 가입하고, 1922년 서울로 잠입하여 류석현(柳錫鉉)·윤병구(尹炳球)와 독립운동자금 모집활동을 벌였다. 1922년 12월 조선총독부 판사 백윤화(白允和)에게 독립운동자금 5만원을 요청하고 최후 통첩을 보냈다가 실패하였다. 이어서 의열단 단원이었던 김시현(金始顯)·류석현 등과 함께 1923년 3월 일제 통치기관을 파괴할 목적으로 폭탄 36개를 상해로부터 국내로 반입하였다. 그러나 거사 직전에 일본경찰에 발각되어 김시현을 비롯한 단원 13명이 검거됨으로써 또다시 실패하고 말았다. 이때 체포를 면한 김지섭은 상해로 탈출하였다.

김지섭

1923년 9월 1일 동경을 중심으로 대지진이 일어나자, 한인 대학살이 자행되어 1만여 명에 가까운 한인이 죽음을 당했다. 김지섭은 그 원수를 갚기 위해 동경에서 열리는 제국의회에 폭탄을 던질 계획을 세우고, 1923년 12월 20일 폭탄 3개를 갖고 일본으로 갔다. 열흘 뒤 12월 30일 일본에 도착한 그는 의회가 휴회되었다는 소식을 듣고 일본 왕궁으로 대상을 바꾸었다. 1924년 1월 6일 왕궁 정문으로 접근하다가 경찰이 다가서자 폭탄을 던졌고, 급히 피하면서 왕궁으로 들어가는 다리인 니주바시(二重橋)에 다시 폭탄을 던졌으나, 불행하게도 모두 폭발하지 않았다. 현장에서 체포된 김지섭은 1925년 5월 사형을 선고받았다가, 1927년

20년으로 감형되었지만, 다음 해 감옥에서 의문의 죽음을 맞았다. 1962년 건국훈장 대통령장.

- 「신원카드」;『기려수필』;『고등경찰요사』;『일제침략하한국36년사』;『조선독립운동사』 2·3권 ;『한국민족운동사료』(중국편) ;『교남교육회잡지(회원명부)』;『독립운동사자료집』 별집 3 ;『조선일보』 1924.1.23, 9.21, 10.13, 10.18, 10.29, 11.7, 11.12, 12.18, 1925.1.10, 1.13, 1.17, 2.11, 3.26, 7.11, 7.15, 7.16, 8.13, 8.16, 1926.4.10, 1928.2.27, 2.28, 2.29, 3.2

김지현(金芝鉉, 1904~1954)

(경성청년회) 본관은 풍산(豊山). 출신지는 풍산읍(豊山邑) 오미(五美) 224번지. 김지현은 예안면 3·1만세운동에 참여한 김구현(金九鉉)의 동생이다. 그는 1924년 11월 창립한 경성청년회에 가입하여 집행위원으로 활동하였다. 이어 그는 1925년 11월 5일 조선문단사가 주최하는 이광수 강연회를 방해하였다가 구류 7일에 처해졌고, 1927년 대중운동사 사건으로 징역형을 받았다.

- 『오미마을 사람들의 민족운동』;『동아일보』 1925.11.7, 1927.1.12, 1.14, 2.28

김진수(金進銖)

(충의사·교남교육회) 김진수는 주로 을미의병에 참여했던 재야 유생층이 1904년 8월 서울에서 조직한 충의사에 참여하여 활동하였다. 이후 그는 1908년 3월 15일 재경 영남인사들이 창립한 교남교육회(嶠南敎育會)에 참여하여 교육구국운동을 전개하였다.

■ 『남은선생유집(서명록)』; 『교남교육회잡지(회원명부)』

김진수(金鎭守, 1909~?)

(안동청년연맹) 1925년 8월 창립된 안동청년연맹(安東靑年聯盟)에 참여하여 활동하던 김진수는 1930년 10월 16일 안동청년동맹회관에 표어를 써 붙였다는 혐의로 안동경찰서에 검거되었다.

■ 『동아일보』 1930.10.27, 11.4

김진윤(金晋潤)

(조선노동공제회 안동지회·안동청년회·안동불교청년회·안동노우회) 김진윤은 1920년 9월 23일 창립된 조선노동공제회 안동지회에 참여하여 활동하였다. 또 그는 안동청년회와 안동불교청년회에도 가담하여 1921년 7월에 열린 안동불교청년회 제2회 총회에서 간사로 선출되었다. 1921년 4월 안동불교청년회에서 일반노동자의 교육기관으로 노동야학부를 열자, 이때 김진윤은 노동야학부의 교사로 활동하였다. 이후 그는 1925년 10월 13일 김남수(金南洙: 예안 오천출신)를 중심으로 노동자 120명이 안동노우회를 창립할 때 여기에 가담하였다.

■ 『동아일보』 1920.7.25, 8.31, 1921.5.1, 7.22, 1925.10.18

김진의(金鎭懿, 1855.11.15~1930.5.16)

(전기의병) 본관은 의성(義城). 자는 미경(美卿). 호는 학운(鶴雲). 출신지는 서후면(西後面) 금계동(金溪洞: 현 서후면 금계

리). 김진의는 1896년 2차 안동의진에 가담하여, 척후장(斥候將)을 맡아 활동하였다. 그는 옹천(甕川) 전투에서 일본군에게 패한 후 포장(砲將) 김회락(金繪洛)과 함께 학봉종택 다락에 숨어 든 다음날, 즉 1896년 7월 22일(음 6.12) 새벽 안동부 병대(兵隊)에 체포되어 끌려갔다. 이때 김진의는 옥에 갇혔고, 김회락은 총살당하였다. 묘는 남후면(南後面) 고곡에 있다. 2004년 건국포장.

■ 『을미의병일기』(이긍연)

김진이(金辰伊)

(후기의병) 출신지는 안동(安東) 용상(龍上). 김진이는 1907년 박처사부대에 들어가 활동하였다. 그러다 그는 체포되어 종신형을 받았다.

■ 『독립운동사자료집』 별집 1

김진황(金振璜)

(협동학교 교사) 김진황은 안동의 근대 중등교육기관인 협동학교(協東學校)에서 교사로 활동하였다.

■ 『안동 사람들의 항일투쟁』

김진휘(金縉輝, 1846~1912.7.31)

(전기의병) 본관은 의성(義城). 자는 운좌(雲佐). 호는 당계(棠溪). 출신지는 일직면(一直面) 귀미(龜尾) 5통 7호. 김진휘는 척암 김도화의 삼남(三男)이다. 그는 1895년 12월(음력) 결성 당시 안동의진의 서기(書記)에 선임되어 의진의 결성과 의병

항쟁을 주도하였다.
■ 「안동의소파록」

김진휘(金鎭暉, 1875~?)

(예안면 삼일운동) 출신지는 예안면(禮安面) 서부동(西部洞: 현 도산면 서부리). 1919년 3월 17일에 일어난 예안면 만세시위를 계획하고 주도하였다. 예안면 시위는 계획단계에서 세 갈래로 준비되었는데, 김진휘는 그중 한 갈래인 조수인(趙修仁)을 중심으로 한 유림세력과 결집하여 시위를 전개하였다. 3월 17일 오후 6시경 조수인·조사명(趙思明)·조병건(趙炳建) 등과 함께 구금자의 석방을 요구하며 주재소로 몰려갔다. 이때 주동자로 체포된 그는 3월 31일 대구지방법원 안동지청에서 징역 3년형을 언도받고, 항소하였으나 4월 24일 기각되어 복역하였다.

■ 「판결문」(1919.4.24, 대구복심법원) ; 「판결문」(1919.5.29, 고등법원) ; 『독립운동사자료집』 5집

김징로(金徵魯, 1894.11.11~1948.12.19)

(임하면 삼일운동) 본관은 의성(義城). 자는 성방(聖邦). 출신지는 임하면(臨河面) 임하동(臨河洞: 현 임하면 임하리) 22번지. 김징로는 1919년 3월 21일 임하면 금소(琴韶)·신덕동에서 일어난 만세시위에 참여하였다가 체포되었다. 그는 5월 6일 대구지방법원 안동지청에서 징역 1년형을 언도받고 복역하였다. 1995년 건국훈장 애족장.

■ 「신분장지문원지」 ; 「범죄인명부」 ; 『한민족독립운동사자료집』

김징로

별집 3 ; 『독립운동사자료집』 5집 ; 「신원카드」

김차준(金次俊, 1861~?)

(후기의병) 출신지는 임북면(臨北面) 계곡동(桂谷洞: 현 예안면 계곡리). 김차준은 1907년 군대해산 이후 영양·청송·안동 등지를 무대로 활동하던 류시연의진에 가담하여 의병항쟁을 전개하였다. 이 활동으로 그는 1907년 10월 23일(음력) 체포되어, 1909년 5월 6일 대구지방재판소에서 징역 10년형을 언도받았다.

■ 「판결문」(1909.5.6, 대구지방재판소) ;
『독립운동사자료집』 별집 1

김창락(金昌洛, 1884~?)

(예안면 삼일운동) 출신지는 녹전면(祿轉面) 서삼동(西三洞: 현 녹전면 서삼리). 김창락은 1919년 3월 17일 예안면 1차 시위에 참여하여 박진해(朴鎭海)와 더불어 주재소로 몰려가 돌과 기와를 던지며 구금자 석방을 요구하였다. 이 활동으로 체포된 그는 1919년 5월 3일 대구지방법원 안동지청에서 징역 8월형을 언도받았다.

■ 「판결문」(1919.5.3, 대구지방법안동지청) ;
「판결문」(1919.5.31, 대구복심법원) ; 「판결문」(1919.7.12, 고등법원) ; 『독립운동사자료집』 5집

김창로(金昌魯, 1889~1943.5.27)

(서로군정서·군자금 모집) 본관은 의성(義城). 자는 천경(天卿). 출신지는 임하면(臨河面) 천전동(川前洞: 내앞). 김창로는

1910년 대한제국이 멸망하자 신민회(新民會)의 해외 독립
군 기지건설 계획에 따라, 조부(祖父) 김대락(金大洛)과 숙부
(叔父) 김형식(金衡植)을 따라 만주로 망명하였다. 만주망명
후 삼원포(三源浦)에 정착한 그는 조부와 숙부를 도와 독립
운동기지 건설에 참여하는 한편 1919년 서로군정서(西路軍
政署)가 조직되자 여기에 참여하여 항일투쟁을 전개하였
다. 1920년 경신참변으로 서북간도의 망명 촌락이 폐허가
되자 김창로는 군자금 모금을 위해 국내로 파견되었다.
 ■ 「백하일기」(김대락) ; 「전통 명가의 근대적 변용과 독립운동 사례」

김창수(金昌壽)

(조선회복연구단) 출신지는 안동(安東) 서부동(西部洞). 김창
수는 안동농림학교(安東農林學校) 9회생이다. 그는 1944년 안
동농림학교 비밀결사 조선회복연구단(朝鮮回復研究團)에 가
입·활동하였다. 이로 말미암아 김창수는 1945년 3월 체
포되어 5개월의 옥고를 치르다 1945년 8월 16일 기소유예
로 풀려났다.
 ■ 「형사사건부」(1945.3.14) ; 『안동사학』 12집

김창옥(金昌玉, 1878.3.16~1930.2.14)

(예안면 삼일운동) 본관은 안동(安東). 이명은 김창옥(金昌沃).
출신지는 녹전면(祿轉面) 서삼동(西三洞: 현 녹전면 서삼리). 김
창옥은 1919년 3월 17일 예안면 1차 시위에 참여하여, 군
중과 함께 예안면(禮安面) 주재소에 근무하는 소다[曹田藤吉]
에게 구금자의 석방을 요구하며 주재소로 들어가 돌과 기

와를 던져 유리창을 깨고 만세를 불렀다. 이 활동으로 체
포된 그는 1919년 4월 16일 대구지방법원 안동지청에서 징
역 3년형을 언도받고 항소하였으나, 5월 19일 기각되었다.
1977년 대통령표창, 1990년 건국훈장 애족장.
- 「판결문」(1919.5.19, 대구복심법원) ; 「판결문」(1919.6.21,
  고등법원) ; 『독립운동사자료집』 5집 ; 『독립운동사』 3권

김철진(金澈鎭, 1903.11.2~1973.2.8)

(안동청년연맹) 본관은 안동(安東). 출신지는 안동면(安東面) 법상동(法尙洞: 현 안동시 법상동). 김철진은 1925년 8월에 열린 안동청년연맹 창립총회에 참석하여, 그 자리에서 집행위원으로 선출되었다. 묘는 경기도 양주군 내면에 있다.
- 『동아일보』 1925.8.26

김춘근(金春根)

(풍산소작인회) 김춘근은 1923년 11월 11일에 열린 풍산소작인회(豊山小作人會) 창립총회에 참석하여, 집행위원으로 선출되었다.
- 『동아일보』 1923.11.18

김치경(金致慶, 1905.9.17~1931.11.21)

(임동면 삼일운동) 출신지는 임북면(臨北面) 구룡동(九龍洞: 현 예안면 구룡리). 김치경은 1919년 3월 21일 임동면 중평동 편항시장(鞭巷市場)에서 일어난 만세시위에 참여하였다가 체포되었다. 그는 1919년 5월 31일 대구지방법원에서 징역

3년형을 언도받고 항소하였으나, 8월 18일 대구복심법원에서 기각되어 대구형무소에서 복역하였다. 1992년 건국훈장 애족장.

- 『독립운동사』 3권 ; 『독립운동사자료집』 5집 ; 「판결문」(1919.5.31, 대구지방법원) ; 「판결문」(1919.8.18, 대구복심법원)

김태규(金泰圭, 1891.1.20~1931.4.14)

(신흥무관학교 · 청산리전투 · 정의부) 본관은 안동(安東). 이명은 김철(金鐵). 자는 철(鐵). 호는 백초(白初). 출신지는 임남면(臨南面) 용계동(龍溪洞: 현 길안면 용계리) 258번지. 김태규는 1912년 중국 동삼성(東三省)으로 건너가 반석현(盤石縣)에 정착한 후 안동출신 인사인 이상룡(李相龍)의 영향 아래 항일투쟁을 전개하였다. 이후 신흥무관학교(新興武官學校)에서 군사훈련을 받은 후 김좌진(金佐鎭)이 이끈 청산리전투(靑山里戰鬪)에 참가하였다.

1924년 11월 정의부(正義府)가 조직될 때, 그는 군사분과위원이 되었으나 도중에 탈퇴하였고, 1926년 해룡현(海龍縣)에는 신성학교(新成學校)를 설립하여 만주로 이주한 동포들의 문맹퇴치에 주력하였다. 한편 이상룡의 지시로 동지 남일동(南逸東)과 함께 임시정부의 요인을 만나고 돌아오다가 해룡현에서 일본경찰에 체포되어, 김태규는 1927년 8월 29일 신의주지방법원에서 1년 6월형을 선고받고 옥고를 치렀다.

출옥 후 그는 1931년 4월 14일 동삼성 해룡현 자택에서 정체불명인 자에게 끌려간 후 행방불명되었다고 한다. 1986

년 대통령표창, 1990년 건국훈장 애족장.
■ 「백하일기」(김대락) ; 「신분장지문조회회보서」 ; 『고등경찰요사』 ; 『독립운동사』 5권 ; 『안동판독립사』

김태동(金泰東, 1870.7.6~1923.6.13)

(교남교육회·교육구국운동) 본관은 안동(安東). 자는 성흠(聖欽). 호는 후소(後素). 출신지는 풍서면(豊西面) 소산리(素山里: 현 풍산읍 소산리). 1908년 3월 15일 재경 영남인사들이 창립한 교남교육회(嶠南敎育會)에 참여하여 교육구국운동을 전개하던 김태동은 1908년 광명학교(廣明學校: 현 풍산읍) 설립을 위해 김병걸(金炳杰)과 함께 설립비용과 운영경비를 부담하였다. 묘는 풍산읍 소산리 사지촌(箚池村)에 있다.
■ 『교남교육회잡지』 11호 ; 『황성신문』 1910.3.31

김태락(金泰洛)

(교남교육회·교육구국운동) 김태락은 1908년 3월 15일 재경 영남인사들이 창립한 교남교육회(嶠南敎育會)에 참여하였다.
■ 『교남교육회잡지(회원명부)』

김태상(金台尙, 1915~?)

(안동청년동맹·안동콤그룹) 출신지는 녹전면(祿轉面) 신평동(新坪洞). 김태상은 1929년 안동공립보통학교를 졸업한 후 1930년 12월 일본 도쿄[東京]로 건너가 1931년 4월 이와쿠라[岩倉] 철도학교에 입학하였다. 그 해 7월에 귀국한 그는 잠업 및 제유업에 종사하며 안동청년동맹 예안지부에 참

여했다. 같은 달 안동콤그룹과 연계를 맺고 예안노동행동대 결성에 참여하여 선전부 책임자로 선정되었고, 10월 녹전면(綠轉面) 신평동(新坪洞)에서 노동야학을 운영했다. 1934년 대구지방법원에서 징역 1년 6월형을 선고받았다.
■ 「판결문」(1934.7.2, 대구지방법원) ; 『조선중앙일보』 1934.6.20 ; 『한국사회주의운동인명사전』

김태옥(金泰玉)

(조선회복연구단) 출신지는 안동(安東) 운흥동(雲興洞). 김태옥은 일반인으로 1944년 안동농림학교(安東農林學校) 비밀결사 조선회복연구단(朝鮮回復研究團)에 가입·활동하였다.
■ 『안동판독립사』 ; 『안동사학』 12집

김택동(金澤東)

(교남교육회·교육구국운동) 김택동은 1908년 3월 15일 재경 영남인사들이 창립한 교남교육회(嶠南敎育會)에 참여하였다.
■ 『교남교육회잡지(회원명부)』

김택로(金澤魯)

(교남교육회·교육구국운동) 김택로는 1908년 3월 15일 재경 영남인사들이 창립한 교남교육회(嶠南敎育會)에 참여하였다.
■ 『교남교육회잡지(회원명부)』

김택진(金澤鎭, 1854.9.30~1910.11.28)

(항일자정순국) 본관은 안동(安東). 자는 윤부(潤夫). 출신지는 풍서면(豊西面) 소산리(素山里: 현 풍산읍 소산리). 1895년 을미사변과 단발령을 계기로 전국 각지에서 의병이 일어났을 때, 김택진은 문경·제천 등지에서 의병항쟁을 펼친 이강년의진에 가담하여 무장 항일투쟁을 전개하였다. 1910년 나라가 망하자 그는 "천만금이 생겨도 친일행위를 하지 말라"는 유언을 남기고 단식에 들어가서 21일 만인 11월 28일(음 10.27)에 만 56세의 나이로 순국하였다.

■ 『안동 사람들의 항일투쟁』

김필락(金珌洛, 1873.11.15~1919.3.26)

(길안면 삼일운동) 본관은 의성(義城). 자는 성옥(聲玉). 호는 오은(梧隱). 출신지는 임서면(臨西面) 오대동(梧垈洞: 현 임하면 오대리). 김필락은 1919년 3월 21일 길안면 천지장터에서 일어난 만세시위를 계획하고 시위를 주도했다가 가택 수색을 나온 일본경찰이 쏜 총에 맞아 순국하였다. 묘는 오대리에 있는 홍은사 바로 뒤에 있다. 1977년 대통령표창, 1991년 건국훈장 애국장.

■ 『한국독립사』 하권

김필수(金鉍洙, 1878.12.9~1919.3.23)

(안동면 삼일운동) 본관은 광산(光山). 자는 치기(致器). 출신지는 동선면(東先面) 가구리(佳邱里: 현 와룡면 가구리) 472번지. 김필수는 1919년 3월 18일에 일어난 안동면 2차 시위에 참

여하였고, 이어서 3월 23일 3차 시위에 참가하여 시위를 전개하던 중 일본경찰과 안동거류 일본인으로 구성된 자위단(自衛團)에 의해 피살되었다 한다. 묘는 예안면(禮安面) 구룡리(九龍里) 야산에 있다.

- 『안동판독립사』

김하규(金夏圭)

(교남교육회 · 교육구국운동) 김하규는 1908년 3월 15일 재경 영남인사들이 창립한 교남교육회(嶠南敎育會)에 참여하였다.

- 『교남교육회잡지(회원명부)』

김하정(金夏鼎)

(협동학교 의연금 기부 · 교육구국운동) 김하정은 평양 숭실중학교 출신으로 1910년 예천의 최성천(崔聖天) 부대에 의해서 협동학교(協東學校)가 습격당한 후 존폐의 위기에 직면하였을 때 찬무회(贊務會)를 개최하여 협동학교의 보조금 기부에 대해서 연설하였다. 그는 즉석에서 의연금 900원을 모금하고 토지도 기부 받았다.

- 『황성신문』 1910.9.7

김학모(金學模, 1862~1941)

(충의사) 본관은 의성(義城). 출신지는 서후면(西後面) 금계동(金溪洞: 현 서후면 금계리). 김학모는 을미의병에 참여했던 재야 유생층이 중심이 되어 조직한 충의사에 참여하였다.

■ 『남은선생유집(서명록)』

김한락(金翰洛, 1858.3.19~1945.2.6)

(전기의병) 본관은 의성(義城). 자는 주경(周卿). 호는 범와(汎窩). 출신지는 임하면(臨河面) 망천(輞川) 354번지. 김한락은 김양진(金養鎭)의 아들로 출생하여 중부(仲父) 김규진(金圭鎭)의 양자가 되었다. 그는 유년기에 생부 김양진의 슬하에서 수학하였으며, 성장하여서는 서산 김흥락의 문인으로 활동하였다. 김한락은 1895년 12월 생부 김양진이 안동 을미의병 발기에 참여하자 함께 참여하였으며, 안동의진의 서기(書記)에 선임되어 5월까지 의병항쟁을 전개하였다. 그 후 그는 1906~1907년 의병에게 식량을 지원하다 일제 관헌에 의해 본가(本家)가 반소(半燒)되고, 피체·구금되는 고초를 당하였다.

■ 「안동의소파록」 ; 『汎窩文集』

김항락(金恒洛, 1862~1941.2.16)

(전기의병) 본관는 의성(義城). 자는 숙여(叔汝). 출신지는 서후면(西後面) 금계(金溪). 김항락은 1895년 12월(음력) 안동의진 결성 당시 안동의진의 관재(管財)에 선임되어 의병항쟁을 주도하였다.

■ 「안동의소파록」

김현동(金賢東, 1876.12.24~1927.7.10)

(후기의병·의용단 간사) 본관은 의성(義城). 본관 의성(義

城)을 이명으로 사용하기도 했다. 자는 회문(會文). 호는 의정(義正). 출신지는 서후면(西後面) 금계동(金溪洞: 현 서후면 금계리). 1908년 예천군 유천면 송전동 명당골로 이주하였다. 김현동은 1907년 이강년의진의 소모장이던 류시연을 따라 수안보로 가서 이강년의진에 가담하였다. 그러나 얼마 후 이강년이 체포되자 그는 잔존부대와 함께 백우(白愚) 김상태의진에 가담하여 순흥 상단곡(上丹谷) 전투에 참가했다고 전해진다. 김상태의진에서 김현동은 주로 척후병으로 활동하였으며, 영월·정선·영천(영주)·예천 등지에서 벌어진 의병항쟁에 참가하였다. 이후 그는 1921년 서로군정서(西路軍政署)에 군자금을 지원하기 위해 조직된 의용단(義勇團)에 참가하여 경북단 간사로 활약하였다. 1922년 6월 서로군정서 총재 이계원(李啓元: 이상룡)이 국내로 파견한 김찬규(金燦奎: 영주 이산면 석포리)가 체포됨으로 인해 그 전모가 드러났는데, 당시 의용단의 경북단장은 신태식(申泰植)이고, 경남단장은 김찬규였다.

이 단체에서 경북단 간사로 군자금을 모집하던 김현동은 1922년 12월 18일 일본경찰에 체포되어, 옥고를 치르고 1923년 9월에 출옥하였다. 묘는 대전현충원에 있다. 1983년 대통령표창, 1990년 건국훈장 애족장.

- 「김현동선생약사」;『고등경찰요사』;『독립운동사자료집』 10집 ;「예심종결결정서」(1923.9.30, 대구지방법원)

김협진(金協鎭)

(납시서당 교사·교육구국운동) 김협진은 1910년 남후면(南

後面) 고곡동에 설립된 납시서당(納是書堂)에서 교사로 활동하였다.

■ 『안동 사람들의 항일투쟁』

김형모(金瀅模, 1856~1930)

(전기의병) 자는 범초(範初). 호는 가산(柯山). 출신지는 서후면(西後面) 금계(金溪). 김형모는 서산 김흥락의 문인으로 당시에 안동 향중에서 박학재사를 일컬을 때 '서산 문하 삼초(三初)'라 하여 만초(萬初)인 이상룡, 광초(廣初)인 이중업과 병칭하였다. 그는 1895년 명성황후 시해와 단발령 등으로 안동의진이 결성될 때, 참여하였다고 한다.

■ 『경사유방』

김형식

김형식(金衡植, 1877~1950)

(협동학교 교사·경학사·공리회·부민단·한족회·서로군정서) 본관은 의성(義城). 호는 월송(月松). 출신지는 임하면(臨河面) 천전동(川前洞: 내앞). 김형식은 1907년 류인식(柳寅植)·김후병(金厚秉)·하중환(河中煥) 등과 함께 협동학교(協東學校) 설립에 참여하여, 교사로 재직하면서 교육구국운동을 전개하였다. 1908년 고모부 이상룡(李相龍)이 대한협회 안동지회(大韓協會 安東支會)를 결성하자, 종형(從兄) 김만식(金萬植)과 함께 참여하여 구국계몽운동을 전개하였다.

1910년 대한제국이 멸망하자, 김동삼(金東三)·이상룡 등과 함께 해외 독립운동 기지를 건설하기 위해 부친 김대락(金大洛)을 모시고 친척 수십 명을 거느리고 망명하였다. 길림성 유하현 삼원포(三源浦) 이도구(二道溝)에 정착한 그는 부친을 도와 독립운동기지 건설에 참여하여, 경학사(耕學社)와 신흥학교(新興學校)를 건립하고, 새 망명지를 찾아 러시아의 연해주(沿海州)를 답사하기도 했다. 1912년에는 통화현 합니하(哈泥河)로 이사했다가 다시 삼원포 남산(藍山)으로 돌아왔다. 그때(1913) 경학사를 폐지하고 각처에 향약 자치기구를 설치하였는데 삼원포에는 공리회(共理會)를 결성하고 김대락이 「공리회 취지서」를 작성하였다. 그리고 얼마 후 1914년 12월 10일 부친 김대락이 작고하였다. 경학사 폐지 후에 설립한 공리회를 비롯하여 각 지역의 자치기구를 부민단(扶民團)으로 통폐합한 것은 1916년이었다. 이때 김형식은 서무부장을 맡았다. 이후 광업사(廣業社)를 조직하고 벼농사를 개발하는 등 만주 이주동포들의 생활 안정에 기여하였다.

1919년 4월 김형식은 부민단을 확대 발전시켜 한족회(韓族會)를 결성하는데 주역으로 참여하여 학무부장을 맡아 민족교육에 헌신하였다. 또한 서로군정서(西路軍政署) 법무사장으로 선임되어 활동하였다. 1920년 12월 4일에는 임시정부 간서총판부(間西總辦府)의 부총판을 위촉받아 경신참변 후의 사태를 수습하는 데 노력하였다. 1923년 독립운동 전선의 재정비를 위하여 상해에서 국민대표회의(國民代表會議)가 열릴 때 그는 한족회 대표로 참석하여 그 해 여름까지 상해에 머무르며 독립운동세력들의 결집을 위해 노력하였다. 그 해 가을 만주로 돌아온 그는 영안(寧安)으로 이사한 양자 김정로(金正魯)의 집으로 가서 휴양을 취하였다.

1924년 전만통일회(全滿統一會) 중앙위원으로 피선되었으나, 신병으로 취임하지 못했고, 1925년에는 정의부(正義府) 민사(내무부장)위원장에 선임됐으나 역시 건강 때문에 사양하였다. 1927년 건강이 어느 정도 회복되자 그는 민족유일당운동(民族唯一黨運動)에 참여하고, 취원창(聚源昶)으로 이사하여 그곳 조선족 민족학교 교장을 맡아 민족교육을 실시했다. 1944년 연안의 독립동맹(조선의용군)에서 파견한 이상조(李相朝)로부터 조선독립동맹 북만지부 책임자로 위촉되어 독립운동의 마지막 불꽃을 피웠다.

해방이 되자 그는 조선독립동맹(朝鮮獨立同盟) 북만지부 책임자 명의로 김두봉(金枓奉)의 초청을 받아 평양으로 갔고, 그 뒤 혁명자후원회(革命者後援會) 회장에 당선되었고, 1948년 평양에서 개최된 남북연석회의에 참석하여 임시의장으로 선출되어 민족통일을 위하여 활동하다가 한국전쟁 때 금강산에서 자결한 것으로 전해진다.

- 「백하일기」(김대락) ; 『고등경찰요사』 ; 『국외용의조선인명부』 ; 『한국독립운동사자료』 18집 ; 『황성신문』 1910.1.11, 7.29 ; 『독립신문』 1922.12.13

김형웅(金亨雄)

(영동서숙 설립·교육구국운동) 본관은 안동(安東). 1910년 풍산면(豊山面) 노동(魯洞: 현 풍산읍 노리)에 사립학교인 영동서숙(永東書塾)을 설립하고 교사로 활동하였다.

- 『안동 사람들의 항일투쟁』

김형재(金衡在)

김형재

(만주방면, 안중근의거) 출신지는 풍천면(豊川面) 구담(九潭). 김형재는 1909년 만주 하얼빈에서 동흥학교(東興學校)를 설립하고 교원이 되어 학생들에게 민족정신을 고취하였다. 그리고 러시아에 능통하여 연해주의 블라디보스토크에서 발행되는『대동공보(大東共報)』의 통신원으로 활동하였다. 김형재는 1909년 10월 일본의 이토(伊藤博文)를 사살하기 위하여 하얼빈에 온 안중근·우덕순·유동하 등으로부터 이토저격의거 계획에 참여한『대동공보』블라디보스토크 본사 논설편집기자인 이강(李剛)의 편지를 받고, 또 다른 행동대원인 조도선을 안중근 일행에게 합류시켰다. 10월 23일 안중근 등 4명의 행동대원들과 함께 하얼빈 한인사회 유력자인 김성옥(金成玉)을 방문하여 역시 이강이 김성옥에게 보내는 편지를 전해준 뒤 그의 집에 들어가 행동대원들과 함께 이토를 저격하기 위한 구체적인 실행계획을 상의하는 등 안중근의 이토저격 의거에 참여하였다.

■『한국독립운동사』1권 ;『한국독립운동사자료』6·7권 ;『안동 사람들의 항일투쟁』

김형진(金衡鎭, 1887.8.22~1957.5.7)

김형진

(예안면 삼일운동) 본관은 선성(宣城). 자는 농제(聾齊). 출신지는 예안면(禮安面) 천전동(川前洞) 17번지. 1919년 3월 17일 예안면 1차 시위에 참여한 김형진은 오후 7시경 군중들과 함께 주재소로 몰려가 구금자의 석방을 요구하며 돌과 기와를 던져 주재소의 유리창을 깨고 만세를 불렀다. 이 투

쟁으로 체포되어 1919년 5월 3일 대구지방법원 안동지청에서 징역 4년형을 언도받고 항소하였으나, 대구복심법원에서 기각되어 복역하였다. 묘는 예안면 귀단산에 있다. 1977년 대통령표창, 1991년 건국훈장 애국장.

- 「판결문」(1919.5.3, 대구지방법원안동지청) ; 「판결문」(1919.5.31, 대구복심법원) ; 『독립운동사자료집』 5집 ; 『독립운동사』 3권 ; 「신원카드」

김형팔(金衡八, 1887~1965)

(교남교육회·재만항일) 본관은 의성(義城). 출신지는 임하면(臨河面) 천전리(川前里: 내앞). 김형팔은 1908년 3월 15일 재경 영남인사들이 창립한 교남교육회(嶠南敎育會)에 참여하여 교육구국운동을 전개하였고, 1910년 12월에서 이듬해 초에 내앞마을 인사들이 만주로 망명할 때 함께 만주로 가서 활약하였다.

- 「백하일기」(김대락) ; 『교남교육회잡지(회원명부)』

김호락(金浩洛)

(중·후기의병) 김호락은 류시연(柳時淵) 의진에 가담하여 경북일대에서 활약하였다. 1906년 10월 26일 동지 5~6명과 함께 경북 예안(禮安)의 일본군 분파소(分派所)를 습격하는 등 항일 무장투쟁을 전개하였다. 그러다가 피체되어 1907년 5월 4일 대구지방재판소에서 유형 10년을 받아 고초를 겪었다. 1995년 건국훈장 애국장.

- 『독립운동사자료집』 별집 1 ; 「판결문」(1907.5.4, 경상북도재판소)

김호익(金虎益, 1925.5.18~1982.10.27)

(조선회복연구단) 출신지는 안동면(安東面) 옥정동(玉井洞: 현 안동시 옥정동). 김호익은 안동농림학교(安東農林學校) 농과(農科) 8회생으로서, 재학 시 조선회복연구단(朝鮮回復研究團)에 가입하여 활동하였다. 1945년 3월경에 체포되어, 옥고를 치렀다고 한다.

■ 『안동농림학교항일약전』

김호익

김홍구(金弘九, 1928.2.1~1997.3.22)

(명성회) 본관은 의성(義城). 호는 소저(小渚). 출신지는 길안면(吉安面) 지례동(知禮洞: 현 임동면 박곡리) 901번지. 김홍구는 안동농림학교(安東農林學校) 임과(林科) 9회생으로서, 재학 시 비밀결사 단체인 명성회(明星會)에 가입하여 조직책(組織責)으로 활동하였다. 1945년 3월 10일 체포되어, 옥고를 치르다가 광복과 더불어 1945년 8월 16일에 풀려났다. 1998년 대통령표창.

■ 『안동농림학생항일약전』;「형사사건부」(1945.3.14)

김홍락(金鴻洛, 1863~1943)

(전기의병) 본관은 의성(義城). 자는 우경(羽卿). 호는 모계(某溪). 출신지는 서후면(西後面) 금계(金溪). 김홍락은 15세에 서산 김흥락의 문하에서 수학하였으며, 1894년 문과에 급제하였다. 그는 1895년 12월(음력) 안동의진 결성 당시 안동의진의 척후장(斥候將)에 선임되어 의진의 결성과 의병활동을 주도하였다. 이후 그는 1907년 통정대부(通政大夫)에 올

랐으나, 나라가 무너지자 은거하였다.

■ 「안동의소파록」;『을미의병일기』(이긍연);
『某溪續集』(卷之二, 雜著, 履歷錄)

김홍식(金洪植)

(만주방면) 본관은 의성(義城). 출신지는 임하면(臨河面) 천전(川前洞: 내앞). 김홍식은 백하(白下) 김대락(金大洛)의 동생 김소락(金紹洛)의 아들이다. 그는 백부 김대락의 만주망명을 도왔으며, 이후 만주로 망명하여 그곳에서 활동하였다.

■ 「백하일기」(김대락);『안동사학』5집

김홍한(金洪漢, 1884.5.28~1963.7.4)

(소산서숙 교사・교육구국운동) 본관은 안동(安東). 자는 우범(禹範). 호는 근원(槿園). 출신지는 풍서면(豊西面) 소산리(素山里: 현 풍산읍 소산리). 김홍한은 1913년 풍서면 소산리 청원루(淸遠樓) 내에 설립된 소산서숙(素山書塾)에서 교사로 활동하였다. 묘는 소산리 호암(狐巖)에 있다.

■『안동 사람들의 항일투쟁』

김화식(金和植)

(만주방면) 본관은 의성(義城). 출신지는 임하면(臨河面) 천전(川前). 김화식은 백하(白下) 김대락(金大洛)을 따라 만주로 망명하여 김대락을 도와 독립군 기지건설에 노력하였다.

■ 「백하일기」(김대락)

김화영(金華泳, 1886.8.7~1968.12.24)

김화영

(예안면 삼일운동) 호는 몽어(夢魚). 출신지는 도산면(陶山面) 단천동(丹川洞: 현 도산면 단천리) 578번지. 1919년 3월 17일 예안면 1차 시위에 참여한 김화영은 오후 7시경 군중들과 함께 주재소로 몰려가, 돌과 기와를 던지며 구금자의 석방을 요구하였다. 이 활동으로 체포된 그는 1919년 5월 3일 대구지방법원 안동지청에서 징역 8월형을 언도받고 항소하였으나, 5월 31일 대구복심법원과 7월 12일 고등법원에서 1년형을 언도받고 복역하였다. 1983년 대통령표창, 1990년 건국훈장 애족장.

- 「판결문」(1919.5.3, 대구지방법원안동지청) ; 「판결문」(1919.5.31, 대구복심법원) ; 「판결문」(1919.7.12, 고등법원) ; 『독립운동사자료집』 5집

김회락(金繪洛, 1844~1896.6.12)

(전기의병) 본관은 의성(義城). 자는 현우(現于)·경승(景承). 출신지는 서후면(西後面) 금계동(金溪洞: 현 서후면 금계리). 서산 김흥락(西山 金興洛)의 사촌 동생인 김회락은 1896년 2차 안동의진에 가담하여, 포장(砲將)으로 활동하였다. 옹천(甕川) 전투를 치르고 김진의(金鎭懿)와 함께 학봉종가 다락에 숨어 있다가 다음 날인 1896년 7월 22일(음 6.12) 새벽 안동부 병대(兵隊)에 체포되어 끌려갔다. 안동부에 들어서자 병대장은 김회락에게 잘못을 뉘우치라고 요구하며 총으로 위협하였지만, 그는 이를 나무라며 항거하다가 총살당했다. 순국하면서 그는 아내에게 "보수(報讎: 원수를 갚음)를 가

르쳐라"고 고함치면서 순국하였다는 이야기가 전해진다. 또 종에 맞아 피가 흐르자, "이 피가 어떤 피인데 이렇게 흘릴 수가 있나?"하며 도포자락으로 감싸 안았다고 한다. 묘는 서후면(西後面) 명리(鳴里) 야산에 있다. 2001년 건국훈장 애국장.

- 『을미의병일기』(이긍연)

김회백(金會伯, 1883.10.17~1919.3.23)

(안동면 삼일운동) 본관은 광산(光山). 출신지는 동선면(東先面) 가구리(佳邱里: 현 와룡면 가구리) 473번지. 김회백은 1919년 3월 18일 안동면 2차 시위에 참여하였고, 이어서 3월 23일 3차 시위에 참여하여 시위를 전개하던 중 일본경찰과 안동거류 일본인으로 구성된 자위단(自衛團)에 의해 피살되었다 한다. 묘는 와룡면(臥龍面) 태리(台里) 공동묘지에 있다.

- 『안동판독립사』

김효윤(金孝潤)

(진명학술강습회·교육구국운동) 1921년 길안면에서 창립된 진명학술강습회(進明學術講習會)에 참여하여 활동하던 김효윤은 1925년 5월 8일 제4회 정기총회에서 교감으로 선출되었다.

- 『동아일보』 1925.5.15

김후병(金厚秉, 1874.10.3~1964.12.14)

(협동학교 설립·교남교육회·광복회·조선교육회·구국단)

본관은 의성(義城). 자는 인맹(仁孟). 호는 창암(蒼庵). 출신지는 임하면(臨河面) 천전리(川前里: 내앞). 김후병은 1907년 류인식(柳寅植)·하중환(河中煥)·김동삼(金東三) 등과 함께 사재를 털어서 가산서당(可山書堂)을 보수하여 협동학교(協東學校) 설립에 주역으로 참여하였다. 또 1908년 교남교육회(嶠南敎育會)가 창립되자, 김후병은 여기에 가입하여 교육진흥을 위한 활동을 전개하였다. 이후 그는 1915년 대구에서 결성된 광복회(光復會)의 고문으로 위촉되어 활동하기도 하였다.

김후병

1920년 11월경 김후병은 서울에서 조선교육회(朝鮮敎育會)의 이사로 선임되어 활동하면서, 정인호(鄭寅琥)의 주도로 조직된 구국단(救國團)에 가입하고, 임시정부를 지원하기 위해 군자금을 모집하며, 임시의정원(臨時議政院) 의원후보자를 추천하는 등의 활동을 벌였다. 그러던 중 그해 12월 일본경찰에 체포되어, 1921년 3월 22일 경성지방법원 검사국으로 송치되어 고초를 겪었다.

이후 그는 1923년 3월 조선민립대학기성회(朝鮮民立大學期成會) 경성지방부(京城地方部)의 발기(發起) 모임에 참여하는 등 교육구국운동을 지속적으로 전개하였다. 묘는 천전리 방전산(方田山)에 있다. 1993년 건국훈장 애족장.

■ 『동산문고』;『한국독립운동사』;『조선독립운동사』 1권 ; 『황성신문』 1908.9.27, 10.7

김후성(金後性, 1896.9.28~1974.9.13)

(풍서면 삼일운동) 본관은 김해(金海). 이명은 김종화(金鍾

김후성

和). 호는 노은(魯隱). 출신지는 풍산면(豊山面) 노동(魯洞: 현 풍산읍 노리) 488번지. 김후성은 1919년 3월 24일 전성철(全聖哲)·권영헌(權寧憲) 등을 중심으로 한 기독교인 30여 명과 함께 풍산장날을 이용하여 만세시위를 벌이다가 전성철과 함께 일본수비대에 체포되었다. 이 활동으로 그는 4월 18일 대구지방법원 안동지청에서 징역 10월형을 언도받고 항소하였으나, 5월 12일 대구복심법원, 6월 14일 고등법원에서 각각 기각되었다. 1992년 건국포장.

■ 「판결문」(1919.5.12, 대구복심법원) ; 「판결문」(1919.6.14, 고등법원) ; 「재소자 신분카드」

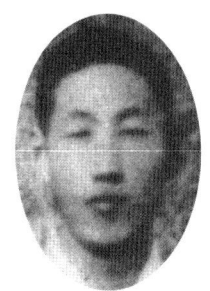

김후식

김후식(金厚植, 1907.4.21~1961.11.7)

(안동청년동맹·신간회 안동지회·안동콤그룹) 본관은 의성(義城). 출신지는 임하면(臨河面) 천전리(川前里: 내앞) 267번지. 김후식은 1925년 4월 대구 교남학교(嶠南學校) 고등과에 입학하였으나 그해 9월에 중퇴하고 고향으로 돌아와 농업에 종사하였다. 그러던 중 1927년 8월 신간회 안동지회가 창립되자 여기에 참여하여 활동하였다.

1930년 경북공산당사건으로 많은 인물들이 검거되자, 김후식은 1931년 7월 잔존세력과 함께 안동콤그룹을 조직하고, 반제부(反帝部)의 책임자로 선임되었다. 또한 안동콤그룹의 산하 임하그룹 결성에 주도적 역할을 하였다. 이후 안동콤그룹은 민중봉기를 계획하였으나 사전에 발각되어 실패로 돌아갔고, 이 활동으로 검거된 그는 1934년 7월 2일 대구지방법원에서 징역 1년 6월에 집행유예 4년형을 선고받았다. 2000년 건국포장.

■ 「판결문」(1934.7.2, 대구지방법원) ; 『한국사회주의운동인명사전』 ; 「신분장지문원지」 ; 『동아일보』 1933.7.15 ; 『조선일보』 1934.7.3 ; 「수형인명부」

김흥락(金興洛, 1827.10.25~1899.10.11)

(전기의병) 본관은 의성(義城). 자는 계맹(繼孟). 호는 서산(西山). 출신지는 서후면(西後面) 금계동(金溪洞; 현 서후면 금계리). 김흥락은 학봉 김성일(鶴峯 金誠一)의 종손이면서, 퇴계학통을 잇는 갈래 가운데 가장 중심에 위치하였다. 또 그는 한말 안동문화권, 즉 퇴계학통을 잇는 경북 북부지역 문화권의 핵심지도자이며, 위정척사론을 견지한 인물이었다. 의병을 일으키기 직전인 1895년 여름에 정부에서 유길준(俞吉濬)이 지은 『서유견문(西遊見聞)』을 보내왔으나 그가 받지 않고 즉시 돌려보냈다는 사실은 끝까지 위정척사 논리를 지키고 있던 그의 모습을 보여준다. 그러므로 칠순의 고령에도 불구하고 척사유림으로서 의병항쟁을 이끌었다는 점에서 그의 강한 투쟁성을 확인할 수 있다.

1895년 말부터 1896년 초에 걸쳐 의병이 전국 도처에서 일어났다. 안동의병도 1895년 12월 초에 시작되었으며, 을미사변과 단발령이 그 계기가 되었다. 1895년 11월 15일(양 1895.12.30)에 내려진 단발령이 안동부에 문서로 도착한 것은 12일이 지난 1896년 1월 11일(음 1895.11.27)이었다. 단발령 소식이 안동에 전해지자 김흥락은 의병을 일으키려는 논의를 이끌어 냈다. 그가 사는 금계마을에서 가까운 봉정사(鳳停寺)로 유림 대표들을 모으고 거병 문제를 논의하였다. 봉정사 회합에 참여한 유림 대표들은 안동부에 들어가 의병을 일으키기로 합의한 후 다음 날(양 1.18) 1,000여 명이나 되는 인원이 참석한 가운데 향회(鄕會)를 열고, 그 자리에서 호계서원(虎溪書院)에 도소(都所)를 차리고, 1월 20일에 거병할 것을 결의하였다.

1월 20일 아침, 안동부 삼우당(三隅堂) 앞뜰에서 김흥락은 류도성(柳道性)·류지호(柳止鎬)·김도화(金道和)·류지영(柳芝榮) 등 유림 대표들과 함께 봉화 닭실[酉谷] 출신의 참봉 권세연(權世淵)을 의병장으로 추대하였다. 그 자리에서 의병 논의를 주도했던 김흥락은 의병장으로 추대되었으나, 오랜 지병과 대묘(大廟: 학봉 김성일의 사당)를 모시고 있다는 이유를 들어 사양하였다.

권세연이 이끄는 1차 의진이 결성된 뒤 김흥락은 지도자로서 안동부성에 머물며, 각 문중의 협조와 참여를 끌어내는 활동을 하였다.

1월 후반에 한번 안동부성을 관군과 일본군에 빼앗겼다가 다시 탈환에 성공한 안동의진은 3월 7일 포(砲)를 중심으로 하는 전투적인 편제로 지휘부를 편성하였다. 그런데 일주일 후 의병장 권세연이 의병장에서 스스로 물러나자, 김흥락은 다음 대장으로 척암 김도화(拓菴 金道和)를 선출하고, 자신은 하회의 류도성과 함께 지휘장(指揮將)을 맡아 주민들의 참여와 지원을 이끌어내는 활동을 하는 등 안동의진의 활동을 강력하게 뒷받침하였다. 의병해산 이후 그는 금계 서산재(西山齋)에서 병약한 몸으로 학문에 몰입하다가 1899년에 세상을 떠났다. 1995년 건국훈장 애족장.

- 『을미의병일기』(이긍연) ; 「벽산선생창의전말」(김도현) ; 『독립운동사자료집』1·2집 ; 『독립운동사』1권

김흠솔(金欽率)

(후기의병) 김흠솔은 안동군 임동면(臨東面)에서 살았다. 그는 1908년 의병항쟁을 전개하였다.

- 『한국독립운동사』자료 17

ㄴ

남기섭(南起燮, 1896~1950.6.3)

(와룡청년회) 본관은 영양(英陽). 자는 시연(始燃). 출신지는 동선면(東先面) 가구리(佳邱里: 현 와룡면 가구리) 532번지. 남기섭은 1925년 2월 열린 와룡청년회 창립총회에 참석하여, 그 자리에서 집행위원으로 선출되었다. 묘는 남선면(南先面) 정하동(亭下洞: 현 안동시 정하동)에 있다.

■ 『동아일보』 1925.2.16

남동환(南東煥, 1898.12.23~1956.5.24)

(고려공산청년회 · 조선공산당 · 신간회 안동지회) 본관은 영양(英陽). 이명은 남병세(南炳世). 출신지는 일직면(一直面) 망호동(望湖洞: 현 일직면 망호리) 125번지. 남동환은 1925년 2월 20일 경북 청년대회 발기회에서 선전부 위원에 선임되고, 그 해 8월 화성회(火星會) 회원으로 예천시민 대(對) 형평사원 폭행사건에 대한 조사회 준비위원으로 선출되었다. 1926년 봄 김남수(金南洙)의 권유로 고려공산청년회에 참여하여 안동야체이카 책임자가 되었고, 그 해 여름 조선공산당에 입당하여 안동야체이카의 책임자로 활동하였다. 이후 그는 1927년 8월에 창립된 신간회 안동지회에 참여하였으며, 1928년 1월 18일에 열린 신간회 안동지회 제2회

정기대회에서는 전형위원 및 간사로 선출되었다. 이런 일련의 활동으로 인해 1930년 7월 일본경찰에 검거되어 1930년 12월 대구지방법원에서 징역 10월, 집행유예 4년형을 선고받았다. 2009년 대통령표창.

- 「판결문」(1930.12.27, 대구지방법원) ; 『동아일보』 1925.2.24, 8.19 ; 『조선일보』 1928.1.21, 2.6, 1930.8.14

남삼진

남삼진(南三鎭, 1883.8.23~1954.12.12)

(임동면 삼일운동) 본관은 영양(英陽). 출신지는 임북면(臨北面) 마령2동(馬嶺2洞: 현 임동면 마령2리). 남삼진은 1919년 3월 21일 임동면 중평동 편항시장(鞭巷市場)에서 일어난 만세시위에 참여하였다. 이 활동으로 체포된 그는 1919년 6월 26일 대구지방법원 안동지청에서 증거불충분으로 무죄판결을 받았으나, 검사의 항소로 8월 19일 대구복심법원에서 징역 10월형을 언도받고, 대구형무소에서 복역하였다. 1993년 건국훈장 애족장.

- 『독립운동사』 3권 ; 『독립운동사자료집』 5집 ; 「판결문」(1919.6.26, 대구지방법원안동지청) ; 「판결문」(1919.8.19, 대구복심법원)

남장(南璋, 1900~1949)

(안동청년연맹 · 일직청년회 · 풍산소작인회 · 조선공산당 · 신간회 안동지회) 본관은 영양(英陽). 출신지는 일직면(一直面) 송리(松里: 현 일직면 송리리). 남장은 1925년 8월 안동청년연맹 창립식에 참석하여, 집행위원으로 선출되었다. 이후

1926년 겨울 고려공산청년회에 참여하여 안동야체이카에 배속되었다. 이 무렵 남장은 풍산소작인회에서도 활동하면서 집행위원으로 선출되기도 하였다. 또한 그는 1927년 3월 일직청년회 집행위원을 지냈으며, 신간회 안동지회에 참여하여 1928년 대표위원, 1929년 1월 간사 및 대표회원으로 선출되었고, 8월에는 집행위원으로 선출되었다. 그 해 가을 조선공산당에 입당하여 안동야체이카에 배속되어 활동하던 그는 일본경찰에 검거되어, 1930년 12월 대구지방법원에서 징역 10월, 집행유예 4년형을 선고받았다. 2005년 대통령표창.

■ 『한국사회주의운동인명사전』 ; 「판결문」(1930.12.27, 대구지방법원) ; 『동아일보』 1925.8.26 ; 『조선일보』 1928.1.21, 2.6, 1929.1.29

남재도(南在度)

(조선회복연구단) 출신지는 와룡면(臥龍面) 가구(佳邱). 남재도는 일반인으로 1944년 안동농림학교(安東農林學校) 비밀결사 조선회복연구단(朝鮮回復研究團)에 가입·활동하였다.

■ 『안동판독립사』 ; 『안동사학』 12집

남준이(南俊伊, 1887.6.16~1957.2.1)

(후기의병) 출신지는 예안면(禮安面) 도목(道木). 남준이는 1907년 광무황제의 강제퇴위와 군대해산으로 해산군인들이 대거 의병대열에 참여함으로써 의병항쟁이 전국적으로 확대되자, 안동 일대에서 의병항쟁을 전개하였다.

특히 그는 1908년 의병활동을 펼치면서 안동군 마현동(馬峴洞) 류천기(柳川基) 등으로부터 군자금을 모집하기도 하였다. 그는 이로 인해 체포되어 대구지방재판소로부터 징역 10년을 받고 옥고를 치렀다. 2003년 건국훈장 애족장.

- 「판결문」(1908.9.18, 대구지방재판소) ; 「판결문」(1908.10.10, 대구공소원) ; 「판결문」(1908.10.29, 대법원형사부)

남태휘(南泰彙)

(교남교육회·교육구국운동) 남태휘는 1908년 3월 15일 재경 영남인사들이 창립한 교남교육회(嶠南敎育會)에 참여하였다.

- 『교남교육회잡지(회원명부)』

노말수(盧末守)

(임하면 삼일운동) 출신지는 임하면(臨河面) 금소(琴韶) 584번지. 노말수는 1919년 3월 21일 임하면 만세시위를 주도하였다. 그는 안동군 임하면(臨河面) 금소동(琴韶洞)에서 마을사람 3백여 명과 함께 독립만세를 부르며 면소재지인 신덕리(新德里)로 행진하였다. 그리고 면사무소와 주재소에 들어가 불태우는 등의 활동을 하였다. 노말수는 이로 말미암아 1919년 7월 대구지방법원에서 징역 2년을 받아 옥고를 치렀다.

- 「수형인명부」 ; 「판결문」(1919.7.4, 대구지방법원) ; 『독립운동사자료집』 5집

ㄹ

류경발(柳景發, 1891~?)

(임동면 삼일운동) 출신지는 임북면(臨北面) 사월리(沙月里: 현 임동면 사월리) 별티. 류경발은 1919년 3월 21일 임동면 중평동 편항시장(鞭巷市場)에서 일어난 만세시위에 참여하였다가 체포되었다. 이 활동으로 그는 1919년 8월 18일 대구복심법원에서 징역 2년형을 언도받고, 대구형무소에서 복역하였다. 1990년 건국훈장 애족장.

- 「판결문」(1919.5.31, 대구지방법원) ; 「판결문」(1919.8.18, 대구복심법원) ; 『독립운동사자료집』 5집 ; 『독립운동사』 3권

류경하(柳景夏, 1894~1938.3.17)

(안동청년회 · 조선노동공제회 안동지회) 본관은 풍산(豊山). 자는 문수(聞叟). 출신지는 풍남면(豊南面) 하회동(河回洞: 현 풍천면 하회리). 1920년 4월 서울에서 조선노동공제회가 창립되자, 안동에서는 1920년 9월 17일 설립준비위원회를 거쳐 9월 23일 조선노동공제회 안동지회가 설립되었다. 류경하는 1921년 7월 제2회 총회에서 간사로 선출되었고, 당일 의연금 300원을 납부하였다. 또한 그는 같은 해 4월 안동청년회(安東靑年會)에서 평의원으로 활동하기도 하였다.

- 『동아일보』 1921.4.27, 7.22

류곡난(柳谷蘭)

(임동면 삼일운동) 류곡난은 1919년 3월 21일 안동군 임동면(臨東面) 편항시장(鞭巷市場) 만세시위를 주도하였다. 그는 이강욱·류연성 등과 3월 21일 장날을 이용하여 만세시위를 계획하고, 박진성·박재식 등과 함께 편항 부근 주민을 참여시키기 위해 노력하였다 이어 그는 편항시장에 모인 군중과 함께 주재소로 밀고 들어가 주요 서류 및 건물을 부수었다.

■ 『독립운동사자료집』 5집

류광식(柳廣植, 1833.4.7~1950)

(임동면·임북면 삼일운동) 본관은 전주(全州). 자는 성거(聖居). 호는 나계(羅溪). 출신지는 임동면(臨東面) 월곡(月谷) 사동. 류광식은 1919년 3월 21일 임동면 중평동 편항시장(鞭巷市場)에서 일어난 만세시위에 참여하였고, 이어서 3월 22일 임북 면소재지인 사월에서 만세시위를 전개하다가 체포되었다. 체포 과정에서 일본경찰에 거의 죽음에 이를 만큼 구타를 당해 빈사 상태에 이르렀다고 한다.

■ 『안동판독립사』

류교묵(柳敎黙)

(조선노동공제회 안동지회) 1920년 4월 서울에서 조선노동공제회가 창립되자, 안동에서는 1920년 9월 17일 설립준비위원회를 거쳐 9월 23일에 조선노동공제회 안동지회가 창립되었다. 류교묵은 1921년 7월 제2회 총회에서 의사(議

事)로 선출되었다.

■ 『동아일보』 1921.7.22

류교하(柳敎夏, 1900~1934)

(조선노동공제회 안동지회·화산구락부) 본관은 풍산(豊山). 일본 조도전대를 졸업한 류교하는 조선노동공제회 안동지회에 참여하여, 1921년 7월 제2회 총회에서 간사로 선출되었고, 의연금 100원을 납부하였다. 또한 그는 우리청년회 주최 강연회에 참여하여, 1921년 7월 22일 '아(我)의 사회관'이라는 주제로 연설하였다.

■ 『동아일보』 1921.7.22, 7.31

류교희(柳敎熙, 1886.10.3~1965.12.5)

(임동면 삼일운동) 본관은 전주(全州). 자는 성목(聖穆). 호는 일성(一醒). 출신지는 임동면(臨東面) 박곡동(朴谷洞: 현 임동면 박곡리) 373번지. 류교희는 1919년 3월 21일 임동면 중평동 편항시장(鞭巷市場)에서 일어난 만세시위를 계획 주도하였으며, 수곡동(水谷洞)과 박곡동 주민들을 선동하여 시위에 참여토록 했다. 그는 이 활동으로 체포되어 1919년 5월 31일 대구지방법원 안동지청을 거쳐, 8월 18일 대구복심법원에서 징역 6년형을 언도받고, 대구형무소에서 복역하였다. 1977년 대통령표창, 1980년 건국포장, 1990년 건국훈장 애국장.

■ 『독립운동사』 3권 ; 『독립운동사자료집』 5집 ;
「판결문」(1919.5.31, 대구지방법원안동지청) ;

「판결문」(1919.8.18, 대구복심법원)

류기만

류기만(柳基萬, 1906~1950)

(안동청년동맹 · 신간회 안동지회 · 안동콤그룹) 본관은 전주(全州). 출신지는 동후면(東後面) 주진동(舟津洞: 현 예안면 주진리). 1924년 3월 예안공립보통학교를 졸업한 류기만은 인쇄업 · 제유업에 종사하면서 신간회 안동지회 · 안동청년동맹 예안지부에 참여하여 활동하였다.

이후 그는 1931년 3월에 결성된 안동콤그룹에 참여하여 활동하였고, 같은 해 7월 예안노동행동대 결성에 참여하여 조직훈련부 책임자로 선정되었다. 1934년 대구지방법원에서 징역 1년 6월형을 선고받았다. 2006년 건국포장.

- 「판결문」(1934.7.2, 대구지방법원) ; 『한국사회주의운동인명사전』; 『조선일보』 1934.6.16, 7.3

류기복(柳基馥, 1906~?)

(신간회 안동지회) 본관은 전주(全州). 출신지는 동후면(東後面) 주진동(舟津洞: 현 예안면 주진리). 1927년 8월에 창립된 신간회 안동지회에 참여하여 활동하던 류기복은 1929년 1월 간사로 선출되었다.

- 『조선일보』 1929.1.29

류기영(柳璣永, 1888.10.21~?)

(임동면 삼일운동) 본관은 전주(全州). 자는 충옥(衝玉). 출신지는 임북면(臨北面) 계곡동(桂谷洞: 현 예안면 계곡리). 류기영

은 1919년 3월 21일에 일어난 임동면 중평동 편항시장(鞭巷市場)에서 일어난 만세시위에 참여하였다가 체포되었다. 이 활동으로 그는 1919년 8월 18일 대구복심법원에서 징역 2년형을 언도받고, 대구형무소에서 복역하였다. 1977년 대통령표창, 1990년 건국훈장 애족장.

- 『독립운동사』 3권 ; 『독립운동사자료집』 5집 ;
「판결문」(1919.5.31, 대구지방법원안동지청) ;
「판결문」(1919.8.18, 대구복심법원)

류기준(柳基俊, 1924.3.1~)

(한국광복군) 본관은 전주(全州). 이명은 류기필(柳基珌). 출신지는 월곡면(月谷面) 주진(舟津) 802번지. 류기준은 1941년 3월 만주 안동중학교를 졸업하고, 북경 신민학원에 다니다 1944년 10월 중퇴하였다. 이후 류기준은 한국광복군 제3지대에 입대하여 1944년 12월 1일부터 1946년 3월 1일까지 활동하였다. 2007년 건국훈장 애족장.

- 『한국광복군명단』(한국광복군동지회, 1980) ;
『독립운동사』 6권

류기태(柳基泰, 1902~1981)

(신간회 안동지회) 본관은 전주(全州). 출신지는 동후면(東後面) 주진동(舟津洞: 현 예안면 주진리). 1927년 8월에 창립된 신간회 안동지회에 참여하여 활동하던 류기태는 1928년 1월에 간사로 선출되었으며, 1929년 1월 대표회원, 8월 집행위원으로 선출되어 활동하였다.

- 『조선일보』 1928.1.31, 1929.1.29, 8.14

류기태

류난영(柳蘭榮, 1838.1.1~1917)

(전기의병) 본관은 풍산(豊山). 자는 사휘(士輝). 출신지는 풍남면(豊南面) 하회동(河回洞: 현 풍천면 하회리). 1895년 말부터 1896년 초에 걸쳐 의병이 전국 도처에서 일어났다. 안동의병도 1895년 12월 초에 시작되었으며, 을미사변과 단발령이 그 계기가 되었다.

1896년 1월에 일어난 제1차 안동의병에서 류난영은 도총(都總)에 임명되었다. 3월에 1차 안동의진의 의병장 권세연이 물러나고 척암 김도화(拓菴 金道和)가 2차 의병장이 되었는데, 이때에도 류난영은 도총(都總)에 재임명되었다. 1896년 3월 29일 안동의진은 제천의 호좌의진과 연합하여 상주 함창의 일본군 수비대를 공격하였다. 그러나 화력의 열세로 이기지 못하고 예천으로 후퇴하였다가 출신지로 흩어졌는데, 이 태봉전투에서의 패배 이후 류난영은 김도화 대장의 지휘아래 부장이 되어 의진을 재정비하여 경북 북부지방을 무대로 일본군과 교전하는 등 활약하였다.

- 『을미의병일기』(이긍연) ; 『독립운동사』1권 ; 『독립운동사자료집』1 · 2집

류남근(柳南根)

(안동불교청년회) 1920년 8월 22일에 열린 안동불교청년회 창립총회에서 류남근은 서무부장으로 선출되었다.

- 『동아일보』1920.8.31

류덕영(柳德永, 1856~1908.1.25)

(전기의병) 본관은 전주(全州). 자는 명서(明瑞). 호는 석재(昔齋). 출신지는 임동면(臨東面) 고천동(高川洞: 현 임동면 고천리) 유곡(酉谷: 다리골). 류덕영은 1896년에 류시연의진을 도와 군자금과 군량미 모집에 앞장섰다가 일본경찰에게 체포되어 총살당했다고 한다.

■ 『안동판독립사』

류덕영(柳德榮, 1856~1921)

(전기의병) 본관은 풍산(豊山). 자는 체인(體仁). 출신지는 풍천면(豊川面) 하회(河回). 류덕영은 석호(石湖) 류도성(柳道性)의 아들이며, 선성의진 의병장 이중린(李中麟)의 사위이다. 그는 1896년 1월 도청(都廳)에서 차정(差定) 5인에 선임되어 의병항쟁을 전개하였다.

■ 『을미의병일기』(이긍연)

류도발(柳道發, 1832.6.28~1910.10.27)

(항일자정순국) 본관은 풍산(豊山). 자는 승수(承搜). 호는 회은(晦隱). 출신지는 풍남면(豊南面) 하회동(河回洞: 현 풍천면 하회리). 류도발은 의성군(義城郡) 비안면(比安面) 덕암리에 우거해 있다가 1910년 8월 나라가 망했다는 소식과 9월에 종묘의 위패를 없앴다는 소식을 듣고 통분을 이기지 못하여 안동의 옛 집(하회동)으로 돌아와 조상의 사당과 친우들에게 이별을 알리고, 절명시를 남긴 후 북쪽을 향하여 네 번 절한 뒤 "종묘가 훼철되었으므로 일반 국민의 사당도 봉

안할 수 없으니, 신주(神主)를 묻고 광복을 기다려라"라고 당부하고 단식한지 17일 만인 1910년 10월 27일 순국하였다. 1962년 건국훈장 독립장.

- 『기려수필』 ; 『한국독립사』 하권 ; 『독립운동사』 7·10권

류도성(柳道性, 1823~1906.7.7)

(전기의병) 본관은 풍산(豊山). 호는 석호(石湖). 자는 선여(善汝). 출신지는 풍남면(豊南面) 하회동(河回洞: 현 풍천면 하회리). 류도성은 안동에 단발령이 전해지자, "삭발은 임금의 참 뜻이 아니리니, 머리를 바칠지언정 단발은 할 수 없노라"며 항변했다고 한다. 이에 류도성은 김흥락(金興洛)·류지호(柳止鎬)·김도화(金道和)·류지영(柳芝榮) 등 유림 대표들과 함께 봉화 닭실[酉谷] 출신의 참봉 권세연을 의병장으로 추대하였다. 그는 1차 안동의진에서는 전면에 나서지 않고 후원자로서의 역할을 맡았으나, 권세연의 의병장 사퇴 이후 2차 안동의진에서는 김도화를 대장으로 추대하고 김흥락과 함께 지휘장을 맡아 여러 문중의 힘을 단합시키는 데 노력하였다.

- 『을미의병일기』(이긍연) ; 『독립운동사자료집』 1집

류동범(柳東範, 미상~1924)

(만주방면) 출신지는 임동면(臨東面) 수곡(水谷). 류동범은 북만주에서 독립운동을 펼치다, 1924년 하얼빈에서 순국하였다.

- 『안동 사람들의 항일투쟁』

류동복(柳東馥, 1899.2.9~1950.6.15)

(협동학교 졸업 · 임동면 삼일운동) 본관은 전주(全州). 자는 춘하(春河). 출신지는 임동면(臨東面) 수곡동(水谷洞: 현 임동면 수곡리) 728번지. 류동복은 1907년에 설립된 협동학교(協東學校)를 졸업하였다. 이후 그는 1919년 3월 21일 임동면 중평동 편항시장(鞭巷市場)에서 일어난 만세시위에 참여하였다가 체포되었다. 1919년 5월 31일 대구지방법원 안동지청에서 징역 1년, 집행유예 3년을 언도받았다.

류동복

- 「판결문」(1919.5.31, 대구지방법원) ; 『독립운동사자료집』 5집 ; 『독립운동사』 3권

류동수(柳東壽, 1898.2.2~1983.6.26)

(임동면 삼일운동) 본관은 전주(全州). 이명은 류동욱(柳東旭) · 류만수(柳晚秀: 일부에서는 류동수와 류만수를 다른 인물로 파악하기도 하지만 동일인물임이 확실하다). 자는 시일(始一). 호는 위남(渭南). 출신지는 임동면(臨東面) 수곡동(水谷洞: 현 임동면 수곡리). 류동수는 1919년 3월 21일 임동면 중평동 편항시장(鞭巷市場)에서 일어난 만세시위에 참여하였다가 체포되었다. 1919년 5월 31일 대구지방법원에서 징역 1년, 집행유예 3년형을 언도받았다. 1982년 대통령표창, 1990년 건국훈장 애족장.

- 『독립운동사』 3권 ; 『독립운동사자료집』 5집 ; 「판결문」(1919.5.31, 대구지방법원)

류동수

류동수(柳東洙, 1887.2.11~1978.2.25)

(임동면 삼일운동) 본관은 전주(全州). 자는 노승(魯升). 출신지는 임북면(臨北面) 마령동(馬嶺洞: 현 임동면 마령리). 류동수는 1919년 3월 15일 류연성(柳淵成)·류교희(柳敎熙)·박진성(朴晋成·晋先) 등과 함께 3월 21일 편항시장(鞭巷市場)에서 만세시위를 일으킬 것을 결의하고 마령동 주민을 동원하여 참여시킬 책임을 맡았다. 이 활동으로 일본경찰에 체포되어 1919년 5월 31일 대구지방법원을 거쳐, 8월 18일 대구복심법원에서 6년형을 언도받고, 대구형무소에서 복역하였다. 1982년에 건국포장, 1990년 건국훈장 애국장.

- 『독립운동사』 3권 ; 『독립운동사자료집』 5집 ; 「판결문」(1919.5.31, 대구지방법원) ; 「판결문」(1919.8.18, 대구복심법원)

류동시(柳東蓍)

(임동면 삼일운동) 본관은 전주(全州). 출신지는 임동면(臨東面) 수곡동(水谷洞: 현 임동면 수곡리) 한들. 류동시는 정재 류치명(定齋 柳致明)의 종손인 류연박(柳淵博)의 아들이다. 1919년 3월 초 고종 인산에 참가했던 그는 독립선언서를 가지고 귀향한 후 류동태·이균호(李均鎬)·류연성(柳淵成) 등과 거사를 계획하고 협동학교에서 태극기와 독립선언서를 준비하였다. 3월 21일 오후 1시경 류동시는 군중들과 함께 주재소로 몰려가 일본경찰이 휴대하고 있는 무기와 보관 중인 무기를 모두 빼앗고, 지적도·호적부 등 중요 서류를 파기하였다. 이 활동으로 그는 일본경찰에 체포되었으나 문중차원의 구명운동으로 풀려났다.

■ 『안동 사람들의 항일투쟁』

류동억(柳東億)

(예안청년회) 류동억은 1920년 7월 19일에 열린 예안청년회 창립총회에서 총무로 선출되었다.

■ 『동아일보』 1920.7.19

류동영(柳東榮)

(교남교육회·교육구국운동) 류동영은 1908년 3월 15일 재경 영남인사들이 창립한 교남교육회(嶠南敎育會)에 참여하여 교육구국운동을 전개하였다.

■ 『교남교육회잡지(회원명부)』

류동저(柳東著, 1892~1948)

(안동청년회·조선노동공제회 안동지회) 본관은 전주(全州). 출신지는 임동면(臨東面) 수곡동(水谷洞: 현 임동면 수곡리) 한들. 류동저는 1920년 5월 창립된 안동청년회에 참여하여 활동하였고, 1921년 6월에 열린 학술강습회에서 교사로 활동하였다. 1921년 7월에 열린 조선노동공제회 안동지회 제2회 총회에서 의사(議事)로 선출되었다.

■ 『동아일보』 1921.6.24, 7.22

류동창(柳東暢, 1898.2.2~1983.6.26)

(임동면 삼일운동) 본관은 전주(全州). 자는 화여(和汝). 호는 기은(岐隱). 임동면(臨東面) 수곡동(水谷洞: 현 임동면 수곡리) 740

류동창

번지. 류동창은 1919년 3월 21일 중평동 편항시장(鞭巷市場)에서 일어난 만세시위에 참여하였다가 체포되었다. 이 활동으로 1919년 5월 31일 대구지방법원 안동지청에서 유죄판결을 받고 항소하였으나, 8월 18일 대구복심법원에서 징역 2년형이 확정되어 대구형무소에서 복역하였다. 1977년 대통령표창, 1990년 건국훈장 애족장.

- 『독립운동사』 3권 ; 『독립운동사자료집』 5집 ;
「판결문」(1919.5.31, 대구지방법원안동지청) ;
「판결문」(1919.8.18, 대구복심법원)

류동태(柳東泰)

(협동학교 교사) 본관은 전주(全州). 출신지는 임동면(臨東面) 수곡동(水谷洞: 현 임동면 수곡리) 무실. 류동태는 협동학교 운영을 맡고 있던 류인식(柳寅植)·김동삼(金東三)·김형식(金衡植) 등이 독립군기지 건설을 위해 만주로 망명하자 그들의 후임으로 협동학교를 맡아 운영하였다.

1919년 3월 초 고종 인산에 참가했던 류동시(柳東蓍)에 의해 만세시위가 전국적으로 벌어지고 있음을 전해들은 그는 이균호(李均鎬)·류연성(柳淵成) 등과 거사를 계획하고 협동학교에서 태극기와 독립선언서를 준비하였다.

- 『안동 사람들의 항일투쟁』

류동혁(柳東爀, 1891.9.12~1920.4.4)

(임동면 삼일운동) 본관은 전주(全州). 이명은 류동경(柳東駉)·류경이(柳景伊). 자는 여윤(汝尹). 호는 금우(琴愚). 출신

지는 임동면(臨東面) 수곡동(水谷洞: 현 임동면 수곡리) 689번지. 협동학교(協東學校)를 졸업한 류동혁은 1919년 3월 21일 임동면 중평동 편항시장(鞭巷市場)에서 일어난 만세시위에 참여하였다가 체포되었다. 이 활동으로 1919년 5월 31일 대구지방법원 안동지청에서 유죄판결을 받고 항소하였으나, 8월 18일 대구복심법원에서 징역 2년형이 확정되어 대구형무소에서 복역하던 중 감옥에서 순국하였다. 묘는 현재 임동중학교 뒤 덕고개 숙(塾)당에 있다. 1977년 대통령표창, 1991년 건국훈장 애국장.

- 『독립운동사』 3권 ; 『독립운동사자료집』 5집 ; 「판결문」(1919.5.31. 대구지방법원안동지청) ; 「판결문」(1919.8.18. 대구복심법원)

류동환(柳東煥, 1885.1.20~1973.8.27)

(임동면 삼일운동) 본관은 전주(全州). 자는 경회(絅晦). 호는 입헌(立軒). 출신지는 임동면(臨東面) 수곡동(水谷洞: 현 임동면 수곡리) 1087번지. 류동환은 1919년 3월 21일 임동면 중평동 편항시장(鞭巷市場)에서 일어난 만세시위에 참여하였다가 체포되었다. 이 활동으로 1919년 5월 31일 대구지방법원 안동지청에서 유죄판결을 받고 항소하였으나, 8월 18일 대구복심법원에서 징역 2년형이 확정되어 대구형무소에서 복역하였다. 묘는 현재 임동면 한들 뒷산에 있다. 1977년 대통령표창, 1990년 건국훈장 애족장.

류동환

- 『독립운동사』 3권 ; 『독립운동사자료집』 5집 ; 「판결문」(1919.5.31. 대구지방법원안동지청) ; 「판결문」(1919.8.18. 대구복심법원)

류림

류림(柳林, 1894.5.23~1961.4.1)

(서로군정서·신한청년단·조선공산무정부주의자연맹·조선무정부주의자연맹·임정국무위원) 본관은 전주(全州). 초명은 화종(花宗). 이명은 류화영(柳華永)·고상진(高尙眞). 호는 단주(旦州)·월파(月坡). 출신지는 임북면(臨北面) 계곡동(桂谷洞: 현 예안면 계곡리) 542번지. 류림은 1907년 경북 북부지역에서 최초로 설립된 신식중등학교인 협동학교(協東學校)를 1911년에 졸업하였다. 이후 그는 대구와 안동을 오가면서 계몽운동이나 비밀결사 조직에 가담하여 항일투쟁을 전개하였다. 특히 1915년 정진탁(鄭振鐸 혹은 澤)과 함께 대구에서 부흥회(復興會)를 조직하여 활동하였으며, 1917년에는 김용하(金容河)와 함께 자강회(自彊會 혹은 自强會)를 조직하여 항일운동을 전개하였다.

1919년 3·1운동이 일어나자 그 역시 안동의 임동면(臨東面) 편항시장(鞭巷市場)에서 벌어진 시위에 참여하였다. 이후 그는 국내활동이 어렵다는 판단하에 가족과 함께 봉천성(奉天省) 요중현(遼中縣)으로 망명하였다. 요중현에 도착한 그는 가족을 남겨둔 채 1919년 말에서 1920년 초 사이에 남만주 유하현(柳河縣) 삼원포(三源浦)로 이동하였고, 그곳에서 서로군정서(西路軍政署)에 가담하여 특파원으로 활동하였다.

1920년 여름 무렵 류림은 유학차 다시 상해로 이동하고, 북경을 오르내리며 신채호(申采浩)와 김창숙(金昌淑)의 영향을 받았다. 특히 아나키스트로 변신하던 신채호로부터 영향을 받아 그도 아나키즘에 눈을 떴다. 1922년 홀연히 중국대륙의 깊숙한 내륙에 자리 잡은 성도(成都)로 유학가, 영문학을 전공하고 프랑스어와 에스페란토어 등 다양한 외국어를 습득하였다.

1926년 초 대학을 졸업한 그는 신지식으로 무장하고서 중국 내륙여행을 거쳐 만주로 돌아와 향후 항일투쟁 방향을 가늠하였다. 잠시 신민부(新民府)를 찾아 김좌진과 공동노선을 모색해 보았으나 뜻을 이루지 못하였다. 1929년 11월 평양에서 열린 전조선흑색사회운동자대회(全朝鮮黑色社會運動者大會)에 참석했다가 조선공산무정부주의자연맹(朝鮮共産無政府主義者聯盟)을 결성하는 실적을 올렸다. 1929년 11월 7일 일본경찰에 체포되었으나, 일본경찰은 그에게서 아무런 혐의를 찾아내지 못하자 그를 봉천으로 추방시켰다. 그 후 봉천에서 그는 사범대학 영문과 졸업생으로서, 아나키스트로서, 그리고 조선공산무정부주의자연맹 차원에서 1930년 말부터 의성숙(義誠塾 혹은 義誠學院, 봉천중학)을 설립하여 학생들을 가르치기 시작하였다. 하지만 1931년 10월경 다시 일본경찰에 체포되고 5년형을 선고받아 중일전쟁 직후인 1937년 10월 8일 출옥할 때까지 모두 6년 동안 옥중에서 고생하였다.

그는 곧 2차 망명길에 올랐다. 연안을 거쳐 중경으로 건너간 그는 조선무정부주의자연맹 대표로서 임시정부에 참여하여 1942년 10월 20일 의정원 의원으로 선출되었다. 이후 그는 1943년 2월 16일에는 외교위원회의 연구위원이 되었고, 이어서 그 해 4월 조소앙(趙素昻)·신익희(申翼熙)

등 14명과 함께 임시정부 선전위원회의 위원으로 활약하였다. 1944년 4월에 그는 국무위원이 되었고, 이듬해 12월에 임시정부 요인 2진으로서 환국(還國)하였다. 이후 독립노동당(獨立勞動黨)을 창당하여 그 대표가 되었다. 묘는 서울 강북 수유4동에 있다. 1962년 건국훈장 독립장.

- 「신원카드」;『독립운동사』 4권 ;「단주 류림의 독립운동」; 『단주 류림 자료집』 1 ;『독립운동사자료집』 11집 ;「판결문」(1933.7.6, 고등법원) ;『동아일보』 1929.11.11, 11.17, 11.18, 11.27, 12.3, 12.11, 1931.7.31, 8.8, 10.7, 1932.12.23, 3.20, 1933.3.27

류만식(柳萬植, 1881~1965)

(파리장서의거) 본관은 전주(全州). 출신지는 동후면(東後面) 주진동(舟津洞: 현 예안면 주진리). 류필영(柳必永)의 아들인 그는 '파리장서의거'를 추진하는 데 큰 역할을 하였다.

- 「기파리소서사」;『중제선생문집부록』 13

류만희(柳萬熙, 1916~1940)

(중국공산주의 청년단) 류만희는 1925년 길림성(吉林省) 반석현(磐石縣)으로 망명한 뒤, 다시 유하현(柳河縣) 삼원포(三源浦) 곽가점(郭家店)으로 이주하였다. 1930년 요녕성(遼寧省) 청원현(清原縣) 남산성(南山城)에 정착한 그는 만주사변 후 반일아동단에 참여하여 활동하였다. 이후 1933년 중국공산주의 청년단에 참여하여 동북인민혁명군 제1사에 입대했다. 1935년 인민혁명군 제5단 청년과장, 1936년 동북항일연군 제1군 제3사 정치부 주임으로 선출되었으며, 1937년 청원 칠도하자(七道河子)전투에 참전했다. 1938년 7월 고가점

(高家店)전투에서 일본군에게 포위되었으나 탈출에 성공했다. 같은 해 10월 일본군의 토벌에 대항하여 몽강(濛江) 나얼훙(那爾轟)전투, 화전(樺甸) 유수하(柳樹河)전투 등에 참전했다. 1940년 3월 임강(臨江) 곰골에서 변절한 대원에게 사살당했다.

■ 『한국사회주의운동인명사전』

류면희(柳冕熙, 1906~1944.1)

(육십만세운동) 본관은 전주(全州). 이명은 류호백(柳虎伯). 출신지는 동후면(東後面) 주진동(舟津洞: 현 예안면 주진리) 삼산(三山) 943번지. 1926년 당시 중앙고보(中央高普) 4년에 재학 중이던 류면희는 조선학생과학연구회에 참여하여 활동하였다. 1926년 6월 9일 이선호(李先鎬)와 함께 순종 인산 일을 기해 대규모 만세시위를 계획하고 격문과 태극기를 배포하였으며, 시위 당일에는 이선호·임종업(林鍾業)·이현상(李鉉相) 등과 함께 종로3가 단성사 앞에서 휴대하고 있던 격문을 학생들에게 나누어주고, 대한독립만세를 불렀다. 이 활동으로 일본경찰에 검거된 그는 1926년 6월 14일 서대문형무소에 수감되었다. 그 해 11월 3일에 징역 1년형을 언도받고 항소하여 1927년 4월 1일에 경성복심법원에서 징역 1년 집행유예 3년형을 언도받고 복역하였다. 출옥 후 그는 1929년 5월에 조선학생과학연구회 집행위원으로 활동하였다. 1963년 대통령표창, 1990년 건국훈장 애족장.

류면희

■ 『기려수필』;『고등경찰요사』;『독립운동사』 7·9권 ; 『독립운동사자료집』 3집 ; 『일제침략하한국36년사』 7권 ; 「판결문」

(1926.11.17, 경성지방법원) ;「판결문」(1927.4.1, 경성복심법원) ;
『동아일보』1926.6.16 ;『조선일보』1927.3.26, 4.2

류명우(柳明佑)

(교남교육회·교육구국운동) 류명우는 1908년 3월 15일 재경 영남인사들이 창립한 교남교육회(嶠南敎育會)에 참여하여 교육구국운동을 전개하였다.

■『교남교육회잡지(회원명부)』

류백영(柳栢榮, 1885~1962.8.21)

(교남교육회·교육구국운동) 본관은 풍산(豊山). 출신지는 풍남면(豊南面) 하회동(河回洞: 현 풍천면 하회리). 류백영은 1908년 3월 15일 재경 영남인사들이 창립한 교남교육회(嶠南敎育會)에 참여하여 교육구국운동을 전개하였다.

■『교남교육회잡지(회원명부)』

류벽호(柳壁鎬, 1839~1901)

(전기의병) 출신지는 임동면(臨東面) 박곡(朴谷). 류벽호는 1896년 결성된 안동의진에서 소모장(召募將)을 맡았다. 그는 1896년 3월 20일 오후 의병 10여 명과 함께 청송군 청운 점막에 도착하여 청송의진에게 소모활동을 펼쳤다.

■『적원일기』

류병하(柳秉夏, 1898.1.19~1987.6.25)

(의열단) 본관은 풍산(豊山). 자는 이중(彝中). 호는 소정(素

庭). 출신지는 풍남면(豊南面) 하회동(河回洞: 현 풍천면 하회리) 727번지. 류병하는 1922년 의열단(義烈團)에 가입하여 김시현(金始顯)·김지섭(金祉燮) 등과 무장항일투쟁을 전개하였다. 그 해 12월 의열단에서 추진 중이던 제2차 국내 암살·파괴 운동에 사용될 자금을 마련하기 위해, 권정필(權正弼)·류시태(柳時泰) 등과 서울 내자동(內資洞)에 살던 부호(富豪) 이인희(李麟熙)로부터 군자금을 조달하려다가 일본경찰에 체포되었다. 1923년 8월 21일 경성지방법원(京城地方法院)에서 징역 6년형을 언도받고 옥고를 치렀다. 1968년 대통령표창, 1977년 건국포장, 1990년 건국훈장 애국장.

류병하

■ 「판결문」(1923.8.21, 경성지방법원) ; 『한국독립운동사』 ; 『한국독립사』 ; 『고등경찰요사』 ; 『기려수필』 ; 『한국민족운동사료』(중국편) ; 『독립운동사자료집』 11집 ; 『일제침략하한국36년사』 ; 『독립운동사』 7권 ; 『동아일보』 1923.4.12

류봉영(柳鳳榮, 1858.8.29~1896.6.26)

(전기의병) 출신지는 안동(安東) 대석동(大石洞). 류봉영은 1896년 경북 의성의 김상종의진에서 활동하였다. 형인 류승영(柳承榮)은 이 의진의 부장(副將)을 맡았다. 그는 관군에 의해 의성 사촌(沙村)마을이 방화를 당한 후, 의병의 재기를 위해 영양·선성의진과 연합전선을 모색하던 중 1896년 6월 24일(음력) 관군에 체포되어 26일 피살, 순국하였다. 2004년 건국훈장 애국장.

■ 『三全義士傳』 ; 「先考三全府君行狀」 ; 『안동향토지』 ; 『안동판독립사』 ; 『中樞院議官柳承榮遺稿』

류봉희(柳鳳羲)

(충의사) 류봉희는 주로 을미의병에 참여했던 재야 유생층이 1904년 8월 서울에서 조직한 충의사에 참여하여 활동하였다.

- 『남은선생유집(서명록)』

류북실(柳北實, 1895.6.26~)

(임하면 삼일운동) 출신지는 임하면(臨河面) 금소(琴韶) 509번지. 류북실은 1919년 3월 21일 임하면 만세시위에 참가하였다. 그는 안동군 임하면(臨河面) 금소동(琴韶洞)에서 마을 사람 3백여 명과 함께 독립만세를 부르며 면소재지인 신덕리(新德里)로 행진하였다. 그리고 면사무소와 주재소에 들어가 불태우는 등의 활동하였다. 그는 이로 말미암아 옥고를 치렀다.

- 「수형인명부」;「판결문」(1919.9.19, 대구복심법원);『독립운동사자료집』 5집

류선영(柳善榮)

(전기의병) 류선영은 1895년 12월(음력) 안동의진 결성 당시 안동의진의 참모(參謀)에 선임되어 의병항쟁을 주도하였다.

- 「안동의소파록」

류성조(柳成祖)

(전기의병) 류성조는 1896년 결성된 안동의진의 외방장(外防將)을 맡았다. 그는 풍산 시가에 중영(中營)을 설치하고 사

병도총(司兵都摠) 류도장(柳道章)과 함께 머물렀다.

■ 『일록』(김정섭)

류세우(柳世佑, 1898~1971.12.20)

(신간회 안동지회) 본관은 풍산(豊山). 자는 현경(顯卿). 출신지는 풍남면(豊南面) 하회동(河回洞: 현 풍천면 하회리). 1927년 8월에 창립된 신간회 안동지회에 참여하여 활동하던 류세우는 1928년 1월 간사로 선출되었다.

■ 『조선일보』 1928.1.21

류세진(柳世振, 1886~1923.8.25)

(대한통의부) 출신지는 임동면(臨東面) 수곡(水谷). 1919년 만주로 망명한 류세진은 봉천(奉天) 및 개원(開原) 지방에서 항일투쟁을 전개하다가 1922년 11월경 대한통의부(大韓統義府) 의용군에 가담하여 활동하였다. 그가 가담하여 활동한 대한통의부는 1922년 8월 남만주지역에서 활동하던 독립군들이 보다 효율적인 독립운동을 전개하기 위하여 조직된 독립운동단체인데, 안동출신 김동삼(金東三)이 총장을 맡고 있었다.

류세진은 대한통의부 의용군 제5중대에 소속되어 활발한 항일투쟁을 전개하여 1923년 3월 특무정교(特務正校)가 되었다. 그러나 그 해 8월 25일 중국 보갑병(保甲兵)과 교전하다가 전사하였다. 1995년 건국훈장 애국장.

■ 『독립운동사자료집』 14집 ; 『독립신문』 1923.10.13 ; 『동아일보』 1923.10.22

류소우(柳玿佑, 1907.3.11~1945.2)

(한국광복군) 본관은 풍산(豊山). 이명은 류원해(柳原海). 출신지는 풍남면(豊南面). 류소우는 광복군에 입대하여 항일투쟁을 전개하였다. 이때 그의 아들 류시보(柳時保)와 조카 류시훈(柳時熏)도 같이 입대하였다.

한국광복군에 입대한 그는 제1지대 제1구대 제2공작반 소속으로 남양(南陽)·정주(定州) 지역에서 병사들을 모집하는 초모공작(招募工作)을 전개하였다. 1977년 건국포장, 1990년 건국훈장 애국장.

■ 『독립운동사』 6권 ; 『한국독립사』 하권 ; 『한국독립운동사』 3권

류수택(柳樹澤, 1887~1945)

(군자금 모집) 본관은 전주(全州). 본명은 호집(顥集). 자는 인덕(人德)·백승(伯昇). 호는 반아(半啞). 출신지는 임동면(臨東面) 박곡동(朴谷洞: 현 임동면 박곡리) 394번지. 류수택은 1910년 나라를 잃은 직후 군자금 모집활동을 벌이다가 경찰에 체포되어 혹형을 당했다고 전해지는데, 의용단에 가담한 것으로 추정된다.

■ 「묘갈명」

류승락(柳承洛)

(후기의병) 출신지는 임동면(臨東面) 대곡(大谷). 류승락은 1907년 류시연부대에 들어가 활동하였다. 그는 1907~8년까지 임동면 부근에서 의병항쟁을 펼쳤다.

■ 「판결문」(1909.6.14, 대구지방재판소) ; 『독립운동사자료집』 별집 1

류승영(柳承榮)

(전기의병) 출신지는 안동(安東) 대석동(大石洞). 류승영은 1896년 경북 의성의 김상종의진에서 활동하였다. 그의 동생 류봉영(柳鳳榮) 또한 이 의진에서 활동하다 순국하였다. 그는 의성의진에서 부장(副將)을 맡아 의병항쟁을 전개하였다.

■ 『안동판독립사』

류승호(柳昇鎬, 1850~1937)

(임동면 삼일운동) 출신지는 임동면(臨東面) 박곡(朴谷). 류승호는 1919년 3월 21일 임동면 편항시장(鞭巷市場) 만세시위에 참가하였다. 그는 편항시장에 모인 군중과 함께 주재소로 밀고 들어가 주요 서류 및 건물을 부수었다.

■ 『독립운동사자료집』 5집

류시걸(柳時杰, 1907.5.18~1978)

(국내항일) 본관은 풍산(豊山). 출신지는 풍천면(豊川面) 하회(河回) 544번지. 류시걸은 사숙(私塾)교사로 활동하고 있었다. 그러던 중 1928년 11월 18일 하회마을 류시종(柳時鍾) 집에서 수명과 함께 이야기를 하고 있었다. 이때 순사 신광용(辛光用)이 풍남면장의 위탁으로 일본 천황의 즉위식(卽位式) 봉축회 기부금의 건에 관하여 방문하였다. 이에 류시걸은 "소화(昭和), 그 놈이 즉위하는데 금 2원이나 낼 필요가 있는가"라고 말하였다. 그는 이로 말미암아 징역 1년을 선고받고 옥고를 치렀다.

■ 「재소자신분카드」 ; 「판결문」(1929.1.30. 대구지방법원) ;

「판결문」(1929.3.12, 대구복심법원)

류시구(柳時求, 1906~1984.2.2)

(신간회 안동지회) 본관은 풍산(豊山). 자는 문상(文相). 출신지는 풍남면(豊南面) 하회동(河回洞: 현 풍천면 하회리). 1927년 8월에 창립된 신간회 안동지회에 참여하여 활동하던 류시구는 1929년 1월 간사로 선출되었으며, 1929년 8월에는 집행위원으로 선출되어 활동하였다.

■ 『조선일보』 1929.1.29, 8.14

류시만(柳時萬, 1862.2.3~1933.2.3)

(풍기광복단·광복회) 본관은 풍산(豊山). 자는 원일(元一). 출신지는 풍남면(豊南面) 하회동(河回洞: 현 풍천면 하회리). 류시만은 1913년 채기중(蔡基中)을 중심으로 의병계열 인사들이 경상북도 풍기(豊基)에 모여 조직한 비밀결사단체인 풍기광복단(豊基光復團)에 가담하였다. 이후 풍기광복단이 1915년 7월 대구에서 비밀리에 결성되어 활동하던 조선국권회복단(朝鮮國權回復團)과 결합하여 광복회(光復會)로 발전하자, 류시만도 여기에 합류하였다. 그는 권준흥(權準興)·권준희(權準義)·권영식(權寧植) 등과 함께 군자금을 모금하여, 동지 박상진(朴尙鎭)에게 전달하다가 1918년 일본경찰에 체포되었다.

■ 『고등경찰요사』; 『박상진자료집』; 『독립운동사』 3권

류시보(柳時保, 1925.7.24~1994.6.16)

(한국광복군) 본관은 풍산(豊山). 출신지는 풍천면(豊川面). 류시보는 하남성(河南省) 개봉(開封)에서 부친 류소우(柳招佑)와 함께 한국광복군에 투신하여 제1지대 본부요원으로 활동하였다. 1977년 건국포장, 1990년 건국훈장 애국장.

■ 『한국독립사』하권 ; 『독립운동사』6권

류시보

류시봉(柳時鳳)

(교남교육회·교육구국운동) 류시봉은 1908년 3월 15일 재경 영남인사들이 창립한 교남교육회(嶠南敎育會)에 참여하였다.

■ 『교남교육회잡지(회원명부)』

류시붕(柳時鵬)

(교남교육회·교육구국운동) 본관은 풍산(豊山). 출신지는 풍산면(豊山面). 류시붕은 1908년 3월 15일 재경 영남인사들이 창립한 교남교육회(嶠南敎育會)에 참여하여 본회 임원으로 활동하였다.

■ 『교남교육회잡지(회원명부)』

류시승(柳時昇, 1923~1989.10.23)

(조선회복연구단) 본관은 풍산(豊山). 출신지는 풍남면(豊南面) 하회동(河回洞: 현 풍천면 하회리). 류시승은 안동농림학교(安東農林學校) 교사로 재직할 때, 학생들이 조직한 조선회복연구단(朝鮮回復研究團)에 가담하여 학생들을 지도하였다

류시승

한다. 2002년 대통령표창.

- 『안동농림학생항일약전』 ; 「형사사건부」(1945.3.14)

류시언(柳時彦, 1895.3.15~1945.5.10)

(군자금 모집·국민대표회의 위원) 본관은 풍산(豊山). 이명은 류해동(柳海東)·김세진(金世鎭). 출신지는 풍서면(豊西面) 구담리(九潭里: 현 풍천면 구담리). 류시언은 1919년 3·1운동 직후 상해로 망명하였다가, 임시정부의 비밀명령을 받고 같은 해 국내로 돌아와 류시준(柳時俊)·류성우(柳性佑)와 함께 군자금 모집활동을 벌였다.

1920년 2월 문경군(聞慶郡) 산북면(山北面) 서중리(書中里)의 장수학(張守學)으로부터 군자금을 모집하여 임시정부로 보냈다. 그러나 이러한 사실이 일본경찰에게 발각되어 류성우는 체포되어 옥사하였으며, 류시언은 1921년 11월 29일 대구지방법원에서 징역 10년형을 언도받았다. 그러나 일본경찰의 감시를 피해서 의주와 만주를 거쳐 북경으로 피신한 그는 그곳에서 김정묵(金正黙)·최용덕(崔用德) 등과 함께 집의학교(集義學校)를 설립하여 후진양성에 전념하였다. 1922년 봄 북경을 떠나 길림으로 돌아온 그는 길림교육회의 운영을 맡아 교육을 진흥시키는 한편, 고려공산당에 가입하여 활동하기도 하였다. 1923년 1월 상해에서 국민대표회의가 소집되자 길림교육회의 대표로 이에 참석한 그는 헌법기초위원·교육위원장에 선임되어 통합된 독립운동 방안을 모색하였다. 그러나 국민대표회의가 뚜렷한 실효를 거두지 못하고 내분이 계속되자 그는 만주로 되돌아가 독자적인 항일투쟁을 모색하다가 일본경찰에 체포되었다. 1924년 10월 20일 대구지방법원에서 징역 5년형을 언도받고 옥고를 치렀다. 1980년 건국포장, 1990년 건국훈장 애국장.

■ 『시대일본』 1924.6.29 ; 『고등경찰요사』 ; 『한국민족운동사료』 (중국편) ; 「범죄인명부」 ; 「판결문」(1924.8.21, 대구지방법원) ; 「판결문」(1924.10.28, 대구지방법원)

류시연(柳時淵, 1872~1914.1.29)

(전기·중기·후기의병) 본관은 전주(全州). 이명은 류시영(柳時榮)·류시종(柳時宗)·류시연(柳時然)·류시영(柳時永)·류승일(柳承一). 자는 박여(璞汝)·응만(應萬). 호는 성남(星南). 출신지는 임동면(臨東面) 수곡동(水谷洞: 현 임동면 수곡리) 한들. 류시연은 한말 일제에 항거하여 전기부터 중기·후기에 걸쳐서 의병항쟁을 한 인물이다.

을미사변과 단발령 이후 권세연을 대장으로 하는 1차 안동의진이 결성되던 무렵, 류시연은 김도현(金道鉉)과 함께 1896년 2월 17일(음 1.5)에 청량산에서 의병결성을 논의하였고, 안동의진 결성 소식을 듣자 여기에 참가하여 소모장이 되었다. 그는 소모장으로서 아직 의병이 결성되지 않은 청송(靑松) 관아에 보관된 무기를 거두어 오고자 하였는데, 청송에서는 이를 빼앗기지 않으려고 의병 결성을 서둘렀으니, 그의 청송행은 청송의병 봉기의 촉진제가 되기도 하였다. 그 뒤 류시연은 권세연 의병장이 사퇴하고 김도화가 안동의진의 대장이 되었을 때, 선봉장이 되어 활약하였다. 4월 2일 일본군의 안동부 방화사건 이후, 흩어진 의병을 모아 의진을 재정비하던 류시연은 남한산성에서 관군에 패해 안동으로 이동하였던 이천의진(利川義陣)의 김하락(金河洛)과 연합을 시도하기도 하였으며, 안동의진 해산 이후 이강년의진에 참여하여 문경과 제천을 넘나들며 의병항쟁을 계속하였다.

1905년 10월 을사조약이 맺어지자 류시연은 다시 대규모 의진을 조직하여 활동하였고, 1907년 8월 군대해산 이후인 후기의병 때도 역시 서민층을 구성원으로 의진을 형성하여, 안동·청송·진보·영양·영해·영덕지방을 무대로 활약하였다. 당시 류시연의진은 안동지방의 핵심세력으로, 서쪽의 이강년의진, 동쪽의 신돌석의진과 연결하면서 연합작전을 펼쳤다.

이후 그는 1911년 만주로 탈출하여 활약하고, 1912년 무기 구입 자금을 조달하기 위해 국내에 잠입하였다가 영주 소속 반구왜경소(盤邱倭警所)에 붙잡혀 사형을 언도받고, 1914년 1월 29일 교수형에 처해졌다. 묘는 임동면 수곡리 산 80에 있다. 1962년 건국훈장 독립장.

- 「판결문」(1913.9.15, 대구지방법원) ;『독립운동사자료집』1·2·3집 ;『독립운동사』1·3·7권 ;『한국독립운동사』자료 8 ;『고등경찰요사』;『적원일기』

류시윤(柳時胤, 1895~?)

(우리청년회) 본관은 풍산(豊山). 자는 응명(應明). 출신지는 풍남면(豊南面) 하회동(河回洞: 현 풍천면 하회리). 1920년 4월

창립된 우리청년회에 참여하여 활동하던 류시윤은 1922년 4월 제3회 정기총회에서 서기로 선출되었다.

■ 『동아일보』 1922.4.23

류시일(柳時一)

(교남교육회·교육구국운동) 류시일은 1908년 3월 15일 재경 영남인사들이 창립한 교남교육회(嶠南敎育會)에 참여하였다.

■ 『교남교육회잡지(회원명부)』

류시준(柳時俊, 1895~1947.12.29)

(군자금 모집) 본관은 풍산(豊山). 출신지는 풍남면(豊南面) 광덕리(廣德里: 현 풍천면 광덕리). 류시준은 1920년 2월경 류시언(柳時彦)·류성우(柳性佑) 등과 함께 임시정부 지원을 위한 군자금 모집활동을 벌였다. 그는 임시정부 군자금 모집 요원으로 국내에 들어와 활동하던, 류시언·류성우와 함께 1920년 2월 문경군(聞慶郡) 산북면(山北面) 서중리(書中里)의 장수학(張守學)로부터 군자금을 모집하여 임시정부로 보냈다. 그러다 그는 1921년 6월 안동에서 체포되었다.

■ 『동아일보』 1921.6.23 ; 『고등경찰요사』

류시태(柳時泰, 1891~1965)

(군자금 모집) 본관은 풍산(豊山). 자는 치등(致登). 호는 후암(后菴). 출신지는 풍남면(豊南面) 하회동(河回洞: 현 풍천면 하회리). 의열단(義烈團)이 제2차 국내 암살·파괴 운동을 계획

류시태

하자, 류시태는 여기에 필요한 자금을 마련하기 위해 1922년 12월 류병하(柳秉夏)·권정필(權正弼) 등과 서울 내자동(內資洞)에 살던 부호(富豪) 이인희(李麟熙)로부터 군자금을 조달하려다가 일본경찰에 체포되었다.

■ 「판결문」(1923.8.21. 경성지방법원) ; 『독립운동사자료집』 11집 ; 『고등경찰요사』

류시훈

류시훈(柳時薰, 1917.8.17~1975.8.17)

(한국광복군) 본관은 풍산(豊山). 출신지는 풍남면(豊南面). 류시훈은 하남성(河南省) 개봉(開封)에서 숙부인 류원해(柳原海=柳炤佑)의 인솔로 한국광복군 제1지대 1구대에 입대하여 활동하였다. 1977년 건국포장, 1990년 건국훈장 애국장.

■ 『한국독립사』 하권 ; 『독립운동사』 6권

류신영(柳臣榮, 1853.6.17~1919.2.2)

(항일자정순국) 본관은 풍산(豊山). 자는 경부(敬夫). 호는 하은(霞隱). 출신지는 풍남면(豊南面) 하회동(河回洞: 현 풍천면 하회리). 류신영은 경술국치(庚戌國恥) 때 순절한 류도발(柳道發)의 큰아들이다. 그는 1919년 2월 고종황제가 죽었다는 소식을 듣고 그 장례에 아들 종묵(宗黙)을 참례시킨 뒤, 3월 3일(음 2.2) 독약을 마시고 자결하였다. 1968년 대통령표창, 1991년 건국훈장 애국장.

■ 『기려수필』 ; 『한국독립사』 하권 ; 독립운동사』 7권

류연갑(柳淵甲, 1850~1920)

(협동학교 교사·교육구국운동) 본관은 전주(全州). 출신지는 임동면(臨東面) 박곡동(朴谷洞: 현 임동면 박곡리) 박실. 협동학교(協東學校)를 설립하고 운영하던 류인식(柳寅植)·김동삼(金東三) 등이 만주로 망명한 뒤 1913년 협동학교를 임동면 수곡동(水谷洞) 한들에 있던 류치명(柳致明)의 종택으로 옮겼다. 이곳에서 류연갑은 교장으로서 학교 운영을 도맡았다.

- 『안동 사람들의 항일투쟁』

류연건(柳淵建, 1892~1951)

(안동불교청년회·조선노동공제회 안동지회·길안청년회·안동기자단·신간회 안동지회) 본관은 전주(全州). 호는 일도(一島). 출신지는 임동면(臨東面) 고천동(高川洞: 현 임동면 고천리). 류연건은 1915년 이강래(李康來) 등과 함께 마건충(馬建忠)이 고종에게 차용한 은(銀) 20만 냥을 받아, 이 자금으로 중국 간도에 '건북유한공사(建北有韓公司)'라는 단체를 조직한 뒤, 이 단체를 통해 미국 하와이 주재의 조선인과 연락해 국권회복을 도모한다는 계획을 세웠다. 또 국권회복의 방안으로 만국평화회의 때에 원세개(遠世凱)를 통해 한국의 독립을 제의할 것을 계획하였다. 그리하여 이강래는 고종과 의친왕 명의의 위조인(僞造印)을 만들어 성명서·위임장·유시문을 각각 1통씩 작성하고, 류연건은 이를 가지고 지방으로 내려와 동지를 규합하고자 했다. 이 활동으로 그는 체포되어 1916년 12월 25일 경성복심법원에

서 징역 6월을 받고 옥고를 치렀다.

출옥 후 류연건은 1920년 8월 22일 창립된 불교청년회에 참여하여 1921년 4월에 열린 노동야학부에서 교사로 활동하였다. 이후 1920년 9월 23일 창립된 조선노동공제회 안동지회에 참여하여, 1921년 7월에 열린 제2회 총회에서 간사로 선출되었다.

또한 그는 1925년 3월에 열린 길안청년회 혁신총회에서 집행위원으로 선출되었고, 그 해 11월에는 도산서원 철폐운동 집행위원이 되었다. 이 무렵 그는 조선지광(朝鮮之光) 안동지국 기자·안동기자단 창립준비위원·안동청년연맹 간부·사상단체 화성회(火星會) 간부 등을 역임했다.

1925년 예천형평사 습격사건이 일어나자 류연건은 안동에서 대책 강구를 위해 결성된 연합회의에 참석하였으며, 신문에 형평사 사건을 게재하였다. 이 활동으로 형평사를 공격했던 김석희(金碩熙: 예천청년회 회장)와 장수암(張守岩)에 의해 명예훼손으로 고소당하여 징역 8월형을 언도받았다. 그 후 1927년 길안청년회 집행위원, 1929년 신간회 안동지회 간사 및 서무장으로 활동하였다. 2003년 건국포장.

■ 「판결문」(1916.12.28, 경성복심법원) ; 『한국사회주의운동인명사전』 ; 『동아일보』 1920.8.31, 1921.5.1 ; 『조선일보』 1929.1.29, 8.14 ; 『김남수선생 자료집』

류연구(柳淵迷)

(신간회 안동지회) 1927년 8월에 창립된 신간회 안동지회에 참여하여 활동하던 류연구는 1928년 1월 전형위원 및

조사연구부 간사로 선출되었다.
■ 『조선일보』 1928.1.21, 2.6

류연구(柳淵龜, 1861~1938)

(전기의병) 본관은 전주(全州). 자는 응하(應夏). 호는 염암(恬菴). 출신지는 임동면(臨東面) 대평(大平). 류연구는 정재 류치명의 손자이다. 그는 1895년 을미의병에 참여하였으나, 뜻을 이루지 못하자 청송군에서 은거하였다.
■ 「정재학파의 현실인식과 구국운동」

류연기(柳淵琦, 1893.12.12~1990.1)

(임동면 삼일운동) 본관은 전주(全州). 자는 응한(應韓). 호는 검계(儉溪). 출신지는 임동면(臨東面) 수곡동(水谷洞: 현 임동면 수곡리) 671번지. 류연기는 1907년에 설립된 협동학교(協東學校)를 졸업하였다. 이후 그는 1919년 3월 21일 임동면 중평동 편항시장(鞭巷市場)에서 일어난 만세시위에 참여하였다. 이 활동으로 체포된 그는 1919년 5월 31일 대구지방법원에서 징역 1년, 집행유예 3년형을 선고받았다.
■ 「판결문」(1919.5.31, 대구지방법원); 『독립운동사자료집』 5집; 『독립운동사』 3권

류연덕(柳淵德, 1894.12.15~1923.10.9)

(대한통의부) 본관은 전주(全州). 일제에 의해 나라가 강점당하자 만주로 망명한 류연덕은 대한통의부(大韓統義府)에 참여하여 활동하였다. 대한통의부는 1920년 일제의 간도

출병 이후 남만주지역에서 활동하던 독립군들이 효율적인 항일투쟁을 전개하기 위하여 1922년 8월에 조직된 무장항일조직인데, 안동출신 김동삼(金東三)이 총장을 맡고 있었다.

류연덕은 1923년 5월 대한통의부 제4중대장 김명봉(金鳴鳳)으로부터 소대장 이동건(李東健), 이혁(李赫) 등과 함께 국내로 진입하라는 명령을 받고 잠입하던 중, 흥경현(興京縣)에서 병으로 주저앉았고, 1923년 10월 병을 치료하다가 중국병사에게 피살, 순국하였다. 1995년 건국훈장 애국장.

■ 『고등경찰요사』; 『독립운동사』 7권

류연박(柳淵博, 1844.9.28~1925.3.20)

(전기의병·파리장서의거) 본관은 전주(全州). 자는 경심(景深). 호는 수촌(水村). 출신지는 임동면(臨東面) 수곡동(水谷洞: 현 임동면 수곡리). 류연박은 안동의병 논의의 핵심 지도자 가운데 한 사람인 세산 류지호(洗山 柳止鎬)의 아들로서 그 역시 을미·병신의병에 동참하였다. 류연박이 의병전투에 나섰다는 기록은 없으나, 그가 안동의병소에서 참모로 있었던 사실은 자료에서 확인된다. 또 서산 김흥락(西山 金興洛)의 문도인 그는 1919년 3월 김창숙이 주도한 '파리장서의거'에 유림의 한 사람으로 서명하였다가 4월 12일 일본경찰에 체포되었다. 1995년 건국포장.

■ 「안동의소파록」; 『벽옹김창숙일대기』; 『독립운동사자료집』 2집; 『독립운동사』 8권; 『고등경찰요사』

류연복(柳淵福, 1890.3.7~1965.6.3)

(협동학교 졸업 · 임동면 삼일운동 · 군자금 모집) 본관은 전주(全州). 이명은 차기원(車淇源). 자는 성만(成萬). 호는 신와(愼窩). 출신지는 임동면(臨東面) 수곡동(水谷洞: 현 임동면 수곡리) 721번지. 류연복은 안동의 근대 중등교육기관인 협동학교를 졸업한 후 1919년 3월 임동면 만세시위에 참여하여 시위를 주도하였다. 이후 만주로 망명한 그는 김영기(金榮基)로부터 임시정부의 어려운 실정을 듣고, 이를 지원할 목적으로 간도 독립단(獨立團) 발행의 공채(公債)를 가지고 고향인 안동으로 돌아와 군자금 모집활동을 펴다가 일본경찰에 체포되었다. 이 활동으로 인해 1920년 12월 11일 대구지방법원에서 징역 2년형을 언도받고 옥고를 치렀다. 출옥 후 영덕(盈德)에서 군자금 조달을 위해 손영학(孫永學)과 함께 1926년 2월 21일 영덕 부호 조규한(趙圭漢)을 찾아가 군자금 1만 원을 요구하다가 일본경찰에 체포되어, 1926년 10월 14일 대구복심법원에서 징역 5년형을 언도받고 옥고를 치렀다. 1982년 건국포장, 1990년 건국훈장 애국장.
■ 「판결문」(1926.10.14, 대구복심법원) ; 『조선독립운동사』 1권

류연성(柳淵成, 1857.5.8~1919.9.25)

(임동면 삼일운동) 본관은 전주(全州). 자는 경옥(景玉). 출신지는 임동면(臨東面) 수곡동(水谷洞: 현 임동면 수곡리) 한들. 류연박의 동생인 류연성은 1919년 3월 15일 임동면 중평동 편항시장(鞭巷市場) 동쪽 공동 타작장에서 류동수(柳東洙) · 박재식(朴載植) · 류교희(柳敎熙) · 박진성(朴晋成) 등과 함께 3

월 21일 장날에 만세시위를 벌이기로 계획하였다. 그리고 그는 대곡동(大谷洞)과 위동(渭洞) 주민들을 규합하여 시위에 참여하도록 하는 등 조직적인 시위 계획을 세우는 데 큰 역할을 하였다.

시위 당일에도 그는 군중들에게 만세를 불러야 하는 이유를 설명하며 앞장서서 독립만세를 부르다가 체포되었다. 1919년 5월 31일 대구지방법원 안동지청에서 징역 7년형을 언도받고 항소하였으나, 1919년 8월 18일 대구복심법원에서 징역 7년형이 확정되어 대구형무소에서 복역하던 중 1919년 9월 25일 감옥에서 순국하였다. 1977년 건국포장, 1990년 건국훈장 애국장.

- 『독립운동사』 3권 ; 『독립운동사자료집』 5집 ; 「판결문」(1919.5.31, 대구지방법원안동지청) ; 「판결문」(1919.8.18, 대구복심법원)

류연술(柳淵述, 1898~1949)

(정광단 · 조선공산당 · 신간회 안동지회 · 조선청년동맹) 본관은 전주(全州). 출신지는 임동면(臨東面) 고천동(高川洞: 현 임동면 고천리) 417번지. 1925년 10월 정광단(正光團) 결성에 참여한 류연술은 조사부를 맡았다. 이후 1927년 가을 조선공산당에 입당하여 안동야체이카에 배속되어 활동하였다. 1928년에 들어 류연술은 신간회 안동지회 간사 · 대표위원 · 정기대회 전형위원 등을 역임했고, 또 그 해 8월 조선청년총동맹 경북연맹 집행위원으로 선출되었으며, 1930년 신간회 대구지회 서기장으로 선출되기도 했다. 그러던 중 일

본경찰에 검거되어 그 해 12월 대구지방법원에서 징역 10월형을 선고받았다. 해방 후 1945년 12월 결성된 전국농민조합총연맹에 안동군 대표의 일원으로 참석했다.
■ 『한국사회주의운동인명사전』; 「판결문」(1930.12.27, 대구지방법원); 『동아일보』1926.1.4 ; 『조선일보』1928.1.21, 3.10, 4.5

류연익(柳淵益, 1901.8.28~1992.2.25)

(임동면 삼일운동) 본관은 전주(全州). 이명은 류양범(柳良範). 자는 겸여(謙汝). 출신지는 임동면(臨東面) 수곡동(水谷洞: 현 임동면 수곡리) 746번지. 류연익은 1919년 3월 21일 임동면 중평동 편항시장(鞭巷市場)에서 일어난 만세시위에 참여하였다가 체포되었다. 이 활동으로 그는 1919년 8월 18일 대구복심법원에서 징역 2년형을 언도받고, 대구형무소에서 복역하던 중 1920년 8월 18일 가출옥하였다. 그 후 그는 만주로 망명하여 항일투쟁을 계속하였다고 한다. 1996년 건국훈장 애족장.

류연익

■ 「판결문」(1919.5.31, 대구지방법원) ; 「판결문」(1919.8.18, 대구복심법원) ; 『독립운동사』 3권 ; 『독립운동사자료집』 5집 ; 「신분장지문원지」

류연즙(柳淵楫, 1853~1933)

(전기의병) 본관은 전주(全州). 자는 이용(而用). 호는 범암(汎庵). 출신지는 임동면(臨東面) 박곡(朴谷). 류연즙은 1895년 12월(음력) 안동의진 결성 당시 의진의 서기(書記)에 선임되어 의병항쟁을 주도하였다.

■ 「안동의소파록」

류연태(柳淵泰, 1884.4.18~1957.10.3)

(협동학교 졸업·임동면 삼일운동) 본관은 전주(全州). 자는 태민(泰民). 출신지는 임동면(臨東面) 수곡동(水谷洞: 현 임동면 수곡리) 745번지. 안동의 근대 중등교육기관인 협동학교를 졸업한 류연태는 1919년 3월 21일 임동면 중평동 편항시장(鞭巷市場)에서 일어난 만세시위에 참여하였다가 체포되었다. 1919년 5월 31일 대구지방법원 안동지청에서 징역 1년, 집행유예 3년형을 언도받았다. 묘는 중평동 전주류씨 종가댁 부근 야산 중턱에 있다.

- 「판결문」(1919.5.31, 대구지방법원);『독립운동사자료집』5집;『독립운동사』3권

류연화

류연화(柳淵和, 1899~?)

(서울 삼일운동·조선공산당) 출신지는 임하면(臨河面) 임하리(臨河里). 이명은 류연화(柳淵化). 1919년 서울 중앙학교 재학 중이던 류연화는 3·1운동에 참가하여 반일유인물 「자유민보」를 배포한 혐의로 체포되어, 그 해 8월 고등법원에서 징역 3년형을 선고받았다. 1920년 4월 징역 1년 6개월로 감형되어, 1921년 2월 출옥했다. 이후 시대일보사 기자가 된 그는 1926년 2월 조선공산당에 입당하여 경성부 제2구 제4야체이카, 언론기관 프랙션에 배속되어 활동했다. 그러나 1926년 제2차 조선공산당 검거 당시 일본경찰에 체포되어 1928년 2월 경성지방법원에서 징역 2년형을 선고받았다.

- 「판결문」(1919.8.28, 고등법원);「판결문(1928.2.13,

경성지방법원) ;「신원카드」;『동아일보』1921.3.1 ; 『한국사회주의운동인명사전』

류영하(柳永夏, 1924~2008.4.25)

(학생운동, 중앙 5인독서회) 본관은 풍산(豊山). 출신지는 풍천면(豊川面) 하회(河回) 706번지. 류영하는 서울 중앙중학교에 입학하였다. 그는 재학 중인 1940년 10월 노국환(盧國煥)·황종갑(黃鍾甲)·이기을(李氣乙)·조성훈(趙誠勳) 등과 '5인 독서회'를 조직하였다. 이 조직은 역사와 정치에 관한 문제를 연구하여 매주 1회 회합, 토론하였으며, 역사를 배우고 민족해방을 목표로 하였다. 하지만 활동범위를 확대하던 중, 조직이 일본경찰에게 발각되어 1941년 8월 22일 핵심인물들이 모두 체포되었다. 류영하는 이 사건으로 100일 동안 옥고를 치렀다.

류영하

■『독립운동사』9권 ;『중앙백년사』

류오영(柳五榮, 1870~1948.12.3)

(교남교육회·교육구국운동) 본관은 풍산(豊山). 자는 기경(箕卿). 출신지는 풍남면(豊南面) 하회동(河回洞: 현 풍천면 하회리). 류오영은 1908년 3월 15일 재경 영남인사들이 창립한 교남교육회(嶠南敎育會)에 참여하여 교육구국운동을 전개하였다.

■『교남교육회잡지(회원명부)』

류완(柳琓, 1860.4.24~1903.3.14)

(전기의병) 본관은 전주(全州). 자는 완옥(完玉). 이명은 류완(柳碗). 출신지는 임동면(臨東面) 박곡(朴谷) 411번지. 류완은 1895년 을미사변·단발령 등으로 인해 전국적으로 의병항쟁이 펼쳐지자, 안동의진에 참여하였다. 그는 1895년 12월(음력) 결성된 안동의진에서 중군장(中軍將)을 맡아 수많은 전투에 펼쳤다. 2008년 건국포장.

- 「안동의소파록」; 『을미의병일기』(이긍연); 『일록』(김정섭)

류응목(柳膺睦)

(전기의병) 출신지는 풍천면(豊川面) 하회(河回). 류응목은 1895년 12월(음력) 결성된 안동의진에서 외방장(外防將)을 맡아 활동하였다.

- 「안동의소파록」

류의호(柳宜鎬)

(임동면 삼일운동) 본관은 전주(全州). 출신지는 임동면(臨東面) 고천(高川). 류의호는 1919년 3월 21일 임동면 편항시장(鞭巷市場) 만세시위에 참가하였다. 그는 이로 말미암아 체포되었으나, 1919년 6월 26일 대구지방법원 안동지청에서 무죄 판결을 받았다.

- 「판결문」(1919.6.26, 대구지방법원안동지청)

류인식(柳寅植, 1865.5.3~1928.4.29)

(교육구국운동·경학사·조선노동공제회·신간회 안동지회)

본관은 전주(全州). 자는 성래(聖來). 호는 동산(東山). 출신지는 동후면(東後面) 주진동(舟津洞) 삼산(三山: 현 예안면 주진리). 류인식은 '파리장서의거'에 유림의 한 사람으로 참여했던 류필영(柳必永)의 아들이다. 류인식은 김도화(金道和)의 문하에서 전통적인 영남유학을 배우며 성장하였다. 1896년 의병에 참가한 뒤 1898년경 상경하여 성균관에서 공부하던 류인식은 신채호(申采浩)·장지연(張志淵) 등과 교류하며 서구의 근대사상과 학문에 심취하게 되었다. 특히 1903년에 신채호를 만나면서 사상과 행동에 커다란 변화의 전기를 맞이하였으며,『음빙실문집(飲氷室文集)』등 새로운 책을 접하게 되면서 비로소 급변하는 국제정세에 대해 폭넓은 인식을 가질 수 있었다.

류인식

1905년 일제가 을사조약을 강제 체결하여 국권을 강탈하자 국권회복운동을 위한 구국계몽운동에 투신하였다. 그는 1904년 보수 유림의 전통이 강한 안동에 근대식 학교의 설립을 추진하였다. 그러나 보수 유림들은 강하게 그를 비판하였으며, 그는 생부인 류필영으로부터 부자의 관계를 끊기는 아픔을 당했고, 스승 김도화로부터도 파문당하는 고통을 겪어야 했다. 그러나 비난을 한 몸으로 받으면서도 그는 안동에 근대식 학교를 설립하기 위해 유림을 설득시켜, 결국 1907년 봄에 김후병(金厚秉)·하중환(河中煥)·김동삼(金東三)과 함께 임하 내앞(川前)에 협동학교(協東學校)를 설립하였다.

이후 그는 여러 동지들과 함께 교남교육회(嶠南敎育會)에 참여하여 영남지방의 교육구국운동을 펼쳤으며, 1907년

11월 대한협회 조직에 발기인의 한사람으로 참여하였다. 또한 안창호(安昌浩)·양기탁(梁起鐸) 등이 중심이 되어 공화제 수립과 자주독립국가의 달성을 위해서 결성한 신민회(新民會)에도 가입하여 활동하였다.

1910년 대한제국이 멸망하자 신민회는 독립군기지 건설을 위해 해외이주를 추진하였다. 이에 류인식은 협동학교의 업무를 류동태에게 위임하고, 안동출신 인사인 이상룡(李相龍)·김동삼 등과 함께 만주로 망명하였다. 서간도 봉천성(奉天省) 유하현(柳河縣)에 경학사(耕學社)를 조직하는데 참여한 그는 교육부장을 맡아 독립운동기지 건설 및 이주한 인들의 생활안정에 기여하였다. 그러나 열악한 자연환경과 농사법의 차이로 흉작이 거듭되어 경학사가 재정적 어려움을 겪게 되자, 류인식은 독립운동 자금을 모으기 위해 국내로 들어와 고향인 삼산(三山)의 전답을 정리하던 중 일제에 의해 체포되었다. 석방되자 그는 1917년 고향 안동에서 협동학교 운영을 맡으면서, 이후 안동지방의 사회운동을 이끌어 나갔다.

귀국한 이후 1910년대에 그는 『대동사』라는 역사서를 저술하였는데, 『대동사』는 단군에서 시작하여 경술국치까지 4243년간의 우리나라 역사를 편년체 형식으로 서술된 총 21권 11책의 통사로 1917년 무렵 초고가 정리되었고, 이후 수년간 보완작업이 이루어졌다. 이 저서는 교육이 철저히 억압당하고 있던 당시 상황을 고려할 때 매우 귀중한 작업이었으며, 그 자체가 바로 적극적인 항일운동이었던 것으로 평가될 수 있다.

1919년 3·1운동이 일어나자, 류인식은 "민지가 미개하고 시기가 너무 이르다. 그러나 망국 1기(紀)가 차기 전에 이 운동이 일어남이 어찌 장쾌하지 않으리오"라고 평가하였다. 당시 안동에서도 대규모 만세시위가 일어났는데, 그는 와병 중이어서 참여하지 못했다. 3·1운동 발발 이후 류인식에게는 또 한 번 사고의 대전환이 일어났다. 국권회복운동의 방법과 주체에 대해 유림과 지식인이 중심이 되어야 한다는 종전의 생각을 크게 바꾸어, 상인·노동자들도 일본 제국주의 억압의 사슬을 끊고 일어나야 할 해방운동의 주체로 삼게 되었다. 즉 그의 관심이 유교 지식인·청년 중심에서 노동자·상인 등 일제에 의해 착취당하는 대중으로 확대되었던 것이다.

1920년 이상재(李商在)·류진태(柳鎭泰) 등과 함께 전국교육기관을 통일하여 조선교육회를 창립하고, 같은 해 만 55세라는 나이에도 불구하고 박중화(朴重華)와 함께 조선노동공제회(朝鮮勞動共濟會) 설립에도 참가, 노동운동에 투신하였다. 1923년 3월 조선민립대학기성회(朝鮮民立大學期成會) 발기총회에서 중앙집행위원으로 선출되었으며, 선전부장으로서 경상도를 순회하며 강연을 통해 지방의 청년·지식인들을 고무시켰다.

1926년 말부터 국내외 독립운동계에 좌우합작운동이 일어나고, 1927년 2월에 신간회가 조직되었다. 이에 그는 8월에 안동지회를 결성하고 회장에 선출되어 활동하다가, 1928년 4월 29일 서거하였다. 이에 신간회 안동지회는 다른 청년운동단체와 더불어 안동사회장을 치르려 하였으나, 일제의 탄압으로 제대로 진행되지 못하였다. 묘는 대전현충원에 있다. 1982년 건국훈장 독립장.

■ 「백하일기」(김대락) ; 『동산유고전집』 ;
『일제침략하한국36년사』 8권 ; 『독립운동사자료집』 12 · 14집 ;
『한국독립운동사』 ; 『독립운동사』 8권 ;
『시대의 선각자 혁신 유림 류인식』

류장영(柳長榮, 1893~1948.1.21)

(협동학교 교사 · 교육구국운동) 본관은 풍산(豊山). 자는 사길(四吉). 출신지는 풍남면(豊南面) 하회동(河回洞: 현 풍천면 하회리). 류장영은 안동의 근대 중등교육기관인 협동학교(協東學校)에서 교사로 활동하였다.

■ 『안동 사람들의 항일투쟁』

류재하(柳在夏, 1897~1966.3.15)

(우리청년회) 본관은 풍산(豊山). 자는 내옥(來玉). 출신지는 풍남면(豊南面) 하회동(河回洞: 현 풍천면 하회리). 1920년 4월에 창립된 우리청년회에 참여하여 활동하던 류재하는 1922년 제3회 정기총회에서 서기로 선출되었다.

■ 『동아일보』 1922.4.23

류점등(柳點登, 1897.3.2~1954.5.7)

(풍남면 삼일운동 · 우리청년회) 본관은 풍산(豊山). 이명은 류벽우(柳碧佑). 자는 제우(濟佑). 출신지는 풍남면(豊南面) 하회동(河回洞: 현 풍천면 하회리). 류점등은 1919년 3월 27일 오전 11시 만송정 솔밭에 모여 태극기를 앞세워 독립만세를

고창한 뒤 마을 안 길을 따라 만세를 부르며 행진하였다. 이때 안동에서 일본수비대 10여 명이 출동하자 시위대는 해산하였고, 그는 체포되어 1919년 6월 7일 고등법원에서 징역 1년 6월형을 언도받고 복역하였다.

출옥 후 그는 1920년 4월에 창설된 우리청년회에 참여하여, 1922년 제3회 정기총회에서 총무로 선출되었다. 1995년 건국훈장 애족장.

류점등

■「신원카드」;「범죄인명부」;「신분장지문원지」;「판결문」(1919.6.7, 고등법원);「고등경찰요사」;『독립운동사』 3권 ;『동아일보』1922.4.23

류정호(柳廷鎬, 1837~1907)

(전기의병) 본관은 전주(全州). 출신지는 임동면(臨東面) 박곡(朴谷). 류정호는 1895년 12월(음력) 결성된 안동의진에서 도서기(都書記)를 맡아 활동하였다.

■「안동의소파록」

류정희(柳鼎熙, 1867.1.19~1933.2.19)

(국내항일) 본관은 전주(全州). 출신지는 임동면(臨東面). 류정희는 1910년 대한제국의 멸망에 분개하여 상복(喪服)과 죽립(竹笠)을 쓰고 은거하면서 민족적 지조와 절개를 지켰다. 1912년 일왕(日王)이 사망했을 때, 일제가 온갖 방법을 동원하여 상복착용을 강요하자 그는 이를 단호히 거부하였다. 또한 그는 조선총독부 주관의 근로동원 행사나 세금납부 등 일제의 식민통치정책에 정면으로 투쟁하였다.

일제가 묘지화장장이장(墓地火葬場移葬) 법령을 공포하자 1915년 7월경 그는 일가 친척과 주변 사람들에게 식민지 통치의 부당성을 문서로 작성하여 배포하는 한편 조선총독부의 시정방침을 비판하는 내용의 서신을 안동경찰서에 보내는 등의 항일투쟁을 전개하였다.

이러한 활동으로 일본경찰에 체포된 그는 1915년 12월 4일 대구지방법원 안동지청에서 징역 8월형을 언도받고 항소하여 12월 25일 대구복심법원에서 금고 5월형을 언도받았다. 1995년 건국포장.

- 「판결문」(1915.11.27, 대구지방법원안동지청) ; 「판결문」(1915.12.25, 대구복심법원)

류종식(柳宗植, 1863.10.11~1935.5.22)

(임동면 삼일운동) 본관은 전주(全州). 자는 주응(周應). 출신지는 임동면(臨東面) 수곡동(水谷洞: 현 임동면 수곡리) 원두들 103번지. 류종식은 1919년 3월 21일 임동면 중평동 편항시장(鞭巷市場)에서 일어난 만세시위에 참여하였다가 체포되었다. 1919년 5월 31일 대구지방법원에서 징역 1년, 집행유예 3년형을 언도받았다. 묘는 현 임동면사무소 뒷산에 있다.

- 「판결문」(1919.5.31, 대구지방법원) ; 『독립운동사자료집』 5집 ; 『독립운동사』 3권

류종영(柳宗榮, 1891~1967.9.27)

(우리청년회) 본관은 풍산(豊山). 자는 노삼(魯三). 출신지는 풍남면(豊南面) 하회동(河回洞: 풍천면 하회리). 1920년 4월에

창립된 우리청년회에 참여하여 활동하던 류종영은 1922년 제3회 정기총회에서 부회장으로 선출되었다.

■ 『동아일보』 1922.4.23

류종우(柳鍾佑, 1888~1985.1.1)

(우리청년회) 본관은 풍산(豊山). 자는 치중(致中). 출신지는 풍남면(豊南面) 하회동(河回洞: 풍천면 하회리). 1920년 4월에 창립된 우리청년회에 참여하여 활동하던 류종우는 1922년 제3회 정기총회에서 회장으로 선출되었다.

■ 『동아일보』 1922.4.23

류주희(柳周熙, 1892~1965)

(협동학교 교사·조선노동공제회 안동지회) 본관은 전주(全州). 출신지는 임동면(臨東面) 박곡동(朴谷洞: 현 임동면 박곡리). 류주희는 1907년에 설립된 협동학교를 1회로 졸업한 후 모교에서 교사로 활동하였다. 이후 그는 1920년 9월 23일에 창립된 조선노동공제회 안동지회에 참여하여 1921년 7월 제2회 총회에서 간사로 선출되었다.

■ 『동아일보』 1921.7.22

류준영(柳浚榮)

(교남교육회·교육구국운동) 류준영은 1908년 3월 15일 재경 영남인사들이 창립한 교남교육회(嶠南敎育會)에 참여하여 교육구국운동을 전개하였다.

■ 『교남교육회잡지(회원명부)』

류준희(柳浚熙, 1892~1925)

(조선노동공제회 안동지회) 본관은 전주(全州). 출신지는 동후면(東後面) 주진동(舟津洞) 삼산(三山: 현 예안면 주진리). 동산 류인식(東山 柳寅植)의 아들인 류준희는 1907년에 설립된 협동학교를 1회로 졸업하였다. 이후 그는 1920년 5월 동아일보 안동지국 총무로 활약하였다. 또 1920년 9월 23일에 창립된 조선노동공제회 안동지회에 참여하여 1921년 7월 제2회 총회에서 간사로 선출되었다.

■ 『동아일보』 1921.7.22

류준희(柳俊熙)

(예안청년회) 1920년 7월 창립된 예안청년회에 참여하여 활동하던 류준희는 1920년 8월 24일 예안청년회 주관으로 개최된 강연회에서 '우리의 책임'이란 주제로 연설하였다.

■ 『동아일보』 1920.9.1

류지호(柳止鎬, 1825~1904)

(전기의병) 본관은 전주(全州). 자는 원좌(元佐). 호는 세산(洗山). 출신지는 임동면(臨東面) 수곡동(水谷洞: 현 임동면 수곡리) 무실. 1895년 을미사변과 단발령의 소식이 안동에 전해지자, 의병봉기를 도모하는 움직임이 일어났다. 류지호는 서산 김흥락(西山 金興洛)·석호 류도성(石湖 柳道性)·척암 김도화(拓菴 金道和) 등과 함께 당시 안동의 최고 원로로서 의병봉기에 앞장섰다. 1896년 1월 20일(음 12.6) 안동 삼우당에서 류지호는 김흥락을 비롯한 유림 원로들과 함께

1만여 명의 민중이 참여한 가운데 권세연(權世淵)을 의병대장으로 선임하는 데, 주역 가운데 한 사람으로 참여하였다.

■ 『을미의병일기』(이긍연) ; 『독립운동사자료집』 2집 ; 『독립운동사』 1권

류진걸(柳震杰, 1899~?)

(화산구락부) 류진걸은 1907년에 설립된 협동학교를 5회로 졸업하였다. 이후 화산구락부(花山俱樂部)에 참여하여, 1921년 7월 '부로와 청년에게 들임'이라는 주제로, 7월 22일에는 우리청년회 주관으로 열린 강연회에서 '교육의 신정신(新精神)'이란 주제로 연설하였다.

■ 『동아일보』 1921.7.22, 7.31

류진하(柳鎭河)

(협동학교 교사·교육구국운동) 1907년 봄에 설립된 안동의 근대 중등교육기관인 협동학교에서 교직원으로 활동하였다.

■ 『안동 사람들의 항일투쟁』

류창식(柳昌植, 1858.4.20~1912.12.7)

(전기의병) 본관은 전주(全州). 호는 만산(晩山). 자는 계팔(啓八). 출신지는 동후면(東後面) 주진동(舟津洞: 현 예안면 주진리) 삼산(三山). 류창식은 동산 류인식(東山 柳寅植)과는 사촌간이며, 삼산의 종손이다. 1895년 을미사변과 단발령의 시행으로 전국 각지에서 의병항쟁이 전개되고, 안동에서도 1896년 1월에 권세연을 대장으로 하여 1차 안동의진이 결

성되었다. 류창식도 이 의진에 가담하여 안동부를 점령하는데 참여하였다. 그러나 관찰사 김석중(金奭重)이 다시 관군을 이끌고 안동부를 공격하자 안동의진은 안동부에서 물러났고, 이때 류창식은 체포되어 안동경찰서에서 50여 일간 구금되었다. 1995년 건국포장.
- 「안동의소파록」;『을미의병일기』(이긍연);『석주유고』;『성암유고』;『서파선생문집』;『동산문고』

류창우(柳昶佑, 1884.12.11~1921.11.2)

(군자금 모집) 본관은 풍산(豊山). 출신지는 풍남면(豊南面) 하회동(河回洞: 현 풍천면 하회리). 류창우는 1920년 6월 상해로 건너가 임시정부에 참여하였다. 같은 해 9월 임시정부 발행 독립공채 모집 안동군위원으로 선임되어, 독립공채를 가지고 일본을 경유하여 국내로 들어오다가 1920년 9월 26일 일본 나가사키[長崎]에서 경찰에 체포되었다. 1920년 12월 23일 경성지방법원에서 징역 3년형을 언도받고 서대문형무소(西大門刑務所)에서 복역하던 중 1921년 11월 2일 옥사하였다. 1977년 대통령표창, 1991년 건국훈장 애국장.
- 「판결문」(1920.12.23, 경성지방법원);「제적등본」(1921.11.2 서대문감옥에서 사망);『조선독립운동사』3권;『고등경찰요사』

류창호(柳昌鎬, 1872~?)

(후기의병) 본관은 전주(全州). 출신지는 임동면(臨東面) 고천동(高川洞: 현 임동면 고천리) 고래골. 류창호는 1907년 12월 신사현(申士賢)의 권고로 류시연(柳時淵)의진에 가담하여, 주로

일본 수비대의 정찰 임무을 맡았다. 이후 그는 안동일대에서 1908년 중순까지 일본 수비대와 교전을 치르는 등 항일투쟁을 전개하다가, 영양 헌병분견소에 체포되어, 1908년 8월 19일 대구지방재판소에서 징역 10년형을 언도받았다.
■ 「판결문」(1908.8.19, 대구지방재판소) ; 『독립운동사자료집』별집 1

류충우(柳忠佑)

(교남교육회 · 교육구국운동) 류충우는 1908년 3월 15일 재경 영남인사들이 창립한 교남교육회(嶠南敎育會)에 참여하여 교육구국운동을 전개하였다.
■ 『교남교육회잡지(회원명부)』

류치득(柳致得, 1895~?)

(임동면 삼일운동) 본관은 전주(全州). 출신지는 임동면(臨東面) 마령동(馬嶺洞: 현 임동면 마령리). 류치득은 1919년 3월 21일 임동면 중평동 편항시장(鞭巷市場)에서 일어난 만세시위에 참여하였다가 체포되어, 1919년 8월 18일 대구복심법원에서 징역 2년형을 언도받고 대구형무소에서 복역하였다.
■ 「판결문」(1919.5.31, 대구지방법원) ; 「판결문」(1919.8.18, 대구복심법원) ; 『독립운동사자료집』5집 ; 『독립운동사』3권

류쾌준(柳快俊, 1877~?)

(풍산소작인회) 본관은 풍산(豊山). 출신지는 풍산면(豊山面) 안교동(安郊洞: 현 풍산읍 안교리) 77번지. 류쾌준은 1923년 11

월 11일에 창립된 풍산소작인회에 참여하여 활동하였다. 풍산소작인회는 1924년부터 소작료 인하운동을 전개하였는데, 소작농민들의 요구가 집단적인 쟁의로 발전하자, 대지주와 일본인 지주들이 풍서농무회(豊西農務會)를 결성하여 탄압에 나섰다. 이에 맞서 싸우던 류쾌준은 1924년 7월 10일과 11일 이용만(李用萬)을 비롯한 동지 12명과 함께 업무방해죄로 경찰에 검거되고, 징역 6월형을 언도받았다.

■ 『동아일보』 1924.8.13, 10.9, 10.19

류택하(柳宅夏, 1918.6.3~미상)

(국내항일) 출신지는 풍천면(豊川面) 하회(河回) 619번지. 류택하는 1930년대 후반 경성공업학교(京城工業學校) 재학 중 항일 비밀결사를 조직해 활동하고 '이재유그룹'의 일원으로 신사회운동을 전개하였다. 그는 1931년 예천공립보통학교(醴泉公立普通學校)를 마친 후, 김천고등보통학교(金泉高等普通學校)·대구계성중학교(大邱啓聖中學校) 등을 잇달아 중퇴하고 상경하여 1936년 경성공업학교에 입학하였다. 그리고 경성공업학교 재학 중 조선공산당 재건운동을 추진하고 있던 이재유(李載裕)와 연락하였다. 당시 서울 시내 10여 개 전문학교 및 중등학교에 독서회가 조직되고 있었는데, 류택하는 비밀결사 '아학교(我學校)'를 결성하여 조국독립과 신사상의 전파에 힘썼다. 이후 그는 1937년 12월 '조선의 독립과 신사회의 실현'을 목적으로 보성중학교(普成中學校) 학생들이 조직한 비밀결사 '도나회(徒裸會)'를 지도하고, 비밀결사 동혈회(同血會)를 조직하는 등 서울지역 학생들의

신사상운동을 주도하였다. 하지만 그는 1938년 5월 체포되어 경성지방법원에서 징역 1년 6월을 선고받았다. 2007년 건국포장.
- 「판결문」(1938.12.9, 경성지방법원) ; 「판결문」(1939.5.30, 경성복심법원) ; 『독립운동사자료집』 13집

류필영(柳必永, 1841.3.9~1924.11.28)

(파리장서의거) 본관은 전주(全州). 자는 경달(景達). 호는 서파(西坡). 출신지는 동후면(東後面) 주진동(舟津洞: 현 예안면 주진리) 삼산(三山). 류필영은 1919년 3월 일제의 조선국권 침탈과정을 폭로하면서 한국독립의 정당성과 당위성을 호소하기 위해 김창숙(金昌淑)이 주도한 '파리장서의거'에 유림의 한사람으로 서명하였다. 1995년 건국포장.
- 『고등경찰요사』 ; 『독립운동사』 8권 ; 『박은식전서』 ; 『벽옹김창숙일대기』

류하영(柳夏榮, 1900.3.14~1973.5.16)

(예안면 삼일운동) 출신지는 녹전면(祿轉面) 서삼동(西三洞: 현 녹전면 서삼리) 167번지. 류하영은 1919년 3월 22일에 일어난 예안면 만세시위에 참가하였다. 이 활동으로 그는 일본경찰에 체포되어 1919년 4월 28일 대구지방법원 안동지청에서 징역 5월형을 언도받았다. 2004년 대통령표창.
- 「신분장지문원지」 ; 「형사사건부」

류헌호(柳憲鎬, 1841~1913)

(전기의병) 본관은 전주(全州). 출신지는 임동면(臨東面) 박곡(朴谷). 류헌호는 1895년 12월(음력) 결성된 안동의진에서 출령(出令)을 맡아 활동하였다.

■ 「안동의소파록」

류호복(柳湖福)

(임시정부 군자금 모집) 본관은 전주(全州). 출신지는 임동면(臨東面) 수곡(水谷). 류호복은 1919년 김영기(金榮基)·전재형(全在亨)과 함께 대한민국 임시정부 군자금 모집을 위한 활동을 하였다. 그는 두 명과 함께 개성·대전·대구 및 의성의 각지를 거쳐 1919년 9월 3일 경북 안동군 김형칠(金衡七)을 방문하는 등 군자금 모집에 노력하였다.

■ 『독립운동사자료집』 9집

류회식(柳晦植, 1858~1932)

(전기의병) 본관은 전주(全州). 출신지는 임동면(臨東面) 박곡(朴谷). 류회식은 1895년 12월(음력) 결성된 안동의진에서 서기(書記)를 맡아 활동하였다.

■ 「안동의소파록」

류후직(柳后稷, 1894.11.14~1956.8.8)

(협동학교 졸업·안동면 삼일운동) 본관은 전주(全州). 이명은 류동붕(柳東鵬). 출신지는 임동면(臨東面) 박곡동(朴谷洞: 현 임동면 박곡리) 401번지. 류후직은 1907년에 설립된 협동

학교(協東學校)를 졸업하였다. 이후 그는 1919년 3월 18일 안동면 2차 시위와 3월 23일 3차 시위를 계획·주도하다가 일본경찰에 체포되었다. 이 활동으로 그는 1919년 4월 7일 대구지방법원 안동지청에서 징역 3년형을 언도받고 항소하였으나, 5월 2일 대구복심법원과 6월 5일 고등법원에서 기각, 형이 확정되어 복역하였다. 묘는 경기도 용인시 구성읍 보정리에 있다. 1977년 대통령표창, 1990년 건국훈장 애족장.

- 「판결문」(1919.4.7, 대구지방법원안동지청) ; 「판결문」(1919.5.2, 대구복심법원) ; 「판결문」(1919.6.5, 고등법원) ; 『독립운동사』 3권

류희묵(柳羲默, 1888~1955.3.12)
(동화학교 설립·교육구국운동) 본관은 풍산(豊山). 자는 집경(執敬). 출신지는 풍남면(豊南面) 하회동(河回洞: 현 풍천면 하회리). 류희묵은 1916년에 사립학교인 동화학교(東華學校: 현 풍천면 하회리)를 설립하고 교사로 활동하였다.

- 『안동 사람들의 항일투쟁』

문도석(文道錫, 1882.2.5~1968.8.14)

(임동면 삼일운동) 본관은 남평(南平). 이명은 문제성(文濟聖). 자는 성오(聖吾). 호는 국사(菊史). 출신지는 임북면(臨北面) 마령2동(馬嶺2洞: 현 임동면 마령2리) 이시골 1186번지. 문도석은 1919년 3월 21일 임동면 중평동 편항시장(鞭巷市場)에서 일어난 만세시위에 참여하였다가 체포되었다. 이 활동으로 그는 1919년 8월 18일 대구복심법원에서 징역 2년형을 언도받고 대구형무소에서 복역하였다. 묘는 마령2리 이시골 뒤편 골짜기에 있다. 1977년 대통령표창, 1990년 건국훈장 애족장.

- 「판결문」(1919.5.31, 대구지방법원) ; 「판결문」(1919.8.18, 대구복심법원) ; 『독립운동사자료집』 5집 ; 『독립운동사』 3권

문소원(文召源, 1897~?)

(안동면 삼일운동) 출신지는 임하면(臨河面) 송천동(松川洞: 현 안동시 송천동). 문소원은 1919년 3월 18일 안동면 2차 시위에 참여하여 시위를 주도하다가 일본경찰에 체포되었다. 1919년 4월 7일 대구지방법원 안동지청에서 무죄를 선고받은 후 검사로부터 항소를 당했으나, 5월 10일 대구복심법원에서 기각되어 풀려났다.

- 「판결문」(1919.5.10, 대구복심법원)

문우석(文禹錫, 1894.9.17~1955.2.6)

(임동면 삼일운동) 본관은 남평(南平). 자는 제민(濟民). 호는 송음(松陰). 출신지는 임북면(臨北面) 마령2동(馬嶺2洞: 현 임동면 마령2리) 이시골 1103번지. 문우석은 1919년 3월 21일 임동면 중평동 편항시장(鞭巷市場)에서 일어난 만세시위에 참여하였다가 체포되었다. 그는 이로 인해 1919년 8월 18일 대구복심법원에서 징역 2년형을 언도받고 대구형무소에서 복역한 후 1921년 4월에 출옥하였다. 묘는 현재 마령2리 3번지 고향선산에 있다. 1977년 대통령표창, 1990년 건국훈장 애족장.

- 「판결문」(1919.5.31, 대구지방법원) ; 「판결문」(1919.8.18, 대구복심법원) ; 『독립운동사자료집』 5집 ; 『독립운동사』 3권

문재빈(文在彬)

(신간회 안동지회) 문재빈은 1927년 7월 신간회 안동지회 창립 준비위원으로 선출되어 지회 설립을 위해 노력하였으며, 1928년 1월에는 간사로 선출되어 활동하였다.

- 『조선일보』 1927.7.17, 1928.1.31, 2.6 ; 『중외일보』 1927.7.17

문창호(文昌鎬, 1902.2.12~1962.6.29)

(서로군정서) 본관은 남평(南平). 출신지는 임동면(臨東面) 마령동(馬嶺洞) 478번지. 문창호는 1911년 만주로 망명하여 이상룡(李相龍)과 김동삼(金東三)의 지도를 받았고, 1914년 신흥중학교(新興中學校)를 졸업한 후 서로군정서(西路軍政署)에 참여하여 김중한(金重漢)의 휘하(麾下)에서 활약하였다고 한다.

■ 『안동판독립사』

문치무(文致武, 1877.8.11~1942.4.9)

(임동면 삼일운동) 본관은 남평(南平). 자는 성빈(聖斌). 호는 의재(義齋). 출신지는 봉화군(奉化郡) 재산면(才山面) 신월동(新月洞)이나 임북면(臨北面) 마령2동(馬嶺2洞: 현 임동면 마령2리) 이시골 1199번지로 이주. 마령 동장에 재직 중이던 문치무는 1919년 3월 21일 임동면 중평동 편항시장(鞭巷市場)에서 일어난 만세시위에 참여하였다가 체포되었다. 이 활동으로 그는 1919년 8월 19일 대구복심법원에서 징역 2년형을 언도받고, 대구형무소에서 복역하였다. 묘는 현재 마령리(馬嶺里) 갈음(葛陰: 갈재등) 계곡 중턱에 있다. 1977년 대통령표창, 1990년 건국훈장 애족장.

■ 「판결문」(1919.6.26, 대구지방법원안동지청) ; 「판결문」(1919.8.19, 대구복심법원) ; 『독립운동사자료집』 5집 ; 『독립운동사』 3권

민순철(閔順哲, 1895.5.24~1954.7.8)

(임동면 삼일운동) 출신지는 와룡면(臥龍面) 이하(伊下). 민순철은 1919년 3월 21일 임동면 중평동 편항시장(鞭巷市場)에서 일어난 만세시위에 참여하였다가 체포되었다. 그는 이로 인해 1919년 8월 19일 대구복심법원에서 징역 3년형을 언도받고, 대구형무소에서 복역하였다. 2009년 건국훈장 애족장.

■ 「판결문」(1919.6.26, 대구지방법원안동지청) ; 「판결문」(1919.8.19, 대구복심법원)

민태규

민태규(閔太圭, 1882.11.6~1968.1.30)

(예안면 삼일운동) 본관은 여흥(驪興). 출신지는 예안면(禮安面) 동부동(東部洞: 현 도산면 동부리) 304번지. 예안면 삼일운동 당시 만촌교회(현 예안교회)의 민태규는 교인들과 함께 뜻을 규합하여 만세시위에 참여하였다. 이 활동으로 체포되어 1919년 3월 24일 대구지방법원 안동지청에서 징역 1년형을 언도받고 항소하였으나, 4월 17일 대구복심법원과, 5월 19일 고등법원에서 기각되어 복역하였다. 1983년 대통령표창, 1990년 건국훈장 애족장.

- 「판결문」(1919.4.17, 대구복심법원) ; 「판결문」(1919.5.19, 고등법원) ; 『독립운동사자료집』 5집 ; 『독립운동사』 3권

ㅂ

박근후(朴根厚, 1879~?)

(풍산소작인회) 출신지는 풍서면(豊西面) 소산리(素山里: 현 풍산읍 소산리) 700번지. 1923년 11월 11일 창설된 풍산소작인회에 참여하여 활동하던 박근후는 1924년부터 이용만(李用萬)을 비롯한 여러 동지들과 더불어 소작료 인하운동을 전개하였는데, 대지주와 일본인 지주가 풍서농무회(豊西農務會)를 조직하여 탄압하자 이에 맞서 싸우다가 1924년 7월 10일과 11일 이용만을 비롯한 동료 12명과 함께 구속되어 벌금 20원의 형을 언도받았다.

■ 『동아일보』 1924.8.13, 10.9, 10.19

박기석(朴奇石, 1899.5.25~1936.10.10)

(독립공채 모집) 이명은 박기석(朴琪錫). 출신지는 풍산면(豊山面) 하리동(下里洞: 현 풍산읍 하리) 488번지. 박기석은 임시정부의 안동군 교통사무특파원으로 활동하였다. 1920년 임시정부 재무부원인 이현수(李賢壽)에 의해 안동군 교통사무특파원으로 임명된 그는 경북일대에서 항일인쇄물을 배부하여 민족의식을 고취하고, 독립공채를 모집하는 등의 활동을 벌였다. 그러나 동지 이현수가 체포되고 일본 경찰이 추적해오자 박기석은 서간도로 망명하여 항일투

쟁을 계속하였다. 2000년 건국훈장 애족장.
■ 「형사사건부」;『경상북도사』중편;『고등경찰요사』

박석규(朴錫圭)

(안동기우단) 1925년 안동에 거주하는 신문잡지 기자들이 언론의 권위 신장과 친목을 목적으로 기우단(記友團)을 조직하였는데, 박석규는 당시 시대일보 안동지국의 기자로 참여하였다.
■ 『동아일보』 1925.10.25

박성경(朴聖景, 1880.5.1~1969.12.5)

(임동면 삼일운동) 본관은 밀양(密陽). 출신지는 임북면(臨北面) 정산동(鼎山洞: 현 예안면 정산리). 박성경은 1919년 3월 21일 임동면 중평동 편항시장(鞭巷市場)에서 일어난 만세시위에 참여하였다. 이 활동으로 체포된 그는 1919년 8월 18일 대구복심법원에서 징역 2년형을 언도받고, 대구형무소에서 복역하였다. 1977년 대통령표창, 1990년 건국훈장 애족장.
■ 「판결문」(1919.5.31, 대구지방법원);「판결문」(1919.8.18, 대구복심법원);『독립운동사자료집』5집;『독립운동사』3권

박성원(朴性元)

(안동노우회) 1925년 10월 13일에 열린 안동노우회(安東勞友會) 창립식에서 박성원은 집행위원 가운데 한 명으로 선출되었다.
■ 『동아일보』 1925.10.18

박수만(朴壽萬)

(안동청년동맹 예안지부) 박수만은 1927년 조직된 안동청년동맹에 참여하였다. 그는 안동청년동맹 예안지부 간부로 활동하다 체포되어 징역 6개월을 받았다.

■ 『동아일보』 1930.1.1

박영수(朴永壽)

(신간회 안동지회) 1927년 8월에 신간회 안동지회가 창설되었는데, 박영수는 1929년 1월 간사 및 대표회원으로 선출되어 활동하였다.

■ 『조선일보』 1928.1.29

박예환(朴禮煥)

(국내항일, 흠치교) 출신지는 예안면(禮安面) 주진(舟津) 631번지. 박예환은 1920년 8월(음력) 차경석(車京錫)을 교주로 하는 흠치교에 가입하여, 8인조 조원으로 하위 조원을 모집하고 치성금을 출금하는 등 종교활동을 표방하며 국권회복운동에 진력하였다. 그는 이 일로 1921년 4월 징역 1년을 선고받았으나, 이후 면소되었다.

■ 「판결문」(1921.4.22, 대구지방법원안동지청) ; 「판결문」(1921.12.5, 대구복심법원)

박용식(朴龍植, 1902~?)

(임동면 삼일운동) 출신지는 임동면(臨東面) 중평동(中平洞: 현 임동면 중평리). 박용식은 1919년 3월 21일 임동면 중평동

편항시장(鞭巷市場)에서 일어난 만세시위에 참여하였다. 이 활동으로 체포된 그는 1919년 8월 18일 대구복심법원에서 징역 2년형을 언도받고, 대구형무소에서 복역하였다. 2008년 건국훈장 애족장.

- 「판결문」(1919.5.31, 대구지방법원) ; 「판결문」(1919.8.18, 대구복심법원) ; 『독립운동사자료집』 5집 ; 『독립운동사』 3권

박원영(朴元榮)

(신간회 안동지회) 1927년 8월에 신간회 안동지회가 창설되었는데, 박원영은 1929년 8월 선전부원으로 선출되어 활동하였다.

- 『조선일보』 1929.8.14

박유석(朴有石)

(임하면 삼일운동) 출신지는 임하면(臨河面) 금소(琴韶) 509번지. 박유석은 1919년 3월 21일 임하면 만세시위를 주도하였다. 그는 안동군 임하면(臨河面) 금소동(琴韶洞)에서 마을사람 3백여 명과 함께 독립만세를 부르며 면소재지인 신덕리(新德里)로 행진하였다. 그리고 면사무소와 주재소에 들어가 불태우는 등의 활동을 하였다. 박유석은 이로 말미암아 1919년 7월 대구지방법원에서 징역 1년 6월을 받아 옥고를 치렀다.

- 「판결문」(1919.7.4, 대구지방법원) ; 「판결문」(1919.9.19, 대구복심법원)

박인화(朴仁和, 1860~1908.5.4)

(후기의병) 이명은 박인화(朴仁花)·박처사(朴處士). 출신지는 임동면(臨東面) 대곡리(大谷里). 1905년 을사조약이 체결되자 박인화는 의병 300여 명을 거느리고 영양·진보·안동 등지에서 무장 항일투쟁을 전개하였다. 1907년 9월 대구경찰서에서 안동분서로 부임하던 일본인 순사 오무라[小森] 일행을 납치·살해하는 전과를 올리기도 하였다. 그러나 1908년 5월 안동에서 대구경찰서 무장대와 교전하던 중 체포되어 총살되었다. 1968년 건국훈장 독립장, 1991년 건국훈장 애국장.

- 『한국독립운동사』 자료 9·11 ; 『독립운동사자료집』 3집

박재선(朴在先, 1881.10.7~1921.7.6)

(임동면 삼일운동) 출신지는 임동면(臨東面) 중평동(中平洞: 현 임동면 중평리). 박재선은 1919년 3월 21일 임동면 중평동 편항시장(鞭巷市場)에서 일어난 만세시위에 참여하였다. 이 활동으로 체포된 그는 1919년 5월 31일 대구지방법원에서 징역 2년 6월형을 언도받고 항소하였으나, 대구복심법원에서 기각되어 대구형무소에서 복역하였다. 1995년 건국훈장 애족장.

- 「판결문」(1919.5.31, 대구지방법원) ; 「판결문」(1919.8.18, 대구복심법원) ; 『독립운동사자료집』 5집

박재식(朴載植, 1888.5.17~1927.9.27)

(임동면 삼일운동) 출신지는 임동면(臨東面) 중평동(中平洞:

현 임동면 중평리). 박재식은 1919년 3월 15일 류연성(柳淵成)·류동수(柳東洙)·류교희(柳敎熙)·박진성(朴晉成, 晉先) 등과 함께 3월 21일 장날에 만세시위를 벌이기로 계획하고, 박진성과 함께 임동 면소재지인 중평동 주민을 동원할 책임을 맡았다. 이 활동으로 체포된 그는 1919년 5월 31일 대구지방법원을 거쳐, 8월 18일 대구복심법원에서 징역 6년형을 언도받고, 대구형무소에서 복역하였다. 1977년 건국포장, 1990년 건국훈장 애국장.

- 「판결문」(1919.5.31, 대구지방법원) ; 「판결문」(1919.8.18, 대구복심법원) ; 『독립운동사자료집』 5집 ; 『독립운동사』 3권

박재욱(朴在旭)

(풍서면 삼일운동) 출신지는 풍북면(豊北面) 만운동(晩雲洞: 현 풍산읍 만운리). 마부 출신인 박재욱은 1919년 3월 24일 풍산면(豊山面) 만세시위가 끝난 뒤 밤 11시경 풍산주재소 앞 예천(醴泉)-안동(安東) 간 도로상에서 태극기를 흔들며 대한독립만세를 부르다가 체포되어, 3월 29일 대구지방법원 안동지청에서 태형 90을 언도받았다.

- 「판결문」(1919.3.29, 대구지방법원안동지청) ; 『독립운동사』 3권

박준서(朴濬緖)

(협동학교 교사·교육구국운동) 박준서는 안동의 근대 중등교육기관인 협동학교(協東學校)에서 교사로 활동하였다.

- 『안동 사람들의 항일투쟁』

박진성(朴晉成, 1877.12.12~1930.10.3)

(임동면 삼일운동) 본관은 밀양(密陽). 이명은 박진선(朴晉先). 출신지는 임동면(臨東面) 중평동(中平洞: 현 임동면 중평리). 박진성은 1919년 3월 15일 박재식(朴載植)·류연성(柳淵成)·류동수(柳東洙)·류교희(柳敎熙) 등과 함께 3월 21일 장날에 만세시위를 벌이기로 계획하고, 박재식과 함께 임동면소재지인 중평동 주민들을 동원할 책임을 맡았다. 이 활동으로 체포된 그는 1919년 5월 31일 대구지방법원을 거쳐, 8월 18일 대구복심법원에서 징역 6년형을 언도받고, 대구형무소에서 복역하였다. 1977년 건국포장, 1990년 건국훈장 애국장.

■ 「판결문」(1919.5.31, 대구지방법원) ; 「판결문」(1919.8.18, 대구복심법원) ; 『독립운동사자료집』 5집 ; 『독립운동사』 3권

박진해(朴鎭海, 1894.3.3~1951.12.25)

(예안면 삼일운동) 본관은 밀양(密陽). 호는 남포(南圃). 출신지는 동후면(東後面) 주진동(舟津洞: 현 예안면 주진리). 1919년 3월 17일에 일어난 예안면 1차 시위에 참여한 박진해는 김창락(金昌洛)과 더불어 오후 7시경 군중과 함께 주재소로 몰려가 구금자 석방을 요구하며 돌과 기와를 던져 주재소의 유리창을 깨고 만세를 불렀다. 또한 일본경찰 3명을 포로로 잡아 이들을 무장 해제시킨 후, 대한독립만세를 부르게 하였다. 이 활동으로 체포된 그는 1919년 5월 3일 대구지방법원 안동지청에서 징역 1월형을 언도받고 항소하였으나, 7월 12일 고등법원에서 1년형이 확정되어 복역하

였다. 1983년 대통령표창, 1990년 건국훈장 애족장.
- 「판결문」(1919.5.3, 대구지방법원안동지청) ; 「판결문」(1919.5.31, 대구복심법원) ; 「판결문」(1919.7.12, 고등법원) ; 『독립운동사자료집』 5집 ; 『독립운동사』 3권

박창규(朴昌奎, 1892.8.17~1924.4.22)

(국내항일, 흠치교) 출신지는 안동(安東) 송현동(松峴洞) 708번지. 박창규는 1920년 5월경 차경석(車京錫)을 교주로 하는 흠치교에 가입하여, 12인조 조원으로 하위 조원을 모집하고 치성금을 출금하는 등 종교활동을 표방하며 국권회복운동에 진력하였다. 그는 이 일로 징역 2년을 언도받고 옥고를 치렀다. 2008년 건국포장.
- 「판결문」(1921.7.11, 대구지방법원안동지청) ; 「판결문」(1921.11.26, 대구지방법원)

박철안(朴喆雁, 1894~?)

(임동면 삼일운동) 출신지는 임동면(臨東面) 고천동(高川洞: 현 임동면 고천리). 박철안은 1919년 3월 21일 임동면 중평동 편항시장(鞭巷市場)에서 일어난 만세시위에 참여하였다. 이 활동으로 체포된 그는 1919년 5월 31일 대구지방법원 안동지청에서 징역 2년형을 언도받고 항소하였으나, 8월 18일 대구복심법원에서 징역 2년형이 확정되었다.
- 「판결문」(1919.5.31, 대구지방법원) ; 「판결문」(1919.8.18, 대구복심법원) ; 『독립운동사자료집』 5집

박춘근(朴春根, 1889.2.1~1920.4.6)

(임동면 삼일운동) 본관은 밀양(密陽). 자는 춘상(春常). 출신지는 임북면(臨北面) 정산동(鼎山洞: 현 예안면 정산리). 박춘근은 1919년 3월 21일 임동면 중평동 편항시장(鞭巷市場)에서 일어난 만세시위에 참여하였다. 이 활동으로 체포된 그는 1919년 8월 18일 대구복심법원에서 징역 2년형을 언도받고, 대구형무소에서 복역하던 중 감옥에서 순국하였다. 1977년 대통령표창, 1991년 건국훈장 애국장.

박춘근

- 「판결문」(1919.5.31, 대구지방법원);「판결문」(1919.8.18, 대구복심법원);『독립운동사자료집』 5집;『독립운동사』 3권

박충락(朴忠洛)

(신사참배거부투쟁) 박충락은 안동에서 신사참배거부투쟁을 벌였다.

- 『안동 사람들의 항일투쟁』

박충락

박태훈(朴泰薰)

(협동학교 교사·교육구국운동) 박태훈은 안동의 근대 중등교육기관인 협동학교(協東學校)에서 교감으로 활동하였다.

- 「협동학교 졸업장」;『안동 사람들의 항일투쟁』

박해옥(朴海玉, 1921.11.21~1988.5.4)

(한국광복군) 본관은 밀양(密陽). 출신지는 남후면(南後面) 개곡동(皆谷洞: 현 남후면 개곡리). 1944년 징병 1기로 중국전선으로 파견되었던 박해옥은 다음 해 1945년 1월 11일 일본군

박해옥

히노키[檜]부대를 탈출하여 한국광복군 제1지대 제3구대 제1분대에 편입되어 활동하였다. 묘는 남후면 개곡리 야산에 있다. 1982년 대통령표창, 1990년 건국훈장 애족장.

■ 『독립운동사』 6권

박해창(朴海彰)

(남후청년회) 박해창은 1925년 9월 27일에 열린 남후청년회(南後靑年會) 창립식에서 위원으로 선출되었다.

■ 『동아일보』 1925.10.2

방사익(方士益, 1865~미상)

(만주방면) 방사익은 중국 요녕성(遼寧省) 관전현(寬甸縣) 홍석랍자(紅石拉子)에 거주하면서 1919년 12월 독립단의 본부대장으로 활동하였다. 2010년 건국포장.

■ 「排日鮮人行動報告의 건」; 『독립운동사』 5권

배근석

배근석(裵根錫, 1919.1.2~1979.5.22)

(상록회) 본관은 흥해(興海). 출신지는 안동면(安東面) 동부동(東部洞: 현 안동시 동부동). 당시 춘천고등보통학교(春川高等普通學校) 3학년에 재학 중이던 배근석은 1935년 4월 교내 비밀결사 단체인 상록회(常綠會)에 가입하여 별동조직인 독서회의 회계를 맡아 활동하였다. 1937년 9월경 체포되어, 1939년 12월 27일 경성지방법원에서 징역 2년 6월형을 언도받고 복역하였다. 1990년 건국훈장 애족장.

■ 「신문조서」; 「신원카드」; 『독립운동사』 9권;

『일제침략하한국36년사』;『독립운동사자료집』12집 ;
「판결문」(1939.12.27, 경성지방법원) ;『동아일보』1939.12.20

배동환(裵東煥, 1899~1984)

(흠치교 · 신간회 안동지회) 호는 백저(白渚). 출신지는 임북면(臨北面) 정산동(鼎山洞). 류필영(柳必永)의 문인인 배동환은 1919년 12월(음력) 임북면에서 차경석(車京錫)을 교주로 하는 흠치교에 가입 · 활동하였다. 그는 교도를 모집하고 치성금을 출금하는 등 종교활동을 표방하여 국권회복운동에 진력하였다. 그리고 이로 인해 1921년 4월 22일 대구지방법원에서 징역 2년을 선고받고 옥고를 치렀다.

배동환은 출옥 후, 1927년 설립된 신간회 안동지회에 참여하여 1929년 안동지회 대표회원, 기타 집행위원으로 선임되었다. 이후 그는 1934년경 고향에 오산학교(五山學校)를 설립하여 후진 양성에 전념하였고, 1940년에는 만주로 건너가 독립운동을 계속한 것으로 알려져 있다. 2004년 건국훈장 애족장.

■ 「판결문」(1921.4.22, 대구지방법원안동지청) ;
「판결문」(1921.11.26, 대구복심법원) ;『조선일보』1929.1.29,
8.14 ;『동산류인식선생문집』

배명특(裵命特, 1904.9.29~1979.11.21)

(한족회) 본관은 흥해(興海). 이명은 배광석(裵光石). 자는 성여(聖餘). 호는 백봉(白峰). 출신지는 예안면(禮安面) 도촌동(道村洞: 현 예안면 도촌리). 1912년 부친 배영진(裵永進)을 따라 만주

로 망명하였다. 만주망명 후 그는 1919년 한족회(韓族會)에 참여하여, 배영진과 함께 연락원으로 활동하였다고 한다.

■ 『안동판독립사』

배방우(裵方于, 1894~1920.5.16)

(임동면·임북면 삼일운동) 출신지는 임북면(臨北面) 사월리(沙月里: 현 임동면 사월리). 배방우는 1919년 3월 21일 임동면 중평동 편항시장(鞭巷市場)에서 일어난 만세시위에 참여하였고, 이어서 3월 22일 당시 임북 면소재지이던 사월에서 만세시위를 전개하다가 체포되었다. 이 활동으로 그는 1919년 8월 18일 대구복심법원에서 징역 2년형을 선고받고 대구형무소에서 복역하던 중, 옥중 순국하였다. 2010년 건국훈장 애국장.

■ 「판결문」(1919.5.31, 대구지방법원) ; 「판결문」(1919.8.18, 대구복심법원) ; 『독립운동사자료집』 5집 ; 『독립운동사』 3권

배석환(裵奭煥)

(교남교육회·재만항일) 본관은 흥해(興海). 출신지는 예안면(禮安面) 도촌동(道村洞: 현 예안면 도촌리). 배석환은 1908년 3월 15일 재경 영남인사들이 창립한 교남교육회(嶠南敎育會)에 참여하여 교육구국운동을 전개하였다. 이후 1912년 봄에 만주로 망명하여 길림성 유하현(柳河縣)에서 안동출신 인사들과 활동하였다.

■ 「백하일기」(김대락) ; 『교남교육회잡지(회원명부)』

배선한(裵善翰, 1883.9.9~1961.8.15)

(중·후기의병) 출신지는 임동면(臨東面) 사월(沙月). 배선한은 1906년 3월(음력) 23세의 나이로 신돌석 의병에 참가하였다. 그는 같은 달 말에 50명의 의병들과 함께 영양(英陽) 읍을 공격하여 무기고를 점령하고 다수의 무기를 빼앗았다. 또 4월에는 130명의 병력으로 청송(靑松)읍을 공격하여 큰 전과를 올렸다. 하지만 배선한은 1907년 부대를 재정비하여 진보에서 거의하여 영양·평해·청송 일대에서 일본군과 싸우다가 1908년 6월 체포되었다. 그는 1908년 대구지방재판소에서 15년의 징역형을 받고 옥고를 치렀다. 1977년 건국포장, 1990년 건국훈장 애국장.

- 「판결문」(1908.9.28, 대구지방재판소) ; 『독립운동사자료집』별집 1

배세표(裵世杓)

(화성회·안동기우단) 배세표는 1925년 1월에 창립된 화성회에 가입하여 활동하였고, 같은 해 11월 7군(郡) 연합으로 조직된 기우단(記友團)에도 참가하여 활동하였다.

- 『동아일보』 1925.5.21, 10.25

배승환(裵昇煥, 1885.9.16~1951.7.30)

(무관학교생도모집) 출신지는 풍산면(豊山面) 하리동(下里洞; 현 풍산읍 하리) 71번지. 배승환은 1919년 6월경부터 중국 동삼성(東三省) 유하현(柳河縣)에서 항일투쟁을 전개하였다. 이후 그는 독립군 요원을 모집하기 위해 경북지방에 잠입하

배승환

여 활동하던 최재화(崔載華)로부터 무관학교 생도를 모집하라는 명령을 받고 활동하다가 1920년 9월 24일 일본경찰에 체포되었다.

이 활동으로 인해 그는 1921년 2월 22일 대구지방법원에서 징역 3년형을 언도받고 옥고를 치르다가, 1923년 12월 30일 병보석으로 출옥하였다. 1992년 건국훈장 애족장.

■ 「신분장지문조회회보서」 ; 『고등경찰요사』

배영진(裵永進, 1864.8.26~1919.9.7)

(한족회) 본관은 흥해(興海). 자는 희안(希顔). 호는 백봉(白峰). 출신지는 예안면(禮安面) 도촌동(道村洞; 현 예안면 도촌리). 배영진은 1912년 만주 통화현(通化縣)으로 망명하였다. 망명 후 그는 1919년 한족회(韓族會)에 참여하여 지방 연락원으로 활동하는 한편 이상룡(李相龍)·김동삼(金東三) 등과 함께 만주로 이주한 동포들의 안정된 정착을 위해 노력하다가 1919년 9월 병으로 사망하였다. 1983년 대통령표창, 1990년 건국훈장 애족장.

■ 「백하일기」(김대락) ; 『석주유고』

배용택(裵龍澤)

(만주방면) 배용택은 만주로 망명하였다. 그는 길림성 유하현(柳河縣)에 거주하면서 항일투쟁을 펼쳤다.

■ 『不逞團關係雜件-朝鮮人의 部-在滿洲의 部(4)』

배인환(裵仁煥, 1873~1917)

(대한협회 안동지회·재만항일) 본관은 흥해(興海). 이명은 배인택(裵仁澤). 호는 간산(艮山). 출신지는 월곡면(月谷面) 등현리(登峴里) 정산동(鼎山洞: 현 예안면 정산리). 대한협회 안동지회에 참가해 활동하던 배인환은 1912년 정월에 집안 일가 10여 호를 거느리고 만주로 망명하였다. 통화현 을밀(乙密)에 정착한 그는 1914년 합니하(哈泥河) 청구자(靑溝子)로 이주하고 동진학교(東進學校)를 설립하여 교감을 맡았다. 1915년에는 마록구(馬鹿溝)에 협창학교(協昌學校)를 세우고 교감을 맡았으며, 학감에는 안동출신 이원일(李源一)이 맡았다.

■ 「백하일기」(김대락) ; 『不逞團關係雜件-朝鮮人의 部-在滿洲의 部(4)』

배재형(裵在衡, 1894~1919)

(협동학교 졸업·신흥중학교 졸업·신흥무관학교 교관) 본관은 흥해(興海). 출신지는 월곡면(月谷面) 등현리(登峴里) 정산동(鼎山洞: 현 예안면 정산리). 협동학교(協東學校) 1기생이었던 배재형은 1912년 정월 아버지 배인환을 따라 만주로 갔다. 그곳에서 신흥중학교(新興中學校)를 졸업한 그는 협창학교(協昌學校)에서 교원으로 지내다가, 1917년 마록구농장(馬鹿溝農庄)을 운영하였으며, 1918년에는 고산자(孤山子)로 옮겨와 신흥무관학교(新興武官學校) 교관으로 지내다가 1919년 병사하였다. 그의 아내 김씨 부인(안동 서후 금계 金益模의 딸)은 남편이 병사하자 곧 자결하였고, 한족회는 포

열장(褒烈狀)을 추증하였다.

■ 「백하일기」(김대락) ; 「포열장」

배태근(裵太根, 1871.9.3~1923.2.25)

(임동면 삼일운동) 본관은 흥해(興海). 이명은 배대근(裵大根). 출신지는 임동면(臨東面) 갈전동(葛田洞: 현 임동면 갈전리). 배태근은 1919년 3월 21일 임동면 중평동 편항시장(鞭巷市場)에서 일어난 만세시위에 참여하였다. 이 활동으로 그는 1919년 5월 31일 대구지방법원 안동지청에서 유죄판결을 받고 항소하였으나, 8월 18일 대구복심법원에서 징역 2년형을 언도받아, 대구형무소에서 복역하였다. 1980년 대통령표창, 1990년 건국훈장 애족장.

■ 「판결문」(1919.5.31, 대구지방법원) ; 「판결문」(1919.8.18, 대구복심법원) ; 『독립운동사자료집』 5집 ; 『독립운동사』 3권

배혁모(裵赫模, 1875.12.9~1960.4.19)

배혁모

(임동면 삼일운동) 본관은 흥해(興海). 자는 성조(聖助). 출신지는 임북면(臨北面) 사월리(沙月里: 현 임동면 사월리). 배혁모는 1919년 3월 21일 임동면 중평동 편항시장(鞭巷市場)에서 일어난 만세시위에 참여하였다가 체포되었다. 1919년 8월 18일 대구복심법원에서 징역 2년형을 언도받고 대구형무소에서 복역한 후 1921년 4월에 출옥하였다. 1977년 대통령표창, 1990년 건국훈장 애족장.

■ 「판결문」(1919.5.31, 대구지방법원) ; 「판결문」(1919.8.18, 대구복심법원) ; 『독립운동사자료집』 5집 ; 『독립운동사』 3권

백남학(白南鶴)

(예안면 삼일운동) 당시 직업이 의사이던 백남학(白南鶴)은 1919년 3월 11일 오후 9시경 예안면사무소 숙직실에서 면장 신상면(申相冕), 면서기 이광호(李洸鎬)를 비롯하여 이중원(李中元)·이남호(李南鎬)·신응두(申應斗)·신동희(申東熙) 등과 함께 예안면 만세시위 계획에 참여하였다.

■『독립운동사자료집』5집 ;『독립운동사』3권

백태흠(白泰欽)

(진명학술강습회·교육구국운동) 백태흠은 1921년 길안면에 창립된 진명학술강습회(進明學術講習會)에 참여하였고, 1925년 5월 8일 제4회 정기총회에서 부회장으로 선출되었다.

■『동아일보』1925.5.15

변두건(邊斗建, 1853.12.2~1941.7.12)

(전기의병) 본관은 원주(原州). 자는 성칠(星七). 호는 청여(青旅). 출신지는 서후면(西後面) 금계동(金溪洞: 현 서후면 금계리). 1895년 을미사변과 단발령을 계기로 전국 각지에서 의병들이 일어날 때, 변두건은 안동에서 조직된 1차 안동의진에 가담하여 안동·예안(禮安)·영양(英陽)·청송(青松) 등지에서 활동하였다고 한다.

■『안동판독립사』;『청려문집』

ㅅ

서병노(徐丙老)

(안동불교청년회) 서병노는 1920년 8월 22일에 열린 안동불교청년회 창립식에서 회장으로 선출되었다. 1921년 4월 불교청년회가 일반노동자의 교육기관으로 노동야학부를 열었을 때, 그는 교사로 활동하며 1921년 4·5월에 문예극을 개최하였다.

■ 『동아일보』 1921.5.1, 5.22

서병주(徐丙周)

(일직면금주회) 서병주는 1920년 9월 4일에 열린 일직면금주회 창립총회에서 간사로 선출되었다.

■ 『동아일보』 1920.9.17

서상부(徐相孚, 1840.10.18~1896.3.29)

(전기의병) 본관은 달성(達成). 출신지는 일직면(一直面) 망호리(望湖里). 서상부는 1896년 경북 의성의 김상종의진에 참여하였다. 의성의진은 1896년 3월 25일 결성하여 구봉산전투와 황산전투를 치렀다. 당시 서상부는 5월 10일 황산전투(현 의성군 옥산면 입암3리)에서 일본군과 전투를 펼치다, 권휘연(權徽淵)·김수담(金壽聃)·김수협(金壽莢) 등 27명

과 함께 순국하였다. 2007년 건국훈장 애족장.
- 「亡金城百五十韻」(김회종);『한말의병일기』

서재수(徐在守, 1898.1.29~1964.10.8)

(임동면 삼일운동) 본관은 달성(達成). 출신지는 임동면(臨東面) 중평2동(中平2洞: 현 임동면 중평리) 321번지. 서재수는 1919년 3월 21일 임동면 중평동 편항시장(鞭巷市場)에서 일어난 만세시위에 참여하였다. 이 활동으로 체포된 그는 1919년 5월 31일 대구지방법원 안동지청에서 유죄판결을 받고 항소하였으나, 8월 18일 대구복심법원에서 징역 2년형을 언도받아 대구형무소에서 복역하였다. 묘는 대전현충원에 있다. 1990년 건국훈장 애족장.
- 「판결문」(1919.5.31, 대구지방법원);「판결문」(1919.8.18, 대구복심법원);『독립운동사자료집』5집;『독립운동사』3권

서정인

서정인(徐正寅, 1927.12.15~1986.12.29)

(조선회복연구단) 본관은 달성(達成). 자는 성길(成吉). 호는 고엄(叩嚴). 출신지는 안동면(安東面) 옥야동(玉野洞: 현 안동시 옥야동) 297번지. 서정인은 안동농림학교(安東農林學校) 임과(林科) 10회생으로서, 재학 시 조선회복연구단(朝鮮回復硏究團)에 가입하여 활동하였다. 이 활동으로 그는 1945년 3월 10일 체포되어, 옥고를 치르다가 광복과 더불어 1945년 8월 16일 대구지방검찰청 안동지청에서 기소유예로 풀려났다. 1999년 대통령표창.
- 『안동농림학생항일약전』;「형사사건부」(1945.3.14)

서정호(徐廷鎬)

(교남교육회·교육구국운동) 서정호는 1908년 3월 15일 재경 영남인사들이 창립한 교남교육회(嶠南敎育會)에 참여하여 교육구국운동을 전개하였다.

■ 『교남교육회잡지(회원명부)』

손국명(孫國名)

(임동면 삼일운동) 손국명은 1919년 3월 21일 안동군 임동면 편항시장(鞭巷市場) 만세시위에 참가하였다. 그는 시위 군중과 함께 주재소에 들어가 주요 서류를 파기하였다.

■ 『독립운동사자료집』 5집

손군박(孫君珀)

(후기의병) 손군박은 안동군 임동면(臨東面)에서 편항점(鞭巷店)을 운영하였다. 그는 1908년 의진에 가입하여 활동하였다.

■ 『한국독립운동사』 자료 9

손대석(孫大石)

(길안면 삼일운동) 손대석은 1919년 3월 21일 안동군 길안면 천지장터 만세시위를 주도하였다. 그는 오후 3시 무렵 군중과 함께 만세시위를 일으켰으며, 오후 6시 무렵에는 면사무소로 몰려가 출입문을 부셨다.

■ 『독립운동사자료집』 5집

손대일(孫大日)

(신간회 안동지회) 1927년 8월에 창립된 신간회 안동지회에 참여하여 활동하던 손대일은 1928년 1월 간사로 선출되었다.

■ 『조선일보』 1928.1.31

손돌이(孫乭伊, 1891.8.25~1938.9.25)

(임하면 삼일운동) 이명은 손문수(孫文秀)·손응암(孫應岩)·손응돌(孫應乭). 출신지는 임서면(臨西面) 금소동(琴韶洞: 현 임하면 금소리). 손돌이는 1919년 3월 21일 임하면(臨河面) 금소·신덕동에서 일어난 만세시위에 참여하였다가 체포되었다. 이 활동으로 그는 1919년 9월 19일 대구복심법원에서 징역 1년 6월형을 언도받고 대구형무소에서 복역한 후 1921년 7월 4일에 출옥하였다. 1982년 대통령표창, 1990년 건국훈장 애족장.

■ 「수형인명부」;「판결문」(1919.9.19, 대구복심법원);
『독립운동사자료집』 5집 ; 『독립운동사』 3권

손두원(孫斗源, 1883.4.6~1919.3.24)

(길안면 삼일운동) 본관은 경주(慶州). 호는 극선(極善). 출신지는 임서면(臨西面) 오대동(梧垈洞: 현 임하면 오대리) 148번지. 손두원은 1919년 3월 21일 길안면 천지장날에 일어난 만세시위를 계획하고 시위를 주도하였다. 이에 주동자로 몰린 그는 3월 24일 길안주재소 경찰이 자택에서 검거하려하자 이에 항거하다가 일본경찰이 쏜 총에 맞아 순국하였다.

묘는 오대리 오태곡(梧台谷)에 있다. 2001년 건국훈장 애국장.
■ 「김필락제문」

손봉이(孫鳳伊)

(후기의병) 손봉이는 안동군(安東郡) 임동면(臨東面)에서 살았다. 그는 1907~1910년 12월경까지 경북 안동 · 예천 · 영주 · 풍기 등지에서 활동한 의병장 한명만(韓明萬) 밑에서 활동하였다.
■ 『한국독립운동사』 자료 17

손성한(孫聖漢, 1928.2.10~1945.6.8)

(조선회복연구단) 본관은 경주(慶州). 출신지는 안동면(安東面) 법상동(法尙洞: 현 안동시 법상동). 손성한은 안동농림학교(安東農林學校) 임과(林科) 10회생으로서, 재학 시 조선회복연구단(朝鮮回復研究團)에 가입하여 활동하였다. 이 활동으로 그는 1945년 3월경 경찰에 체포되어 옥고를 치르다가, 고문 후유증으로 6월 5일에 석방되었으나, 3일 후에 순국하였다. 1977년 건국포장, 1990년 건국훈장 애국장.
■ 『안동농림40년사』 ; 『안동농림학생항일약전』 ;
「형사사건부」(1945.3.14)

손성환

손영학(孫永學, 1895.6.4~1944.3.16)

(길안면 삼일운동 · 군자금 모집) 본관은 경주(慶州). 자는 성오(省梧). 호는 자여(自餘). 출신지는 임서면(臨西面) 오대동(梧垈洞: 현 임하면 오대리). 손영학은 1919년 3월 21일 길안

손영학

면 천지장날에 일어난 만세시위를 주도하였다가 피신하였다. 그러나 1920년 2월경 일본경찰에 체포되어 5월 21일 대구지방법원에서 징역 5년형을 언도받고 복역하였다. 출옥 후 1926년 2월 류연복(柳淵福)과 군자금 모집활동을 하다가 다시 체포되어, 1926년 10월 14일 대구복심법원을 거쳐, 1927년 2월 3일 고등법원에서 5년형을 언도받고 옥고를 치렀다. 1977년 건국포장, 1990년 건국훈장 애국장.

- 「판결문」(1920.5.21, 대구지방법원) ; 「판결문」(1926.10.14, 대구복심법원) ; 「판결문」(1927.2.3, 고등법원) ; 『독립운동사자료집』 5집 ; 『독립운동사』 3권

손영희(孫永熙, 1901.5.21~1951.1.23)

(길안면 삼일운동) 본관은 경주(慶州). 자는 순보(淳甫). 출신지는 임서면(臨西面) 오대동(梧垈洞: 현 임하면 오대리). 손영희는 1919년 3월 21일 오대동의 청년들과 함께 길안면 천지장터에서 일어난 만세시위에 참여하였다고 한다. 묘는 오대리 야산에 있다.

- 『안동판독립사』

손재봉(孫在鳳)

(국내항일, 흠치교) 출신지는 안동(安東) 안기동(安奇洞). 손재봉은 1919년 음력 8월경 조선독립을 표방하는 흠치교에 가입하여 국권회복을 위한 독립운동 자금모집 등의 활동을 하다가 체포되어 징역 4년을 받았다가 면소되었다.

- 「판결문」(1921.4.22, 대구지방법원안동지청) ; 「판결문」(1921.11.26 · 12.5, 대구복심법원)

손진구(孫鎭九)

(대동강습소 교사 · 교육구국운동) 손진구는 1907년 동후면(東後面) 도곡리(道谷里: 현 와룡면 도곡리)에 설립된 대동강습소(大同講習所)에서 교사로 활동하였다.

■ 『안동 사람들의 항일투쟁』

손태복(孫台福)

(와룡청년회) 손태복은 1925년 2월에 열린 와룡청년회(臥龍靑年會) 창립식에서 집행위원으로 선출되었다.

■ 『동아일보』 1925.2.16

손팔이(孫八伊)

(임하면 삼일운동) 손팔이는 1919년 3월 21일 안동군 임하면(臨河面) 만세시위에 참가하였다. 그는 시위 군중들과 함께 임하면사무소 · 신덕주재소에서 만세시위를 전개하였다.

■ 『독립운동사자료집』 5집

송기식(宋基植, 1878.9.25~1949.3.22)

(교육구국운동 · 안동면 삼일운동) 본관은 진천(鎭川). 자는 치공(穉羍). 호는 해창(海窓). 출신지는 임하면(臨河面) 송천동(松川洞: 현 안동시 송천동). 송기식은 1913년 송천동에 설립된 봉양서숙(鳳陽書塾)에서 교사로 활동하였다. 이후 그는 1919년 3월 18일 안동면 2차 시위를 계획 · 주도하다가 일본경찰에 체포되었다. 1919년 4월 7일 대구지방법원 안동지청에서 징역 2년형을 언도받고 항소하였으나, 5월 2일

송기식

대구복심법원과 6월 5일 고등법원에서 기각되어 복역하였다. 1977년 대통령표창, 1990년 건국훈장 애족장.

■ 「판결문」(1919.4.7, 대구지방법원안동지청) ; 「판결문」(1919.5.2, 대구복심법원) ; 「판결문」(1919.6.5, 고등법원) ; 『독립운동사』 3권

송병영(宋炳榮, 1882~?)

(임동면 삼일운동) 출신지는 임북면(臨北面) 계곡리(桂谷里: 현 예안면 계곡리). 송병영은 1919년 3월 21일 임동면 중평동 편항시장(鞭巷市場)에서 일어난 만세시위에 참여하였다가 일본경찰에 체포되었다. 이 활동으로 그는 1919년 8월 18일 대구복심법원에서 징역 2년형을 언도받고, 대구형무소에서 복역하였다.

■ 「판결문」(1919.5.31, 대구지방법원) ; 「판결문」(1919.8.18, 대구복심법원) ; 『독립운동사자료집』 5집

송장식(宋章植, 1895.5.9~1982.10.25)

송장식

(안동면 삼일운동) 본관은 진천(鎭川). 자는 비성(斐成). 호는 천사(川沙). 출신지는 임하면(臨河面) 송천동(松川洞: 현 안동시 송천동). 송장식은 1919년 3월 18일 안동면 2차 시위를 계획·주도하다가 일본경찰에 체포되었다. 이 활동으로 그는 1919년 4월 7일 대구지방법원 안동지청에서 징역 6월형을 언도받고 항소하였으나, 5월 2일 대구복심법원과 6월 5일 고등법원에서 기각, 형이 확정되어 복역하였다. 묘는 송천동 원곡(院谷)에 있다. 1992년 대통령표창.

■ 「판결문」(1919.4.7, 대구지방법원안동지청) ;
「판결문」(1919.5.2, 대구복심법원) ; 「판결문」(1919.6.5, 고등법원) ;
『독립운동사』 3권 ; 「범죄인명부」

송창헌(宋彰憲, 1902~?)

(풍서농민회) 출신지는 풍서면(豊西面) 소산리(素山里: 현 풍산읍 소산리). 송창헌은 1925년 11월 풍서농민회에 참여하여 집행위원이 되었다. 1926년 5월 소작권 이동문제로 투쟁을 벌이던 그는 업무방해 및 협박죄로 구속되어 벌금 100원형을 언도받았다.

■ 『조선일보』 1926.5.3 ; 『시대일보』 1926.5.3

송창헌

송홍식(宋弘植, 1879.9.30~1930.9.4)

(안동면 삼일운동) 출신지는 동후면(東後面) 석동동(石東洞: 현 안동시 석동동). 송홍식은 1919년 3월 18일 류동붕(柳東鵬)·송기식(宋基植) 등과 함께 안동면 2차 시위에 참여하여 시위를 주도하였다. 이 활동으로 그는 일본경찰에 체포되어 1919년 4월 7일 대구지방법원 안동지청에서 징역 1년형을 언도받고 항소하였으나, 5월 2일 대구복심법원과 6월 5일 고등법원에서 기각되어 복역하였다. 1994년 건국훈장 애족장.

■ 「판결문」(1919.4.7, 대구지방법원안동지청) ; 「판결문」(1919.5.2, 대구복심법원) ; 「판결문」(1919.6.5, 고등법원) ; 「신원카드」

송홍식

신공필(申公弼)

(전기의병) 신공필은 2차 선성의진에 참가하였다. 선성의진은 1896년 1월 23일 결성되어 향산 이만도가 제1차 대장

을 맡았다. 그러나 결성된 지 9일 만인 2월 1일에 해산되었다. 그리고 다시 이중린에 의해 2월 20일 제2차 선성의진이 결성되었다. 이때 신공필은 이 의진에서 소모(召募)를 맡아 활약하였다.

- 「벽산선생창의전말」(김도현) ; 『안동 사람들의 항일투쟁』

신달석(辛達石, 1863.11.11~1919.2.25)

(임하면 삼일운동) 본관은 영월(寧越). 출신지는 임서면(臨西面) 금소동(琴韶洞: 현 임하면 금소리) 509번지. 신달석은 1919년 3월 21일 임하면(臨河面) 금소·신덕동에서 일어난 만세시위에 참여하였다고 한다.

- 『안동판독립사』

신덕(申德, 1889~?)

(대성학교 교사·예안청년회·조선노동공제회 안동지회) 본관은 평산(平山). 자는 인지(忍之). 호는 혜원(惠園). 출신지는 예안면(禮安面) 서부동(西部洞: 현 도산면 서부리). 신덕은 예안면 서부동에 설립된 대성학교(大成學校)에서 교사로 활동하였으며, 이후 1920년 7월 3일에 열린 예안청년회 창립총회에 참여하여 회장으로 선출되었다. 또한 그는 1920년 9월 23일 창립된 조선노동공제회 안동지회에 참여하여, 1921년 7월 제2회 총회에서 의사(議事)로 선출되기도 하였다. 묘는 현 도산면(陶山面) 서부리(西部里)에 있다.

- 『동아일보』 1920.7.19, 1921.7.22

신동균(申東均, 1901.8.6~1988.12.12)

(예안청년회) 본관은 평산(平山). 출신지는 예안면(禮安面) 서부동(西部洞: 현 도산면 서부리). 신동균은 1925년 5월 9일에 열린 예안청년회 정기총회에서 집행위원으로 선출되었다. 묘는 용인 천주교 묘지에 있다.

■ 『동아일보』 1925.5.15

신동희(申東熙, 1886.4.12~1961.5.20)

(예안면 삼일운동) 본관은 평산(平山). 자는 순화(舜和). 호는 창산(滄山). 출신지는 예안면(禮安面) 동부동(東部洞: 현 도산면 동부리). 신동희는 1911년 일본 수묵관(修黙館)을 졸업한 후 귀국하여, 1919년 3월 11일 오후 9시경 예안면사무소 숙직실에서 면장 신상면(申相冕)과 면서기 이광호(李洸鎬) 및 이중원(李中元)·이남호(李南鎬)·신응두(申應斗)와 함께 예안장날을 기해 만세시위를 계획하고, 면사무소의 등사기를 이용하여 독립선언문과 태극기를 제작하고 각 동리에 연락하여 동지를 규합하였다.

3월 17일 오후 6시경 신동희는 군중과 함께 주재소로 몰려가 돌과 기와를 던지며 구금자 석방을 요구하였다. 이때 일본군 수비대의 시위 진압에 의해 주동자를 비롯한 25명과 함께 체포되어, 1919년 5월 21일 대구지방법원에서 징역 1년형을 받았으나, 6월 24일 대구복심법원에서 무죄 판결을 받았다. 묘는 도산면 동부리 영고산(永庫山) 110번지에 있다. 1995년 건국훈장 애족장.

■ 「판결문」(1919.5.21, 대구지방법원안동지청) ;

「판결문」(1919.6.24, 대구복심법원) ; 『독립운동사자료집』 5집 ; 『독립운동사』 3권

신문용(申汶容)

(교남교육회·교육구국운동) 신문용은 1908년 3월 15일 재경 영남인사들이 창립한 교남교육회(嶠南敎育會)에 참여하였다.
■ 『교남교육회잡지(회원명부)』

신사현(申士賢)

(후기의병) 신사현은 1908년 안동을 중심으로 한 경북 북부지방에서 활동하던 류시연(柳時淵)의진에 가담하여 의병활동을 하였다.
■ 『독립운동사자료집』 별집 1 ; 『독립운동사』 1권

신상면

신상면(申相冕, 1885.8.15~1944.12.15)

(예안면 삼일운동) 본관은 평산(平山). 호는 혁세(赫世). 출신지는 예안면(禮安面) 동부동(東部洞: 현 도산면 동부리) 395번지. 신상면은 예안면 서부동에 설립된 대성학교(大成學校)에서 수학하였다. 이후 예안면장으로 재직하던 중 1919년 3월 11일 오후 9시경 숙직실에서 면서기 이광호(李洸鎬)와 이중원(李中元)·이남호(李南鎬)·신응두(申應斗)·신동희(申東熙) 등과 함께 예안장날을 기해 시위를 벌이기로 계획하고, 면사무소의 등사기를 이용하여 독립선언문과 태극기를 제작하고 각 동리에 연락하여 동지를 규합하였다.

3월 17일 예안면 1차 시위에서 군중을 주도하다가, 안동에

서 파견된 일본군 수비대에게 체포되어, 3월 20일 안동경찰서로 옮겨졌다. 그는 안동경찰서에서도 140여 명의 구금자를 선동하여 다시 대한독립만세를 불렀다. 그는 현직 면장으로서 만세시위를 계획하고 지도한 사례를 남긴 인물로 높게 평가될 만하다. 이 활동으로 1919년 3월 23일 대구지방법원 안동지청에서 징역 1년 6월형을 언도받고 복역하였다. 묘는 도산면 동부리 앞산에 있다. 1977년 대통령표창, 1990년 건국훈장 애족장.

■ 「판결문」(1919.3.23, 대구지방법원안동지청) ; 「판결문」(1921.12.7, 대구복심법원) ; 『독립운동사자료집』 5집 ; 『독립운동사』 3권 ; 「신원카드」

신상백(辛尙伯, 1897.1.1~1962.1.7)

(임동면 삼일운동) 본관은 영월(寧越). 호는 상선(相善). 출신지는 임북면(臨北面) 구룡동(九龍洞: 현 예안면 구룡리) 562번지. 신상백은 1919년 3월 21일 임동면 중평동 편항시장(鞭巷市場)에서 일어난 만세시위에 참여하였다가 체포되었다. 이 활동으로 그는 1919년 8월 18일 대구복심법원에서 징역 2년형을 언도받고, 대구형무소에서 복역하였다. 1982년 대통령표창, 1990년 건국훈장 애족장.

■ 「판결문」(1919.5.31, 대구지방법원) ; 「판결문」(1919.8.18, 대구복심법원) ; 『독립운동사자료집』 5집 ; 『독립운동사』 3권

신상백

신상직(申相稷, 1862~1934.2.28)

(예안청년회) 본관은 평산(平山). 출신지는 예안면(禮安面) 동

부동(東部洞: 현 도산면 동부리). 1920년 7월 창립된 예안청년회에 참여한 신상직은 1920년 8월 24일 예안청년회 주관으로 개최된 강연회에서 '청년회에 대한 소감'이란 주제로 연설하였다. 묘는 도산면(陶山面) 서부리(西部里) 공동묘지에 있다.

■ 『동아일보』 1920.9.1

신승균(申昇均, 1901.3.11~1977.4.7)

(협동학교 졸업·예안청년회) 본관은 평산(平山). 출신지는 예안면(禮安面) 동부동(東部洞: 현 도산면 동부리). 신승균은 협동학교(協東學校)를 5회로 졸업하였고, 1925년 5월 9일에 열린 예안청년회 정기총회에서 집행위원으로 선출되었다. 묘는 녹전면(祿轉面) 방우재 탕건봉에 있다.

■ 『동아일보』 1925.5.15

신을균(申乙均, 1901~?)

(풍서농민회) 출신지는 풍서면(豊西面) 소산리(素山里: 현 풍산읍 소산리). 신을균은 1925년 11월 풍서농민회에 참여하여, 집행위원으로 선출되었다. 1926년 5월 소작권 이동문제로 투쟁을 벌이던 그는 업무방해 및 협박죄로 구속되어 벌금 50원의 형을 언도받았다.

■ 『조선일보』 1926.5.3 ; 『시대일보』 1926.5.3

신응두(申應斗, 1891.3.2~1945.5.10)

(예안면 삼일운동) 본관은 평산(平山). 출신지는 녹전면(祿轉面) 구송동(九松洞: 현 녹전면 구송리) 205번지. 신응두는 예안

면 1차 시위를 계획·주도하였다. 그는 당시 예안면장인 신상면(申相冕), 교사 이시교(李時敎), 면서기 이중원(李中元), 이남호(李南鎬)·신동희(申東熙) 등과 함께 예안장날을 기해 시위를 벌이기로 계획하고, 면사무소의 등사기를 이용하여 독립선언문과 태극기를 제작하고 각 동리에 연락하여 동지를 규합하였다.

3월 17일 오후 3시 30분경 만세를 부르는 것을 신호로 하여 시위는 시작되었고, 이에 일본군 수비대의 시위 진압에 의해, 주동자를 비롯한 15인이 체포되었다. 그도 이 과정에서 체포되어 5월 21일 대구지방법원 안동지청에서 징역 1년 6월형을 언도받고, 상고하였으나 대구복심법원에서 10월형이 확정되어 복역하였다. 1999년 건국훈장 애족장.

■ 『독립운동사자료집』 5집 ; 『독립운동사』 3권 ; 「신분장지문원지」 ; 「판결문」(1919.5.21, 대구지방법원안동지청) ; 「판결문」(1919.6.24, 대구복심법원) ; 「판결문」(1919.9.6, 고등법원)

신응린(申應麟, 1879.9.18~1951.6.27)

(신간회 안동지회) 본관은 평산(平山). 출신지는 예안면(禮安面) 동부동(東部洞: 현 도산면 동부리). 1927년 8월에 창립된 신간회 안동지회에 참여하여 활동하던 신응린은 1929년 1월에 열린 정기총회에서 대표위원으로 선출되었다. 또 예안청년회에 참여하였다. 묘는 도산면(陶山面) 선양리(宣陽里) 산 51번지에 있다.

■ 『중외일보』 1927.7.24 ; 『조선일보』 1929.1.29

신응숙

신응숙(申應淑, 1879.9.20~1952.6.9)

(예안면 삼일운동) 본관은 평산(平山). 자는 대언(大彦). 출신지는 예안면(禮安面) 동부동(東部洞: 현 도산면 동부리). 신응숙은 예안면 1차 시위를 계획하고 주도하였다. 그는 3월 11일 오후 9시경 예안면사무소 숙직실에서 면장 신상면(申相冕), 면서기 이광호(李洸鎬), 이중원(李中元)·이남호(李南鎬)·신동희(申東熙) 등과 함께 예안장날을 기해 시위를 벌이기로 계획하고, 면사무소의 등사기를 이용하여 독립선언문과 태극기를 제작하고 각 동리에 연락하여 동지를 규합하였다. 3월 17일 예안면 1차 시위에 참여하였다가 체포된 그는 1919년 3월 24일 대구지방법원 안동지청에서 태형(笞刑) 90을 선고받았다. 묘는 녹전면(祿轉面) 사신리(四新里)에 있다. 1993년 대통령표창.

■ 『독립운동사자료집』 5집 ; 「형사사건부」

신응한(申應漢, 1879.1.4~1931.9.29)

(예안청년회) 본관은 평산(平山). 출신지는 예안면(禮安面) 동부동(東部洞: 현 도산면 동부리). 1920년 7월 창립된 예안청년회에서 참여하여 활동하던 신응한은 1920년 8월 24일에 열린 강연회에서 '경제의 적용(適用)'이란 주제로 연설하였다. 또 그는 1921년 예안면 만촌에 숭신여학당을 설립하였으며, 5월에는 기독교청년회 취지서를 발행·배포한 일로 체포되어 1921년 12월 7일 대구복심법원에서 벌금 50원을 언도받았다. 묘는 도산면(陶山面) 선양리(宣陽里) 매작골에 있다.

■ 『동아일보』 1920.9.1, 1921.5.1, 5.3 ;

「판결문」(1921.12.7. 대구복심법원)

신장균(申長均, 1893~1926.11)

(예안청년회) 본관은 평산(平山). 호는 거정(居正). 출신지는 예안면(禮安面) 서부동(西部洞: 현 도산면 서부리). 1920년 7월 창립된 예안청년회에 참여하여 활동하던 신장균은 1920년 8월 5일에 열린 강연회에서 '나의 금일관(今日觀)'이란 주제로 연설하였다. 또 1921년 12월 7일 대구복심법원에서 기독교청년회 취지서를 발행·배포한 일로 벌금 50원을 언도받았다. 묘는 전지산(電芝山) 도산(陶山)에 있다.

- 『동아일보』1920.8.15 ; 「판결문」(1921.12.7. 대구복심법원)

신태우(申泰雨)

(풍산소작인회) 신태우는 1923년 11월 11일에 열린 풍산소작인회(豊山小作人會) 창립총회에서 집행위원으로 선출되었다.

- 『동아일보』1923.11.18

신필원(辛必元, 1883.9.15~1919.3.21)

(임하면 삼일운동) 본관은 영월(寧越). 이명은 신원이(辛元伊). 출신지는 임서면(臨西面) 금소동(琴韶洞: 현 임하면 금소리) 509번지. 신필원은 1919년 3월 21일 임하면(臨河面) 금소·신덕동에서 일어난 만세시위에 참여하였다가 일본경찰이 쏜 총에 맞아 순국하였다. 1982년 대통령표창, 1991년 건국훈장 애국장.

- 『독립운동사』3권

심규하

심규하(沈揆夏, 1906.4.20~1976.12.11)

(신간회 안동지회) 본관은 청송(靑松). 이명은 심수봉(沈壽鳳). 자는 군백(君百). 호는 성봉(聖峯). 출신지는 풍남면(豊南面) 월애동(月厓洞: 현 풍천면 인금리人수里). 경성법학전문학교를 졸업한 심규하는 1926년 동아일보 안동지국장을 역임하였고, 1927년에는 안동청년동맹에서 활약하였다. 또 1927년 신간회 안동지회 창립 준비위원으로 선출되어 안동지회 설립을 위해 앞장섰다. 이후 그는 1928년 1월 재정부 간사로 선출되었다.

- 『동아일보』 1926.7.22 ; 『시대일보』 1927.5.19 ; 『조선일보』 1927.7.17, 1928.2.1, 2.6

심재한(沈載漢, 1868~1946)

(재만항일・군자금 모집) 본관은 청송(靑松). 자는 이경(彝卿). 호는 일월정(日月亭)・일악옹(日岳翁). 1910년 대한제국이 멸망하자, 김동삼(金東三)・이상룡(李相龍) 등 안동지역 인사들이 신민회와 더불어 해외 독립운동기지 건설을 위해 서간도 망명을 추진하였다. 이때 심재한은 이상룡과 함께 만주로 망명하여 독립운동기지 건설에 참여하였다. 이후 그는 이상룡의 지시로 국내로 들어와 군자금 모집활동을 하였다고 한다.

- 『석주유고』

안기성(安基成, 1898~?)

(조선노농총동맹 · 조선공산당) 이명은 정재윤(鄭在潤 · 鄭在允). 출신지는 풍서면(豊西面) 가곡리(佳谷里: 가일, 현 풍천면 가곡리). 안기성은 1920년대 전반기에 학생대회 중앙위원을 지냈으며, 사상단체인 신사상연구회 · 화요회에 참여하여 활동하였다. 이후 그는 1925년 2월 전조선민중운동자대회 준비위원으로 선임되었고, 9월 조선노농총동맹 중앙집행위원으로 선출되었다. 그 해 조선공산당에 입당하여 경기도당위원을 지냈다.

안기성

1926년 6월 제2차 조선공산당 검거를 피해 소련으로 갔다. 그 후 다시 만주로 이동한 그는 1927년 3월경 조선공산당 만주총국 동만구역국 책임비서가 되었다. 그 해 10월 제1차 간도공산당 검거로 일본경찰에 체포되어, 1928년 12월 경성지법에서 징역 5년형을 선고받았다. 수감 중 옥중 만세 사건을 주도하여 징역 6월형이 추가되었다. 1935년 만기 출옥한 그는 1946년 2월 민주주의 민족전선 상임위원 및 사무국 재정부장이 되고, 1948년 8월 해주에서 열린 남조선인민대표자대회에서 제1기 최고인민회의 대의원으로 선출되었다. 1950년 7월 조선인민군 점령하에서 경기도인민위원회 부위원장을 지낸 그는 1953년 8월 조선노동당에서 출당되었다.

■ 「신원카드」;「판결문」(1928.12.27, 경성지방법원);「판결문」(1933.1.25, 경성복심법원);『한국공산주의운동사』;『한국사회주의운동인명사전』

안병극(安柄極, 1893.12.28~1965.3.1)

안병극

(예안면 삼일운동) 본관은 순흥(順興). 자는 성노(聖老). 출신지는 동선면(東先面) 가구리(佳邱里: 현 와룡면 중가구리). 안병극은 예안면 1차 시위를 주도하였다. 3월 17일 6시경 이병린(李炳麟)을 비롯한 군중과 더불어 주재소 앞에서 대한독립만세를 부르고, 앞서 체포된 구금자의 탈환을 목적으로 주재소로 밀고 들어가 유리창을 깼다. 이 활동으로 체포된 그는 5월 21일 대구지방법원 안동지청에서 징역 3년형을 언도받고, 항소하여 대구복심법원에서 징역 1년 6월형이 확정되어 복역하였다. 1990년 건국훈장 애족장.

■ 「판결문」(1919.5.21, 대구지방법원안동지청);「판결문」(1919.6.24, 대구복심법원);『독립운동사자료집』5집;『독립운동사』3권

안상길(安相吉, 1892.7.28~1958.7.20)

(대한민국 임시정부 경상도 교통부장 · 풍산소작인회 · 조선노농총동맹 · 신간회 안동지회 · 조선공산당 · 조선농민총동맹) 본관은 순흥(順興). 자는 한유(漢有). 아호는 차강(次康). 출신지는 동선면(東先面) 가구리(佳邱里: 현 와룡면 중가구리) 518번지. 안승국의 아들이요, 안상훈(安相勳)의 형이다. 안상길은 1915년 대구에서 곡물상을 운영하며 군자금을 모금

하여 광복회를 지원하였다. 1919년 8월 무렵 상해로 건너가 대한민국 임시정부에 참여하여, 경상도 교통부장으로 임명되었다. 그 후 임시정부 헌법, 교통부 규칙 등을 가지고 귀국하여, 서울에서 김재봉(金在鳳)·이준태(李準泰)와 논의하고, 대구로 가서 곡물상을 운영하며 군자금 모집활동을 전개하였다. 그러던 중 국외에서 가지고 들어온 문서가 발각되어, 1921년 2월 10일 같이 활동하던 김재봉과 함께 경기도 경찰부에 검거되었다. 이 활동으로 안상길은 1921년 6월 2일 경성지방법원에서 징역 1년형을 선고받고 서대문형무소에서 복역하였다.

안상길

1922년 3월 석방된 안상길은 고향으로 돌아와 조선노동공제회 안동지회에 참여하여 이준태·권오설(權五卨)·김남수(金南洙)·김원진(金元鎭) 등과 함께 노동운동을 전개하였다. 이후 1923년 11월 11일에 창립된 풍산소작인회(豊山小作人會)에 참여하여 집행위원으로 활동하였고, 1924년 4월에 설립된 전조선노농총동맹(全朝鮮勞農總同盟) 및 조선청년동맹(朝鮮靑年同盟)에 참여하여 활동하였다. 또한 같은 해 5월 와룡면 풍산소작인회 출장소 결성에 가담하여 집행위원 후보로 선출되었고, 그 해 10월 풍산소작인회 정기총회에서 집행위원으로 선출되었다.

한편 안상길은 풍산소작인회에 참여하여 농민운동을 전개하면서 또한 1925년 1월에 창립된 사상단체 화성회(火星會)에 참여하여 상무위원을 역임했으며, 같은 해 3월 경북 사상단체 사합동맹(四合同盟) 결성대회에 와룡면 대표로 참석했다. 또한 1925년 1월 안동청년회 혁신총회, 경북노농운동자 간친회 발기에 참여하였으며, 같은 해 2월 와룡청년회 창립, 경북청년대회 발기회, 경북사회운동자 간친회에 참석하였다. 1925년 3월 5일 전조선민중운동자대회준비회(全朝鮮民衆運動者大會準備會)에 화성회 대표로 이준태·권오설·김남수 등과 함께 참여하였고, 이어서 8월에 김남수·안상훈 등과 함께 안동청년연맹 창립에 참여하였다. 1925년 8월 예천 형평사 습격사건이 발생하자 이에 대처하기 위해 결성된 예천시민 대(對) 형평사(衡平社) 폭행사건조사회 집행위원을 맡았다.

이러한 활동의 바탕 위에서 그는 1926년 12월 조선공산당 중앙위원 후보로 선임되고, 1927년 8월경 조선공산당 경북도책을 맡아, 9월 조선농민총동맹 중앙집행위원으로 선출되었다.

1927년 2월 서울에서 신간회가 설립되자 그 해 4월 신간회 지지 선언서 작성위원으로 선출되어 선언서를 작성하였고, 이어서 신간회 안동지회 설립을 위해 노력하여 같은 해 8월 26일에 안동지회를 설립하였다. 이후 신간회 안동지회 대표위원, 정기대회 전형위원 및 본부 파견위원으로 선출되어 활동하였다.

1927년 8월 조선공산당 경북도기관을 설치하고 책임비서가 되어, 그 해 9월 대구에서 경북도당대회를 주관하고, 신간회 내의 경북 및 안동지역 조선공산당 세포를 조직하여 조선공산당 안동야체이카 책임자로 활동하였다. 그러던 중 1928년 10월 제4차 조선공산당으로 인해 일본경찰에 검거되어, 1930년 11월 28일 경성지법에서 징역 4년 6월형을 선고받고 서대문형무소에서 복역하였다. 1934년 5월 출옥한 그는 1945년 11월 전국인민위원회 대표자대회에 봉화군 대표로 참석하는 등의 활동을 하였다.
- 「판결문」(1921.6.2, 경성지방법원) ; 「형사재판서원본」(1930, 대구지방법원검사국) ; 『일제침략하한국36년사』 ; 『한국사회주의운동인명사전』 ; 『한국공산주의운동사』 ; 「신원카드」 ; 『동아일보』 1921.2.23, 1923.11.18, 1924.4.21 1925.1.12, 1.19, 2.4, 2.23, 3.18, 11.18, 1926.1.12, 9.21, 12.25, 1927.9.9, 1930.11.11 ; 『조선일보』 1928.1.21, 2.6, 3.10, 4.5 1930.11.27, 11.29

안상덕(安商德, 1876~1910.7.18)

(협동학교 교사 · 교육구국운동) 안상덕은 안동의 근대 중등교육기관인 협동학교(協東學校)에서 교사로 활동하던 중 1910년 7월 18일 예천의 최성천 의병부대가 협동학교를 습격하였을 때 이들에 의해 피살당하였다.
- 『한국독립운동사』 18집 ; 『황성신문』 1910.7.23

안상윤(安相潤, 1911~1949.5.20)

(조선학생과학연구회 · 안동청년동맹 와룡지부 · 안동콤그룹) 본관은 순흥(順興). 자는 경신(景新). 출신지는 동선면(東先面) 가구리(佳邱里: 현 와룡면 중가구리). 서울 중동학교에 재학 중이던 안상윤은 1928년 5월 조선학생과학연구회 선전부 위원이 되었다. 이 무렵 안동청년동맹 와룡지부에 참여하였으며, 그 해 11월 중동학교를 중퇴한 후 조선공산당재건준비위원회에 참여했다. 이후 신간회 안동지회에 참여한

안상윤

그는 1931년 신간회 중앙본부에서 해소결의가 있자, 1931년 3월 안동콤그룹을 결성하고 책임비서가 되었으며, 5월 제2차 신간회 전체대회에 참석하였다.

안동콤그룹의 활동이 영주군과 봉화군에도 영향을 미쳤는데, 그 결과 안상윤은 1932~1933년 영주적색농민조합재건투쟁위원회, 봉화적색농조재건위원회를 조직하는데 앞장섰다. 그러나 1933년 5월 메이데이 기념일을 기해 공동투쟁을 벌이려는 계획이 사전에 발각되어 일본경찰에 검거되었다. 1934년 7월 대구지법에서 징역 3년 6월형을 선고받았다.

■ 「판결문」(1934.7.2, 대구지방법원) ; 『한국사회주의운동인명사전』 ; 『조선일보』 1934.3.8, 6.16, 7.3

안상태(安相泰, 1901~1972.7.28)

(고려공산청년회) 본관은 순흥(順興). 이명은 안상경(安相珦). 자는 성가(誠可). 호는 백파(白波). 출신지는 동선면(東先面) 가구리(佳邱里: 현 와룡면 중가구리) 537번지. 안상태는 1927년 봄 고려공산청년회에 참여하여 안동야체이카에 배속되었다. 그 해 가을 조선공산당에 입당하여, 안동야체이카에서 활동하였다. 또 1927년 8월에 창설된 신간회 안동지회에 참여하여 1928년 1월 선전부 간사로 선출되었다. 이후 그는 제3·4차 조선공산당 사건으로 일본경찰에 검거되어, 1930년 대구지방법원에서 징역 10월형을 선고받았다. 2005년 대통령표창.

■ 『한국사회주의운동인명사전』 ; 「형사재판서원본」 ; 「판결문」(1930.12.27, 대구지방법원) ; 『조선일보』 1928.2.6, 1930.1.8

안상훈(安相勳, 1898~?)

(풍산소작인회 · 와룡청년회 · 안동청년연맹 · 조선공산당) 본관은 순흥(順興). 이명은 이중원(李重元) · 이상기(李相基) · 바또르꼬프. 자는 응방(應放). 호는 회산(晦山). 출신지는 동선면(東先面) 가구리(佳邱里: 현 와룡면 중가구리) 518번지. 안상길(安相吉)의 동생이다. 안상훈은 1923년 무렵부터 풍산소작인회(豊山小作人會) · 와룡청년회 · 안동청년연맹 등에 참여하였다. 1925년 4월 고려공산청년회 결성에 참여했고, 10월경 고려공산청년회에서 모스크바 동방노력자공산대학 유학생으로 선발되어 유학을 갔으나, 1927년 7월 공산대학에서 퇴학 처분을 받았다. 그 후 연해주 농촌 소학교에서 교사생활을 했다.

1929년 초 길림성(吉林省) 돈화현(敦化縣)에서 조선공산당재건설준비위원회 결성에 참여한 후 귀국하여, 서울 · 부산 · 예천 · 안동 등지에서 조선공산당을 재건하기 위해 조선공산주의자 열성자대회를 개최했다. 이 활동으로 그 해 6월 일본경찰에 검거되어, 1931년 9월 경성복심법원에서 징역 5년형을 선고받았다.

■ 『한국사회주의운동인명사전』; 『조선일보』 1929.6.15, 6.17, 1930.12.12, 12.21, 12.28, 1931.6.2; 「판결문」(1931.9.7, 경성복심법원)

안승국(安承國)

(광복회 군자금 지원) 본관은 순흥(順興). 이명은 안래국(安萊國). 출신지는 동선면(東先面) 가구리(佳邱里: 현 와룡면 중가구리). 안상길(安相吉) · 상훈(相勳)의 아버지. 안승국은 박상

진(朴尙鎭)·채기중(蔡基中) 등에 의해 조직된 광복회(光復會)에 군자금 100원을 지원하였다.

■『독립운동사자료집』11집

안찬중(安燦重, 1860.2.14~1930.6.23)
(교남교육회·교육구국운동) 본관은 순흥(順興). 호는 율포(栗圃). 자는 순화(舜華). 출신지는 동선면(東先面) 가구리(佳邱里: 현 와룡면 중가구리). 1908년 3월 15일 재경 영남인사들이 창립한 교남교육회(嶠南敎育會)에 참여하여 활동하던 안찬중은 1908년 재정난으로 폐교 직전에 있는 동선면 가구리의 동양학교(東陽學校)를 김영갑·이직열 등과 함께 재건하는 등 교육구국운동을 전개하였다.

■『대한매일신보』1910.4.6 ;『교남교육회잡지』11호

염상진(廉尙進)
(일직면금주회) 염상진은 1920년 9월 4일에 열린 일직면금주회 창립총회에서 간사로 선출되었다.

■『동아일보』1920.9.17

오보형(吳普衡)
(일직면금주회) 오보형은 1920년 9월 4일에 열린 일직면금주회 창립총회에서 부회장으로 선출되었다.

■『동아일보』1920.9.17

오봉칠(吳鳳七, 1888~?)

(후기의병) 출신지는 임동면(臨東面). 오봉칠은 1907년 경북 북부지방을 무대로 활동하던 류시연(柳時淵)의진에 가담하여 의병항쟁을 하다가 체포되어, 1908년 12월 25일 대구지방재판소에서 징역 15년형을 언도받고 항소하였으나 기각되었다.

■ 「판결문」(1908.12.25, 대구지방재판소) ; 『독립운동사자료집』 별집 1

오성무(吳成武, 1898~?)

(안동청년회 · 안동노우회 · 조선공산당 · 고려공산청년회 · 기우단 · 신간회 안동지회) 출신지는 예안면(禮安面) 동부동(東部洞: 현 도산면 동부리) 369번지. 오성무는 1925년 10월 안동노동공제회를 계승한 안동노우회(安東勞友會)의 간부로 활동하였다. 또한 이 무렵 시대일보 기자로 안동기우단(安東記友團) 결성에 참여하여 집행위원이 되었다.

이후 1926년 안동민중운동자간친회에 참석했고, 7월에는 고려공산청년회에 참여했다. 1927년 봄 고려공산청년회 안동야체이카 소속으로 활동하던 그는 그 해 10월 무렵 조선공산당에 입당하고 안동야체이카에 배속되었다. 1928년 1월 조선청년총동맹 경북연맹위원회에 참여하여 집행위원으로 선출되었다. 이어서 신간회에 참여하여 1928~1929년 신간회 안동지회의 대표위원, 정기대회 전형위원 및 간사, 대표위원 등으로 선출되었다. 1930년 제4차 조선공산당 사건으로 일본경찰에 검거되어, 1930년 2월 대구지방법원에서 징역 8월, 집행유예 4년형을 선고받았다.
■ 『한국사회주의운동인명사전』;「형사재판서원본」(1930, 대구지방법원검사국);「판결문」(1930.12.27, 대구지방법원);『조선일보』1927.7.17, 1928.3.10, 1929.1.19;『동아일보』1925.10.12, 1927.3.15

오윤수(吳胤洙)

(보광학교 교사·교육구국운동) 오윤수는 1918년에 개교한 보광학교(普光學校)에서 교사로 활동하였다.
■ 『안동 사람들의 항일투쟁』

오정수(吳貞秀)

(일직면금주회) 오정수는 1920년 9월 4일 열린 일직면금주회 창립총회에서 총무로 선출되었다.
■ 『동아일보』1920.9.17

오진형(吳晋衡)

(안동불교청년회) 오진형은 1920년 8월 22일에 열린 안동불교청년회 창립총회에서 평의원으로 선출되었다.
■ 『동아일보』1920.8.31

옥문환(玉文煥)

(신간회 안동지회) 출신지는 길안면(吉安面). 1927년 8월에 창립된 신간회 안동지회에 참여하여 활동하던 옥문환은 1929년 1월 후보 및 간사로 선출되었으며, 1929년 8월에는 집행위원으로 선출되어 활동하였다.

■ 『조선일보』 1929.1.29, 8.14

왕성복(王聖福)

(안동여성회) 왕성복은 1925년 11월 7일에 열린 안동여성회 창립총회에서 집행위원으로 선출되었다.

■ 『조선일보』 1925.11.11

우상돈(禹相敦, 1869~?)

(광복회) 우상돈은 광복회(光復會)에 가담하여 군자금 모집 활동을 전개하였다. 그가 가입한 광복회는 1915년 7월에 결성된 단체로서, 1913년 채기중(蔡基中)을 중심으로 의병 계열 인사들이 경상북도 풍기(豊基)에 모여 조직한 비밀결사단체인 풍기광복단(豊基光復團)과 1915년 음력 정월 대구에서 결성된 조선국권회복단(朝鮮國權回復團) 일부가 결합하여 이루어진 단체이다. 여기에 가입하여 군자금 모집활동을 전개하던 우상돈은 1918년 일본경찰에 체포되었다.

■ 『박상진자료집』

유상선(劉相善, 1884.6.6~1944.6.24)

(임동면 삼일운동) 본관은 강릉(江陵). 자는 경단(敬端). 출신지는 임동면(臨東面) 중평동(中平洞: 현 임동면 중평리) 334번지. 유상선은 1919년 3월 21일 임동면 중평동 편항시장(鞭巷市場)에서 일어난 만세시위에 참여하였다가 체포되었다. 1919년 5월 31일 대구지방법원 안동지청에서 유죄판결을 받고 항소하였으나, 8월 18일 대구복심법원에서 징역 2년

형이 확정되어 대구형무소에서 복역한 후 1922년 9월에 출옥하였다. 1977년 대통령표창, 1990년 건국훈장 애족장.
- 『독립운동사』 3권 ; 『독립운동사자료집』 5집 ; 「판결문」(1919.5.31, 대구지방법원안동지청) ; 「판결문」(1919.8.18, 대구복심법원)

유준(劉準)

(풍서농민회) 본관은 풍산(豊山). 이명은 류수암(柳壽巖). 출신지는 풍산면(豊山面) 하리동(下里洞: 현 풍산읍 하리). 류쾌준은 1925년 11월 풍서농민회에 참여하여 집행위원이 되었는데, 풍서농민회는 '상호부조와 생활개량'을 목적으로 소작료와 지세문제를 당면과제로 삼고, 악독한 지주에게 대항하고 간악한 소작인들을 처치하여 농민 생활 보장을 투쟁 방향으로 잡았다. 이에 그는 1926년 5월 소작권 이동문제로 인해 야기된 분규에 가담하였다가 벌금 100원형을 언도받았다. 1926년 2월에는 조선일보사 안동지국 풍산주재기자로 활약하기도 했다.
- 『동아일보』 1926.5.4 ; 『조선일보』 1926.5.3

윤세형(尹世衡)

(신간회 안동지회) 1927년 8월에 설립된 신간회 안동지회에 참여하여 활동하던 윤세형은 1928년 1월 간사 및 건의안 작성위원으로 선출되었다.
- 『조선일보』 1928.1.21

윤재문(尹在文, 1865~미상)

(안동면 삼일운동) 출신지는 안동(安東) 신세동(新世洞). 윤재문은 1919년 안동면 2차 시위에 참가하였다. 2차 시위는 3월 18일부터 다음날인 19일 새벽까지 펼쳐졌다. 그는 1919년 3월 19일 시위대와 함께 독립만세운동을 전개하다 3월 21일 체포되었다. 이후 1919년 4월 7일 징역 6월형을 언도받았다. 2010년 대통령표창.

■ 「형사사건부」

이강연(李康演)

(협동학교 교사·교육구국운동) 이강연은 안동의 근대 중등교육기관인 협동학교(協東學校)에서 교사로 활동하였다.

■ 『안동 사람들의 항일투쟁』

이강욱(李康郁, 1874.11.10~1945.4.17)

(임동면·영양 청기면 삼일운동) 본관은 전주(全州). 출신지는 예안면(禮安面) 태곡동(太谷洞: 현 예안면 태곡리). 이강욱은 1919년 3월 21일 임동면 중평동 편항시장(鞭巷市場)에서 일어난 만세시위를 계획·주도하였다. 그는 홍명성(洪明聖)과 함께 갈전동(葛田洞) 주민을 규합하여 만세시위의 취지를 전달하며 시위에 적극 참여할 것을 권고하였다. 임동면 시위 후 그는 영양군 청기면으로 달려가 3월 24일 청기면 만세시위를 주도하기도 하였다. 1920년 4월 24일 대구지방법원에서 징역 6년형을 언도받고 복역하였다. 1977년 건국포장, 1990년 건국훈장 애국장.

- 『고등경찰요사』 ; 『독립운동사』 3권 ; 『독립운동사자료집』 5집 ; 「판결문」(1920.4.24, 대구지방법원안동지청)

이건(李建, 1891~1950.2.27)

(풍산소작인회) 본관은 진성(眞城). 자는 자건(子建). 출신지는 풍산면(豊山面) 마애동(麻厓洞: 현 풍산읍 마애리) 274번지. 풍산소작인회에 참여하여 활동하던 이건은 이용만(李用萬)을 비롯한 동지들과 1924년에 소작료 인하운동을 대규모로 전개하였다. 그러나 대지주와 일본인 지주들이 풍서농무회를 조직하여 탄압에 나서자, 그는 이에 맞서 싸우다가 1924년 7월 10일과 11일 이용만을 포함한 동지 12명과 함께 구속되고, 벌금 20원의 형을 언도받았다. 묘는 풍산읍 수리(水里) 이마래(二馬來)에 있다.

- 『동아일보』 1924.8.13, 10.9, 10.19

이건(李鍵)

(전기의병) 본관은 고성(固城). 출신지는 안동(安東) 법흥동(法興洞). 이건은 1895년 12월(음력) 결성된 안동의진에서 도서기(都書記)로 참여하였다.

- 「안동의소파록」

이경산(李慶山)

(애산사숙 설립·교육구국운동) 이경산은 도산면(陶山面) 토계동(土溪洞)에 사립학교인 애산사숙(愛山私塾)을 설립하고 교사로 활동하였다.

■ 『안동 사람들의 항일투쟁』

이경식(李京植, 1895.5.25~1945.4.25)

(의열투쟁) 출신지는 예안면(禮安面) 부포리(浮浦里). 1925년 9월 대구에서 조직된 비밀결사 암살단(暗殺團) 단원으로 활동하였다. 암살단은 1925년 9월경, 장진홍(張鎭弘)·이원록(李源祿)·이원기(李源祺)·이원유(李源裕) 등에 의해 조직되었으며, 일제 주요시설 파괴를 목적으로 하였다. 이경식은 암살단에 가입하여 군자금 모집활동 중, 1927년 10월경 장진홍과 경북도청(慶北道廳)·경북경찰부(慶北警察部)·조선은행 대구지점(朝鮮銀行 大邱支店)·식산은행 대구지점(殖産銀行大邱支店) 등지를 폭발시키려는 계획에 가담하였다. 1927년 10월 18일 오전 9시경, 장진홍은 미리 준비한 폭탄 4개를 목표 지점에 1개씩 배달시켰으며, 이날 오전 11시 50분경 폭탄이 폭발하여 은행원과 일본경찰 등 5명이 중경상을 입는가 하면 유리창 70여 매가 완전히 부숴졌다. 일본경찰은 이 사건에 대한 신문게재를 금지시키는 한편 조사를 비밀리에 진행시켰는데, 이때 이경식은 폭탄을 투척한 것에 연루되어 1928년 1월 6일 체포되어 1년 4개월 동안 옥고를 치렀다. 1996년 건국훈장 애족장.

■ 「형사사건부」;『일제침략하한국36년사』9권 ;『기려수필』

이광국(李光國, 1903~1978)

(만주방면) 본관은 고성(固城). 초명은 인형(仁衡). 자는 무익(武翼). 출신지는 안동(安東) 법흥동(法興洞). 이광국은 이

봉희(李鳳羲)의 아들이며, 석주 이상룡의 조카이다. 그는 1911년 1월경 가족과 함께 만주로 망명하여 1930년 7월 중국공산당에 가입하여 길림지역에서 군자금 모집과 철도·교량 등을 파괴하는 항일투쟁을 활발하게 펼쳤다. 그러다 이광국은 1932년 4월 길림 반석현에서 일제에게 체포되었고, 1932년 6월 24일 신의주지방법원에서 징역 4년을 선고받았다.

- 『안동 사람들의 항일투쟁』; 『동아일보』 1932.4.19, 5.22, 6.22, 6.30

이광렬(李光烈)

(의병항쟁) 이광렬은 을미사변 때, 의병을 창의하였다. 이후 그는 1907년 안동에서 다시 거의하여, 안동을 비롯한 문경·함창 등지에 의병항쟁을 전개하였다.

- 『고종시대사』 6집 ; 『독립신문』 1920.5.11

이광민

이광민(李光民, 1895~1945.10.18)

(서로군정서·한족노동당·정의부·조선공산청년회) 본관은 고성(固城). 본명은 이문형(李文衡). 이명은·이광민(李光珉·光敏)·이영형(李永衡)·영(暎·英). 자는 사익(士翼). 호는 자화(子華). 출신지는 안동면(安東面) 법상동(法尙洞: 현 안동시 법상동). 이광민은 임시정부 초대 국무령을 지낸 석주 이상룡(石洲 李相龍)의 조카이다. 그는 협동학교를 졸업한 후 1911년 백부(伯父) 이상룡을 따라 만주(滿洲)로 망명하였고, 신흥무관학교를 졸업하였다. 1916년 봉천성(奉天省) 통화현

(通化縣)에 있는 동화학교(東華學校)에서 교사로 재직하면서 학생들에게 민족교육을 실시하였다.

1923년 8월 이광민은 반석현(磐石縣)에서 한족노동당(韓族勞動黨) 발기인의 한 사람으로 참가하여, 1924년 11월 창립총회에서 당무집행위원으로 선출되었다. 1924년 3월에는 전만통일회의주비회에 서로군정서(西路軍政署) 대표로 참석하였고, 그 해 11월 24일 정의부(正義府)가 발족되자 그는 민사부 서무과 주임위원에 선출되었다. 이때 많은 안동출신 인사들이 정의부에 참여하였는데, 김동삼(金東三)은 중앙행정위원 겸 외부위원장을, 김원식(金元植)은 행정원 비서장을, 김응섭(金應燮)은 중앙심판원장을 각각 맡아 활약하였다.

1926년 1월 정의부(正義府) 중앙총부에서 내정과 외부조직을 확장하려고 만주 각지와 국내에 위원을 파견하여 군인과 군자금을 모집할 때, 이광민은 김세준(金世俊)·김홍식(金鴻植) 등과 함께 파견되어 함경남북도와 평안남북도·황해도 등에서 활동하였다. 1926년 11월 이광민은 제3회 정의부(正義府) 중앙의회에서 재무위원으로 선출되었고, 또 그 해 가을에 결성된 조선공산당 남만총국 조직부 간부에 선출되기도 하였다.

1927년 4월 15일 길림 남쪽 영길현(永吉縣) 신안둔(新安屯)에서 좌우합작 추진을 위한 유일당촉성회의가 열렸는데, 이때 정의부 중앙위원인 이광민은 김동삼·오동진(吳東振)·김원식 등과 함께 참석하였다. 1927년 5월 한족노동당 중앙집행위원이자 조선공산당 남만도 간부인 그는 휴간중인 기관지『농보(農報)』를 조선공산당 방침에 따라 5월 1일부터 다시 발행하였다. 1927년 9월에는 조선공산청년회 남만 제1구에서 선전부 간부에 임명되었다.

1928년 5월 전민족유일당촉성회파(全民族唯一黨促成會派)인 여족공의회(麗族公議會)의 대표로 선출되어 활동하였으며, 1930년 3월 전만한인반제국주의대동맹창립주비회(全滿韓人反帝國主義大同盟創立籌備會) 결성에 참여하여 김동삼과 함께 집행위원에 임명되어 활동하였다. 묘는 대전현충원에 있다. 1990년 건국훈장 독립장.

- 「백하일기」(김대락) ;『고등경찰요사』;
『일제침략하한국36년사』;『한국독립운동사』4권 ;
『국외용의조선인명부』;『독립운동사』5권 ;『동아일보』
1926.2.18, 1927.5.14

이광춘(李光春)

(신간회 안동지회) 1927년 8월에 설립된 신간회 안동지회에 참여하여 활동하던 이광춘은 1929년 1월 간사 및 대표회원으로 선출되었다. 또 그는 풍산소작인회에서 활동하다 1929년 일제경찰에게 체포되기도 하였다.

- 『조선일보』1929.1.29 ;『동아일보』1929.6.16, 12.5

이광호(李洸鎬, 1885.4.27~1942.2.1)

(예안면 삼일운동) 본관은 진성(眞城). 호는 삼광(三光). 출신지는 도산면(陶山面) 원촌동(遠村洞: 현 도산면 원천리). 당시 예안 면서기로 근무하고 있던 이광호는 1919년 3월 11일 이호명(李鎬明)이 예안 면사무소로 찾아와 "각지에 독립운동

을 개시하는데 이는 조선인으로 해야할 의무다"라고 말하자 그도 이에 찬성하여, 오후 9시경 숙직실에서 면장 신상면(申相冕), 이중원(李中元)·이남호(李南鎬)·신응두(申應斗)·신동희(申東熙)와 함께 예안장날에 만세시위를 계획하였다. 3월 17일 예안면 1차 시위에 참여한 그는 시위를 주도하다가 일본경찰에 체포되어 4월 17일 대구복심법원에서 징역 2년형을 언도받고 항소하였으나, 5월 19일 고등법원에서 2년형이 확정되어 복역하였다. 이후 그는 1921년 기독교청년회 취지서를 발행·배포한 일로 체포되어 벌금 20원을 받았다. 1982년 대통령표창, 1990년 건국훈장 애족장.

이광호

- 「판결문」(1919.4.17, 대구복심법원) ; 「판결문」(1919.5.19, 고등법원) ; 「판결문」(1921.12.7, 대구복심법원) ; 『동아일보』 1921.5.3 ; 『독립운동사자료집』 5집 ; 『독립운동사』 3권

이구덕(李九德)

(일직면 삼일운동) 출신지는 일직면(一直面) 망호동(望湖洞: 현 일직면 망호리). 이구덕은 1919년 3월 21일에 일어난 일직면 만세시위에 참여하여 시위를 주도하였다. 그는 이 일로 체포되어 1919년 3월 대구지방법원 안동지청에서 태형 90을 받았다.

- 「판결문」(1919.3.21, 대구지방법원안동지청) ; 『고등경찰요사』 ; 『독립운동사』 3권

이국선(李國善, 1886~1907.7[음])

(후기의병) 본관은 예안(禮安). 이명은 이국선(李局善)·이일선(李逸善). 자는 군직(君直). 이국선은 1907년 고종황제가

강제퇴위하고 군대가 강제 해산되자, 속리산을 근거지로 활동하던 김운노(金雲老)의진에 가담하여 의병항쟁을 벌였다. 1907년 음력 7월 그는 노고성(老故城)전투에서 일본군과 격전을 벌이다가 전사하였다. 1991년 건국훈장 애국장.
■ 『기려수필』; 『독립운동사』 1권 ; 『조선독립운동』 1권

이규달(李圭達, 1852.1.1~1930.7.14)

(풍산읍 삼일운동) 출신지는 풍북면(豊北面) 만운(晚雲: 현 풍산 만운) 33번지. 이규달은 1919년 3월 24일 안동군 풍산면 만세시위에 참여하였다가 체포되어 1919년 4월 25일 징역 10월형을 언도받았다. 이후 그는 1930년 7월 14일 사망하였다. 2010년 건국포장.
■ 「형사사건부」

이규동(李圭東, 1885~1950.11.14)

(망천서숙 교사 · 교육구국운동) 본관은 진성(眞城). 자는 인팔(寅八). 호는 학남(鶴南). 출신지는 풍산면(豊山面) 마애동(麻厓洞: 현 풍산읍 마애리). 이규동은 1919년에 설립된 망천서숙(輞川書塾: 현 풍산읍 마애리)에서 교사로 활동하였다. 묘는 마애리 포곡(일명: 깻골)에 있다.
■ 『안동 사람들의 항일투쟁』

이규락(李圭洛)

(충의사) 이규락은 주로 을미의병에 참여했던 재야 유생층이 1904년 8월 서울에서 조직한 충의사에 참여하여 활동

하였다.

■ 『남은선생유집(서명록)』

이규호(李奎鎬, 1893~1969)

(예안청년회 · 조선노동공제회 안동지회) 본관은 진성(眞城). 호는 우송(友松). 출신지는 도산면(陶山面) 원촌동(遠村洞: 현 원천리). 1920년 창립된 예안청년회에 참여하여 활동하던 이규호는 1925년 5월 9일에 열린 정기총회에서 집행위원장으로 선출되었다. 더불어 1920년 9월 23일 조선노동공제회 안동지회가 창립되자 여기에도 참여하여 1921년 7월 제2회 총회에서 간사로 선출되었다.

■ 『동아일보』 1921.7.22, 1925.5.15

이균호(李均鎬, 1891~1955)

(예안청년회) 본관은 진성(眞城). 호는 서산(曙山). 이균호는 1920년 7월에 열린 예안청년회 창립총회에서 부회장으로 선출되었고, 그 해 8월 5일 예안청년회 주관으로 개최된 강연회에서 '자연계에 면양(面養)한 오인(吾人)'이란 주제로 연설하였다.

■ 『동아일보』 1920.7.19, 8.15

이극모(李極模, 1898.10.18~1942.11.29)

(예안면 삼일운동) 출신지는 동선면(東先面: 현 와룡면 일대). 이극모는 1919년 3월 17일에 일어난 예안면 1차 시위에 참여하여, 군중과 함께 주재소로 몰려가 구금자의 석방을

요구하며 돌과 기와를 던져 주재소의 유리창을 깨고 만세를 불렀다. 이때 안동에서 출동한 일본군 수비대에 의해 시위 참가자 25명이 체포되었는데, 이극모 또한 이때 체포되어 1919년 3월 31일 대구지방법원에서 징역 1년형을 언도받고 항소하였으나, 1921년 12월 1일 대구복심법원에서 형이 확정되어 복역하였다. 1990년 건국훈장 애족장.
■ 「범죄인명부」;『독립운동사』3권 ;『독립운동사자료집』5집

이극호(李極鎬, 1891.3.8~1938.12.19)

(예안면·도산면 삼일운동) 본관은 진성(眞城). 자는 성용(聖用). 출신지는 도산면(陶山面) 토계동(土溪洞: 현 도산면 토계리) 240번지. 이극호는 1919년 3월 17일 예안면 1차 시위에 참여하여 만세를 부르고 돌아와 이용호(李用鎬)·이기호(李琦鎬)와 함께 도산공립보통학교(陶山公立普通學校) 학생을 규합하여 도산면 만세시위를 계획하였다. 그리하여 3월 18일 마을 앞 개울가의 큰 나무 아래에서 대한독립만세를 부르자, 이기호를 비롯한 도산공립보통학교 학생 30여 명도 교정에서 만세를 불렀다. 이 활동으로 체포되어 대구복심법원에서 징역 2년형을 언도받고 복역하였다. 1983년 대통령표창, 1990년 건국훈장 애족장.
■ 「판결문」(1919.5.26, 대구지방법원안동지청) ; 「판결문」(1919.6.24, 대구복심법원) ;『독립운동사자료집』5집 ;『독립운동사』3권

이긍연(李兢淵, 1847.11.3~1925.9.3)

(전기의병) 본관은 진성(眞城). 자는 희중(希曾). 호는 유수각(流水閣). 이명은 이목연(李穆淵). 출신지는 와룡면(臥龍面) 주하리(周下里). 이긍연은 안동의진에 참여하였다. 안동에는 1894년 서상철(徐相轍)이 일본군에 의한 갑오변란(甲午變亂)을 계기로 반개화·반침략의 의병투쟁을 일으킨 이후, 1895년 을미사변에 이어 단발령이 반포되자 즉각적으로 의병을 조직하고 본격적인 항일투쟁을 전개하였다. 12월 6일 권세연(權世淵)이 대장에 추대되어 안동부를 점령하였으며, 12월 30일 권세연의 후임으로 김도화(金道和)가 대장에 추대되었는데, 이긍연은 김도화로부터 종사관에 임명되어 의병항쟁을 전개하였다. 특히 그는 『을미의병일기(乙未義兵日記)』라는 의병투쟁 기록을 남겼는데, 이는 안동의병의 활동상을 잘 알려주는 중요한 자료로 평가된다. 2002년 건국포장.

이긍연

■ 「差帖」; 『을미의병일기』(이긍연)

이기현(李基賢)

(안동여성회) 이기현은 1925년 11월 7일에 열린 안동여성회 창립총회에서 집행위원으로 선출되었다.

■ 『동아일보』 1925.11.12

이기호(李琦鎬, 1888.8.5~1933.10.20)

(도산면 삼일운동) 본관은 진성(眞城). 출신지는 도산면(陶山面) 토계동(土溪洞: 현 도산면 토계리). 이기호는 1919년 3월 17일 예안면 1차 시위에 참가했던 이용호(李用鎬)와 이극호

(李極鎬)가 돌아와 도산면에서도 만세시위를 벌일 뜻을 밝히자 이에 호응하여 도산공립보통학교(陶山公立普通學校) 학생을 규합하였다.

3월 18일 오전 11시경 이용호·이극호 등이 마을 앞 개울가의 큰 나무 아래에서 대한독립만세를 외치자, 이기호는 이출이(李出伊)·이동욱(李東昱) 등과 함께 만세를 불렀다. 이 활동으로 체포된 그는 1919년 4월 2일 대구지방법원 안동지청에서 징역 4월형을 언도받고 복역하였다. 1993년 대통령표창.

- 「판결문」(1919.4.2, 대구지방법원안동지청) ; 『독립운동사자료집』 5집 ; 『독립운동사』 3권

이남우(李南羽)

(충의사) 이남우는 주로 을미의병에 참여했던 재야 유생층이 1904년 8월 서울에서 조직한 충의사에 참여하여 활동하였다.

- 『남은선생유집(서명록)』

이남직(李南稙, 1920.4.8~2005.8.25)

(학생운동) 출신지는 풍산면(豊山面) 상리(上里) 313번지. 이명은 하강의화(下岡義和). 이남직은 1937년 경북 안동군 안동공립농업학교(安東公立農業學校)에 재학 중 동교생(同校生) 송필학(宋必鶴)에게 2회에 걸쳐 독립운동을 권유하는 내용의 서신을 보냈다. 이어 그는 1939년 12월 안동군 풍산면(豊山面) 상리동(上里洞) 소재 자택에서 이해직(李海稙)이 한

국인의 민족의식 고양에 힘써 조국독립의 기운을 조장시킬 것을 거론하자 이에 동의하였다. 그리고 1940년 3월에는 이해직에게 창씨제도 제정을 기회로 조국의 독립을 도모하기 위해서는 한국인의 민족의식을 고양시키는 데에 힘써야 한다고 제의하기도 하였다. 그러다 이남직은 일본 경찰에게 체포되어 1942년 경성지방법원에서 징역 1년 6월을 받고 옥고를 치렀다. 2006년 건국훈장 애족장.

■ 「신원카드」;「판결문」(1942.5.31·9.1, 경성지방법원)

이남호(李南鎬, 1882.4.24~1934.4.10)

(예안면 삼일운동) 본관은 진성(眞城). 출신지는 예안면(禮安面) 삼계동(三溪洞: 현 예안면 삼계리). 예안면 면서기로 재직 중이던 이남호는 1919년 3월 11일 오후 9시경 예안면사무소의 숙직실에서 면장 신상면(申相冕), 이중원(李中元)·신응두(申應斗)·신동희(申東熙)와 함께 3월 17일 예안장날에 만세시위를 벌일 것을 계획하고, 면사무소의 등사기를 이용하여 독립선언문과 태극기를 등사하였다.

1919년 3월 17일 오후 6시경 이남호는 군중들과 함께 돌과 기와를 던지면서 주재소로 밀고 들어가 구금자 석방을 요구하며 만세를 불렀다. 이 활동으로 체포된 그는 5월 21일 대구지방법원에서 징역 1년 6월형을 언도받고 복역하였다. 출옥 후 그는 흠치교에 가입하여 활동하였다. 1995년 건국훈장 애족장.

■ 「판결문」(1919.5.21, 대구지방법원안동지청);「판결문」(1919.6.24, 대구복심법원);「판결문」(1922.2.27,

고등법원) ;『독립운동사자료집』5집 ;『독립운동사』3권

이낭한(李朗漢)

(납시서당 교사 · 교육구국운동) 이낭한은 1910년에 설립된 납시서당(納是書堂: 남후면 고곡동)에서 교사로 활동하였다.
- 『안동 사람들의 항일투쟁』

이대기(李大基, 1888.6.14~1940.6.19)

(의용단) 출신지는 임동면(臨東面) 고천동(高川洞: 현 임동면 고천리). 이대기는 1921년에 결성된 의용단(義勇團)에 참가하여 군자금을 모집하였다. 그가 참여한 의용단은 군자금 지원을 원하는 서로군정서의 뜻에 호응하여 영남지방 인사들이 결성한 조직체인데, 이대기는 여기에 가입하여 1922년 10월 이응수(李應洙) · 이종국(李鍾國) 등과 함께 부호들을 대상으로 독립운동 자금을 모으기로 결의하고 안동을 비롯한 영천(永川) · 군위(軍威) · 영일(迎日) 일대에서 군자금 모집활동을 전개하였다.

그 활동이 발각되자, 이대기는 1922년 11월 대구 계림여관(鷄林旅館)에서 투숙객으로 위장 · 은신하였지만, 곧 체포되어 1923년 12월 22일 대구지방법원에서 징역 1년 6월형을 언도받고 옥고를 치렀다. 1995년 건국훈장 애족장.
- 「예심종결결정서」(1923.9.30, 대구지방법원) ;「판결문」(1923.12.22, 대구지방법원) ;『일제침략하한국36년사』 6권 ;『독립운동사자료집』10집 ;『고등경찰요사』;『매일신보』 1922.12.21, 12.30 ;『동아일보』1922.12.20, 12.22, 12.23, 12.30

이대녕(李大寧, 1926.12.30~?)

(조선회복연구단) 출신지는 임북면(臨北面) 사월동(沙月洞: 현 임동면 사월리) 754번지. 이대녕은 안동농림학교(安東農林學校) 농과(農科) 8회생으로서, 재학 시 조선회복연구단(朝鮮回復研究團)에 가입하여 활동하였다. 1945년 3월 21일 체포되어, 옥고를 치르다가 광복과 더불어 1945년 8월 16일 대구지방검찰청 안동지청에서 기소유예로 풀려났다. 1999년 대통령표창.

■ 『안동농림학생항일약전』; 「형사사건부」(1945.3.14)

이대호(李袋鎬, 1902~1974)

(예안청년회) 본관은 진성(眞城). 1920년 창립된 예안청년회에 참여하여 활동하던 이대호는 1924년 5월 9일에 열린 정기총회에서 집행위원으로 선출되었다.

■ 『동아일보』 1925.5.15

이덕숙(李德淑, 1894.10.17~1960.5.10)

(신흥무관학교 · 대한통의부) 본관은 경주(慶州). 이명은 이선우(李宣雨). 출신지는 남후면(南後面) 수상동(水上洞: 현 안동시 수상동) 99번지. 이덕숙은 1915년 처형을 따라 서간도 유하현(柳河縣)으로 이주하여 농업에 종사하다가, 1920년 4월 신흥무관학교(新興武官學校)를 졸업한 후 교성대(敎成隊)에 편입되어 활동했다. 1923년 5월 대한통의부(大韓統義府) 의용군으로 들어간 그는 제5중대(중대장 金鳴鳳) 제1소대장 이동건(李東健)의 부하로 활동하였다.

1923년 7월 이동건·류연덕(柳淵德)과 더불어 대한통의부 본부로부터 군자금 조달 명령을 받고, 대구에 들어와 군자금을 모집하였다. 1923년 10월 신흥무관학교의 동창생이었던 이겸호(李謙浩)와 신형섭(申亨燮)을 만나 대한통의부의 실상을 알리고 군자금 모집에 협조할 것을 당부하였다. 1924년 4월에는 안동에서 권동호(權東鎬)와 이겸호를 만나 영덕(盈德)·영해(寧海) 방면에서 군자금을 모집하던 중 같은 해 6월 일본경찰의 검문을 받게 되자 총을 쏘며 공격하고서 피신하였다. 이후 9월 18일 경기도에서 체포된 그는 1925년 대구지방법원에서 징역 3년형을 언도받고 복역하였다. 묘는 안동시 수상동 건직곡(乾直谷) 공동묘지에 있다. 1977년 건국포장, 1990년 건국훈장 애국장.

- 판결문(1925.1.22, 대구지방법원) ;『독립운동사』7권 ;『독립운동사자료집』10집 ;『고등경찰요사』

이도상(李道祥, 1892~?)

(임동면 삼일운동) 출신지는 임동면(臨東面) 고천동(高川洞; 현 임동면 고천리). 이도상은 1919년 3월 21일 임동면 중평동 편항시장(鞭巷市場)에서 일어난 만세시위에 참여하였다가 체포되었다. 이 활동으로 1919년 5월 31일 대구지방법원 안동지청에서 징역 2년형을 언도받고 항소하였으나, 8월 18일 대구복심법원에서 2년형이 확정되어 복역하였다.

- 「판결문」(1919.5.31, 대구지방법원) ;「판결문」(1919.8.18, 대구복심법원) ;『독립운동사자료집』5집

이돈유(李敦裕)

(전기의병) 본관은 한산(韓山). 출신지는 일직면(一直面) 소호리(蘇湖里). 이돈유는 1896년 3월 25일 창의한 의성의진에 참여하였다. 그는 3월 14일 향회에 참가하여 김상종을 의병장으로 천거하는 등 의성의진 창의에 적극적으로 노력하였다.

■ 『병신창의실록』; 『의성의 독립운동사』

이동봉(李東鳳, 1894.1.27~1920.11.6)

(예안면 삼일운동) 본관은 진성(眞城). 자는 가견(可見). 출신지는 도산면(陶山面) 토계동(土溪洞: 현 도산면 토계리) 하계. 이동봉은 도산면 토계동에 설립된 애산사숙(愛山私塾)과 예안면 서부동에 설립된 선성의숙(宣城義塾)에서 수학하였다. 이후 그는 이용호(李用鎬)·김동택(金東澤)·신응한(申應漢) 등과 함께 예안면 만세시위를 계획하고 주도하였다. 1919년 3월 17일 오후 3시 30분경 이동봉은 20~30명의 군중과 함께 예안면사무소 뒷편의 선성산(宣城山)에 올라가 일본이 세운 어대전기념비(御大典紀念碑)를 쓰러뜨리고 만세를 불렀다. 이 활동으로 체포된 그는 1919년 4월 17일 대구복심법원에서 2년형을 언도받고 항소하였으나, 고등법원에서 징역 3년형이 확정되어 복역하다가 병보석으로 풀려났다. 그러나 병세가 악화되어 곧 순국하였다. 1968년 대통령표창, 1991년 건국훈장 애국장.

이동봉

■ 「판결문」(1919.4.17, 대구복심법원); 「판결문」(1919.5.19, 고등법원); 『독립운동사자료집』 5집; 『한국독립사』 하권;

『독립운동사』 3권

이동식(李東植)

(교남교육회 · 교육구국운동) 이동식은 1908년 3월 15일 재경 영남인사들이 창립한 교남교육회(嶠南敎育會)에 참여하여 교육구국운동을 전개하였다.

■ 『교남교육회잡지(회원명부)』

이동완(李東完)

(예안청년회) 1920년 7월에 창립된 예안청년회에 참여하여 간사로 활동하던 이동환은 1920년 8월 5일 예안청년회 주관으로 열린 강연회에서 '본회의 창립과 감상'이란 주제로 연설하였다.

■ 『동아일보』 1920.7.19, 8.15

이동욱(李東旭, 1898~1948.4.7)

(예안면 · 도산면 삼일운동) 본관은 진성(眞城). 자는 여승(汝昇). 출신지는 도산면(陶山面) 토계동(土溪洞: 현 도산면 토계리) 251번지. 하계파 종손인 이동욱은 1919년 3월 17일에 일어난 예안면 만세시위에도 참여하였으며, 다음날 3월 18일에 도산면 시위에 참여하여 시위를 주도하였다. 이 활동으로 그는 일본경찰에 체포되어, 1919년 4월 2일 대구지방법원 안동지청에서 태형(笞刑) 90을 선고받았다.

■ 「판결문」(1919.4.2, 대구지방법원안동지청) ; 『독립운동사』 3권

이동진(李東鎭)

(한국광복군) 1942년 8월 이동진은 장조민(張朝民)과 같이 산동유격대(山東遊擊隊)에서 지하공작 활동을 펼치다가 부양(阜陽) 3지대에 입대하였다. 1944년 한광반(韓光班) 간훈단(幹訓團)을 수료한 뒤, 1945년 적후방에서 지하공작 활동을 하다가 해방 후 1946년에 귀국하였다.

■ 『안동 사람들의 항일투쟁』

이동태(李東泰)

(예안청년회) 이동태는 1920년 7월에 열린 예안청년회 창립총회에서 평의원으로 선출되었다.

■ 『동아일보』 1920.7.19

이동하(李東廈, 1875.4.18~1959.3.18)

(대동청년단·교육구국운동) 본관은 진성(眞城). 이명은 이동후(李東厚)·이원식(李元植)·철(轍). 호는 백농(伯農·白儂). 출신지는 예안면(禮安面) 부포동(浮浦洞: 현 예안면 부포리). 이동하는 1908년 3월 15일 재경 영남인사들이 창립한 교남교육회(嶠南敎育會)에 참여하여 교육구국운동을 전개하였다. 또한 그는 1909년 비밀결사단체인 대동청년단(大東靑年團)에 가입하여 활동하였다. 이후 1910년 대한제국이 멸망하자 만주로 망명하고, 학교를 설립하여 민족교육에 앞장섰다. 일찍이 그는 서울 계산학교(桂山學校) 교사와 대구 협성학교(協成學校) 교감을 지냈고, 예안(禮安)에서 보문의숙(寶文義塾)을 설립하는 등의 교육구국운동을 전개한 경험이 있었다.

1911년 김동삼(金東三)과 함께 만주로 망명한 이후에도 그는 1912년 서간도 환인현(桓仁縣)에 있는 동창학교(東昌學校)의 교장에 이어, 신빈현에 흥경학교(興京學校)를 설립하여 지속적인 교육구국활동을 전개하였다. 그러나 일제의 사주를 받은 중국관헌들에 의해 학교가 폐교되고, 그는 추방당하는 고초를 겪었다. 이후 중국 간도지방을 중심으로 항일투쟁을 계속하다가 회령독판부(會寧督辦府) 연통제(聯通制)가 드러남에 따라 일본경찰에 체포되어, 청진지방법원(淸津地方法院)에서 실형을 언도받고 옥고를 치렀다. 1963년 대통령표창, 1990년 건국훈장 애족장.

■ 「백하일기」(김대락) ;『고등경찰요사』;『한국독립운동사』;『한국독립사』하권 ;『독립운동사』3 · 8 · 10권

이동학(李東學, 1920.8.25~?)

(한국광복군) 이명은 이동학(李東鶴). 출신지는 도산면(陶山面). 이동학은 광복군 제2지대 제2구대에 입대하여 항일투쟁을 전개하던 중, 1945년 한미합작 군사훈련인 OSS훈련 정보 · 파괴반에서 훈련을 받았다.

1940년 9월 중국 중경(重慶)에서 창설된 광복군은 일본군에 소속된 한인 병사와 적 후방의 한인 청년을 포섭하는 초모공작(招募工作)과 이들에 대한 교육과 훈련, 적군에 대한 정보수집과 교란활동 등을 전개하였다. 그러다가 1944년부터 한국광복군은 연합국의 일원으로 인정받기 위해 연합국과 공동작전을 펼칠 방안을 찾았고, 그 결과 미국 전략 정보국(OSS: CIA 전신)과 연합하여 국내 진입을 위한

초급장교를 육성하게 되었다. 이동학은 이 작전의 요원으로 선발되어 OSS훈련을 받고, 국내 정진군 경상도 반에 배속되어 국내 침투 직전에 광복을 맞이하였다. 1982년 대통령표창, 1990년 건국훈장 애족장.

■ 『독립운동사』 6권

이동흠(李棟欽, 1881.3.27~1967.9.1)

(군자금 모집·유림단의거) 본관은 진성(眞城). 자는 인길(人吉). 호는 이고(貳顧). 출신지는 도산면(陶山面) 토계동(土溪洞: 현 도산면 토계리) 하계. 이동흠은 1910년 대한제국이 멸망하자, 단식 순국한 향산 이만도(響山 李晩燾)의 손자요, '파리장서의거(1차 유림단의거)'의 주역인 이중업(李中業)의 아들이다. 이동흠은 1918년 4월 2일 경북 봉화군(奉化郡)의 부호 이정필(李廷珌)에게 군자금 1,000원을 헌납하라는 광복회(光復會) 명의의 통고문을 발송하였다. 그러나 이것이 발각되어 이동흠은 면장(面長) 이명호(李明鎬)와 함께 일본경찰에게 체포되었고, 1918년 11월 대구지방법원에서 징역 5월형을 언도받고 옥고를 치렀다. 한편 이 무렵 그는 광복회(光復會)의 단원이었던 박상진(朴尙鎭)이 일본경찰의 눈을 피해 안동으로 왔을 때 자기의 집에 숨겨주기도 하였다. 1925~1926년 심산 김창숙(心山 金昌淑)을 중심으로 펼쳐진 제2차 유림단의거에 동생 종흠(棕欽)과 함께 참여하여 군자금 모금활동을 전개하였다. 그러나 1926년 5월 10일 군자금 모금에 참여한 것이 탄로나 이종흠과 함께 경찰에 끌려가 모진 고문을 당한 후 1927년 2월 10일 대구지방법

이동흠

원에서 면소(免訴) 판결을 받고 풀려났다. 묘는 봉화군 재산에 있다. 1980년 대통령표창, 1990년 건국훈장 애족장.
- 「판결문」(1918.5.10, 대구지방법원) ; 「판결문」(1927.1.21, 대구지방법원) ; 『고등경찰요사』 ; 『박상진자료집』 ; 『벽옹김창숙일대기』 ; 『일제침략하한국36년사』 8권

이두선(李斗先, 1901.9.25~1928.4.29)

(임동면 삼일운동) 본관은 평창(平昌). 출신지는 임북면(臨北面) 정산동(鼎山洞: 현 예안면 정산리) 325번지. 이두선은 1919년 3월 21일 임동면 중평동 편항시장(鞭巷市場)에서 일어난 만세시위에 참여하였다가 체포되었다. 이 활동으로 1919년 8월 18일 대구복심법원에서 징역 2년형을 언도받고, 대구형무소에서 복역하였다. 1982년 대통령표창, 1990년 건국훈장 애족장.
- 「판결문」(1919.5.31, 대구지방법원) ; 「판결문」(1919.8.18, 대구복심법원) ; 『독립운동사자료집』 5집 ; 『독립운동사』 3권

이두성(李斗星)

(임동면 삼일운동) 이두성은 1919년 3월 21일 안동군 임동면 편항시장(鞭巷市場) 만세시위에 참가하였다. 그는 시위 군중과 함께 주재소에 들어가 주요 서류를 파기하였다.
- 『독립운동사자료집』 5집

이두희(李斗羲, 1846~?)

(후기의병) 출신지는 길안면(吉安面) 용계리(龍溪里). 이두희는 의병장(義兵將)으로 경북 일대에서 활동하였다. 그는 1906

년 9월(음력) 의병장 민용호(閔龍鎬)와 정환직(鄭煥直)으로부터 통문을 받았다. 그리고 이두희는 1907년 10월(음력)부터 의병을 모집하여 11월에 28명의 의병과 17정의 화승총을 갖추고 대장에 추대되었다. 그는 영양(英陽)·진보(眞寶) 등지에서 항일투쟁을 전개하였으며, 동시에 경북 영덕군(盈德郡) 신돌석의진과 합류하여 활동하였으나 일본군에 체포되어 징역 3년을 받았다. 2003년 건국훈장 애족장.

■ 「판결문」(1909.4.6, 대구지방재판소) ; 『독립운동사자료집』 별집 1

이령호(李齡鎬, 1893.7.14~1964.7.5)

(대구 삼일운동·예안면 삼일운동) 본관은 진성(眞城). 이령호는 경술국치에 반대하여 단식 순절한 이만도의 친척이다. 그는 일찍부터 국권회복을 위해 전국을 순회하며 조선인의 대우문제·자유공동묘지·도로개수 등에 있어서 일제정책의 부당성을 역설하였다고 한다.

그러던 중 1919년 3월 10일 대구 남문외시장(새장, 덕산시장)에서 일어난 만세시위에 참가한 후 귀향하여 예안면 만세시위를 주도하였다. 이 활동으로 체포된 그는 1919년 5월 30일 대구지방법원 안동지청에서 징역 2년형을 언도받고 옥고를 치렀다. 1983년 대통령표창, 1990년 건국훈장 애족장.

■ 『독립운동사자료집』 5집 ; 『독립운동사』 3권

이만구(李萬求)

(전기의병) 본관은 한산(韓山). 출신지는 일직면(一直面) 소

호리(蘇湖里). 이만구는 1895년 12월(음력) 결성된 안동의진에서 정제유사(整齊有司)로 참여하였다.

■ 「안동의소파록」

이만규(李晩烓, 1845.9.6~1921.1.13)

(파리장서의거) 본관은 진성(眞城). 자는 순칙(順則). 호는 유천(柳川). 출신지는 도산면(陶山面) 토계동(土溪洞: 현 도산면 토계리) 하계. 이만규는 단식 순절한 향산 이만도(響山 李晩燾)의 동생이다. 그는 1919년 3월 일제의 조선국권 침탈과정을 폭로하면서 한국독립의 정당성과 당위성을 호소하기 위해 김창숙(金昌淑)을 비롯한 유림대표들이 작성한 '파리장서의거'에 유림의 한 사람으로 서명하였다. 묘는 봉화군 재산에 있다. 1995년 건국포장.

■ 『기려수필』;『고등경찰요사』;『독립운동사』 8권 ; 『벽옹김창숙일대기』

이만도(李晩燾, 1842.1.28~1910.10.10)

(전기의병·항일자정순국) 본관은 진성(眞城). 자는 관필(觀必). 호는 향산(響山). 출신지는 도산면(陶山面) 토계동(土溪洞: 현 도산면 토계리) 하계. 1895년 을미사변과 단발령이 안동에 전해지게 되면서 의병을 일으킬 움직임이 일어났다. 안동에서 의병봉기를 촉구하는 첫 통문은 선성(宣城: 예안)에서 나왔는데, 1896년 1월 13일(음 1895.11.29) 이만응(李晩膺)·금봉술(琴鳳述)·목사(牧使) 이만윤(李晩胤)을 비롯한 223명의 이름으로 작성되었다. 이 통문을 바탕으로 하여 향산 이

만도는 대장이 되고, 이중린(李中麟)을 부장 또는 중군으로 삼아 선성의진을 조직하였다. 1905년 을사조약이 강제로 체결되자 그는 아들 중업(中業)을 시켜 이에 항거하는 상소를 올리게 했다.

1910년 일본에 의해서 나라가 멸망하자 그는 단식을 시작하였다. 처음 재산 묘막에서 단식에 들어갔다가 동생 이만규(李晩煃), 아들 이중업, 종손 이강호(李綱鎬)의 간청으로 종가인 율리(栗里) 만화공(晩花公) 댁으로 자리를 옮겼다. 하지만 이후에도 단식을 멈추지 않자 주위 사람들이 그의 단식 사실을 친인척에게 알리고, 집안사람들이 함께 단식을 해도 그의 엄중한 뜻을 굽힐 수 없었다. 일본경찰이 와서 강제로 미음을 떠먹이려 하였으나, 그는 일본경찰들에게 "누가 감히 나를 회유하고 협박하느냐"라고 호통을 쳤다. 1910년 10월 10일(음 9.8) 단식 24일만에 순국하였다. 묘는 봉화군 재산에 있다. 1962년 건국훈장 독립장.

- 『기려수필』;『한국독립운동사』;『한국독립사』 하권 ; 『한국독립운동지혈사』;『독립운동사자료집』 2집 ;『독립운동사』 1 · 7 · 10권 ;『거룩한 순국지사 향산 이만도』

이만우(李萬愚)

(지방학림 교사 · 교육구국운동 · 안동불교청년회) 이만우는 1917년 안동면 화성동에 설립된 지방학림(地方學林)에서 교사로 활동하였고, 1920년 8월 22일에 열린 안동불교청년회 창립총회에서 부회장으로 선출되었다.

- 『안동 사람들의 항일투쟁』;『동아일보』 1920.8.31

이만원(李萬源, 1867.6.9~1944.10.21)

(전기·후기의병) 본관은 진성(眞城). 자는 해수(海水). 호는 산재(汕齋). 출신지는 충북 제천시(堤川市) 덕산면(德山面) 억수동(億水洞)인데, 후에 풍산면(豊山面) 마애동(麻厓洞: 현 풍산읍 마애리)으로 이주하여 왔다. 1896년 제천 일대에서 활약하던 류인석(柳麟錫)의진에서 유격장으로 활동하였으며, 1907년 군대해산 이후에는 문경출신인 이강년의진에서 독전장(督戰將)으로 활동하였다. 그는 권용일과 함께 원주 배양산에 묻혀있던 탄환을 옮겨왔고, 이에 이강년으로부터 도총독장(都總督將)으로 임명받았다.

1908년 음력 4월 대구에서 일본군들이 쳐들어온다는 정보를 입수한 이강년은 삼척선봉 김상인·박흥록을 뒤에서 돕도록 하고 도선봉 백남규, 선봉 권용일, 우군장 변학기를 매복시켰다. 이때 이만원은 이강년의진의 중군을 맡아 군사 3백 명을 거느리고 전투를 벌여 적 20여 명을 사로잡는 데 공을 세웠다. 1909년 1월 15일 체포되어 종신형을 언도받고 청주형무소에서 옥고를 치렀다. 1968년 대통령표창, 1977년 건국포장, 1990년 건국훈장 애국장.

- 『의병항쟁사』;『독립운동사』1권 ;『독립운동사자료집』1집 ;『운강선생창의일록』

이만흥(李萬興)

(전기의병) 본관은 진성(眞城). 1895년 을미사변과 단발령을 계기로 전국 각지에서 의병이 봉기했을 때, 이만흥은 문경에서 의병을 일으킨 이강년의진에 가담하여 종사부(從事

部)로 있으면서 원주·제천·충주 등지에서 활약하였다.
■ 『독립운동사자료집』 1집

이맹호(李孟鎬, 1894.4.27~1965.11.9)

(예안면 삼일운동) 본관은 진성(眞城). 자는 양오(養吾). 출신지는 예안면(禮安面) 의촌동(宜村洞: 현 도산면 의촌리) 517번지. 이맹호는 지역 유림세력과 함께 예안면 만세시위를 계획·주도하였으며, 시위 진압과정에 부상당해 병원에서 치료를 받기도 하였다. 1919년 4월 24일 대구복심법원에서 징역 1년형을 언도받고 복역하였다. 1986년 대통령표창, 1990년 건국훈장 애족장.

이맹호

■ 「신원카드」; 『독립운동사자료집』 5집; 「판결문」(1919.4.24, 대구복심법원); 「판결문」(1919.5.29, 고등법원)

이명달(李明達, 1900.6.17~1947.9.7)

(국내항일, 흠치교) 출신지는 길안면(吉安面) 송사리(訟仕里) 93번지. 이명달은 1920년 8월(음력) 경북 영덕에서 차경석(車京錫)을 교주로 하는 흠치교에 가입하여, 겉으로 종교활동을 표방하며 국권회복운동에 전력하기로 결의하였다. 그리고 경북 일대에서 흠치교의 신도를 모집하고 조선독립을 역설하며 독립자금을 모집하는 등의 활동을 하였다. 이들은 1924년 갑자년(甲子年)에 흠치교의 힘에 의해 조선이 독립이 될 것이라고 선전하면서 자금모집 및 교도포섭에 힘을 쏟다가 활동이 노출되어 체포되었다. 그는 이 일로 징역 1년을 언도받고 옥고를 치렀다. 2009년 건국포장.

■ 「판결문」(1921.5.16, 대구지방법원안동지청)

이명우(李命羽, 1872.1.5~1920.12.20)

(항일자정순국) 본관은 진성(眞城). 출신지는 예안면(禮安面) 부포(浮浦). 자는 명보(明甫)·성일(性一). 호는 성재(誠齋). 이명우는 1894년 식년시에 합격하여 진사가 되었다. 1905년 을사조약으로 외교권을 빼앗기자 그는 문을 닫고 세상일을 잊고자 하였다. 그 뒤 나라가 망하자 1912년 온 가족을 데리고 속리산 아래 갈평리로 이사하였다. 1915년 부친이 세상을 떠나자, 3년상을 마치고 아버지의 뜻에 따라 속리산을 떠나 계룡산 남동쪽으로 이사하였다. 이후 그는 1919년 1월 21일 고종이 승하하자 머리를 풀고 미음을 먹으며 상을 치렀다. 아침·저녁으로 황제가 있는 곳을 향해 망곡(望哭)하며 지내던 그는 상기가 끝나가자 자결의 결단을 내렸다.

1920년 12월 20일(양력 1921.2.28) 황제의 대상(大喪)을 마치는 날, 이명우는 독약을 마시고, 조용히 눈을 감았다. 이때 부인 권성도 함께 독약을 마시고 자결하였다. 그는 마지막 길에 「비통사(悲痛辭)」와 「경고(警告)」·「분사(憤辭)」·「유계(遺戒)」를 남겼다. 여기에는 나라를 잃고 10여 년 동안 분통함과 부끄러움을 참았으나 이제는 충의(忠義)의 길을 가겠다는 내용이 담겨있다. 2010년 건국훈장 애국장.

■ 『안동 사람들의 항일투쟁』; 『성재옹유고』

이명직(李明稙, 1895~?)

(신간회 안동지회) 본관은 예안(禮安). 출신지는 풍산면(豊山面) 하리동(下里洞: 현 풍산읍 하리). 1927년 8월 신간회 안동지회가 설립되자 여기에 참여하여 활동하던 이명직은 1928년 1월 간사로 선출되었다.

■ 『조선일보』 1928.1.21

이목연(李睦淵)

(진명학술강습회 · 교육구국운동) 이목연은 1921년 길안면에서 창립된 진명학술강습회(進明學術講習會)에 참여하였고, 1925년 5월 8일 제4회 정기총회에서 교감으로 선출되었다.

■ 『동아일보』 1925.5.15

이목호(李穆鎬, 1879.5.1~1919.1.25)

(신흥[중]학교) 본관은 진성(眞城). 이명은 이협(李鋏). 자는 응오(應五). 호는 학산(鶴山). 출신지는 예안면(禮安面) 월곡동(月谷洞). 이목호는 1906년 안동군 주사로 근무하면서 의병항쟁을 지원하다 체포된 적이 있었다. 이후 그는 1911년 이상룡(李相龍) · 김동삼(金東三) 등과 만주로 망명하였다. 그리고 길림성에 자리한 신흥[중]학교를 수료한 후 독립운동 기지 건설과 동지규합에 힘쓰다가, 1919년 1월 25일 유하현(柳河縣)에서 순국하였다. 1983년 건국포장, 1990년 건국훈장 애국장.

이목호

■ 「학산행록」 ; 『독립운동사자료집』 10집

이문구(李文求)

(교남교육회 · 교육구국운동) 이문구는 1908년 3월 15일 재경 영남인사들이 창립한 교남교육회(嶠南敎育會)에 참여하여 교육구국운동을 전개하였다.

■ 『교남교육회잡지(회원명부)』

이문영(李文盈)

(안동청년동맹) 출신지는 일직면(一直面) 운산리(雲山里) 95번지. 이문영은 1928년 결성된 안동청년동맹에 가입하였다. 그는 안동청년동맹 일직지부 소속하에 있었다.

■ 「판결문」(1929.7.13, 대구지방법원안동지청) ; 『중외일보』 1929.9.14

이문주(李文周)

(만주방면) 이문주는 만주로 망명하여 덕흥보에서 독립군 기지건설에 노력하였다.

■ 「協濟公司 第八期 經營報告書 進達의 件」

이문희(李文羲)

(만주방면) 출신지는 안동(安東) 법상동(法尙洞). 이문희는 석주 이상룡의 친척으로 만주로 망명하였다. 그는 길림성 해룡에서 항일투쟁을 벌였다.

■ 「不逞團關係雜件-朝鮮人의 部-在滿洲의 部(4)」

이미재(李美哉)

(안동여성회) 이미재는 1925년 11월 7일에 열린 안동여성

회 창립총회에서 집행위원으로 선출되었다.
■ 『동아일보』 1925.11.11

이발호(李發鎬, 1903~?)

이발호

(안동청년동맹·신간회 안동지회·안동콤그룹) 출신지는 도산면(陶山面) 토계리(土溪里). 이발호는 1925년 3월 서울 배재고등보통학교를 다니다가 중퇴한 후 고향으로 내려와 안동청년동맹과 신간회 안동지회에 참여하여 활동하였다. 이후 그는 1931년 3월에 조직된 안동콤그룹에 참여하여 활동하였고, 같은 해 7월 예안노동행동대 결성에 참여하여 교양부 책임자로 선정되었다. 또 그 해 12월 예안면 서부동에서 노동야학을 운영했다. 그는 이 일로 1934년 대구지방법원에서 징역 2년형을 선고받았다. 2008년 건국훈장 애족장.

■ 「판결문」(1934.7.2, 대구지방법원) ; 「판결문」(1934.10.3, 대구복심법원) ; 『한국사회주의운동인명사전』 ; 『조선일보』 1934.6.16

이방(李枋, 1899~1921.3.21)

(망천서숙 교사·교육구국운동) 본관은 진성(眞城). 자는 이즉(以卽). 출신지는 풍산면(豊山面) 마애동(麻厓洞: 현 풍산읍 마애리). 이방은 1919년에 설립된 망천서숙(輞川書塾: 현 풍산읍 마애리)에서 교사로 활동하였다. 묘는 비양동(飛揚洞)에 있다.
■ 『안동 사람들의 항일투쟁』

이병기(李丙驥, 1906~?)

(적색노동조합) 이명은 이정복(李淳福). 이병기는 1932년 2월 대구공산주의자협의회 사건으로 일본경찰에 검거되었으나 훈계 방면되었다. 이후 그는 1933년 8월 용산공작주식회사 영등포공장 노동자가 되어 이재유(李載裕)그룹에 참여하여 공장 내에 적색노동조합을 조직하기 위해 노력했다. 이 활동으로 1934년 2월 일본경찰에 검거되어 징역 1년 6월, 집행유예 3년형을 선고받았다.

■ 「판결문」(1935.12.20, 경성지방법원) ;
『한국사회주의운동인명사전』

이병린(李炳麟, 1892.1.19~1936.5.16)

(예안면 삼일운동) 본관은 진성(眞城). 출신지는 도산면(陶山面) 온혜동(溫惠洞: 현 도산면 온혜리). 이병린은 면서기의 신분에 있으면서도 1919년 3월 17일 예안면 1차 시위를 계획 주도하였다. 이어서 3월 22일 2차 시위에서도 군중들 앞에 서서 시위를 주도하다가 일본경찰에 체포되었다. 이 활동으로 1919년 5월 21일 대구지방법원 안동지청에서 징역 8월형을 언도받고 항소하였으나 6월 24일 대구복심법원에서 기각되어 복역하였다. 1990년 건국훈장 애족장.

■ 「판결문」(1919.5.21, 대구지방법원안동지청) ;
「판결문」(1919.6.24, 대구복심법원) ;『독립운동사자료집』5집 ;
『독립운동사』3권

이병우(李丙雨)

(조선회복연구단) 출신지는 안동(安東) 안기동(安奇洞). 이병

우는 1943년에 결성된 안동농림학교(安東農林學校) 비밀결사 조선회복연구단(朝鮮回復硏究團)에 가입하여 활동하였다. 이로 말미암아 그는 1945년 3월 체포되어 5개월 동안 옥고를 치르다가, 1945년 8월 16일 기소유예로 풀려났다.

■ 「형사사건부」(1945.3.14) ; 『안동사학』 12집

이병화(李炳華, 1906.2.26~1952.6.8)

(대한통의부·한족노동당·고려공산청년회) 본관은 고성(固城). 이명은 이대용(李大用)·이계오(李桂五)·이병화(李秉華)·이탁(李拓)·이경천(李慶天). 자는 경천(敬天), 호는 소파(小坡). 출신지는 안동면(安東面) 법흥동(法興洞: 현 안동시 법흥동) 20번지. 이병화는 1911년 조부(祖父)인 이상룡(李相龍)을 따라 부친 이준형(李濬衡)과 함께 만주로 망명하였다. 1921년 신흥무관학교(新興武官學校)에 다니며 재만 농민운동에 투신하여, 이광국(李光國)·김산(金山) 등과 남만청년총동맹(南滿靑年總同盟)에서 활동하였다.

이병화

1922년 이상룡과 김동삼(金東三)이 중심이 되어 활동하던 무장투쟁단체인 대한통의부(大韓統義府)에 가담하여 통의부 위원으로 활동하던 중, 그는 1924년 평안북도 청성진의 일본경찰주재소를 습격하여 일본경찰을 사살한 후 수배되었다.

1927년 5월 길림성(吉林省) 반석현(磐石縣)에 기반을 둔 한족노동당(韓族勞動黨)에 가입하여 사무집행위원으로 활동하였다. 1927년 9월 고려공산청년회 만주총국 남만 제1구 도간부로 선출되어 활동하다가, 그 해 12월에 열린 남만청

년총동맹 대회에서는 선전부 상무로 선출되었다. 이후 1928년 봄 반석현에서 결성된 고려공산청년회 남만1구 선전부 간부로 활동하였고, 1928년 5월에 결성된 재중국한인청년동맹(在中國韓人靑年同盟)에 가입하여 활동하였다. 또한 1930년에는 중공당(中共黨) 이립삼노선(李立三路線)에 따라 요동지역의 농민봉기를 주도하기도 하였다.

1934년 5월 청성진 경찰주재소의 습격과 관련하여 신의주경찰서에 체포되어, 같은 해 6월 25일 신의주지방법원에서 징역 7년형을 언도받고 복역하였다. 묘는 대전현충원에 있다. 1990년 건국훈장 독립장.

- 『소파유고』;『국외용의조선인명부』;『독립운동사자료집』14집 ;『동아일보』1934.6.27 ;『조선일보』1934.5.8, 5.30

이병희

이병희(李丙禧, 1918.1.14~생존)

(의열투쟁) 출신지는 예안면(禮安面) 부포리(浮浦里). 이병희는 조선은행 대구지점 폭탄의거로 옥고를 치른 이경식(李京植)의 딸이다. 그녀는 동덕여자보통학교(同德女子普通學校)를 졸업하고, 1933년 5월 서울 종연방적주식회사(鍾淵紡績株式會社)의 여공으로 근무하며 항일투쟁에 나섰다. 그리하여 1936년 직장 동료인 김희성(金熙星)·박인선(朴仁善) 등과 여성동지들을 규합하여 노동운동을 전개하던 중 일본경찰에 체포되었다. 그녀는 이 사건으로 2년 4개월 동안 옥고를 치르다가, 1939년 4월 14일 경성지방법원에서 징역 1년, 집행유예 3년을 받았다.

이후 그녀는 1940년 북경으로 망명하여 의열단에 가입하였고, 단원 박시목(朴時穆)·박봉필(朴鳳弼) 등에게 문서를 전달하는 연락책을 맡았다. 그러던 이병희는 1943년 북경으로 망명 온 이육사(李陸史)와 독립운동을 협의하던 가운데, 9월에 일본경찰에게 체포되어 북경감옥에 갇히고 말았다. 더불어 이육사도 체포되어 북경감옥에 함께 구금되었다. 그러다 그녀는 1944년 1월 16일 이육사가 옥중 순국하자, 그의 시신을 화장하고 유품을 정리하여 국내의 유족에게 전달하였다. 1996년 건국훈장 애족장.

- 「판결문」(1938.5.21, 경성지방법원) ; 「판결문」(1939.4.14, 경성지방법원) ; 「신원카드」 ; 『동아일보』 1938.5.24 ; 『새로 쓰는 이육사 평전』

이봉환(李鳳煥, 1888~?)

(임동면 삼일운동) 출신지는 임동면(臨東面) 중평동(中平洞: 현 임동면 중평리). 이봉환은 1919년 3월 21일 임동면 중평동 편항시장(鞭巷市場)에서 일어난 만세시위에 참여하였다가 체포되었다. 이 활동으로 1919년 5월 31일 대구지방법원 안동지청에서 징역 2년형을 언도받고 항소하였으나, 8월 18일 대구복심법원에서 2년형이 확정되어 복역하였다.

- 「판결문」(1919.5.31, 대구지방법원) ; 「판결문」(1919.8.18, 대구복심법원) ; 『독립운동사자료집』 5집 ; 『독립운동사』 3권

이봉희(李鳳羲, 1868.10.15~1937.1.28)

(대한협회 안동지회·경학사·신흥학교·서로군정서·광복단) 본관은 고성(固城). 이명은 이계동(李啓東)·이상훈(李相

勳)·이상희(李相熙)·이경식(李京植)·이기동(李基東). 자는 덕초(德初). 호는 척서(尺西). 출신지는 안동면(安東面) 법흥동(法興洞: 현 안동시 법흥동). 이봉희는 임시정부 초대 국무령을 지낸 석주 이상룡(石洲 李相龍)의 동생이다. 1909년 4월 형(兄) 이상룡과 함께 대한협회 안동지회(大韓協會 安東支會)를 설립한 후 대중계몽운동을 전개하다가 1911년 1월경 이상룡과 함께 만주(滿洲)로 망명하였다.

이후 그는 경학사(耕學社) 설립에 참여하고, 독립운동을 위한 기지건설에 주력하였다. 1914년 유하현에 소재한 신흥학교(新興學校)의 교장을 역임하며 수많은 독립운동 지도자들을 양성하였다. 또 1919년 서로군정서(西路軍政署) 결성에 참여하여 주도적 역할을 하였고, 이듬해 1920년에는 광복단(光復團)의 서간도지역 외교원으로 임명되어 중국정부와 교섭하여 농토개척에 대한 허가를 얻어내는 등 한인들의 생활기반을 안정시키는 데 힘썼다.

이후 사회주의운동 계열에 참여하여 재만한인 사회주의자를 중국공산당에 가입시키기 위한 파견된 파견원으로 활동하였다. 묘는 대전현충원에 있다. 1990년 건국훈장 독립장.

■ 「백하일기」(김대락) ; 『독립운동사』 5권 ; 『국외용의조선인명부』 ; 『조선독립운동사』 2·3권

이비호(李丕鎬, 1895.9.12~1961.6.10)

(예안면·안동면 삼일운동) 본관은 진성(眞城). 자는 자승(子承). 호는 백저(白底). 출신지는 도산면(陶山面) 토계동(土溪洞: 현 도산면 토계리). 이비호는 1919년 3월 17일에 일어난 예안

면 1차 시위에 참여했고, 어어서 3월 18~19일에 걸쳐 일어난 안동면 2차 시위에도 참여하였다. 이 활동으로 그는 일본경찰에 체포되어 1919년 4월 7일 대구지방법원 안동지청에서 1년 6월형을 언도받고 항소하였으나, 5월 10일 대구복심법원, 6월 12일 고등법원에서 1년형이 확정되어 복역하였다. 1983년 대통령표창, 1990년 건국훈장 애족장.

■ 「판결문」(1919.5.10, 대구복심법원) ; 「판결문」(1919.6.12, 고등법원) ; 『독립운동사』 3권

이빈호(李斌鎬, 1861.6.28~1930.2.26)

(전기의병) 본관은 진성(眞城). 이명은 이빈호(李彬鎬)·이벽호(李闢鎬). 자는 성방(聖邦). 출신지는 도산면(陶山面) 토계리(土溪里). 이빈호는 1895년 결성된 선성의진의 전방장·진무장으로 활약하였으며, 숙부 이중언과 함께 1896년 3월 상주 함창의 태봉전투에도 참가하였다.

1905년 을사조약으로 외교권을 빼앗기자, 이빈호는 숙부 이중언이 「청참5적소」를 광무황제에게 올리려 하자, 숙부를 모시고 서울에 갔다. 그리고 1910년 나라를 빼앗겨 결국 이중언이 단식순국을 결심하자, 곁에서 숙부를 모시며 순국과정을 지켜보았다.

■ 「벽산선생창의전말」(김도현) ; 『순절지사 이중언』

이삼현(李參鉉, 1877.9.17~1954.11.24)

(예안면 삼일운동) 본관은 영천(永川). 자는 태중(台仲). 출신지는 도산면(陶山面) 분천동(汾川洞: 현 도산면 분천리). 이삼현

은 1919년 3월 17일에 일어난 예안면 1차 시위에 참여했다가 체포되어 태형 90을 선고받았다.
이후 그는 1920년 봄 대한민국 임시정부의 특파원인 박기석(朴基錫)이 안동·청송 일대에서 활동할 때 숙식을 제공하였다. 1995년 대통령표창.

■ 「범죄인명부」;『안동판독립사』

이상기(李相基)

(전기의병) 본관은 연안(延安). 이상기는 1895년 12월(음력) 결성된 안동의진에서 참모(參謀)로 참여하였다.

■ 「안동의소파록」

이상동(李相東, 1865.11.4~1951.11.29)

이상동

(안동면 삼일운동) 본관은 고성(固城). 이명은 이용희(李龍羲). 자는 건초(健初). 호는 만진(晩眞). 출신지는 안동면(安東面) 법흥동(法興洞: 현 안동시 법흥동). 석주 이상룡(石洲 李相龍)의 동생인 이상동은 1919년 3월 13일 안동면 장날을 이용하여 독립만세운동을 펼쳤다. 그는 태극기를 모방한 종이에 '대한독립만세'라고 쓰고 이것을 13일 장날 오후 5시 반경, 공신상회(현 신한은행 앞 성결교회 입구쯤으로 추정됨) 앞 도로에서 달리면서 대한독립만세를 부르다가 일본경찰에 체포되어, 1919년 4월 12일에 대구복심법원에서 징역 1년 6월형을 언도받고 복역하였다. 묘는 대전현충원에 있다. 1968년 대통령표창, 1990년 건국훈장 애족장.

■ 「판결문」(1919.4.12, 대구복심법원);「판결문」(1919.5.12,

고등법원) ; 「신원카드」 ; 『고등경찰요사』 ; 『한국독립사』 하권 ; 『독립운동사자료집』 5집

이상룡(李相龍, 1858.11.24~1932.5.12)

(대한협회 안동지회 · 경학사 · 부민단 · 한족회 · 서로군정서 · 임시정부 초대 국무령) 본관은 고성(固城). 초명은 상희(象羲), 이명은 이계원(李啓元) · 이계원(李啓源). 자는 만초(萬初). 호는 석주(石洲). 출신지는 안동면(安東面) 법흥동(法興洞: 현 안동시 법흥동). 이상룡은 1905년 을사조약이 체결되자, 국가의 멸망으로 인식하고 일제를 토벌하기 위해 군자금 조달뿐만 아니라 구체적인 방략과 대책을 제시하면서 적극적으로 투쟁하였다. 그 해 겨울 매제 박경종(朴慶鍾: 영해출신)과 함께 1만 5천 냥을 모아 가야산에서 거병한 차성충(車晟忠: 隱豹)을 지원하는 한편 신돌석(申乭石) · 김상태(金相台) 등과도 연대를 모색하였다. 그러나 차성충의 기병이 실패로 끝나자 자신을 포함한 유림계의 대응태도와 입장에서 근본적인 회의를 하게 되었다. 그래서 새 방략을 모색하던 중 1909년 4월 대한협회 안동지회를 결성하여 구국계몽운동을 전개하였다.

이상룡

그러나 1910년 8월 조선이 일본에 강제 병합되자 이상룡은 신민회와 더불어 서간도 이주계획을 세우고 1911년 1월 5일 가솔과 가까운 친척을 이끌고 서간도로 망명하였다. 서간도로 망명한 후 이상룡은 오로지 이주한인의 자치와 독립운동을 위해 혼신의 힘을 다하였다. 1911년에서 1918년까지는 서간도로 이주해 온 우리 민족의 경제적 안정을

도모하면서 독립운동지사를 양성하는 데 주력하였으며, 이후 1930년경까지는 항일독립운동세력의 구심점으로서 중국 각지에 흩어진 독립운동세력의 통합과 결속을 위해 노력하였다.

이상룡은 서간도 망명 직후인 1911년 4월 유하현 삼원포에 경학사(耕學社)를 설립하고 사장으로 취임하였다. 이때 류인식은 교육부장을, 김동삼은 조직과 선전을 담당하였다. 경학사는 1913년 공리회(共理會)를 거쳐 1916년에는 부민단(扶民團)으로 개편되었다. 이런 일련의 조직들은 서간도로 망명한 애국지사들이 항일독립운동을 전개하기 위해 조직한 것이었다. 이 무렵 국내에서 이주해 온 한인들은 무엇보다도 경제적 곤란으로 큰 어려움을 겪고 있었다. 이상룡은 당시 중국인들이 버려두었던 저습지를 헐값에 빌려 개간하였다. 몇 차례 시도 끝에 1914년경부터 벼농사를 지어 큰 수확을 올리게 되었는데, 이때부터 서간도 각지에 논이 개발되고 비로소 한인의 생활이 안정되었다.

서간도로 이주해 온 한인들의 경제생활이 안정되면서 독립을 쟁취하기 위한 실천운동도 구체적으로 행동에 옮겼다. 서간도 각지에 흩어져 있던 청년들을 모아 경학사 부속기관으로 설치된 신흥강습소(新興講習所)를 통해 청년들을 훈련시켰다. 그 후 고산자에 토지를 구입하여 학교를 신축하고 본교를 두었다. 이것이 뒷날 신흥중학교(新興中學校), 신흥무관학교(新興武官學校)로 발전하여 독립군을 양성하게 된 것이다.

또한 이상룡은 우리 민족의 역사에 대한 깊은 관심을 가졌으며,『대동역사』를 비롯하여 여러 편의 역사관련 저술을 남겼다. 그는 민족정신과 주인정신을 동포들에게 심어주고자 우리 역사를 서술하였다. 그래서 한국고대사를 만주를 중심으로 단군→부여→고구려→발해의 흐름과 한반도를 중심으로 삼한→신라·백제·가야로 연결시키는 이원적인 구도를 체계화시켰으며, 그 중에서도 만주에서 이루어진 역사에 무게 중심을 두었다. 이것은 만주와 중국 북부가 고대 우리 민족의 영토였다는 점을 부각시켜 민족적 자부심을 고취하고 그를 통해 독립에 대한 신념을 동포들에게 주입시켜야 한다는 현실적 필요성 때문이다.

1919년 국내에서 3·1운동이 일어나고, 이를 전후하여 국외에서도 독립운동의 열기가 한층 고조되었다. 이에 남만주 일대에서 활약하던 독립운동가들은 「대한독립선언서」를 발표하였다. 여기에 이상룡은 김동삼과 함께 참여하였다. 그리고 이 무렵 만주 한인사회의 자치기구인 한족회(韓族會)를 조직하였다. 이 한족회는 경학사(1911~1913), 공리회(1913~1916), 부민단(1916~1919)의 정신을 계승하여 결성된 만주 한인사회의 자치기구였다. 여기에서 이상룡은 중앙위원회 위원을, 김동삼은 서무사장(김동삼이 서로군정서 참모장을 맡으면서 신흥무관학교를 졸업한 김성로(金聲魯)가 서무사장에 기용되었다)을, 김형식(金衡植)은 학무사장을, 김규식(金圭植)은 학무부장을 각각 맡아 활약하였다.

또한 이상룡은 1919년 4월 유하현 고산자에서 서간도 한족대표를 모아 독립전쟁을 주도해 나갈 군정부 즉 군사정부를 수립하려 했다. 그런데 마침 상해에서 대한민국 임시정부가 수립되었다는 소식을 들은 그들은 임시정부의 산하 조직으로서 군정서 조직으로 방향을 잡았다. 그것이 바로 1919년 4월에 조직된 서로군정서(西路軍政署)였다. 이상룡은 서로군정서에서 최고 대표인 독판으로, 김동삼은 군사 지휘를 총괄하는 참모부의 대표인 참모장으로 선임되었으며, 이외에도 김성로는 서무, 김응섭(金應燮)은 법무, 김형식은 학무를 담당하였다.

서로군정서의 독판으로 일제와의 항쟁을 계속하던 이상룡은 국내에 조직된 의용단(義勇團)과 연결을 꾀하여 그것을 통해 독립운동 자금을 조달하였다. 또한 그는 1921년에 북경군사통일회의에 참석하였고, 이어서 남북 만주와 연해주에 각기 일어나고 있던 독립군단과 항일단체들의 통합을 시도하여, 1922년 6월 서로군정서와 대한독립단(大韓獨立團)을 비롯한 8단 9회의 단체를 통합하여 대한통의부(大韓統義府)를 성립시켰다. 1923년 국민대표회의(國民代表會議)가 상해에서 개최되자 김동삼을 비롯한 핵심운동가들을 파견하여 독립운동단체의 통합을 위해 노력하였다.

1925년 3월 임시의정원에서 대통령 이승만의 탄핵면직안이 통과되었다. 임시대통령으로 추대된 박은식은 헌법개정을 추진하여 대통령 중심제를 국무령체제로 바꾸었다. 그리고 이상룡을 국무령으로 추대하였다. 그 해 9월 9일 국무령에 취임한 이상룡은 당시 만주와 중국 대륙에서 독립군을 이끌며 항일투쟁에서 큰 성과를 올리고 있던 인물들을 중심으로 조각(組閣)을 시도하였다. 그러나 독립운동단체나 독립군 양성을 통해 활발한 항일무장투쟁을 전개하던 다수의 운동가들은 이미 임시정부의 독립운동노선에 비협조적이었다. 6개월가량 독립운동세력의 조정과 통합을 위해 노력하였으나 뜻을 달성하지 못하게 되자, 1926년 봄 국무령직을 사임하였다.

임시정부 국무령직을 사임하고 1926년 2월 만주로 다시 돌아온 이상룡은 우선 만주 내 독립운동단체만의 통합이라도 먼저 이루려는 생각에서, 정의부(正義府)·신민부(新民府)·참의부(參議府) 3대 재만광복단체의 통합운동을 전개하였다. 그러나 이 무렵 일제의 만주와 중국대륙침략은 더욱 가열되었다. 1932년 일제가 만주를 침략하자 만주에서의 항일운동도 더욱 어려운 국면으로 접어들었다. 이런 와중에 그는 그만 병석에 눕게 되었다. 병으로 여러 달째 일어나지 못하고 있던 이상룡은 1932년 5월 길림성 서란현(舒蘭縣)에서 순국하였다. 의병에서 시작된 석주의 독립운동은 끝까지 무력항쟁론·독립전쟁론을 고수해 나간 것으로 평가된다. 묘는 서울현충원에 있다. 1962년 건국훈장 독립장.

- 「백하일기」(김대락) ;『석주유고』;『동구유고』;『세심헌일기』;『동아일보』1932.6.26 ;『기려수필』;『고등경찰요사』;『일제침략하한국36년사』;『독립운동사자료집』1·3집 ;『한국민족운동사자료』(중국편) ;『한국독립운동사』;『한국독립사』;『독립운동사』2·3·4·5·7·10·14권

이상봉(李相鳳, 1901.4.27~1962.9.15)

(신흥청년회·풍산소작인회·신간회 안동지회) 본관은 예안(禮安). 호는 일우(一宇). 출신지는 풍산면(豊山面) 하리동(下里洞: 현 풍산읍 하리). 이상봉은 1923년 11월 11일에 창립

이상봉

된 풍산소작인회(豊山小作人會) 창립총회에서 집행위원으로 선출되어 안동지방의 농민운동을 전개하였다. 1924년 9월 12일 풍산청년회(豊山靑年會)를 신흥청년회(新興靑年會)로 전환시키고 집행위원으로 선출되었다. 이어서 1927년 8월에 창설된 신간회 안동지회에 참여하여, 1929년 1월 대표회원으로, 8월에는 집행위원으로 선출되었다. 묘는 풍산읍 죽전리에 있다.

- 『동아일보』 1924.9.22 ; 『조선일보』 1929.1.29, 8.14

이석규(異錫圭)

(조선노동공제회 안동지회) 출신지는 서울. 안동도립병원과 야소병원(현 성소병원)에 근무하다가 영생병원을 개업한 의사 이석규는 1920년 9월 23일에 창설된 조선노동공제회 안동지회에 참여하여 1921년 7월 제2회 총회에서 간사로 선출되었다.

- 『동아일보』 1921.7.22

이석봉(李石鳳)

(남후청년회) 1925년 9월 27일 창립된 남후청년회(南後靑年會)는 그 지방의 유지들이 옛 호남강습소(湖南講習所)에 모여 창립식을 가졌는데, 이때 이석봉은 임원으로 선출되었다.

- 『동아일보』 1925.10.2

이선구(李善求, 1856.2.23~1922.12.14)

(전기의병) 본관은 진성(眞城). 이명은 정우(正佑)·귤원(橘園).

출신지는 도산면(陶山面) 토계리(土溪里). 이선구는 1940년 창씨개명을 거부하여 단식순국한 이현구(李賢求)의 형이다. 그는 1896년 결성된 선성의진의 서기(書記)로 활동하였다. 2005년 건국포장.

■ 『을미의병일기』(이긍연)

이선호(李先鎬, 1903~?)

(육십만세운동) 본관은 진성(眞城). 출신지는 예안면(禮安面) 부포동(浮浦東: 현 예안면 부포리) 178번지. 1925년 9월 27일 중앙고등보통학교에 재학 중이던 이선호는 항일단체인 조선학생사회과학연구회의 창립을 주도하였으며, 그 집행위원이 되었다. 1926년 4월 26일 그는 융희황제 서거 소식을 듣고 조선학생사회과학연구회 회원 및 동료 학생들과 인산 일을 기해 대규모 만세시위를 계획하고 태극기와 격문을 제작하였다.

이선호

1926년 6월 10일 그는 류면희(柳冕熙)와 함께 종로3가 단성사 앞에서 만세를 부르며 시위를 주도하다가 일본경찰에 체포되었다. 이 활동으로 6월 14일 서대문형무소에 수감되었다. 그 해 11월 17일에 징역 1년형을 언도받고 항소하였으나, 1927년 4월 1일 경성복심법원에서 징역 1년형이 확정되어 복역, 1927년 9월 20일에 만기 출옥하였다. 출옥후 그는 일본으로 건너가 항일활동을 계속하였다. 1968년 대통령표창, 1991년 건국훈장 애국장.

■ 「판결문」(1926.11.17, 경성지방법원) ; 「판결문」(1927.4.1, 경성복심법원) ; 『한국독립운동사』 ; 『한국독립사』 ;

『일제침략하한국36년사』 8권 ; 『고등경찰요사』 ; 『기려수필』 ;
『독립운동사자료집』 13집 ; 『독립운동사』 7 · 8 · 9권 ;
『조선일보』 1927.2.22, 3.26, 4.2

이성(李城, 1906~?)

(망천서숙 교사 · 교육구국운동) 본관은 진성(眞城). 호는 국파(菊坡). 출신지는 풍산면(豊山面) 마애동(麻厓洞: 현 풍산읍 마애리). 이성은 1919년에 설립된 망천서숙(輞川書塾: 현 풍산읍 마애리)에서 교사로 활동하였다.

■ 『안동 사람들의 항일투쟁』

이성구(李性求, 1885~?)

(전기의병) 본관은 한산(韓山). 출신지는 일직면(一直面) 소호리(蘇湖里). 이성구는 1895년 12월(음력) 결성된 안동의진에서 서기(書記)로 참여하였다.

■ 「안동의소파록」

이성도(李聖道, 1885~?)

(풍산소작인회) 출신지는 풍산면(豊山面) 안교동(安郊洞: 현 풍산읍 안교리) 102번지. 풍산소작인회에 참여하여 활동하던 이성도는 1924년에 이용만(李用萬)을 비롯한 동료들과 함께 대지주와 일본인 지주에 맞서 소작료 인하투쟁을 전개하였다. 이 활동으로 1924년 7월 10일과 11일 이용만을 비롯한 동지 12명과 함께 구속되고, 징역 6월형을 언도받았다.

■ 『동아일보』 1924.8.13, 10.9, 10.19

이성철(李聲澈, 1907~1936)

(고려공산청년회 만주총국) 이명은 이원동(李元東)·이윤송(李允松). 이성철은 1923년 7월 길림성(吉林省) 연길현(延吉縣) 지인향(志仁鄕)에서 용암동청년회(龍岩洞靑年會) 결성을 주도했다. 이후 그는 1928년 10월 고려공산청년회 만주총국(ML파)에 참여하여 활동하였다. 1930년 6월 중국공산당에 입당하였고, 1931년 1월 중공 연화현 군사위원회 간부가 되었다. 이 무렵 간도 반일폭동을 주도하다가 일본경찰에 체포되어, 1933년 12월 사형 선고를 받고, 1936년 7월 처형되었다.

이성철

■ 「신원카드」;「판결문」(1934.5.9, 경성복심법원);『한국사회주의운동인명사전』

이성호(李成鎬, 1886.3.28~1968.5.27)

(예안면 삼일운동) 본관은 진성(眞城). 출신지는 예안면(禮安面) 부포동(浮浦洞: 현 예안면 부포리). 이성호는 예안 만촌교회(현 예안교회) 교인들과 함께 예안면 만세시위를 준비하였다. 1919년 3월 17일 예안장터에서 만세시위를 전개하던 그는 일본경찰에 체포되어 1919년 5월 19일 태형 90을 받았다. 2010년 대통령표창.

이성호

■ 「형사사건부」;『안동판독립사』

이세녕(李世寧)

(신간회 안동지회) 이세녕은 1927년 7월 신간회 안동지회 준비위원으로 선출되어 지회설립에 참여하였으며, 이후

1928년 1월 간사, 1929년 1월 간사 및 대표회원, 8월 집행위원 및 대표의원으로 각각 선출되었다.

■ 『조선일보』 1927.7.17, 1928.1.21, 2.6, 1929.1.29, 8.14

이수영

이수영(李壽永, 1914.5.15~1984.9.16)

(신사참배거부투쟁) 본관은 진성(眞城). 자는 여복(汝福). 출신지는 안동면(安東面) 대석동(大石洞: 현 안동시 대석동) 141번지. 이수영은 신사참배거부투쟁을 벌이다가 1939년 5월 일본경찰에 체포되어 8개월간의 옥고를 치렀다고 한다. 1942년 12월에는 동생 이수원(李壽元)의 신사참배거부투쟁에 연루되어 재차 수감되어 6개월 간 복역하였다고 한다.

■ 『안동판독립사』

이수원

이수원(李壽元, 1924.8.9~1994.11.14)

(신사참배거부투쟁) 본관은 진성(眞城). 자는 사장(沙長). 출신지는 안동면(安東面) 대석동(大石洞: 현 안동시 대석동) 141번지. 이수원은 1939년 안동보통학교(安東普通學校) 6년에 재학 시 신사참배를 거부했다는 이유로 퇴학당했다. 이후 그는 안동에서 신사참배거부투쟁을 펼치다가 1942년 12월 1일 일본경찰에 체포되어 10여 일을 고문당한 후 후유증으로 석방되었다고 한다.

■ 『안동판독립사』

이수원(李壽元, 1905.8.15~1972.3.25)

(육십만세운동) 출신지는 임북면(臨北面) 마동(馬洞: 현 임동면

마리) 22번지. 서울 의학전문학교(醫學專門學校)에 재학 중이던 이수원은 1926년 6월 10일 순종 국장일(國葬日)을 기해 독립만세운동을 일으키기로 계획하고, 격문과 선언서를 인쇄하다가 6월 6일 일본경찰에 체포되었다. 이 활동으로 이수원은 1개월 여 옥고를 치르다가 증거불충분으로 석방되었다.

이수원

- 「신원카드」;『독립운동사』 9권 ;『한국공산주의운동사』 ; 『일제침략하한국36년사』;『독립운동사자료집』 별집 6

이수종(李守宗)

(풍산소작인회) 1923년 11월 11일에 열린 풍산소작인회(豊山小作人會) 창립총회에서 이수종은 집행위원으로 선출되어 농민운동을 전개하였다.

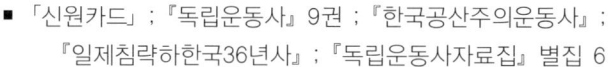
- 『동아일보』 1923.11.18

이순서(李順瑞)

(신간회 안동지회) 출신지는 풍산면(豊山面) 하리동(下里洞: 풍산읍 하리). 1927년 8월에 설립된 신간회 안동지회에 참여하여 활동하던 이순서는 1928년 1월 간사로 선출되었다.

- 『조선일보』 1928.1.21

이순칠(李順七)

(후기의병) 출신지는 예안면(禮安面) 운곡(雲谷). 이순칠은 1909년 7월경부터 정성보(鄭成普)의 부하로, 일월산 부근에서 활동하였다.

■ 『한국독립운동사』 자료 18

이술상(李術相)

(신간회 안동지회) 이술상은 1927년 7월 신간회 안동지회 준비위원으로 선출되어 지회설립에 참여하였으며, 이후 1928년 1월 대표위원 및 서무부 간사로 선출되었다. 그는 7월 일본경찰에게 체포되었다가 풀려나기도 하였다.

■ 『조선일보』 1927.7.17, 1928.1.21, 2.6, ; 『중외일보』 1928.7.13, 7.28

이승구(李承玖)

(영덕 삼일운동) 출신지는 남선면(南先面) 현내(峴內). 이승구는 1919년 3월 18일 강우근(姜佑根)·강대열(姜大烈)과 함께 영덕군 영덕 읍내시장에서 만세시위를 전개하였다. 이 활동으로 그는 대구복심법원에서 징역 1년 6개월을 언도 받고 항소하였으나, 결국 1년을 복역하였다.

■ 「판결문」(1919.5.22, 대구복심법원) ; 「판결문」(1919.6.26, 고등법원) ; 『독립운동사자료집』 5집

이승렬(李承烈)

(풍산소작인회) 이승렬은 1923년 11월 11일에 열린 풍산소작인회(豊山小作人會) 창립총회에서 집행위원으로 선출되었다.

■ 『동아일보』 1923.11.18

이승복(李承復, 1884.8.14~1959.2.15)

(안동면 삼일운동) 본관은 고성(固城). 자는 경양(景陽). 출신

지는 남선면(南先面) 현내동(峴內洞: 현 남선면 현내리) 125번지. 이승복은 1919년 3월 18일 안동면 2차 시위에 참여하였다. 이 활동으로 일본경찰에 체포된 그는 1919년 4월 7일 대구지방법원 안동지청에서 징역 1년형을 언도받고 항소하였으나, 5월 10일 대구복심법원과 6월 12일 고등법원에서 기각되어 복역하였다. 묘는 남선면 현내리 야산에 있다. 1986년 대통령표창, 1990년 건국훈장 애족장.

이승복

- 「재소자신분카드」;「판결문」(1919.4.7, 대구지방법원안동지청);「판결문」(1919.5.10, 대구복심법원); 「판결문」(1919.6.12, 고등법원)

이승연(李承淵, 1889.4.12~1956.7.26)

(임동면 삼일운동) 출신지는 임북면(臨北面) 계곡동(桂谷洞: 현 예안면 계곡리). 이승연은 1919년 3월 21일 임동면 중평동 편항시장(鞭巷市場)에서 일어난 만세시위에 참여하였다가 체포되었다. 이 활동으로 그는 1919년 8월 18일 대구복심법원에서 징역 2년형을 언도받고 대구형무소에서 복역하였다. 1996년 건국훈장 애족장.

- 「판결문」(1919.5.31, 대구지방법원);「판결문」(1919.8.18, 대구복심법원);「판결문」(1919.10.16, 고등법원); 『독립운동사자료집』 5집 ; 『독립운동사』 3권

이승태(李承台)

(조선회복연구단) 본관은 고성(固城). 출신지는 안동(安東) 법상동(法尙洞). 이승태는 1944년에 결성된 안동농림학교(安東農林學校) 조선회복연구단(朝鮮回復研究團)에 가입하여 집행부

로 활동하였다. 1945년 3월 8일 황해도경에 피체되어 안동경찰서로 이감되어 옥고를 치르다가, 광복과 더불어 1945년 8월 17일 안동형무소에서 출옥했다.

■ 『안동판독립사』

이승화(李承和, 1876.8.2~1937)

(대한협회 안동지회·경학사·신흥강습소·서로군정서) 본관은 고성(固城). 자는 여중(汝中). 호는 담옹(談翁). 출신지는 안동면(安東面) 법흥동(法興洞: 현 안동시 법흥동). 이승화는 석주 이상룡(石洲 李相龍)의 5촌(寸)이다. 1909년 이상룡·김만식(金萬植) 등에 의해 조직된 대한협회 안동지회(大韓協會安東支會)에 가입하여 구국계몽운동을 전개하였다. 1910년 일제에 의해서 한국이 강점 당하자 새로운 독립운동방법을 모색하기 위하여 1911년 이상룡과 함께 만주(滿洲)로 망명하였다. 이후 경학사(耕學社)·신흥강습소(新興講習所) 조직에 참여하여 청년들을 교육하였다.

1915년 동지규합을 위해 국내에 들어와 충청남도·경상도·경기도 등지에서 활동하다가 일본경찰에 검거되어, 1915년 9월 20일 경성지방법원(京城地方法院)에서 징역 1년형을 언도받고 옥고를 치렀다. 출옥 후 1917년 다시 만주로 건너간 그는 이상룡과 함께 서로군정서(西路軍政署)에서 항일투쟁을 전개하다가 사망하였다. 1968년 대통령표창, 1990년 건국훈장 애족장.

■ 『한국독립사』 하권 ; 「판결문」(1915.9.20, 경성지방법원)

이승휘(李承徽)

(재만항일) 본관은 고성(固城). 출신지는 안동(安東) 법상동(法尙洞). 이승휘는 이상룡의 친척으로 만주로 망명하여 항일운동을 전개하였다.

- 「不逞團關係雜件-朝鮮人의 部-在滿洲의 部(4)」

이시교(李時敎, 1890.11.6~1948.5.20)

(예안면 삼일운동) 본관은 진성(眞城). 출신지는 예안면(禮安面) 서부동(西部洞: 도산면 서부리). 잠업순회교사인 이시교는 1919년 3월 11일 오후 9시경 예안면사무소 숙직실에서 면장 신상면(申相冕), 면서기 이광호(李洸鎬), 이중원(李中元) · 이남호(李南鎬) · 신응두(申應斗) 등과 함께 3월 17일 예안장날에 만세 시위를 벌일 것을 계획하고, 면사무소의 등사기를 이용하여 독립선언문과 태극기를 제작하고 각 동리로 연락하여 동지를 규합하였다.

3월 17일이 되자 이시교는 군중들 앞에 서서 시위를 주도하였다. 이 활동으로 체포된 그는 1919년 5월 21일 대구지방법원 안동지청에서 징역 4년형을 언도받고 복역하였다. 또 1921년 기독교청년회 취지서 발행 · 배포로 인하여 벌금 50원을 받았다. 1977년 대통령표창, 1991년 건국훈장 애국장.

- 「판결문」(1919.5.21, 대구지방법원안동지청) ; 「판결문」(1919.6.24, 대구복심법원) ; 「판결문」(1919.9.6, 고등법원) ; 「판결문」(1921.12.7, 대구복심법원) ; 『독립운동사자료집』 5집 ; 『독립운동사』 3권 ; 『동아일보』 1921.5.3

이암회(李巖回, 1896.12.8~1919.3.23)

(안동면 삼일운동) 본관은 월성(月城). 출신지는 서후면(西後面) 이개동(耳開洞: 현 서후면 이개리) 241번지. 이암회는 1919년 3월 18일에 일어난 안동면 2차 시위에 참여하였고, 이어서 3월 23일에 일어난 3차 시위에 참여하여 시위를 전개하던 중 일본경찰과 안동거류 일본인으로 구성된 자위단(自衛團)에 의해 순국하였다. 묘는 서후면(西後面) 이개리(耳開里) 공동묘지에 있다. 1982년 대통령표창, 1991년 건국훈장 애국장.

■ 『독립운동사』 3권 ; 「제적등본」(1919.3.23 서부동 도방에서 순국)

이열호(李烈鎬, 1893.3.14~1977.1.7)

이열호

(예안면 삼일운동·군자금 모집) 본관은 진성(眞城). 자는 경재(敬哉). 호는 일농(一儂). 출신지는 도산면(陶山面) 원촌동(遠村洞: 현 도산면 원천리). 이열호는 1919년 3월 17일에 일어난 예안면 1차 시위에 참여하여 만세시위를 전개하였다. 이후 그는 군자금 모집을 위해 활동하였다. 1920년 정인옥(鄭寅玉)으로부터 군정서(軍政署) 도장이 찍힌 군자금 영수증 용지를 받아 군자금 모집활동을 펴던 중 일본경찰에 체포되어 영주경찰서에서 40여 일 구금되었다. 1921년 11월 25일 선영기(宣永基)·김재윤(金在允)·송종빈(宋鍾斌) 등과 함께 전북 익산군(益山郡)에 거주하는 김용선(金溶善)으로부터 군자금 180원을 모금한 것을 비롯하여 그 해 12월 25일까지 군자금 모집활동을 하다가 일본경찰에 체포되었다. 이 활동으로 그는 1922년 6월 21일 경성복심법원에서

징역 5년형을 언도받고 옥고를 치렀다. 출옥 후 그는 신간회 예안지회의 조직에 힘을 쏟았다. 1968년 대통령표창, 1977년 건국포장, 1990년 건국훈장 애국장.

■ 「판결문」(1922.6.21, 경성복심법원) ; 『한국독립사』 ; 『동아일보』 1922.5.2

이영조(李永祚, 1906~?)

(화요회·고려공산청년회) 본관은 진성(眞城). 본명은 이영석(李永錫). 이명은 박의문(朴懿文)·이상원(李相元)·장악(張岳)·최팔안(崔八岸)·뻬뜨로프. 자는 명여(命汝). 출신지는 풍산면(豊山面) 마애동(麻厓洞: 현 풍산읍 마애리). 이영조는 1922년 안동에서 보통학교를 졸업하고, 서울 중앙고등보통학교에 입학했다. 1924년 서울에서 화요회에 참여했고, 1925년 9월 고려공산청년회에 참여하여 활동하던 중 그 해 10월 고려공산청년회의 추천으로 모스크바 동방노력자공산대학에 유학을 갔다. 1929년 5월 공산대학을 졸업하고 국제공산청년동맹의 지시 하에 고려공산청년회 조직활동에 참가하기 위해 귀국했다. 귀국 후 그는 10월 부산지역 조직책이 되어, 조선방직회사 노동자로 취직했다. 1930년 부산에서 일본경찰에 검거되어, 1931년 10월 경성지법에서 징역 4년형을 선고받았다.

이영조

■ 「신원카드」 ; 『중외일보』 1930.4.20 ; 『기려수필』 ; 『고등경찰요사』 ; 『한국사회주의운동인명사전』

이영호(李寧鎬, 1885.8.22~1932.5.29)

(예안면 삼일운동) 본관은 진성(眞城). 출신지는 도산면(陶山

面) 원촌동(遠村洞: 현 도산면 원천리). 이영호는 1919년 3월 17일에 일어난 예안면 1차 시위에 참여했다. 이 활동으로 체포된 그는 1919년 4월 17일 대구복심법원에서 징역 1년형을 언도받고 항소하였으나, 5월 19일 고등법원에서 기각되어 복역하였다. 1983년 대통령표창, 1990년 건국훈장 애족장.

- 「판결문」(1919.4.17, 대구복심법원) ; 「판결문」(1919.5.19, 고등법원) ; 『독립운동사자료집』 5집

이옥

이옥(李鈺, 1895.6.11~1928.12.25)

(임시정부·철혈단·조선유학생학우회) 출신지는 도산면(陶山面) 토계(土溪). 이옥은 1919년 11월 대한민국 임시정부 조사원으로 활동하다가, 1920년 철혈단원(鐵血團員)으로 동지규합을 위해 북경·봉천(奉天) 방면에서 활동하였다. 이후 그는 1921년 일본 동경(東京)에서 「조선유학생학우회(朝鮮留學生學友會)」서무부장을 역임했으며, 1922년 「동경조선노동동맹(東京朝鮮勞動同盟)」 간부로 활동하였다. 그러다 1924년 3월 1일 재동경(在東京) 조선인 단체 학우회(學友會), 조선노동동맹회(朝鮮勞動同盟會) 등의 연합 주최하에 열린 3·1 기념식에 참여하였다가 일본경찰에게 피체되었다.

그러나 그는 같은 해 4월 재동경 학우회(在東京 學友會) 대표에 선임되어 서울에서 개최된 조선청년총동맹(朝鮮靑年總同盟) 창립 대회에 출석하였으며, 1927년 2월부터 1928년 12월까지는 신간회 조사부원·의안작성부원·대표회원 등으로 선임되어 활약하였다. 또 1924년 6월 사회사정연구회(社會事情研究會)를 창설하기도 하였다. 2009년 건국훈장 애

족장.
- 『왜정시대인물사료』 2권 ; 『동아일보』 1928.12.26, 12.28

이완기(李完基)

(광동학술강습소 교사·안동불교청년회) 이완기는 1919년에 설립된 광동학술강습소(廣東學術講習所: 서후면 금계리)에서 교사로 활동하였고, 1921년 4월 안동불교청년회 주최로 개설된 노동야학부에서 교사로 활동하였다.
- 『동아일보』 1921.5.1, 5.22

이용만(李用萬, 1899~1958.2.26)

(풍산소작인회) 본관은 예안(禮安). 자는 군협(君協). 출신지는 풍산면(豊山面) 하리동(下里洞: 현 풍산읍 하리) 207번지. 이용만은 1923년 11월 11일에 열린 풍산소작인회(豊山小作人會) 창립총회에서 집행위원으로 선출되었다. 이후 그는 여러 동지들과 더불어 1924년에 소작료 인하운동을 주도하였으나, 대지주와 일본인 지주의 탄압으로 인해 1924년 7월 10일과 11일 경찰서에 구금되고, 징역 10월형을 언도받았다. 묘는 풍산읍 강생포에 있다.
- 「판결문」(1926.7.5, 대구지방법원안동지청) ; 「판결문」(1926.10.26, 대구지방법원) ; 『동아일보』 1923.11.18, 11.19, 1924.8.13, 10.9, 10.19

이용서(李用誓)

(풍산소작인회) 이용서는 1923년 11월 11일에 열린 풍산소

작인회(豊山小作人會) 창립총회에서 집행위원으로 선출되었다.
■ 『동아일보』 1923.11.18

이용호(李用鎬, 1874.12.18~1951.7.6)

(예안면·도산면 삼일운동) 본관은 진성(眞城). 자는 국빈(國賓). 호는 성헌(省軒). 출신지는 도산면(陶山面) 토계동(土溪洞: 현 도산면 토계리) 264번지. 이용호는 1919년 3월 17일 예안면 1차 시위에 참여하였고, 이어서 3월 18일에 일어난 도산면 만세시위에도 참여하였다. 이 활동으로 체포된 그는 1919년 9월 4일 고등법원에서 징역 2년형을 언도받고 복역하였다. 1983년 대통령표창, 1990년 건국훈장 애족장.

■ 「판결문」(1919.5.26, 대구지방법원안동지청) ; 「판결문」(1919.6.24, 대구복심법원) ; 「판결문」(1919.9.4, 고등법원) ; 『독립운동사자료집』 5집 ; 『독립운동사』 3권

이운구(李雲九)

(전기의병) 1894년 일제가 강제로 경복궁을 점령하자, 안동의진은 이에 대항하여 의병을 일으켰다. 1895년 명성황후가 시해당하고, 단발령이 공포되자 안동의진은 다시 재기하였다. 이운구는 1896년 권세연이 이끈 안동 1차의진의 서기(書記)로 선임되어 활동하였다.
■ 「안동의소파록」

이운형(李運衡, 1892.2.24~1972.3.7)

(서울 삼일운동·서로군정서) 본관은 고성(固城). 자는 중약(重若). 호는 백광(白光). 출신지는 안동면(安東面) 법흥동(法興

洞: 현 안동시 법흥동). 이운형은 임시정부 초대 국무령을 지낸 석주 이상룡(石洲 李相龍)의 조카이다. 그는 1907년에 개교한 안동 협동학교(協東學校)를 1기로 졸업한 후, 1911년 이상룡을 따라 만주로 망명하였다. 이후 김동삼(金東三)·이청천(李靑天) 등과 함께 항일투쟁을 전개하다가, 1919년 2월경 국내로 돌아와 3월 1일 탑골공원(塔洞公園)에서 만세시위에 참여하였다.

이운형

그 후 다시 만주로 건너가 서로군정서(西路軍政署) 결성에 참여하였다. 이후 그는 서로군정서의 비밀특파원으로 국내를 출입하다가 일본경찰에 체포되어 서대문형무소(西大門刑務所)에서 4개월 간 옥고를 치렀다.

출옥 후 그는 1919년 11월 황종화(黃鍾和)·이영봉(李永鳳)·김규열(金圭烈) 등과 함께 서울 권농동(權農洞) 남효원(南孝元)의 집에서 여러 차례 모임을 가진 후 임시정부(臨時政府) 요원 강태동(姜泰東)으로부터 독립문서를 받아, 1920년 3월 대구로 내려가 그것을 최익무(崔翼武)에게 건네주고, 대구일대에서 배포하다가 일본경찰에 체포되어 서대문형무소에서 옥고를 치렀다. 1968년 대통령표창, 1990년 건국훈장 애족장.

■ 「판결문」(1919.7.4, 경성복심법원) ; 「판결문」(1920.10.29, 경성지방법원) ; 「신원카드」 ; 『고등경찰요사』 ; 『조선독립운동사』 1권 ; 『독립운동사자료집』 5·9·13집

이운호(李運鎬, 1852.6.15~1930.1.19)

(전기의병) 출신지는 예안면(禮安面) 미질(美質). 이운호는 국

권상실의 위기를 절감하고, 1896년 1월 안동의 권세연의진에 참여하여 경북 안동 일대에서 의병항쟁을 전개하였다. 권세연의 안동의진은 1896년 1월 17일 안동의 관찰사부(觀察使府)를 점령하고 무기를 빼앗아 안동 일대를 장악하였다. 이운호는 안동의진에서 좌익장(左翼將)의 직책을 맡아 활동하였다. 2003년 건국포장.

■ 「안동의소파록」;『독립운동사자료집』 2집

이운호

이운호(李雲鎬, 1893.9.13~1942.1.20)
(예안면 삼일운동·조선노동공제회 안동지회·예안청년회·안동청년연맹·신간회 안동지회) 본관은 진성(眞城). 자는 춘강(春岡). 출신지는 예안면(禮安面) 의촌동(宜村洞: 현 도산면 의촌리) 259번지. 이운호는 1919년 3월 17일에 일어난 예안면 1차 시위에 참여하였다. 이 활동으로 체포된 그는 1919년 4월 17일 대구복심법원에서 징역 1년형을 언도받고 항소하였으나, 5월 19일 고등법원에서 기각되어 복역하던 중 10월 21일 감형되어 출옥하였다.

출옥 후 그는 1920년 7월에 창립된 예안청년회에 참여하였고, 조선노동공제회 안동지회에도 참여하여 1921년 7월에 열린 제2회 정기총회에서 간사로 선출되었다. 이후 안동청년연맹에 참여하여 활동하던 그는 1925년 8월 30일 안동청년연맹 주관으로 열린 강연회에서 '청년연맹의 필요성'에 대하여 연설하였다. 이후 1927년 8월에 창설된 신간회 안동지회에 참여하여 1929년 1월에 회장 및 대표위원으로 선출되었다. 이 활동으로 인해 1930년 7월 28일 일본경찰에 체포되어 그 해 12월 27일 대구지방법원에서 징역 8월 집행유예 4년형을 언도받고 복역하였다. 1983년 대통령표창, 1990년 건국훈장 애족장.

■ 『독립운동사자료집』 5·14집 ;「판결문」(1919.4.17, 대구복심법원) ;「판결문」(1919.5.19, 고등법원) ; 「판결문」(1930.12.27, 대구지방법원) ;『동아일보』 1920.9.15, 1921.7.25, 1925.9.8 ;『조선일보』 1929.1.29 ; 『동아일보』 1925.9.8, 1930.3.4

이원기(李源祺, 1899.8.29~1942.7.13)

(국내항일투쟁) 본관은 진성(眞城). 출신지는 도산면(陶山面) 원촌동(遠村洞: 현 도산면 원천리) 881번지. 이원기는 시인이자 독립운동가인 이육사(李陸史)의 형이다. 1927년 10월 18일, 조선은행 대구지점 폭탄사건(=장진홍의거)이 터지자, 그와 동생 이육사·이원일·이원조 4형제가 주범으로 몰려 일본경찰에 체포되어 대구형무소에서 고초를 겪었다. 이때 받은 고문으로 인해 이원기는 불구의 몸이 되어 고생하였다. 1968년 대통령표창, 1977년 건국포장, 1990년 건국훈장 애국장.

이원기

■ 『기려수필』 ;『새로 쓰는 이육사 평전』 ; 『일제침략하한국36년사』 9권

이원박(李源博, 1898~)

(정의부) 본관은 진성(眞城). 출신지는 도산면(陶山面) 온혜(溫惠). 이원박은 1920년 5월 동아일보 영주 분국장으로 활동하면서 1921년 4월 경성 사립중동학교 고등과 제2부에

입학하였다. 그러다 1921년 11월 퇴학당하자, 만주로 망명하였다. 1924년 1월 중국 개원현(開源縣) 상비지청당(上肥地靑堂) 교사로 활동하였으나 그해 3월 사직하고, 정의부에 참여하여 항일 조선인 소속 학교에서 교사로 활동하였다.

■ 『국외용의조선인명부』 ; 『동아일보』 1920.5.7

이원세(李源世, 1888.4.15~1956.12.11)

(신사참배거부투쟁) 본관은 진성(眞城). 자는 문경(文卿). 출신지는 도산면(陶山面) 원촌동(遠村洞: 현 도산면 원천리). 1939년 5월경 신사참배거부투쟁을 주도하다가 일본경찰에 체포되어 8개월 간 복역하였다고 한다.

■ 『안동판독립사』

이원식(李元植)

(교남교육회 · 교육구국운동) 이원식은 1908년 3월 15일 재경 영남인사들이 창립한 교남교육회(嶠南敎育會)에 참여하였다.

■ 『교남교육회잡지(회원명부)』

이원연(李源淵, 1894.8.14~1949.12.16)

(국내항일, 흠치교) 출신지는 예안면(禮安面) 주진(舟津). 이원연은 1920년 음력 7월 안동에서 차경석(車京錫)을 교주로 하는 흠치교에 가입하여, 겉으로 종교활동을 표방하며 국권회복운동에 진력하기로 결의하였다. 그리고 경북 일대에서 흠치교의 신도를 모집하고 조선독립을 역설하며 독

립자금을 모집하는 등의 활동을 하였다.

이들은 1924년 갑자년(甲子年)에 흠치교의 힘에 의해 조선이 독립이 될 것이라고 선전하면서 자금모집 및 교도포섭에 힘을 쏟다가 활동이 노출되어 체포되었다. 그는 이 일로 징역 1년을 언도받고 약 1년 6개월 동안 옥고를 치렀다. 2008년 건국포장.

■ 「판결문」(1921.4.22, 대구지방법원안동지청)

이원영(李源永, 1886.7.3~1958.6.21)

(예안면 삼일운동·신사참배거부투쟁) 본관은 진성(眞城). 호는 봉경(鳳卿). 출신지는 도산면(陶山面) 원촌동(遠村洞: 현 도산면 원천리) 706번지. 이원영은 도산면 원촌동에 설립된 원촌사숙(遠村私塾)에서 수학하였고, 1919년 3월 17일 예안면 1차 시위에 참여하였다. 이 활동으로 1919년 4월 24일 대구복심법원에서 1년형을 언도받고 복역하였다.

이원영

이후 그는 1921년 기독교인이 되어 세례를 받은 후 1930년 평양신학교를 졸업하고, 목사가 되어 신사참배거부투쟁을 펼쳤다. 이 활동으로 인해 1939년 5월 안동경찰서에 체포되어 3개월간 복역하였다. 이후 같은 죄명으로 세 차례나 체포되었는데, 첫 번째는 1940년 8월에 체포되어 1940년 12월에 석방되었으며, 두 번째는 1941년 7월 체포되어, 1942년 3월에 병보석으로 석방되었다. 마지막으로 1945년 5월 체포되어 해방과 더불어 풀려났다. 1980년 대통령표창, 1990년 건국훈장 애족장.

■ 「판결문」(1919.4.24, 대구복심법원) ; 「판결문」(1919.5.29,

고등법원) ;「신원카드」;『독립운동사자료집』5집

이원일

이원일(李源一, 1886.6.5~1961.6.25)

(경학사·흥업단) 본관은 진성(眞城). 출신지는 도산면(陶山面) 토계동(土溪洞: 현 도산면 토계리) 하계(下溪). 이원일은 1911년 이상룡(李相龍)·김동삼(金東三) 등 안동지역 인사들과 함께 해외 독립운동기지 건설을 위해 만주로 망명하였다. 유하현(柳河縣) 삼원포(三源浦) 추가가(鄒家街)에 도착한 그는 경학사(耕學社) 조직에 참여하여, 간도지역 독립운동 기반 조성에 힘썼다. 1920년 간도 무송현(撫松縣)에서 흥업단(興業團) 결성에 참여하여 재무를 담당하고, 이주한인의 생활 안정에 기여하였다.

이후 만주일대에서 항일투쟁을 전개하던 중 1931년 중국 하얼빈에서 동지이자 사돈인 김동삼과 함께 체포되어, 1932년 3월 19일 평양지방법원에서 징역 2년 6월형을 언도받고 옥고를 치렀다. 그의 딸 이해동(李海東)은 김동삼의 며느리이다. 1990년 건국훈장 애국장.

■「백하일기」(김대락) ;『한국독립운동사』;『독립운동사』5권 ;「신분장지문조회회보서」

이원태(李源台, 1899.11.22~1946.12.10)

(독립군기지 건설) 본관은 진성(眞城). 자는 두약(斗若). 호는 원대(圓臺). 출신지는 도산면(陶山面) 토계동(土溪洞: 현 도산면 토계리). 1910년 대한제국이 멸망하자 만주로 망명하여 항일투쟁을 전개하였다. 그는 김동삼(金東三)과 함께 독립군

기지건설에 참여하는 한편, 신흥무관학교(新興武官學校) 지리교과서로 사용된 『배달족강역형세도(倍達族彊域形勢圖)』를 저술하였다.

이 책에서 그는 한민족사의 형세를 모두 44장의 지도와 '비고'라는 덧붙인 글로 설명하였다. 전체 내용의 75%가 만주지역에 관한 내용인데, 그곳에서 활약했던 민족들을 한민족 계통으로 파악하였다. 이것은 신흥무관학교의 학생들에게 민족주의 역사의식을 고양하여 독립운동의 정신적 이념을 제공하고자 한 것이다.

■ 『배달족강역형세도』 ; 「이원태의 생애와 역사인식」

이원혁(李源赫, 1890.9.18~1968.11.7)

이원혁

(신간회 서울지회) 이명은 이백헌. 출신지는 예안면(禮安面) 부포동(浮浦洞: 현 예안면 부포리). 이원혁은 1919년 대한민국 임시정부를 지원하는 군자금 모집활동을 하다 체포되었다가 방면되었다. 이후 그는 1922년 도쿄(東京)로 건너가 일청영어학교(日淸英語學校)에 입학하였으나, 곧 중퇴하고 귀국하였다. 그 후 시대일보사를 경영하고, 『조선지광』 잡지를 간행하였다. 1927년 6월 10일 신간회 서울지회 설립대회에 참석하여 간사로 선출되었고, 같은 해 12월 14일에 열린 제1회 간사회에서 선전부 총무간사직을 맡아 활동하였다. 1929년 7월 23일에 열린 제1회 집행위원회에서는 서기장으로 선출되었고, 이후 줄곧 중앙집행위원으로 활동하였다.

1929년 11월 광주학생의거가 일어나자 이원혁은 동료들과 함께 검거된 학생 전원 석방과 진상규명을 요구하는 결의

문을 작성하여 신간회 중앙 본부와 연합으로 각 언론신문사에 보낼 것을 결의하였다. 그리고 그 해 12월 13일 권동진(權東鎭)·허헌(許憲)·홍명희(洪命憙) 등 10명과 함께 광주학생사건에 대한 결의문을 발표하였다. 이 활동으로 체포되어 1931년 4월 24일 경성지방법원에서 징역 1년 4월형을 언도받고 옥고를 치렀다. 1996년 건국훈장 애족장.

■ 「신원카드」;「판결문」(1920.6.4, 대구지방법원);『기려수필』;「신분장지문원지」;「판결문」(1931.4.24, 경성지방법원);『한민족독립운동사자료집』 별집 6;『독립운동사자료집』 13·14집;『일제침략하한국36년사』;『독립운동사』 9·10권;『동아일보』 1927.12.18, 1929.12.13, 12.28, 1930.6.10, 8.26, 9.10, 1931.2.14, 4.17, 5.18, 5.19, 1932.1.23, 1.24

이유홍

이유홍(李裕弘, 1898.6.19~1968.12.3)

(예안면 삼일운동) 본관은 영천(永川). 이명은 이유돈(李裕敦). 자는 의경(毅卿). 호는 백오(百五). 출신지는 도산면(陶山面) 운곡동(雲谷洞: 현 도산면 운곡리). 이유홍은 1919년 3월 17일에 일어난 예안면 1차 시위에 참여하였다. 이 활동으로 체포된 그는 1919년 5월 3일 대구지방법원 안동지청에서 태형 90을 선고받았다. 1983년 대통령표창, 1990년 건국훈장 애족장.

■ 「판결문」(1919.5.3, 대구지방법원안동지청);『독립운동사자료집』 5집

이육사(李陸史, 1904.5.18~1944.1.16)

(의열투쟁) 본관은 진성(眞城). 본명은 원록(源祿)·원삼(源三). 필명은 이활(李活)·이육사(二六四)·육사(戮史)·육사(肉

瀉)·육사(陸史). 자는 태경(台卿). 출신지는 도산면(陶山面) 원촌동(遠村洞: 현 도산면 원천리) 881번지. 1916년 조부 이중직(李中稙)이 초대교장으로 재직하던 보문의숙(寶文義塾)에서 수학한 후, 1919년 도산공립보통학교(보문의숙을 공립으로 개편)를 거쳐, 1924년 4월 일본으로 유학을 떠났다.

이육사

1925년 1월에 귀국하여, 대구 조양회관을 중심으로 이정기·조재만 등과 함께 문화활동을 하였다. 그러던 중 1926년 베이징에서 활동하던 이정기로부터 북경 중심의 민족운동에 관한 상황을 전해 듣고, 베이징으로 다시 유학을 떠나, 1926년 중국(中國)대학 상과에서 수학하였다. 1927년 여름에 귀국하였으나, 장진홍의거(10월 18일)에 연루되어 구속되었다. 1929년 5월 출옥한 그는 중외일보(中外日報) 기자를 역임하며, 1930년 1월 3일 첫 시(詩) 〈말〉을 조선일보에 발표하는 등 문학활동을 하였다.

1931년 1월에 대구격문사건으로 구속되었다가, 3월에 석방되었다. 1932년 중국으로 가서 10월 10일 남경 근교 탕산에서 문을 연 조선혁명군사정치간부학교(朝鮮革命軍事政治幹部學校) 1기생 학원(學員)으로 입교하였다. 1933년 4월 20일 조선혁명군사정치간부학교를 졸업한 후 그 해 7월에 서울로 잠입하였다. 1934년 3월 20일 군사간부학교 출신이란 것이 드러나 구속되었으나, 6월 기소유예로 석방되었다. 이후 그는 문예활동에 전념하였다.

1943년 4월, 다시 베이징으로 간 그는 같은 해 7월 모친과 맏형 소상에 참여하기 위해 귀국하였다가, 일본경찰에 체포되어 북경으로 압송되었다. 1944년 1월 16일 새벽, 북경

주재 일본총영사관 감옥에서 순국하였다. 묘는 고향마을 원촌 뒷산에 있다. 1968년 대통령표창, 1977년 건국포장, 1990년 건국훈장 애국장.

- 「신원카드」 ; 『독립운동사』 8권 ; 『새로 쓰는 이육사 평전』 ; 『한민족독립운동사자료』 30 · 31권

이을성(李乙成, 1895.10.18~1969.7.2)

(안동면 삼일운동) 출신지는 안동면(安東面) 용상동(龍上洞: 현 안동시 용상동). 이을성은 1919년 3월 18일 안동면 2차 시위에 참여하였다. 이 활동으로 그는 1919년 4월 7일 대구지방법원 안동지청에서 징역 6월형을 언도받고 항소하였으나, 5월 2일 대구복심법원과 6월 5일 고등법원에서 기각되어 복역하였다. 2010년 대통령표창.

- 「판결문」(1919.4.7, 대구지방법원안동지청) ; 「판결문」(1919.5.2, 대구복심법원) ; 「판결문」(1919.6.5, 고등법원)

이응팔(李應八, 1897.6.2~1938.1.13)

(임동면 · 임북면 삼일운동) 본관은 예안(禮安). 자는 관선(寬善). 호는 장암(長岩). 출신지는 임북면(臨北面) 사월동(沙月洞: 현 임동면 사월리). 이응팔은 1919년 3월 21일 임동면 중평동 편항시장(鞭巷市場)에서 일어난 만세시위에 참여하였고, 이어서 3월 22일 당시 임북 면소재지이던 사월에서 만세시위를 전개하다가 체포되었다. 1919년 8월 18일 대구복심법원에서 징역 2년형을 언도받고 대구형무소에서 복역하였다. 묘는 예안면 동천리 불미골에 있다. 1980년 대통령표

창, 1990년 건국훈장 애족장.
- 「판결문」(1919.5.31. 대구지방법원) ;「판결문」(1919.8.18. 대구복심법원) ;『독립운동사자료집』 5집 ;『독립운동사』 3권

이의필(李義弼, 1882.11.25~1978.1.2)
(예안면 삼일운동) 본관은 영천(永川). 이의필은 1919년 3월 17일에 일어난 예안면 1차 시위에 참여하였다고 한다.
- 『안동 사람들의 항일투쟁』

이의호(李宜鎬, 1854~1896.1.26)
(전기의병) 자는 의백(義伯). 출신지는 예안면(禮安面) 계곡(桂谷). 이의호는 1896년 1월 안동의 권세연 의진에 참여하여 경북 안동 일대에서 활약하였다.
권세연의 안동의진은 1896년 1월 17일 안동의 관찰사부(觀察使府)를 점령하여 무기를 빼앗아 안동 일대를 장악하였다. 이의호는 안동의진에서 좌부장(左副將)의 직책을 맡아 활동하며, 1896년 1월 초 100여 명의 병력을 거느리고 안동으로 들어오는 일본군과 송현에서 맞서 싸우는 등 항일무장투쟁을 전개하였다. 이의호는 안동전투에서 전사한 것으로 보인다. 2003년 건국훈장 애족장.
- 『을미의병일기』(이긍연)

이익희(李益熙, 1898.2.24~1967.12.3)
(풍산면 3·1운동) 출신지는 풍산면(豊山面) 마애(麻厓). 이익희는 1919년 3월 24일 풍산면 풍산시장에서 펼쳐진 만세운

동에 참가하였다. 그는 이 일로 인하여 태형 90을 받았다. 2010년 대통령표창.

- 「형사사건부」

이인호(李仁浩, 1884~?)

(예안면 삼일운동) 본관은 진성(眞城). 출신지는 도산면(陶山面) 온혜동(溫惠洞: 현 도산면 온혜리). 이인호는 1919년 3월 17일에 일어난 예안면 1차 시위에 참여했다. 이 활동으로 일본경찰에 검거된 그는 1919년 3월 24일 징역 6월형을 언도받고 항소하였으나 4월 17일 기각되었다.

- 「판결문」(1919.4.17, 대구복심법원);「판결문」(1919.5.19, 고등법원);『독립운동사자료집』 5집

이인홍

이인홍(李仁洪, 1901.11.9~1992.8.24)

(안동면 삼일운동) 본관은 성주(星州). 출신지는 안동면(安東面) 법상동(法尙洞: 현 안동시 법상동). 이인홍은 1917년 협동학교(協東學校)를 4회로 졸업하였다. 이후 1919년 3월 13일 안동면 2차 시위를 계획·추진 중 협동학교 학생 30여 명을 안동면 만세시위에 참가시키기 위해 시내 안흥여관(현 안동초등학교 후문 앞)에 투숙시켰다가 일본경찰에 발각 연행되었다. 이 활동으로 1919년 4월 7일 대구지방법원 안동지청에서 징역 6월형을 언도받고 항소하였으나, 5월 2일 대구복심법원과 6월 5일 고등법원에서 기각되어 복역하였다. 1993년 대통령표창.

- 「판결문」(1919.4.7, 대구지방법원안동지청);「판결문」(1919.5.2,

대구복심법원) ; 「판결문」(1919.6.5, 고등법원) ; 『독립운동사』 3권

이인화(李仁和, 1858.12.4~1929.3.14)

(전기의병·선성의숙 설립) 본관은 진성(眞城). 자는 원여(元汝). 호는 지암(芝庵). 출신지는 도산면(陶山面) 온혜동(溫惠洞: 현 도산면 온혜리). 1895년 을미사변과 단발령으로 전국 각지에서 의병들이 일어나자, 이인화는 1896년 예안지역에서 군사를 모아 의병을 일으켰다. 3월 26일 안동의진을 중심으로 연합의진이 형성되어 함창 태봉의 일본군을 공격할 때 여기에 참여하여 치열한 전투를 벌였으나 화력과 장비의 열세를 극복하지 못하고 패하였다. 그 뒤 계몽운동으로 전환한 그는 1910년대에 선성의숙(宣城義塾: 현 도산면 서부리)을 설립하고 교사로 활동하였다. 1977년 건국포장, 1990년 건국훈장 애국장.

■ 『독립운동사자료집』 2집 ; 『독립운동사』 1권

이장규(李章奎)

(전기의병) 본관은 진성(眞城). 출신지는 도산면(陶山面) 온혜(溫惠). 1차 선성의진이 해산된 후, 1896년 2월 20일 이중린을 대장으로 하는 2차 선성의진이 결성되었다. 이장규는 2차 선성의진의 종사(從事)로 선임되어 활약하였다.

■ 「벽산선생창의전말」(김도현)

이재순(李在順)

(풍산소작인회) 출신지는 풍산면(豊山面) 안교(安郊). 이재순

은 1923년 11월에 결성된 풍산소작회에 가입하여 농민운동을 전개하였다. 이후 소작쟁의가 활발해지자, 풍서농민회의 고발로 체포당하였으나 면소되어 풀려났다.

■ 「예심종결결정」(1924.8.21)

이재완(李在完)

(광동학술강습소 교사) 이재완은 1919년에 설립된 광동학술강습소(廣東學術講習所: 현 서후면 금계리)에서 교사로 활동하였다.

■ 『안동 사람들의 항일투쟁』

이적호(李迪鎬)

(예안청년회·기우단) 1920년 7월 창립된 예안청년회에 참여하여 활동하던 이적호는 1920년 8월 5일 예안청년회 주관으로 열린 강연회에서 '반가운 우리 청년회'란 주제로 연설하였다. 이후 그는 안동 기우단 집행위원으로 활동하였다.

■ 『동아일보』 1920.8.15 ; 『시대일보』 1925.11.5

이점백(李點伯, 1909~?)

(조공재건운동) 출신지는 예안면(禮安面) 천전(川前). 이점백은 9세경부터 한문을 수학한 뒤, 1928년 동경으로 건너가 고무공업소 직공으로 일하면서 일본조선노동조합에서 활동하였다. 이후 고향으로 돌아온 그는 안동청년동맹 예안지부에 가입하여 활동하였다. 1931년 3월 안동콤그룹이 결성되자, 이점백은 주요 간부로 참여하였다. 그는 1934년

7월 28일 예안면 동부동에서 이발호(李發鎬)·류기만(柳基萬)·김태상(金台尙) 등과 함께 콤그룹의 세포조직인 예안노농행동대(禮安勞農行動隊)를 조직, 총책임자를 맡았다. 예안노농행동대는 조직훈련부·선전부·연락부·교양부를 두고, 예안과 녹전일대를 관할하였다. 그러나 1933년 메이데이 기념투쟁준비 혐의로 활동가들이 검속당하는 가운데 조직이 드러나면서, 안동콤그룹 및 산하 세포조직원들이 검속되었다. 이점백 역시 체포되어 징역 2년을 언도받고 복역하였다.

- 「재소자신분카드」; 「판결문」(1934.7.2, 대구지방법원) ; 『동아일보』1934.6.21 ; 『한국사회주의운동인명사전』

이정선(李貞善)

(명성회) 이정선은 1942년 2월경 사상이 불온하다는 이유로 안동농림학교(安東農林學校)에서 퇴학당한 후 일본 동경으로 유학을 갔다. 일본 붕카[文化]학원 중등부로 편입한 이정선은 당시 한국유학생들이 많았던 동경 조선·대만 유학생 숙소 와세다 YMCA기숙사에 기거하게 되었고 그곳에서 이회술을 만나게 되었다. 이정선은 이회술로부터 무선통신, 프로파간다(선전선동) 실제 등을 교육받았고, 일본은 곧 패망하니 귀국하여 비밀결사를 조직하라는 지시를 받았다.

1943년 초 귀국한 이정선은 먼저 안동에서 비밀결사를 조직하고 다음으로 경주와 대구에 세포조직을 만들 것을 계획하였다. 우선 그는 친분이 있었던 안동농림학교 9회생동기들을 규합하여 비밀결사를 도모하였다. 1943년 4월 하순경 이정선은 김홍구·박동렬·권태염·최남식·김한룡·고영찬·권오봉 등과 함께 그의 집에서 비밀결사인 명성회를 조직하고 회장의 역할을 맡았다. 1944년 11월 안동농림학교의 또 다른 비밀결사인 조선회복연구단(朝鮮回復研究團)이 명성회와 연대투쟁을 제의함에 따라 그는 이를 수락하여 무력봉기 시에 동참하기로 하였다. 그러나 1945년 2월 고등계 형사들의 사찰이 심해지고 조선회복연구단원의 체포를 시작으로 명성회 단원들도 속속 검거되었다. 이정선 역시 1945년 3월 12일 서울 황금정(현 을지로 2가)에서 경북경찰부 고등과 형사 서영출(徐永出)이 이끄는 형사대에 체포, 대구로 이송되어 옥고를 치르다 해방 후 출옥하였다.

■ 『안동판독립사』; 『안동사학』 12집

이정좌(李廷佐)

(전기의병) 이정좌는 1896년 권세연이 이끈 안동 1차의진의 도서기(都書記)의 직책을 맡아 활동하였다.

■ 「안동의소파록」

이종국(李鍾國, 1888~1962)

(의용단) 출신지는 안동면(安東面) 신세동(新世洞: 안동시 신세동) 20번지. 이종국은 1921년에 결성된 의용단(義勇團)에 참가하여 군자금 모집활동을 하였다. 그가 참여한 의용단은 군자금 지원을 원하는 서로군정서의 뜻에 호응하여 영남

지방 인사들이 결성한 조직체인데, 이종국은 여기에 가입하여 1922년 12월경 안동(安東)·영천(永川)·영일(迎日)·창녕(昌寧)·군위(軍威) 등지에서 군자금 모금활동을 전개하다가 일본경찰에 체포되었다. 그는 1923년 12월 대구지방법원에서 징역 3년을 받았다. 2008년 건국훈장 애족장.
- 「판결문」(1923.12.22, 대구지방법원) ; 『고등경찰요사』

이종록(李鍾綠)

(안동면 삼일운동) 이종록은 1919년 3월 18일에 일어난 안동면 2차 시위에 참여하였다고 한다.
- 「안동의 3·1운동」 ; 『독립운동사』 3권

이종만(李鍾萬)

(전기의병) 본관은 고성(固城). 출신지는 안동(安東) 법흥동(法興洞). 이종만은 1896년 권세연이 이끈 안동 1차의진의 서기(書記)로 선임되어 활동하였다.
- 「안동의소파록」

이종영(李鍾韺, 1886.12.26~1926.8.4)

(광복회) 본관은 고성(固城). 출신지는 동후면(東後面) 도곡리(道谷里; 현 와룡면 도곡리). 이종영은 광복회(光復會)에 가입하여 군자금 모집활동을 하였다. 그가 가입한 광복회는 1915년 조선국권회복단(朝鮮國權回復團)과 풍기광복단(豊基光復團)이 연합하여 대구에 본거를 두고서 비밀리에 활동하던 항일 의협투쟁(義俠鬪爭) 단체였다.

이 단체에 가입한 이종영은 1917년 8월부터 1918년 4월경까지 자기 집을 광복회의 안동지역 비밀 연락처로 제공하는 등 활발하게 활동하였다. 그러던 중 1918년 칠곡의 부호 장승원(張承遠)을 처단할 것을 채기중(蔡基中) 등과 논의했다는 이유로 일본경찰에 체포되어 고초를 겪었다. 1993년 건국포장.

- 『박상진자료집』;『고등경찰요사』;『한국독립운동사』2권 ;『독립운동사자료집』3 · 11집

이종홍(李鍾洪, 1869.7.10~1926.1.7)

(예안면 삼일운동) 본관은 우계(羽溪). 이명은 이종홍(李鍾弘). 자는 기오(箕五). 호는 백민(白民). 출신지는 녹전면(祿轉面) 녹래동(祿來洞; 현 녹전면 녹래리) 647번지. 이종홍은 1919년 3월 17일에 일어난 예안면 1차 시위에 참여하였다. 이 활동으로 체포된 그는 1919년 3월 24일 대구지방법원 안동지청에서 체포되어 태형 90을 선고받았다. 1993년 대통령표창.

- 『독립운동사자료집』5집 ;「형사사건부」

이종화(李鍾華, 1881~1910.7.18)

(협동학교 교사 · 교육구국운동) 출신지는 봉화(奉化). 이종화는 안동의 근대 중등교육기관인 협동학교(協東學校)에서 교직원으로 활동하던 중 1910년 7월 18일 예천의 최성천 부대가 협동학교를 습격하였는데 이때 피살당하였다.

- 『횡성신문』1910.7.30, 8.7 ;『한국독립운동사자료』18집

이종흠(李棕欽, 1900.2.20~1976.3.2)

(유림단의거) 본관은 진성(眞城). 호는 반산(泮汕). 출신지는 도산면(陶山面) 토계동(土溪洞: 현 도산면 토계리) 하계(下溪). 이종흠은 그의 형(兄)인 이동흠(李棟欽)과 함께, 제2차 유림단 의거에 참여하였다가 일본경찰에 연행되어 고초를 겪었다. 김창숙이 중국에서 독립군기지를 건설한다는 목표 아래 비밀리에 귀국하여 자금 모집을 벌이자 여기에 참가한 것이다. 이종흠은 대구에서 김창숙을 만나, 그로부터 권총 1자루를 받았다. 이 총으로 그는 1926년 1월 15일 영양(英陽)에 살고 있는 외숙부 이현병(李鉉炳)을 찾아가 군자금 2만원을 요구하였다. 이 거사로 인해 일본경찰에 체포되어, 1927년 3월 29일 대구지방법원에서 징역 1년, 집행유예 4년형을 언도받았다. 1986년 대통령표창, 1990년 건국훈장 애족장.

■ 「판결문」(1927.3.29, 대구지방법원) ; 『동아일보』 1927.2.14 ; 『고등경찰요사』 ; 『기려수필』

이종흠

이주섭(李周燮, 1901.12.7~1977.12.31)

(예안면 삼일운동) 본관은 우계(羽溪). 자는 문익(文翼). 출신지는 녹전면(祿轉面) 녹래동(祿來洞: 현 녹전면 녹래리). 이주섭은 1919년 3월 17일에 일어난 예안면 1차 시위에 참여하였다고 한다. 묘는 녹전면 녹래리에 있다.

■ 『안동판독립사』

이주섭

이주헌(李主憲, 1923.8.9~2010.12)

(조선회복연구단) 출신지는 안동(安東) 광석동(廣石洞). 이주

이주헌

헌은 1943년 8월경, 안동농림학교(安東農林學校) 학생들을 중심으로 조직된 조선회복연구단(朝鮮回復研究團)의 단원으로 항일 독립운동을 전개하였다. 태평양전쟁을 도발한 일제는 방학 중에도 학생들을 강제로 근로동원에 참가시키는 등 전쟁준비에 광분하였다. 이때 안동농림학교 학생들은 대구 동촌비행장의 확장공사에 동원되었는데, 안동농림학교의 제8·9·10회생들은 일제의 부당한 식민지 통치에 항거하기 위해 공사 현장에서 항일결사 조선회복연구단을 조직하였다. 이때 병원에 근무하던 이주헌은 학생들의 권유에 의해 동단에 가입하였으며, 의료책임자로 활동하였다.

이주헌 등은 기회를 엿보면서 거사를 준비하던 중, 1945년 3월 10일 소위 일본육군기념일에 총 궐기하기로 계획을 세우고 거사를 추진해 갔다. 그러나 이러한 계획이 사전에 발각됨으로써 단원 전원이 피체되었다. 그는 이 일로 옥고를 치르다가 광복과 더불어 1945년 8월 16일 출옥하였다. 1996년 대통령표창.

- 「형사사건부」;「안동농림학생항일약전」;『안동농림60년사』; 『안동판독립사』

이준덕(李準悳, 1896.1.17~1939.12.24)

(풍산소작인회) 본관은 예안(禮安). 자는 사우(士佑). 출신지는 풍산면(豊山面) 상리동(上里洞: 현 풍산읍 상리). 이준덕은 1923년 11월 11일에 열린 풍산소작인회(豊山小作人會) 창립총회에서 집행위원으로 선출되어 농민운동을 전개하였다.

묘는 원공곡(院空谷)에 있다.
■ 『동아일보』 1923.11.18

이준문(李準文, 1897.3.25~1940.10.29)

(풍산소작인회 · 안동청년연맹 · 신간회 안동지회) 본관은 예안(禮安). 자는 성빈(聖彬). 호는 회산(晦山). 출신지는 풍산면(豊山面) 상리동(上里洞: 현 풍산읍 상리). 이준문은 1923년 11월 11일에 열린 풍산소작인회(豊山小作人會) 창립총회에서 집행위원으로 선출되어 농민운동을 전개하였다. 이후 그는 1925년 8월 안동청년연맹 결성에 참여하여 집행위원으로 선임되었고, 1927년 예안청년회 집행위원으로 선출되어 활동하였다. 또 같은 해 8월에 창립된 신간회 안동지회에 참여하여 순회선전위원으로 선출되었으며, 1928년 대표위원 후보가 되었다. 묘는 풍산읍 신지동에 있다.
■ 『고등경찰요사』 ; 『한국사회주의운동인명사전』 ; 『동아일보』 1923.11.18 ; 『조선일보』 1928.2.1, 1929.8.14 ; 『중외일보』 1930.3.6

이준태(李準泰, 1892.12.29~?)

(교남교육회 안동지회 · 군자금모집 · 무산자동맹회 · 신사상연구회 · 화요회 · 정우회 · 불꽃사 · 풍산소작인회 · 조선공산당 중앙위원) 본관은 예안(禮安). 이명은 권철(權哲) · 권혁(權赫). 호는 일봉(一烽). 출신지는 풍산면(豊山面) 상리동(上里洞: 현 풍산읍 상리) 364번지. 이준태는 1909년 12월에 안동금곡측량학교를 졸업하고, 이 당시 설립된 교남교육회 안동지회에서 회원으로 활동하였으며, 1916년까지 조선총독

이준태

부임시토지조사국 측량기사로 지냈다. 그러다가 1920년 무렵 상해에서 대한민국 임시정부의 경북교통부장으로 임명되어 국내로 파견된 같은 고향 출신 안상길(安相吉), 그리고 김재봉(金在鳳)과 서울에서 만나, 대한민국 임시정부의 자금 모집활동에 관여했다.

이후 사회주의 운동에 투신한 이준태는 1922년 1월 무산자동지회를 발기했고, 무산자동맹회·신사상연구회·화요회·신흥청년동맹·정우회(正友會) 등 각 단체의 간부와 불꽃사(火花社)의 동인으로 활동했다. 1923년 3월 개최된 전조선청년당대회에 개인 자격으로 참가하였으며, 이 무렵 경성고무공장 여공들의 임금투쟁 사실을 일반에게 알리려고 노동연맹회 내에서「경성고무 여공 동맹파업에 대한 전말」이라는 보도문서를 작성하여 노동단체에 알렸다. 이로 인해 그는 출판법 위반 혐의로 벌금형에 처해졌다. 또한 그는 꼬르뷰로(조선공산당 중앙총국) 국내부 결성에 참가하였으며, 1923년 11월 권오설(權五卨) 함께 풍산소작인회(豊山小作人會) 조직에 주도적으로 참여하였으며, 사상단체인 화성회 집행위원으로 선출되었다.

1925년 2월 전조선민중운동자대회에 안동군 대표로 참가하여 준비위원으로 선출되었으며, 4월 조선공산당 중앙위원 후보로 선출되었고, 10월 조선노농총동맹 야체이카, 노농부 쁘락션에 배속되었다. 12월 제1차 조선공산당 검거사건 이후 당 중앙집행위원으로 보선(補選)되어 조선공산당 중앙위원회 비서부 위원으로서 당 업무를 담당했다. 1926년 5월 조선공산당 교섭대표자로 선임되어, 고려공산동맹 대표자 이정윤(李廷允)·이영(李英)과 함께 양 단체의 통합문제를 협의했다. 그러나 6월 2차 조선공산당 검거사건으로 일본경찰에 검거되었다. 검거 후 일본경찰의 고문행위를 폭로하기 위해 검거된 사람들과 함께 종로경찰서 고등계 형사들을 경성지법 검사국에 고소했다. 1928년 2월 경성지법에서 징역 5년형을 선고받았다. 1945년 12월 전국 농민조합총연맹 결성대회에 안동군 대표의 일원으로 참가하여 검사위원이 되었다.

■ 「신원카드」;『고등경찰요사』;『한국공산주의운동사』;『한국사회주의운동인명사전』;『교남교육회잡지(회원명부)』;『잊혀진 사회주의운동가 이준태』

이준택(李準澤)

(조선회복연구단) 출신지는 풍산면(豊山面) 안교(安郊). 이준택은 안동농림학교(安東農林學校) 9회생으로서, 재학 시 조선회복연구단(朝鮮回復研究團)에 가입하여 활동하였다. 1945년 3월 10일 황해도경에 압송되어 안동으로 이감되어 옥고를 치르다가, 해방과 더불어 출옥하였다.

■ 『안동판독립사』

이준형(李濬衡, 1875.9.2~1942.9.2)

(대한협회 안동지회·경학사·한족회·서로군정서·정의부·한족노동당·중국공산당) 본관은 고성(固城). 이명은 이재섭(李在燮)·이중조(李中組)·이동고(李東皐). 자는 문극(文極). 호는 동구(東邱). 출신지는 안동면(安東面) 법흥동(法興洞: 현 안

이준형

동시 법흥동) 30번지. 이준형은 임시정부 초대 국무령을 지낸 석주 이상룡(石洲 李相龍)의 아들이다.

1909년 대한협회 안동지회(大韓協會 安東支會) 설립에 사무책임자로 참여하였다. 1911년 1월경 부친 이상룡을 따라 만주(滿洲)로 망명하여, 경학사(耕學社) 설립에 참여하였다. 그러나 경학사가 재정곤란으로 어려움을 겪자, 군자금 마련을 위해 국내로 귀국하여 예천의 이규홍(李圭洪)에게서 군자금을 마련하여 다시 만주로 넘어갔다. 1919년 부민단을 확대 발전시켜 한족회(韓族會)를 조직하는데 주도적으로 참여하였고, 또 서로군정서(西路軍政署)·정의부(正義府)의 설립에도 아버지 이상룡과 함께 참여하였다.

1923년 8월 이준형(1923년 한족노동당 창립시 이준형은 李在燮이란 이명을 사용하였다)은 이광민(李光民)·김응섭(金應燮) 등과 함께 한족노동당을 창립한 후 간부로 활동하였다. 1928년 중공당(中共黨) 만주성위원회(滿洲省委員會) 반석현책임자(磐石縣責任者)로 활동하다가, 1932년 고향 안동으로 돌아와 구국운동을 전개하다가 1942년 9월 2일 국운을 비관하여 자결하였다. 묘는 대전현충원에 있다. 1990년 건국훈장 애국장.

■ 「백하일기」(김대락) ; 「고등경찰요사」 ; 『석주유고』 ; 『동구유고』 ; 『국외용의조선인명부』

이중기(李中其)

(교남교육회·교육구국운동) 이중기는 1908년 3월 15일 재경 영남인사들이 창립한 교남교육회(嶠南敎育會)에 참여하여 교육구국운동을 전개하였다.

이중린(李中麟, 1838~1917)

(전기의병) 본관은 진성(眞城). 출신지는 예안면(禮安面). 전국에서 명성황후 시해 사건과 단발령에 저항하여 1895년 말부터 을미의병이 일어났다. 1895년 11월 15일(양 1895.12.30)에 내려진 단발령이 안동에 전해진 것은 1896년 1월 1일(음 1895.11.27)경이었다.

안동지역에 의병봉기를 위한 첫 통문이 나온 시기는 바로 단발령이 전해진 바로 이 무렵이었다. 1896년에 들어 안동지방에 의병봉기를 촉구하는 첫 통문은 선성(宣城: 예안의 옛 지명)에서 나왔는데, 1월 13일(음 1895.11.29)에 발송된 「예안통문(禮安通文)」이 안동지방의 의병봉기를 도모하는 첫 통문이었다. 이것은 이만응(李晩膺)·금봉술(琴鳳述)·목사(牧使) 이만윤(李晩胤) 등을 비롯한 223명의 이름으로 작성된 것이다. 선성의진은 이 통문을 바탕으로 1월에 성립되었는데, 대장은 향산 이만도(響山 李晩燾)였고, 부장(副將) 또는 중군으로 추대된 인물이 바로 이중린이었다.

1986년 1월 29일(음 12.15) 안동의병은 관찰사 김석중이 이끄는 관군에게 패하여 안동부성을 버리고 후퇴하여 의진을 제정비 하였다. 이때 이중린은 흩어진 선성의병을 모아 청량산에서 재기하여 의병장으로 추대되었고, 영양 의병장 김도현(金道鉉)을 중군으로 초빙하여 그와 함께 활약하였다. 2007년 건국훈장 애족장.

■ 『벽산선생문집』(김도현) ; 『한말의병일기』

이중목(李中穆)

(전기의병) 1차 선성의진이 해산된 후, 1896년 2월 20일 이중린을 대장으로 하는 2차 선성의진이 결성되었다. 이중목은 2차 선성의진의 군문도총으로 선임되어 활약하였다.
- 『적원일기』

이중무(李中斌, 1881.5.22~1957.11.2)

이중무

(예안면 삼일운동) 본관은 진성(眞城). 자는 열경(烈慶). 이명은 이중빈(李中斌). 출신지는 도산면(陶山面) 의촌동(宜村洞: 현 도산면 의촌리) 349번지. 이중무는 1919년 3월 17일 예안면 1차 시위에 참여하였다. 이 활동으로 체포된 그는 1919년 3월 24일 대구지방법원 안동지청에서 징역 1년형을 언도받고 항소하였으나, 4월 17일 기각되어 복역하였다. 1983년 대통령표창, 1990년 건국훈장 애족장.
- 「신원카드」;「판결문」(1919.4.17, 대구복심법원);「판결문」(1919.5.19, 고등법원);『독립운동사자료집』 5집

이중삼(李重三)

(전기의병) 본관은 한산(韓山). 출신지는 일직면(一直面) 소호(蘇湖). 이중삼은 1896년 권세연이 이끈 안동 1차의진의 종사관(從事官)의 직책을 맡아 활동하였다.
- 「안동의소파록」

이중식(李中植)

(충의사) 이중식은 주로 을미의병에 참여했던 재야 유생층

이 1904년 8월 서울에서 조직한 충의사에 참여하여 활동하였다.

■ 『남은선생유집(서명록)』

이중언(李中彦, 1850.2.12~1910.10.4)

이중언

(항일자정순국) 본관은 진성(眞城). 이명은 이문석(李文錫). 자는 중관(仲寬). 호는 동은(東隱). 출신지는 도산면(陶山面) 토계동(土溪洞: 현 도산면 토계리). 이중언은 1882년 임오군란 이후 나라가 혼란하자 봉화(奉化)의 임당산(林唐山)에 들어가 농사를 지으며 지내다가 1895년 전기의병 때 예안의진에 참가하였고, 전방장(前方將)으로 활약하였다. 1905년 을사조약이 체결되자 을사오적의 목을 베어야 한다는 상소를 올렸다. 1910년 나라가 망했고, 족숙인 향산 이만도(響山 李晩燾)가 단식 순국했다는 소식을 전해들은 그는 통분하여 집 밖에 좁다란 방 한 칸을 마련하고 외부와 접촉을 끊었다. 때로는 을사조약 체결 때 상소하였던 글을 읽으면서 눈물을 흘렸고, 선조의 사당과 묘를 참배한 뒤 수십일 식음을 전폐하였다. 이 무렵 일본경찰 몇몇이 와서 음식을 먹도록 권하라고 식구들에게 협박하였으나, 그는 "저 놈을 쫓지 않으면 내가 찔러 죽이겠다"고 고함쳐 내쫓았다. 1910년 11월 초 주위사람들에게 머리를 빗고 의관을 갖추게 한 뒤 반듯하게 앉아 죽었다. 묘는 서울 현충원에 있다. 1962년 건국훈장 독립장.

■ 『독립운동사자료집』 2집 ; 『한국독립사』 하권 ; 『독립운동사』 7권 ; 『기려수필』 ; 『순절지사 이중언』

이중업(李中業, 1863.9.10~1921.7.23)

(전기의병·파리장서의거) 본관은 진성(眞城). 호는 기암(起巖). 출신지는 도산면(陶山面) 토계동(土溪洞: 현 도산면 토계리). 향산 이만도(響山 李晩燾)의 아들이다. 1895년 명성황후 시해 사건을 계기로 전국에서 의병이 일어나자 그도 부친 이만도와 함께 예안의진에 참여하였다. 이후 그는 1919년 3월 고종의 인산 때 계부 이만규와 함께 상경하여 '파리장서의거'의 기획자 역할을 하였으며, 김창숙(金昌淑)·김정호(金丁鎬)·류준근(柳濬根)·류진태(柳鎭泰)·윤중수(尹中洙) 등과 함께 파리강화회의에 제출할 파리장서 서명운동에 강원·충북지역의 유림으로부터 서명 받는 작업을 이끌어 갔다. 1920년 11월부터 중국의 손문과 오패부에게 독립청원서를 보내려는 노력을 하다가 출국 직전에 사망하였다. 1983년 대통령표창, 1990년 건국훈장 애족장.

■ 『고등경찰요사』; 『한국독립운동지혈사』; 『독립운동사』 4·8권; 『벽옹김창숙일대기』; 『한국독립운동사』; 「백하일기」(김대락)

이중엽(李中燁)

(전기의병) 이중엽은 이중린이 이끄는 2차 선성의진의 참모(參謀)의 직책을 맡아 활약하였다.

■ 「벽산선생창의전말」(김도현)

이중원(李中元, 1885.10.21~1970.1.4)

(교남교육회·예안면 삼일운동) 본관은 진성(眞城). 자는 순팔(順八). 출신지는 예안면(禮安面) 서부동(西部洞: 현 도산면 서

부리) 25번지. 이중원은 1908년 3월 15일 재경 영남인사들이 창립한 교남교육회(嶠南敎育會)에 참여하여 교육구국운동을 전개하였다. 이후 그는 예안면 면서기로 근무하면서, 1919년 3월 11일 오후 9시경 숙직실에서 면장 신상면(申相冕), 면서기 이광호(李洸鎬), 이남호(李南鎬)·신응두(申應斗) 등과 함께 예안장날에 시위를 일으킬 것을 계획하고, 면사무소의 등사기를 이용하여 독립선언문과 태극기를 제작하고 각 동리로 연락하여 동지를 규합하였다. 이 활동으로 일본경찰에 검거된 그는 1919년 5월 21일 대구지방법원 안동지청에서 징역 1년 6월형을 언도받았으나, 6월 24일 대구복심법원에서 징역 10월을 받아 1년 정도의 옥고를 치렀다. 1990년 건국훈장 애족장.

- 『교남교육회잡지(회원명부)』;「판결문」(1919.5.21. 대구지방법원안동지청);「판결문」(1919.6.24. 대구복심법원); 『독립운동사자료집』 5집 ;『독립운동사』 3권

이중직(李中稙)

(보문의숙 교장) 본관은 진성(眞城). 호는 치헌(痴軒). 출신지는 도산면(陶山面) 원촌동(遠村洞: 현 도산면 원천리). 이육사의 조부(祖父)인 이중직은 1909년 진성이씨 문중이 중심이 되어 설립한 보문의숙(寶文義塾)에서 초대 교장을 지냈다.

- 『한국독립유공자열전』;『새로 쓰는 이육사 평전』

이중창(李中昶, 1882~?)

(안동면 삼일운동) 출신지는 안동면(安東面) 동부동(東部洞:

(현 안동시 동부동) 98번지. 이중창은 1919년 3월 18일 안동면 2차 시위에 참여하였다가 일본경찰에 체포되었다. 1919년 4월 7일 대구지방법원 안동지청에서 무죄를 언도받은 후 검사로부터 항소 당하였으나, 5월 10일 대구복심법원에서 무죄판결이 확정되어 풀려났다.

■ 「판결문」(1919.5.10, 대구복심법원)

이중항(李中沆)

(교남교육회 · 교육구국운동) 이중항은 1908년 3월 15일 재경 영남인사들이 창립한 교남교육회(嶠南敎育會)에 참여하여 교육구국운동을 전개하였다.

■ 『교남교육회잡지(회원명부)』

이중희(李重熙, 1857.3.13~1919.3.18)

(계명학교 교사 · 안동면 삼일운동) 본관은 성산(星山). 출신지는 김천군(金泉郡) 아포면(牙浦面)인데, 안동군(安東郡) 금교동으로 옮겨와 살았다고 한다. 이중희는 1911년에 안동교회 내에 설립된 계명학교(啓明學校)에서 교사로 활동하였으며, 1919년 3월경 안동면 만세시위를 계획하고 추진하던 중 1919년 3월 12일 예비검속을 당하여 일본경찰에 체포되었다고 한다. 묘는 와룡면(臥龍面) 지내2리(池內2里)에 있다.

■ 「안동의 3 · 1운동」;『안동교회90년사』

이지호(李之鎬)

(교남교육회 · 교육구국운동) 이지호는 1908년 3월 15일 재

경 영남인사들이 창립한 교남교육회(嶠南敎育會)에 참여하였다.

■ 『교남교육회잡지(회원명부)』

이지호(李垤鎬, 1901.3.21~1957.5.3)

(대동강습소 교사 · 예안면 삼일운동 · 안동청년연맹 · 도산구락부 · 고려공산청년회 · 조선공산당 · 신간회 안동지회) 본관은 진성(眞城). 이명은 이지호(李之乎). 출신지는 도산면(陶山面) 단천동(丹川洞: 현 도산면 단천리). 이지호는 1919년 3월 17일 예안면 1차 시위에 참여하였다. 이 활동으로 그는 징역 1년형을 언도받고 옥고를 치렀다.

이지호

출옥 후 그는 1907년에 설립된 대동강습소(大同講習所: 동후면 도곡리, 현 와룡면 도곡리)에서 교사로 활동하는 한편, 1925년 8월 안동청년연맹에 참여하여 집행위원으로 선출되었고, 그 해 10월 도산구락부 정기총회에서 집행위원으로 선출되었다. 1926년 여름 고려공산청년회에 가입하여 안동야체이카에 배속되었고, 1927년 가을 조선공산당에 입당하여 조공 안동야체이카에 배속되었다. 1928년 봄 조공 안동야체이카 및 고려공산청년회 안동야체이카 책임자가 되었으며, 6월 조선공산당 안동군 집행위원으로 선출되고, 야체이카회를 열어 당원의 교양, 야체이카 조직 · 선전 · 재정 · 비밀유지에 관해 협의했다. 이 활동으로 인해 그 해 9월 경기도 경찰부에 잠시 검거되었다가 풀려났다. 1929년 8월 안동청년동맹 제2차 정기대회 임시의장 · 신간회 안동지회 대표위원으로 활동하던 중 경북공산당사건에 연루되어 일본경찰에 체포되고, 1930년 12월 대구지법에서 징역 1년 6월형을 선고받고 복역하였다. 1957년 5월 3일 사망했다. 1982년 대통령표창, 1990년 건국훈장 애족장.

- 「판결문」(1930.12.27, 대구지방법원) ; 『교남교육회잡지(회원명부)』 ; 『한국사회주의운동인명사전』 ; 『일제침략하한국36년사』 8권 ; 『한국공산주의운동사』 ; 『동아일보』 1930.12.27 ; 「신원카드」

이직렬(李直烈)

(교남교육회 · 교육구국운동) 이직렬은 1908년 3월 15일 재경 영남인사들이 창립한 교남교육회(嶠南敎育會)에 참여하였다.

- 『교남교육회잡지(회원명부)』

이진범(李鎭範, 1886.10.2~1941.12.20)

(임동면 삼일운동) 본관은 진성(眞城). 출신지는 임북면(臨北面) 마령동(馬嶺洞: 현 임동면 마령리) 160번지. 이진범은 1919년 3월 21일 임동면 중평동 편항시장(鞭巷市場)에서 일어난 만세시위에 참여하였다가 체포되었다. 이 활동으로 그는 1919년 6월 26일 대구지방법원 안동지청에서 무죄판결을 받았으나, 검사의 항소로 8월 19일 대구복심법원에서 징역 10월형을 언도받아, 대구형무소에서 복역하였다. 1990년 건국훈장 애족장.

- 「판결문」(1919.6.26, 대구지방법원안동지청) ; 「판결문」(1919.8.19, 대구복심법원) ; 『독립운동사자료집』 5집 ; 『독립운동사』 3권 ; 「범죄인명부」

이진호(李震鎬, 1864~1938)

(신간회 안동지회) 1927년 8월에 창립된 신간회 안동지회에 참여하여 활동하던 이진호는 1928년 1월 대표위원 및 간사로, 1929년 1월 집행위원으로 각각 선출되었다.

■ 『조선일보』 1928.1.21, 2.6, 1929.1.29

이찬화(李燦和)

(전기의병) 본관은 진성(眞城). 출신지는 도산면(陶山面) 온혜(溫惠). 이찬화는 4차 선성의진의 의병장이다. 그는 3차 선성의진의 의병소로 사용되던 삼백당이 화공(火攻)을 당하던 다음 날 9월 7일 바로 의진을 수습하여 안동수비대의 뒤를 추격했고, 안동수비대는 견디지 못하고 도망했다. 이후 9월 중순 이찬화는 선성의진을 이끌고 안동부에서 파견된 관군과의 마지막 전투를 치렀다.

■ 『을미의병일기』(이긍연) ; 『독립신문』 1896.9.26

이창목(李昌穆)

(신간회 안동지회) 1927년 8월에 창립된 신간회 안동지회에 참여하여 활동하던 이창목은 1928년 1월 전형위원으로 선출되었다.

■ 『조선일보』 1928.1.21

이창직(李昌稙, 1889~1928.10.22)

(풍산소작인회 · 신간회 안동지회) 본관은 예안(禮安). 초명은 시직(時稙). 자는 주대(周大). 출신지는 풍산면(豊山面) 하

리동(下里洞: 현 풍산읍 하리). 이창직은 1923년 11월 11일에 열린 풍산소작인회(豊山小作人會) 창립총회에서 집행위원으로 선출되어 농민운동을 전개하였다. 이후 그는 1927년 7월 신간회 안동지회 설립 준비위원으로 선출되어 지회 설립에 참여하였으며, 1928년 1월 대표위원으로 선출되었다. 묘는 풍산읍 매곡동(밤실)에 있다.

■ 『동아일보』 1923.11.18, 1929.6.16, 6.19 ; 『조선일보』 1927.7.17, 1928.1.21, 2.6

이천성(李天性)

(후기의병) 이천성은 남방우(南方祐) 휘하에서 활동하던 중 남방우가 체포되자, 다른 의진에 가담하여 청도·경주·밀양 등지에서 활동하였다.

■ 『한국독립운동사』 자료 8

이천이(李千伊, 1868~미상)

(중·후기의병) 출신지는 임동면(臨東面) 마리(馬里). 1906년 11월부터 1907년 2월까지 류시연(柳時淵) 의진(義陣)에 소속되어 경북 안동·청송·예안 등지에서 군수품과 군자금을 모집하는 등 활동하다가 1907년 체포되어 교수형을 선고받아 순국하였다. 2006년 건국훈장 애국장.

■ 『독립운동사자료집』 별집 1

이춘삼(李春三, ?~1908.9)

(후기의병) 본관은 진성(眞城). 출신지는 도산면(陶山面) 분

천동(汾川洞: 현 도산면 분천리). 이춘삼은 1907년 군대해산 이후 일어난 김상한(金商翰)의진에 가담하여 좌익장(左翼將)으로 활동하였다. 이후 그는 이강년의진과 연합하여 충청·경상도 일대에서 활발한 항일투쟁을 전개하다가, 1908년 9월 봉화(奉化) 주재소의 순검에게 피살되었다. 1991년 건국훈장 애국장.

- 『매천야록』 ; 『한국독립운동사』 ; 『독립운동사』 1권 ; 『독립운동사자료집』 3집

이충언(李忠彦)

(전기의병) 이충언은 1896년 2차 안동의진에서 류창식(柳昌植)과 더불어 소모장(召募將)으로 활약하였다.

- 『독립운동사』 1권 ; 『독립운동사자료집』 2집

이출이(李出伊)

(도산면 삼일운동) 출신지는 도산면(陶山面) 토계(土溪). 이출이는 이기호(李琦鎬)·이동욱(李東昱) 등과 함께 도산공립보통학교 학생들을 규합하여 3월 18일 오전 7시 동교 교정에서 '대한독립만세'를 고창하면서 시위를 전개하였다. 이 활동으로 그는 4월 2일 대구지방법원 안동지청에서 태형 90을 언도받았다.

- 「판결문」(1919.4.2, 대구지방법원안동지청) ; 『독립운동사』 3권

이칠성(李七星, 1872.6.20~1943.2.1)

(임동면 삼일운동) 출신지는 임동면(臨東面) 고천동(高川洞:

현 임동면 고천리). 이칠성은 1919년 3월 21일 임동면 중평동 편항시장(鞭巷市場)에서 일어난 만세시위에 참여하였다가 체포되었다. 이 활동으로 그는 1919년 5월 31일 대구지방법원 안동지청에서 징역 2년형을 언도받고 항소하였으나, 8월 18일 대구복심법원에서 징역 2년형이 확정되어 대구형무소에서 복역하였다. 1995년 건국훈장 애족장.

■ 「판결문」(1919.5.31, 대구지방법원안동지청) ; 「판결문」(1919.8.18, 대구복심법원) ; 『독립운동사자료집』 5집

이태기(李太其)

(의용단) 본관은 고성(固城). 출신지는 월곡면(月谷面) 도곡동(道谷洞: 현 와룡면 도곡리). 이태기는 1921년에 결성된 의용단(義勇團)에 참가하여 군자금 모집활동을 하였다. 그가 참여한 의용단은 군자금 지원을 원하는 서로군정서의 뜻에 호응하여 영남지방 인사들이 결성한 조직체인데, 이태기는 여기에 가입하여 1922년 12월경 군자금 모금활동을 전개하다가 일본경찰에 체포되어 투옥되었다.

■ 『고등경찰요사』

이필(李鉍, 1909~?)

(안동청년동맹 · 서울청년회 · 서울중앙청년동맹 · 안동콤그룹) 출신지는 도산면(陶山面) 토계(土溪). 이필은 1928년 4월 경성제2고등보통학교 3학년을 중퇴하고, 입낙학교(立樂學校)에 입학하였으나 2월에 중퇴했다. 이후 1930년 1월 일본으로 건너가 11월까지 머물다가 고향으로 돌아왔다. 1931

년 3월 안동콤그룹에 참여하여 교양부 위원과 예안(禮安)
·도산(陶山)지역의 세포조직을 담당하였고, 안동콤그룹 여
자부 건립에도 참여했다. 이 활동으로 1933년 5월 검거되
어, 1934년 7월 대구지법에서 징역 2년 6월, 집행유예 4년
형을 선고받았다.

■ 「판결문」(1934.7.2, 대구지방법원) ; 「판결문」(1934.10.3, 대구복심법원) ; 『한국사회주의운동인명사전』 ; 『조선일보』 1934.6.16, 7.3, 10.6

이학우(李鶴羽, 1897.10.14~1950.2.5)

(국내항일, 흠치교) 출신지는 예안면(禮安面) 정산(鼎山). 이
학우는 1920년 음력 8월경 경북 안동에서 차경석(車京錫)을
교주로 하는 흠치교에 가입하여 겉으로는 종교활동을 표
방했으나 내면으로는 국권회복운동에 진력하기로 결의하
였다. 때문에 흠치교는 경북 일대에서 급속히 확산될 수
있었다.

흠치교는 교도들에게 치성비 명목으로 자금을 거두면서
이 가운데 상당부분을 독립운동자금으로 지원했다. 이학
우는 교도 포섭 및 독립자금 모집 등의 활동을 하였는데,
스스로 조직한 8인조를 배동환(裵東煥)·김은규(金殷圭)·신
상선(申相宣) 등으로 규정하고 이들로부터 치성금조로 자
금을 모집했다. 이학우는 체포되어 1921년 2월부터 5월까
지 구류를 살았고, 1921년 11월 대구복심법원에서 판결을
받기까지 약 10개월간 옥고를 치렀다. 2005년 대통령표창.

■ 「판결문」(1921.4.22, 대구지방법원안동지청) ;

「판결문」(1921.11.26, 대구복심법원)

이한걸(李漢杰, 1880.3.17~1951.4.10)

(동릉강습회 교사・교육구국운동) 본관은 진성(眞城). 자는 덕순(德純). 호는 율재(栗齋). 출신지는 북선면(北先面) 주하리(周下里: 현 와룡면 주하리) 두루. 이한걸은 1917년 와룡면 주하동에 설립된 동릉강습회(東陵講習會)에서 교사로 활동하였다. 묘는 와룡면 주하리 야산에 있다.

■ 『안동 사람들의 항일투쟁』

이한룡(李漢龍, 1878.4.5~1956.5.15)

(길안면 삼일운동) 본관은 경주(慶州). 자는 대유(大有). 출신지는 임서면(臨西面) 고곡동(古谷洞: 현 임하면 고곡리) 476번지. 이한룡은 1919년 3월 21일 길안면 천지장터에서 일어난 만세시위에 참여하였다고 한다.

■ 『안동판독립사』

이해동

이해동(李海東, 1896.5.12~1933.2.6)

(예안면 삼일운동) 본관은 평창(平昌). 이명은 이회동(李悔東). 출신지는 의성군(義城郡) 비안면(比安面) 쌍계동(雙溪洞)이나 후에 예안면(禮安面) 선양동(宣陽洞) 66번지로 옮겨와서 살았다. 이해동은 1907년에 설립된 협동학교(協東學校)를 졸업하였다. 이후 그는 1919년 3월 17일에 일어난 예안면 1차 시위에 참여하여 만세운동을 전개하였다. 이 활동으로 체포된 그는 1919년 3월 24일 대구지방법원 안동지청에서

징역 6월형을 언도받고 항소하였으나, 4월 17일 대구복심법원과 5월 19일 고등법원에서 기각되어 옥고를 치렀다. 1995년 대통령표창.
■ 「판결문」(1919.4.17, 대구복심법원) ; 「판결문」(1919.5.19, 고등법원) ; 『독립운동사자료집』 5집

이해직(李海稙, 1921.11.27~1994.5.14)

(국내항일) 출신지는 풍산면(豊山面) 상리(上里). 이해직은 1936년 서울에서 배재중학교 1학년에 재학 중 경성부 명륜정 3정목 133번지 안기성의 집에서 권오직과 같이 머물게 되면서 조선의 독립을 실현하고자 하였다. 그리하여 1939년 12월 배재중학교 겨울 방학을 이용하여 안동군 풍산면 상리동 313번지에 거주하던 이남직을 방문, 그에게 민족의식을 고취시켰다. 또 1940년 6월 2일경 경성부 관동정 13번지 한흥여관에서 권오직·문태성·김경동 등과 독립운동을 일으킬 것을 논의하는 등 조선의 독립을 실현하고자 노력하였다. 이 사건으로 체포된 이해직은 1년 6개월 동안 옥고를 치렀다. 2008년 건국훈장 애족장.
■ 「판결문」(1942.5.31, 경성지방법원)

이현구(李賢求, 1862.8.25~1940.8.6)

(창씨개명거부 순절) 본관은 진성(眞城). 자는 희겸(希謙). 호는 혜인(兮人). 출신지는 예안면(禮安面) 교동(校洞). 이현구는 1940년 7월경 일제가 창씨개명(創氏改名)을 요구하자 이에 불응하여 단식에 들어가 36일 되던 1940년 8월 6일에 순국

하였다. 1995년 건국훈장 애족장.

■ 『안동 사람들의 항일투쟁』

이현섭(李鉉燮, 1844.10.26~1910.10.25)

(항일자정순국) 본관은 연안(延安). 자는 서규(瑞圭). 호는 우헌(遇軒). 출신지는 군위군, 또는 안동 풍서면(豊西面) 갈전동(葛田洞: 현 풍천면 갈전리) 원당(元塘)이라고 전해진다. 이현섭은 1910년 나라를 잃게 되자 자결할 뜻을 갖고 "내 차라리 목이 잘릴지언정 어찌 오랑캐의 백성이 될까보냐"라는 자탄시(自嘆詩)를 남기고 단식하였다. 그는 자손들에게 자신의 혼백도 만들지 말라고 당부한 후 단식 21일 만인 11월 26일(음 10.25) 자리에 앉게 해달라고 말한 뒤 의관을 갖추고 순절하였다. 1962년 건국훈장 독립장.

■ 『기려수필』;『한국독립사』하권;『독립운동사』7·10권

이형국(李衡國, 1883.12.12~1931.3.27)

이형국

(경학사·부민단·한족회·신간회 안동지회) 본관은 고성(固城). 자는 시윤(時尹). 호는 창해(滄海). 출신지는 월곡면(月谷面) 도곡동(道谷洞: 현 와룡면 도곡리). 이형국(李衡國)은 1919년 3월 13일 안동면에서 단독으로 만세운동을 벌인 이상동(李相東)의 아들이자, 석주 이상룡(石洲 李相龍)의 조카이다. 1911년 1월경 백부(伯父) 이상룡을 따라 만주로 건너가 1913년에 신흥강습소(新興講習所)를 수료한 후 독립운동기지인 경학사(耕學社) 결성에 참여했다. 하지만 흉년으로 경학사가 재정적으로 어려움을 겪자 운영자금을 조달하기 위

하여 국내에 파견되었다.

국내에 들어온 그는 경기·충청·경상도지방을 돌며 군자금을 모집하고, 신흥사(新興社)라는 비밀결사단체를 조직, 활동하다가 일본경찰에 체포되어 1915년 9월 20일 경성지방법원(京城地方法院)에서 징역 7월형을 언도받고 복역하였다. 출옥 후 다시 만주로 건너간 그는 이상룡·허혁·김동삼(金東三) 등에 의해 1916년에 조직된 부민단(扶民團)에 참여하여 활동하였다.

이후 1919년 3월에는 이상룡·김동삼·김규식(金圭植) 등이 조직한 만주 한인사회의 자치기구인 한족회(韓族會)에 참여하여 항일투쟁을 전개하다가, 백부 이상룡을 대신하여 종손(宗孫)의 임무를 대행하기 위해 국내로 들어왔다. 이후 그는 국내에서 신간회 안동지회에 참여하여 1929년 3월 선전부 총무간사로, 1929년 8월에는 교육부장으로 선출되어 활동하였다. 1968년 대통령표창, 1990년 건국훈장 애족장.

■ 「백하일기」(김대락) ; 『한국독립사』 하권 ; 「판결문」(1915.9.20, 경성지방법원) ; 『조선일보』 1929.4.5, 8.14

이호기(李鎬基)

(도산면 삼일운동) 이호기는 도산공립보통학교에 재학 중, 1919년 3월 14일 이용호(李用鎬)로부터 독립만세시위를 주동하라는 권유를 받았다. 이에 다음날인 3월 18일 이호기는 도산공립보통학교에서 30여 명의 학생들과 함께 만세시위를 펼쳤다.

■ 『독립운동사자료집』 5집

이호명(李鎬明, 1889~?)

이호명

(예안면 삼일운동) 본관은 진성(眞城). 출신지는 예안면(禮安面) 서부동(西部洞: 현 도산면 서부리). 이호명은 1919년 3·1운동이 전국적으로 일어나자, 당시 예안면 면서기로 근무하던 이광호(李洸鎬)와 더불어 1919년 3월 17일 예안면 1차 시위를 계획·주도하였다. 이 활동으로 체포된 그는 1919년 3월 24일 징역 1년 6월형을 언도받고, 항소하였으나 4월 17일 기각되어 복역하였다.

■ 「신원카드」;「판결문」(1919.4.17. 대구복심법원);「판결문」(1919.5.19. 고등법원);『독립운동사자료집』 5집

이호윤(李鎬允)

(예안청년회) 본관은 진성(眞城). 출신지는 예안면(禮安面) 서부동(西部洞: 현 도산면 서부리). 1920년 창립된 예안청년회에 참여하여 활동하던 이호윤은 1925년 5월 9일에 열린 총회에서 집행위원으로 선출되었다.

■ 『동아일보』 1925.5.15, 11.2

이호준(李鎬俊, 1894.11.10~1956.10.23)

(예안면 삼일운동) 본관은 진성(眞城). 이명은 이호준(李鎬駿). 출신지는 도산면(陶山面) 토계동(土溪洞: 현 도산면 토계리). 이호준은 1919년 3월 17일에 일어난 예안면 1차 시위에 참여하였다. 이 활동으로 그는 1919년 3월 24일 대구지방법원 안동지청에서 징역 6월형을 언도받고 항소하였으나, 4월 17일 대구복심법원과, 5월 19일 고등법원에서 기각되어

복역하였다. 1993년 대통령표창.
- 「판결문」(1919.4.17, 대구복심법원) ; 「판결문」(1919.5.19, 고등법원) ; 『독립운동사자료집』 5집

이화서(李和瑞)

(후기의병) 이화서는 1908년 의병장 박처사의 부하로 안동·예안 등지에서 의병항쟁을 전개하였다.
- 『한국독립운동사』 자료 8

이회림(李晦林, 1891.12.2~1959.1.19)

(예안면 삼일운동) 본관은 진성(眞城). 출신지는 도산면(陶山面) 온혜동(溫惠洞: 현 도산면 온혜리). 이회림은 1919년 3월 17일에 일어난 예안면 1차 시위에 참여하여 군중들과 함께 주재소를 습격하여 유리창과 기물 등을 파괴하며 시위를 벌이다가 일본경찰에 체포되었다. 이 활동으로 1919년 3월 31일 대구지방법원 안동지청에서 징역 1년형을 언도받고 항소하여 4월 24일 대구복심법원에서 원판결이 부분 취소되었으나, 형이 변경되지 않아 항소하였다가, 5월 29일 고등법원에서 기각되어 복역하였다. 1992년 건국훈장 애족장.
- 「판결문」(1919.3.31, 대구지방법원안동지청) ; 「판결문」(1919.4.24, 대구복심법원) ; 「판결문」(1919.5.29, 고등법원) ; 『독립운동사자료집』 5집

이회문(李會文)

(만주방면) 이회문은 만주로 망명하여 독립군기지 덕흥보 건설에 참여하였다.

■ 「遼行日記」

이회벽(李會璧, 1878.8.8~1943.9.16)

(예안면 삼일운동) 본관은 진성(眞城). 자는 사범(士範). 출신지는 예안면(禮安面) 부포동(浮浦洞: 현 예안면 부포리). 이회벽은 1919년 3월 17일에 일어난 예안면 1차 시위에 참여하였다고 한다.

■ 『안동판독립사』

이회승(李會昇, 1898~?)

이회승

(풍산소작인회·안동청년연맹·고려공산청년회·조선공산당·신간회 안동지회) 본관은 예안(禮安). 자는 순오(舜五). 출신지는 풍산면(豊山面) 상리동(上里洞: 현 풍산읍 상리) 292번지. 이회승은 1923년 풍산소작인회(豊山小作人會) 집행위원으로 선출되었다. 1925년 8월 안동청년연맹에서 활동했고, 이 무렵 예천시민 대(對) 형평사(衡平社) 폭행 조사회 집행위원을 맡았다. 같은 해 11월에는 도산서원 철폐운동 집행위원으로 활동하였다. 이 시기 풍산소작인회 제4차 정기총회에서 집행위원으로 선출되었다. 1926년 1월 풍산소작인회 은풍(殷豊: 예천군 하리면) 출장소의 소작쟁의 사건으로 검거되었다가 7월에 불기소 처분을 받았다. 그 후 고려공산청년회와 조선공산당에 입당한 그는 1928년 11월 류연술(柳淵述)과 같이 조공 안동야체이카를 조직했다. 1929년 6월 신간회 복대표대회에서 중앙집행위원 후보로 선출되었고, 8월 신간회 안동지회 임시총회에서 서기위원으로

선출되어 활동하였다. 그러던 중 1930년 6월 체포되어 12월 대구지법에서 징역 2년을 선고받았다.
■ 「판결문」(1930.12.27, 대구지방법원) ; 『한국사회주의운동인명사전』; 『독립운동사자료집』14집 ; 『한국공산주의운동사』; 『조선일보』1929.8.10

이회식(李會植, 1892.1.25~1988.7.24)

(풍산소작인회) 본관은 예안(禮安). 자는 경무(景武). 호는 취산(翠山). 출신지는 풍산면(豊山面) 하리동(下里洞: 현 풍산읍 하리) 173번지. 풍산소작인회에 참여하여 활동하던 이회식은 이용만(李用萬)과 함께 1924년에 소작료 인하운동을 대규모로 전개했다. 1924년 6월 풍서면(豊西面)의 지주 김창한(金昌漢)이 자의적으로 소작계약을 파기하자 동료들과 함께 김창한의 논에서 경작을 방해하는 등 소작투쟁을 펼치다가 체포되었다. 이 활동으로 1924년 10월 16일 대구지방법원에서 징역 6월형을 언도받고 항소하였으나 1925년 2월 26일 대구복심법원에서 기각되어 복역하였다. 출옥 후 그는 풍산학술강연회(豊山學術講演會: 풍산읍 안교리)를 설립하고 교사로 활동하였다. 묘는 풍산읍 만운리에 있다. 2000년 대통령표창.

이회식

■ 『한국공산주의운동사』; 『독립운동사자료집』14집 ; 「판결문」(1925.2.26, 대구복심법원) ; 『동아일보』1924.8.13, 10.9, 10.19, 1925.4.27

이회원(李會源, 1886~?)

(풍산소작인회 · 신간회 안동지회 · 조선공산당) 본관은 예

이회원

안(禮安). 출신지는 풍산면(豊山面) 하리동(下里洞: 현 풍산읍 하리). 이회원은 1923년 11월에 설립된 풍산소작인회(豊山小作人會)에 참여하여 집행위원으로 선출되었다. 1924년 소작권문제로 대지주와 일본인 지주들의 탄압에 맞서 싸우다가 검거되어, 그 해 9월 대구지방법원으로 압송되어 고초를 겪었다. 1925년 11월 풍산소작인회(豊山小作人會) 정기총회에서 집행위원으로 선출되어 활동하다가, 1927년 조선공산당에 입당하였다. 1927년 8월에 창립한 신간회 안동지회에 참여하여 1928년에 대표위원 후보로 선출되어 활동하던 중 그 해 9월 제4차 조선공산당 검거사건으로 경기도 경찰부에 체포되어, 1930년 11월에 징역 2년을 선고받았다. 2005년 건국포장.

- 「신원카드」 ; 『한국사회주의운동인명사전』 ; 『조선일보』 1928.1.21

이회춘(李會春, 1890~1977.1.18)

(풍산소작인회) 본관은 예안(禮安). 자는 맹삼(孟三). 호는 서산(曙山). 출신지는 풍산면(豊山面) 하리동(下里洞: 현 풍산읍 하리). 이회춘은 1923년 11월 11일에 열린 풍산소작인회(豊山小作人會) 창립총회에서 집행위원으로 선출되었다. 묘는 풍산읍 만운리에 있다.

- 『동아일보』 1923.11.18

이후이(李後伊)

(임동면 삼일운동) 이후이는 1919년 3월 21일 임동면 삼일

운동에 참가하여 주재소 및 숙사를 파괴하고, 기타 주요 문서 등을 파기하였다.

■ 『독립운동사자료집』 5집

임돌이(林乭伊, 1890.9.29~1936.8.15)

(임하면 삼일운동) 본관은 예천(醴泉). 이명은 임석이(林石伊)·임병칠(林秉七). 출신지는 임서면(臨西面) 금소동(琴韶洞: 현 임하면 금소리) 574번지. 임돌이는 1919년 3월 21일 임하면 금소·신덕동에서 일어난 만세시위에 참여하였다가 체포되었다. 9월 19일 대구복심법원에서 징역 1년 6월형을 언도받고 대구형무소에서 복역하였다. 1982년 대통령표창, 1990년 건국훈장 애족장.

■ 「수형인명부」; 『독립운동사』 3권; 『독립운동사자료집』 5집

임동숙(林東淑, 1884.2.13~1956.3.5)

(금양의숙 졸업·임하면 삼일운동) 본관은 울진(蔚珍). 자는 맹여(孟余). 출신지는 임서면(臨西面) 금소동(琴韶洞: 현 임하면 금소리). 임동숙은 1914년에 설립된 금양의숙(錦陽義塾: 현 임하면 금소리)을 졸업하였고, 1919년 3월 21일 임하면 금소·신덕동에서 일어난 만세시위에 참여하였다. 이 활동으로 체포된 그는 1919년 9월 19일 대구복심법원에서 징역 1년 6월형을 언도받고 대구형무소에서 복역하였다. 1982년 대통령표창, 1990년 건국훈장 애족장.

■ 「수형인명부」; 『독립운동사』 3권; 『독립운동사자료집』 5집

임득연

임득연(林得淵, 1896.4.24~1953.10.27)

(금양의숙 졸업 · 임하면 삼일운동) 본관은 울진(蔚珍). 이명은 임동휴(林東烋) · 임덕수(林德銖) · 임덕련(林德鍊). 자는 여일(汝一). 호는 경포(鷄浦). 출신지는 임서면(臨西面) 금소동(琴韶洞: 현 임하면 금소리) 577번지. 임득연은 1914년에 설립된 금양의숙(錦陽義塾: 현 임하면 금소리)을 졸업하였고, 1919년 3월 21일 임하면 금소 · 신덕동에서 일어난 만세시위를 계획하고 주도하였다. 이 활동으로 체포된 그는 1919년 5월 10일 대구복심법원에서 징역 1년형을 언도받고 대구형무소에서 복역하였다. 1983년 대통령표창, 1990년 건국훈장 애족장.

■ 「신원카드」; 「판결문」(1919.5.10, 대구복심법원) ; 『독립운동사』 3권 ; 『독립운동사자료집』 5집

임범섭

임범섭(林汎燮, 1898.6.5~1969.6.30)

(금양의숙 졸업 · 임하면 삼일운동) 본관은 예천(醴泉). 이명은 임범섭(林範燮). 자는 우석(禹昔). 호는 남당(南堂). 출신지는 임서면(臨西面) 금소동(琴韶洞: 현 임하면 금소리)인데, 뒷날 영양(英陽)으로 이주하였다. 임범섭은 1914년에 설립된 금양의숙(錦陽義塾: 현 임하면 금소리)을 졸업하였고, 1919년 3월 21일 임하면 금소 · 신덕동에서 일어난 만세시위를 계획하고 주도하였다. 이 활동으로 그는 시위 주동자로 체포되어 9월 17일 대구복심법원에서 징역 1년 6월형을 언도받고 대구형무소에서 복역하였다. 1982년 대통령표창, 1990년 건국훈장 애족장.

■ 「수형인명부」; 『독립운동사』 3권; 『독립운동사자료집』 5집

임범암(林範岩)

(임하면 삼일운동) 임범암은 1919년 3월 21일 노말수(盧末守)·손팔이(孫八伊)·임팔선(林八仙) 및 금소동 주민들과 함께 신덕주재소와 임하면사무소를 파괴하는 등 만세시위를 전개하였다.

■ 『독립운동사자료집』 5집

임병영(林炳永)

(임하청년회) 임병영은 1925년 9월 12일 임하면 백운정(白雲亭)에서 열린 임하청년회(臨河靑年會) 창립총회에서 체육부 집행위원으로 선출되었다.

■ 『동아일보』 1925.9.19

임석현(林錫鉉, 1896.8.26~1971.10.15)

(임하면 삼일운동) 본관은 울진(蔚珍). 이명은 임규홍(林圭洪)·임석홍(林錫洪). 출신지는 임서면(臨西面) 고곡동(古谷洞: 현 임하면 고곡리) 563번지. 임석현은 1919년 3월 21일 임하면 금소·신덕동에서 일어난 만세시위에 참여하였다. 그는 이 일로 징역 1년 6월을 받았다.

■ 『독립운동사자료집』 5집; 『안동판독립사』

임성기(任性基, 1875.2.29~1907.9.18)

(전기·후기의병) 이명은 임문호(任文鎬). 임성기는 1896년

에 울진·평해 지역에서 의병을 일으켜 일본군과 교전하다가 체포되었다. 1907년 9월 군대해산 이후 다시 의병을 일으킨 그는 안동·영양·평해·울진 등지에서 일본군과 교전하였고, 영해지방에서 하덕근(河德根)과 함께 체포되어 대구진위대에서 순절하였다. 1968년 대통령표창, 1977년 건국포장, 1990년 건국훈장 애국장.

- 『매천야록』;『독립운동사』1권;『한국독립사』하권;『황성신문』1908.3.13;『독립신문』1920.5.18

임용한(林容漢, 1897~)

(대구 삼일운동) 출신지는 풍산면(豊山面) 하리(下里). 임용한은 1919년 3월 8일 대구 시내에서 다수의 군중들과 만세시위를 전개하다 체포되어 징역 6개월을 언도받고 옥고를 치렀다.

- 「판결문」(1919.5.31, 대구복심법원);『독립운동사자료집』5

임우민

임우민(林又民, 1900.7.21~1975.5.25)

(임하면 삼일운동) 본관은 예천(醴泉). 자는 여일(茹一). 호는 만문(晩聞). 출신지는 임서면(臨西面) 고곡동(古谷洞: 현 임하면 고곡리) 103번지. 임우민은 1919년 3월 21일 임하면 금소·신덕동에서 일어난 만세시위에 참여하였다. 이 활동으로 체포되어 5월 10일 대구복심법원에서 징역 1년형을 언도받고 대구형무소에서 복역하였다. 1983년 대통령표창, 1990년 건국훈장 애족장.

- 「판결문」(1919.5.10, 대구복심법원);『독립운동사자료집』5집

임윤익(林潤益, 1885.8.19~1968.1.8)

(금양의숙 졸업 · 임하면 삼일운동) 본관은 울진(蔚珍). 이명은 임종열(林宗烈). 자는 주현(周顯). 출신지는 임서면(臨西面) 금소동(琴韶洞: 현 임하면 금소리) 538번지. 임윤익은 1914년에 설립된 금양의숙(錦陽義塾: 현 임하면 금소리)을 졸업하였고, 1919년 3월 21일 임하면 금소 · 신덕동에서 일어난 만세시위를 계획하고 주도하였다. 이 활동으로 그는 시위의 주동자로 체포되어 9월 19일 대구복심법원에서 징역 1년 6월형을 언도받고 대구형무소에서 복역하였다. 묘는 현재 오대리(梧垈里) 냉천곡(冷泉谷, 어대골)에 있다. 1982년 대통령표창, 1990년 건국훈장 애족장.

■「판결문」(1919.9.19, 대구복심법원);『독립운동사』3권;『독립운동사자료집』5집;「판결문」(1919.9.17, 대구복심법원)

임지열(林志烈, 1900~1919.3.26)

(임하면 삼일운동) 본관은 울진(蔚珍). 출신지는 임서면(臨西面) 금소동(琴韶洞: 현 임하면 금소리). 임지열은 1919년 3월 21일 임하면 금소 · 신덕동에서 일어난 만세시위에 참여하였다가 시위 진압과정에서 일본경찰이 쏜 총에 맞아 순국하였다. 1995년 건국훈장 애국장.

■『독립운동사』3권

임찬일(林瓚逸, 1895.2.27~1972.7.27)

(금양의숙 졸업 · 임하면 삼일운동) 본관은 울진(蔚珍). 이명은 임상열(林尙烈). 자는 국삼(國三). 호는 송원(松園). 출신지

임찬일

는 임서면(臨西面) 금소동(琴韶洞: 현 임하면 금소리). 임찬일은 1914년에 설립된 금양의숙(錦陽義塾: 현 임하면 금소리)을 졸업하였고, 1919년 3월 21일 임하면 금소·신덕동에서 일어난 만세시위를 계획하고 주도하였다. 이 활동으로 그는 시위의 주동자로 체포되어 9월 19일 대구복심법원에서 징역 2년형을 언도받고 대구형무소에서 복역하였다. 묘는 오대2리(梧垈2里) 뒷산 나천곡에 있다. 1968년 대통령표창, 1990년 건국훈장 애족장.

- 「판결문」(1919.9.19, 대구복심법원) ; 『한국독립사』 ; 『독립운동사』 3권 ; 『독립운동사자료집』 5집

임춘섭(林春燮, 1886.6.22~1956.4.25)

(임하면 삼일운동) 본관은 울진(蔚珍). 자는 군현(君顯). 호는 명열(明烈). 출신지는 임서면(臨西面) 금소동(琴韶洞: 현 임하면 금소리) 509번지. 임춘섭은 1919년 3월 21일 임하면 금소·신덕동에서 일어난 만세운동에 참여하였다가 체포되었다. 이 활동으로 그는 9월 19일 대구복심법원에서 징역 1년 6월형을 언도받고 대구형무소에서 복역하였다. 1982년 대통령표창, 1990년 건국훈장 애족장.

- 『독립운동사자료집』 5집 ; 『독립운동사』 3권

임팔선(林八仙)

(임하면 삼일운동) 1919년 3월 21일 임팔선은 임찬일(林贊逸)·노말수(盧末守)·손팔이(孫八伊)·임범암 및 금소동 주민들과 함께 신덕주재소와 임하면사무소를 파괴하는 등

만세시위를 전개하였다.

■ 『독립운동사자료집』 5집

임하박(林夏迫)

(임하청년회) 임하박은 1925년 9월 12일 임하면 백운정(白雲亭)에서 열린 임하청년회(臨河靑年會) 창립총회에서 상무집행위원으로 선출되었다.

■ 『동아일보』 1925.9.19

임한천(林漢天, 1879~?)

(후기의병) 출신지는 임동면(臨東面) 대곡리(大谷里). 어물을 팔던 임한천은 1907년 음력 11월 류시연(柳時淵)의진에 가담하여 안동일대에서 의병투쟁을 전개하였다. 1907년 12월 20일 길안면 용담사(龍潭寺) 부근에서 일본 수비대와 교전하였고, 다음날 21일에는 임북면(臨北面) 세천동(細川洞)에서 군자금을 모집하다가 체포되었다. 이 활동으로 그는 1909년 1월 27일 대구지방재판소에서 징역 5년형을 언도받았다.

■ 「판결문」(1909.1.27, 대구지방재판소) ;
『독립운동사자료집』 별집 1

임호일(林浩逸, 1890.4.8~1919.3.21)

(임하면 삼일운동) 본관은 울진(蔚珍). 이명은 임무열(林武烈). 자는 국윤(國允). 호는 소은(昭隱). 출신지는 임서면(臨西面) 금소동(琴韶洞: 현 임하면 금소리). 임호일은 1919년 3월 21일

임하면 금소·신덕동에서 일어난 만세시위에 참여하였다가 시위 진압 과정에서 일본경찰이 쏜 총에 맞아 순국하였다. 1980년 대통령표창, 1991년 건국훈장 애국장.

■ 『독립운동사』 3권

ㅈ

장두희(張斗熙, 1883.12.16~1930.2.6)

(길안면 삼일운동) 본관은 안동(安東). 자는 광필(光必). 출신지는 서후면(西後面) 성곡동(城谷洞)이었으나 후에 임하면(臨河面) 오대동(梧垈洞)으로 이주하였다고 한다. 장두희는 1919년 3월 21일 길안면 천지장터에서 일어난 만세시위를 주도하다가 체포되었다. 이 활동으로 그는 5월 3일 대구지방법원 안동지청에서 징역 3년 6월형을 언도받고 대구형무소에서 복역하였다. 1977년 대통령표창, 1990년 건국훈장 애족장.

■ 「판결문」(1919.5.3, 대구지방법원안동지청) ; 「판결문」(1919.5.23, 대구복심법원) ; 『독립운동사자료집』 5집 ; 『독립운동사』 3권

장병하(張炳夏, 1928.2.1~생존)

(조선회복연구단) 본관은 인동(仁同). 출신지는 안동면(安東面) 안기동(安奇洞: 현 안동시 안기동). 장병하는 안동농림학교(安東農林學校) 농과(農科) 9회생으로서, 재학 시 조선회복연구단(朝鮮回復研究團)에 가입하여 활동하였다. 이 활동으로 그는 1945년 3월 10일 체포되어, 옥고를 치르다가 광복과 더불어 1945년 8월 16일 대구지방검찰청 안동지청에서 기

장병하

소유예로 풀려났다. 1999년 대통령표창.

■ 『안동농림학생항일약전』; 「형사사건부」(1945.3.14)

장사봉(張師鳳)

(신간회 안동지회) 1927년 8월에 창립된 신간회 안동지회에 참여하여 활동하던 장사봉은 1929년 1월 대표위원 후보로 선출되었다.

■ 『조선일보』1929.1.29

장시학(張時鶴)

(일직면금주회) 장시학은 1920년 9월 4일에 열린 일직면금주회 창립총회에서 서기로 선출되었다.

■ 『동아일보』1920.9.17

장태수(張泰壽)

(조선회복연구단) 출신지는 안동(安東) 서부(西部). 장태수는 안동농림학교(安東農林學校) 10회생으로서, 조선회복연구단(朝鮮回復研究團)에 가입하여 활동하였다. 1945년 3월 10일 안동형무소에서 옥고를 치르다가, 해방과 더불어 출옥하였다.

■ 『안동판독립사』

전계원(田桂元, 1914~)

(신사참배거부투쟁) 출신지는 와룡면(臥龍面) 이하리(伊下里). 전계원은 1941년 신사참배거부투쟁을 벌이다 체포되었다.

그는 이 일로 대구지방법원에서 징역 1년을 받았다.
■ 「판결문」(1941.4.21, 대구지방법원)

전병종(全炳琮)

(풍산소작인회) 전병종은 풍산소작인회(豊山小作人會)에 참가하여 소작료 인하운동을 이끌어 갔다.
■ 「동산류인식만장」(1928)

전성철(全聖哲, 1894.10.4~1950.9.14)

(풍서면 삼일운동) 본관은 용궁(龍宮). 이명은 전성영(全聖永). 자는 덕수(德修). 출신지는 서후면(西後面) 명동(鳴洞: 현 서후면 명리) 585번지. 전성철은 1919년 3월 24일 김후성(金後性)·권영헌(權寧憲)을 비롯한 기독교인 30여 명과 함께 풍산장날을 이용하여 만세시위를 벌이다가 일본수비대에게 체포되었다. 4월 18일 대구지방법원 안동지청에서 징역 10월형을 언도받고 항소하였으나, 5월 12일 대구복심법원과 6월 14일 고등법원에서 각각 기각되었다. 1992년 건국포장.
■ 「판결문」(1919.5.12, 대구복심법원) ; 「판결문」(1919.6.14, 고등법원) ; 『독립운동사』 3권

정남술(鄭南述)

(안동여성회) 정남술은 1925년 11월 7일에 열린 안동여성회 창립총회에서 집행위원으로 선출되었다.
■ 『동아일보』 1925.11.12

정덕필(鄭德必, 1880~?)

(후기의병) 출신지는 길안면(吉安面) 산하리(山下里). 정덕필은 1907년 류시연의진에 가담하여 의병항쟁을 전개하였다. 이 활동으로 체포된 그는 1909년 2월 10일 대구지방재판소에서 징역 15년을 언도받고, 항소하여 1909년 5월 31일 대구공소원에서 징역 7년형을 언도받았다.

- 「판결문」(1909.5.31, 대구공소원) ; 『독립운동사자료집』별집 1

정성흠(鄭成欽, 1878.3.13~1952.5.17)

정성흠

(길안면 삼일운동) 본관은 청주(淸州). 출신지는 임서면(臨西面) 오대동(梧垈洞: 현 임하면 오대리) 161번지. 정성흠은 1919년 3월 21일 길안면 천지장터에서 일어난 만세시위에 참가하였다. 이 활동으로 체포된 그는 5월 3일 대구지방법원 안동지청에서 징역 1년, 벌금 50원의 형을 언도받고 대구형무소에서 복역하였다. 1983년 대통령표창, 1990년 건국훈장 애족장.

- 「신원카드」 ; 「수형인명부」 ; 「판결문」(1919.5.3, 대구지방법원안동지청) ; 『독립운동사』 3권 ; 『독립운동사자료집』 5집

정송산(鄭松山)

(광복회) 정송산은 1915년 대구에서 결성된 광복회에 참여하여 활동하였다. 광복회는 박상진을 사령관으로 하여 군자금 모집, 친일부호의 처단, 독립군 양성 등의 활동을 전개하였다.

- 『고등경찰요사』;『독립운동사』3 ;
「不逞團關係雜件-朝鮮人의 部-在滿洲의 部(6)」

정승철(鄭承喆)

(만주방면) 정승철은 만주 길림성(吉林省) 통화현(通化縣) 대항도자에서 교사로 활동하였다.

- 「不逞團關係雜件-朝鮮人의 部-在滿洲의 部(4)」

정승한(鄭承漢, 1921~)

(일본방면) 출신지는 길안면(吉安面) 현하(縣下). 정승한은 1942년 오사카 유학생들이 조선독립을 목적으로 결성한 자두회(白頭會)에 참여하여 활동하던 중 체포되어 징역 4년을 언도받고 복역하였다.

- 「판결문」(1944.7.7. 대구지방법원)

정유복(鄭有福, 1898.4.15~1973.4.25)

(길안면 삼일운동) 본관은 청주(淸州). 자는 복여(復汝). 임서면(臨西面) 오대동(梧坌洞: 현 임하면 오대리) 188번지. 정유복은 1919년 3월 21일 길안면 천지장터에서 일어난 만세시위에 참가하였다. 이 활동으로 체포된 그는 4월 28일 대구지방법원 안동지청에서 징역 6월형을 언도받고 대구형무소에서 복역하였다. 1993년 대통령표창.

- 「형사사건부」;「수형인명부」

정유복

정재덕(鄭在德)

(후기의병) 정재덕은 1907년 이강년의진에서 교련관으로 활약하였다.

■ 『독립운동사』 1권

정치문

정치문(鄭致文, 1891.1.18~1959.7.1)

(예안면 삼일운동) 본관은 동래(東萊). 출신지는 녹전면(祿轉面) 신평동(新坪洞: 녹전면 신평리) 493번지. 정치문은 1919년 3월 17일에 일어난 예안면 1차 시위에 참여하였다. 이 활동으로 체포된 그는 1919년 3월 24일 대구지방법원 안동지청에서 징역 6월형을 언도받고 항소하였으나, 4월 17일 대구복심법원에서 기각되어 복역하였다. 1986년 대통령표창, 1990년 건국훈장 애족장.

■ 「신원카드」 ; 『독립운동사자료집』 5집 ; 「판결문」(1919.4.17, 대구복심법원) ; 「판결문」(1919.5.19, 고등법원)

정태모(鄭泰模, 1892.7.3~1966.9.17)

(길안면 삼일운동) 본관은 동래(東萊). 이명은 정종모(鄭宗模). 자는 성부(聖夫). 출신지는 임서면(臨西面) 현하동(縣下洞: 현 길안면 현하리). 정태모는 1919년 3월 21일 길안면 천지장터에서 만세시위를 주도하였다. 이 활동으로 체포된 그는 5월 3일 대구지방법원 안동지청에서 징역 1년, 벌금 50원의 형을 언도받고 대구형무소에서 복역하였다.

■ 「판결문」(1919.5.3, 대구지방법원안동지청) ; 「판결문」(1919.5.23, 대구복심법원) ; 「판결문」(1919.7.5,

고등법원) ; 『독립운동사자료집』 5집 ; 『독립운동사』 3권

정한모(鄭漢模, 1903.3.20~1997.12.8)

(국내항일, 흠치교) 이명은 섭모(燮模). 출신지는 길안면(吉安面) 현하(縣下). 정한모는 일찍이 독립운동에 뜻을 두고 흠치교에 가입해 군자금을 모집하던 중 체포되었다. 흠치교는 1924년 갑자년(甲子年)을 기해 일제히 조선독립운동을 한다는 계획을 세우고 다액의 군자금을 모집하였다. 정한모는 독립운동을 위한 군자금 모금과 교인 모집활동을 전개하다가 체포되었다. 그는 이 일로 1921년 대구지방법원 안동지청에서 징역 1년을 언도받고 옥고를 치렀다. 2002년 건국훈장 애족장.

- 「판결문」(1921.5.16, 대구지방법원안동지청) ; 「판결문」(1921.11.26, 대구복심법원)

정현모(鄭顯模, 1894.10.11~1965.1.1)

(신간회 안동지회) 본관은 동래(東萊). 자는 효직(孝直). 호는 백하(白下). 출신지는 임서면(臨西面) 현하동(縣下洞: 현 길안면 현하리). 정현모는 1907년에 설립된 협동학교(協東學校)를 졸업하였다. 이후 그는 1927년 7월 9일에 열린 신간회 안동지회 설립준비위원회에서 준비위원으로 선출되어 지회설립을 위해 노력하였다. 1927년 8월 신간회 안동지회 설립 후 초대 부회장에 선출되었으며, 1928년 1월 18일에는 회장, 1929년 1월 21일에는 간사로 선출되었다.

- 『독립운동사자료집』 14집 ; 『일제침략하한국36년사』 8권 ;

『동아일보』 1927.8.31, 1928.2.1, 2.2, 2.6 ; 『조선일보』 1927.7.17, 8.30, 1928.1.21, 2.6, 3.10, 1929.1.29

정현모(鄭賢模, 1926.9.13~1982.7.10)

정현모

(명성회) 본관은 청주(淸州). 호는 춘강(春江). 출신지는 안동면(安東面) 삼산동(三山洞: 현 안동시 삼산동) 103번지. 정현모는 1943년 2월 25일 경주중학교(慶州中學校) 재학 시 안동농림학교(安東農林學校) 비밀결사 단체인 명성회(明星會)에 가입하여 활동하였다. 이 활동으로 그는 1945년 3월경 체포되어, 옥고를 치르다가 광복과 더불어 1945년 8월 16일 대구지방법원 안동지청에서 기소유예로 풀려났다. 2007년 대통령 표창.

- 『안동농림학생항일약전』;「형사사건부」(1945.3.14)

조만인(趙晩仁)

(예안면 삼일운동) 본관은 횡성(橫城). 출신지는 도산(陶山) 원천(遠川). 조만인은 예안면 시위에 참여하였다가 체포되어 징역 1년을 언도받았다.

- 『안동 사람들의 항일투쟁』

조명암(趙命岩)

(학남강습소 설립·교육구국운동) 조명암은 1910년 서후면(西後面) 저전동(苧田洞)에 학남강습소(鶴南講習所)를 설립하고 교사로 활동하였다.

- 『안동 사람들의 항일투쟁』

조명하(趙命河)

(와룡강습소 교사·교육구국운동) 조명하는 1912년에 설립된 와룡강습소(臥龍講習所: 와룡면 지내동)에서 교사로 활동하였다.

■ 『안동 사람들의 항일투쟁』

조방인(趙邦仁, 1886.5.5~1943.2.20)

(예안면 삼일운동) 본관은 횡성(橫城). 자는 안중(安仲). 출신지는 임북면(臨北面) 정산동(鼎山洞: 현 예안면 정산리). 조방인은 조병건(趙炳建)·조사명(趙思明)·조수인(趙修仁) 등 지역 유림세력들과 함께 예안면 시위를 계획 추진하였다. 1919년 3월 17일 예안면 1차 시위에 참여하여 시위를 주도하다가 체포된 조방인은 1919년 3월 31일 대구지방법원 안동지청에서 징역 1년형을 언도받고 항소하였으나, 4월 24일 대구복심법원에서 기각되어 복역하였다. 1990년 건국훈장 애족장.

조방인

■ 「신원카드」 ; 「판결문」(1919.4.24. 대구복심법원) ; 「판결문」(1919.5.29. 고등법원) ; 『독립운동사자료집』 5집

조병건(趙炳建, 1891.10.2~1971.6.10)

(예안면 삼일운동) 본관은 횡성(橫城). 출신지는 임북면(臨北面) 정산동(鼎山洞: 현 예안면 정산리). 조병건은 조수인(趙修仁)·조사명(趙思明)·조방인(趙邦仁) 등 지역 유림세력들과 함께 예안면 시위를 계획 추진하였다. 1919년 3월 17일 예안면 1차 시위에 참여하여 시위를 주도

하다가 체포된 조병건은 1919년 3월 31일 대구지방법원 안동지청에서 징역 3년형을 언도받고 항소하였으나, 4월 24일 대구복심법원에서 기각되어 복역하였다. 1980년 대통령표창, 1990년 건국훈장 애족장.

- 「판결문」(1919.4.24, 대구복심법원) ; 「판결문」(1919.5.29, 고등법원) ; 『독립운동사』 3권 ; 『독립운동사자료집』 5집

조병두(趙炳斗, 1924~1985)

(한국광복군) 출신지는 풍천면(豊川面) 병산(屛山). 한국광복군 총사령부는 1943년 7월 최문용(崔文鏞)과 제2지대 대원으로 있던 이병곤(李炳坤)·김경화(金慶華)를 장사(長沙)에 있는 제9전구 사령부로 파견하였다. 제9전구로 파견된 이들은 주로 일본군에 대한 대적선활동을 수행하였다. 조병두는 제2·3분대에서 공작활동을 전개하였다.

- 『독립운동사』 6권

조복선(趙卜先, 1894.7.7~1961.3.5)

(임동면 삼일운동) 본관은 함안(咸安). 이명은 조복선(趙福先)·조상선(趙相善). 출신지는 임서면(臨西面) 금소동(琴韶洞: 현 임하면 금소리) 574번지. 조복선은 1919년 3월 21일 임하면 금소·신덕동에서 일어난 만세운동에 참여하였다. 이 활동으로 체포된 그는 1919년 9월 19일 대구복심법원에서 징역 1년 6월형을 언도받고 대구형무소에서 복역한 후 1921년 2월 4일 석방되었다. 1982년 대통령표창, 1990년 건국훈장 애족장.

■ 『독립운동사자료집』 5집 ; 『독립운동사』 3권

조봉석(趙鳳碩)

(풍산소작인회) 조봉석은 1923년 11월 11일에 열린 풍산소작인회(豊山小作人會) 창립총회에서 집행위원으로 선출되어 농민운동을 전개하였다.

■ 『동아일보』 1923.11.18

조사명(趙思明, 1876.5.8~1973.5.23)

(예안면 삼일운동) 본관은 횡성(橫城). 출신지는 예안면(禮安面) 귀단동(歸團洞: 현 예안면 귀단리). 조사명은 조병건(趙炳建)·조수인(趙修仁)·조방인(趙邦仁) 등 지역 유림세력들과 함께 예안면 시위를 계획 추진하였다.
1919년 3월 17일 예안면 1차 시위에 참여하여 시위를 주도하다가 체포된 조사명은 1919년 3월 31일 대구지방법원 안동지청에서 징역 1년형을 언도받고 항소하였으나, 4월 24일 대구복심법원에서 기각되어 복역하였다. 1990년 건국훈장 애족장.

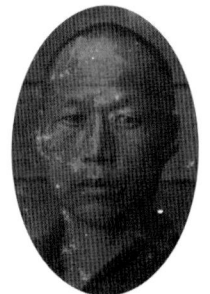

조사명

■ 「신원카드」 ; 『독립운동사자료집』 5집 ; 「판결문」(1919.4.24, 대구복심법원) ; 「판결문」(1919.5.29, 고등법원)

조선돌(趙先乭)

(임하면 삼일운동) 출신지는 임하면(臨河面) 금소(琴韶). 조선돌은 1919년 3월 21일에 일어난 임하면 삼일운동에 참여하였다가 체포되어 재판에 회부되었으나 무죄를 선고받

앉다.

- 「판결문」(1919.7.4, 대구지방법원) ; 『독립운동사자료집』 5집

조성걸(趙聖杰, 1902.3.17~1966.2.6)

(일본·중국방면) 자는 덕명(德明). 출신지는 서후면(西後面) 저전리(苧田里) 393번지. 일본 도쿄[東京]에서 노동에 종사하던 조성걸은 1923년 1월 7일 도쿄형사재판소에서 징역 10월을 언도받고, 복역하였다. 출옥 후 1924년 한 차례 귀국하였다가 1930년 6월 다시 일본으로 건너간 그는 1936년 5월 22일 마약중독자구호회수용소 주임으로 일하다 다시 수감되었다.

그 뒤 조성걸은 1938년 북경 동성(東城) 관음사(觀音寺) 9호에서 의료업에 종사하였다. 그는 민족주의와 공산주의를 신봉하고 있어 일제로부터 불온과격의 언동을 할 우려가 있다는 이유로 요주의 인물로 감시를 받았다.

- 『한국독립운동사자료집』 별집3 ; 『재일본 한국인 민족운동자료집』 ; 『사상통제사』

조수인(趙修仁, 1881.2.2~1943.6.15)

조수인

(예안면 삼일운동) 본관은 횡성(橫城). 출신지는 임북면(臨北面) 정산동(鼎山洞: 현 예안면 정산리). 조수인은 서울에서 1919년 3월 8일경 손병희로부터 서신을 받고 귀향하여 집안 사람인 조병건(趙炳建)·조사명(趙思明)·조방인(趙邦仁)과 함께 예안·도산의 유림세력을 규합하여 3월 17일 예안장날을 기해 시위를 일으킬 것을 계획하였다.

3월 17일 예안장터에서 만세를 부르며 시위를 주도하던 조수인은 일본경찰에 체포되어, 1919년 3월 31일 대구지방법원 안동지청에서 징역 5년형을 언도받고 항소하였으나, 4월 24일 대구복심법원에서 기각되어 복역하였다. 1990년 건국훈장 애족장.

- 「신원카드」;『독립운동사자료집』 5집 ;「판결문」(1919.4.24, 대구복심법원) ;「판결문」(1919.5.29, 고등법원)

조용성(趙鏞聲, 1875~?)

(풍산소작인회) 출신지는 풍서면(豊山面) 소산리(素山里: 현 풍산읍 소산리) 316번지. 1923년 11월 11일에 창립된 풍산소작인회(豊山小作人會)에 참여하여 활동하던 조용성은 1924년 이용만(李用萬)을 비롯한 여러 동지들과 함께 소작료 인하운동을 대규모로 전개했다. 그러나 대지주와 일본인 지주들이 풍서농무회를 조직하여 탄압에 나서자 여기에 맞서 싸우다가, 1924년 7월 10일과 11일 이용만을 포함한 동지 12명과 함께 구속되어 징역 6월형을 언도받았다.

- 『동아일보』 1925.4.27 ;『시대일보』 1924.10.9, 10.18 ; 『독립운동사자료집』 14집

조재건(趙在建)

(동릉강습회 교사) 조재건은 1917년 설립된 동릉강습회(東陵講習會: 와룡면 주하동)에서 교사로 활동하였다.

- 『안동 사람들의 항일투쟁』

조재화(趙載和, 1878~?)

(광복회) 조재화는 1915년에 조직된 광복회(光復會)에 참여하여 활동하였다. 광복회는 1915년 7월에 풍기광복단(豊基光復團)과 대구에서 활동 중이던 비밀결사단체인 조선국권회복단(朝鮮國權回復團)의 일부가 결합하여 만들어진 단체였다. 그는 광복회 단원으로서 군자금 모집활동을 하던 중 1918년 1월 일본경찰에 체포되었다.

■ 『박상진자료집』

조춘백(趙春伯, 1893.9.30~1924.2.23)

(안동면 삼일운동) 본관은 함안(咸安). 출신지는 안동면(安東面) 이천동(泥川洞: 현 안동시 이천동) 138번지. 조춘백은 1919년 3월 18일에 일어난 안동면 2차 시위와 3월 23일 3차 시위에 참여하였다. 3월 23일 3차 시위 과정에서 군중들과 함께 산 위로 이동하던 중 목성동(木城洞) 서문다리에서 일본경찰에게 체포되어 옥고를 치렀다.

■ 『안동판독립사』;「형사사건부」

조흥로(趙興魯, 1896~1966.3)

(안동면 삼일운동) 본관은 함안(咸安). 출신지는 안동면(安東面) 안기동(安奇洞: 현 안동시 안기동). 조흥로는 1919년 3월 23일에 일어난 안동면 시위에 참가하였다가 일본경찰과 안동거류 일본인으로 구성된 자위단(自衛團)의 공격으로 부상을 당한 후 평생을 불구로 지냈다고 한다.

■ 『안동판독립사』

주금경(朱錦卿)

(안동여성회) 주금경은 1925년 11월 7일에 열린 안동여성회 창립총회에서 집행위원으로 선출되었다.
■ 『동아일보』 1925.11.12

주수명(朱壽命, 1882~?)

(풍산소작인회) 출신지는 풍산면(豊山面) 안교동(安郊洞: 현 풍산읍 안교리) 359번지. 1923년 11월 11일에 창립된 풍산소작인회(豊山小作人會)에 참여하여 활동하던 주수명은 1924년 이용만(李用萬)을 비롯한 여러 동지들과 함께 소작료 인하 운동을 대규모로 전개했다. 그러나 대지주와 일본인 지주들이 풍서농무회를 설립하여 탄압에 나서자, 여기에 맞서다가 1924년 7월 10일과 11일 이용만을 포함한 동지 12명과 함께 검거되어 벌금 20원의 형을 언도받았다.
■ 『동아일보』 1924.8.13, 10.9, 10.19 ; 『독립운동사자료집』 14집

지용진(池龍鎭)

(신간회 안동지회) 1927년 8월에 창립된 신간회 안동지회에 참여하여 활동하던 지용진은 1929년 8월 집행위원으로 선출되었다.
■ 『조선일보』 1928.8.14

ㅊ

차일수(車日數)

(와룡강습소 교사 · 구국계몽운동) 차일수는 1912년에 설립된 와룡강습소(臥龍講習所: 와룡면 지내동)에서 교사로 활동하였다.

■ 『안동 사람들의 항일투쟁』

천승락(千承落, 1886.8.26~1964.3.23)

(임동면 삼일운동) 본관은 영양(潁陽). 이명은 천양쇠(千梁釗). 출신지는 임동면(臨東面) 중평동(中平洞: 현 임동면 중평리). 천승락은 1919년 3월 21일 임동면 중평동 편항시장(鞭巷市場)에서 일어난 만세시위에 참여하였다. 이 활동으로 체포된 그는 1919년 8월 19일 대구복심법원에서 징역 3년형을 언도받고, 대구형무소에서 복역하였다. 1977년 대통령표창, 1990년 건국훈장 애족장.

■ 「판결문」(1919.6.26, 대구지방법원안동지청) ; 「판결문」(1919.8.19, 대구복심법원) ; 『독립운동사자료집』 5집 ; 『독립운동사』 3권

천점백(千占伯, 1890~?)

(임동면 · 임북면 삼일운동) 본관은 영양(潁陽). 출신지는 임북면(臨北面) 사월동(沙月洞: 현 임동면 사월리). 천점백은 1919

년 3월 21일 임동면 중평동 편항시장(鞭巷市場)에서 일어난 만세시위에 참여했고, 어어서 3월 22일 당시 임북 면소재지이던 사월에서 만세시위를 전개하다가 체포되었다. 이 활동으로 그는 1919년 8월 18일 대구복심법원에서 징역 2년형을 언도받고 대구형무소에서 복역하였다.

- 「판결문」(1919.5.31, 대구지방법원) ; 「판결문」(1919.8.18, 대구복심법원) ; 『독립운동사자료집』 5집 ; 『독립운동사』 3권

천치락

천치락(千致洛, 1876.5.17~1942.4.23)

(임동면 · 임북면 삼일운동) 본관은 영양(潁陽). 자는 향양(鄕陽). 호는 일송(一松). 출신지는 임북면(臨北面) 사월동(沙月洞: 현 임동면 사월리) 726번지. 천치락은 1919년 3월 21일 임동면 중평동 편항시장(鞭巷市場)에서 일어난 만세시위에 참여하였고, 이어서 3월 22일 당시 임북 면소재지이던 사월에서 만세시위를 전개하다가 체포되었다. 이 활동으로 그는 1919년 8월 18일 대구복심법원에서 징역 2년형을 언도받고 대구형무소에서 복역하였다. 묘는 대전현충원에 있다. 1977년 대통령표창, 1990년 건국훈장 애족장.

- 「판결문」(1919.5.31, 대구지방법원) ; 「판결문」(1919.8.18, 대구복심법원) ; 『독립운동사자료집』 5집 ; 『독립운동사』 3권

최도준(崔道俊, 1887.4.23~1942.6.9)

(임동면 삼일운동) 본관은 경주(慶州). 자는 상준(相俊). 호는 임정(臨庭). 출신지는 임하면(臨河面) 임하동(臨河洞: 현 임하면 임하리) 1007번지. 최도준은 1919년 3월 21일 임동면 중평

동 편항시장(鞭巷市場)에서 일어난 만세시위에 참가하였다. 이 활동으로 체포된 그는 1919년 8월 18일 대구복심법원에서 징역 2년형을 언도받고 대구형무소에서 복역하였다. 1983년 대통령표창, 1990년 건국훈장 애족장.

■ 「판결문」(1919.5.31, 대구지방법원) ; 「판결문」(1919.8.18, 대구복심법원) ; 『독립운동사자료집』 5집 ; 『독립운동사』 3권

최두량(崔斗亮)

(신간회 안동지회) 1927년 8월에 창립된 신간회 안동지회에 참여하여 활동하던 최두량은 1929년 8월 집행위원으로 선출되었다.

■ 『조선일보』 1929.8.14

최상하(崔尙夏)

(안동청년회 학술강습회) 1920년 5월 창립된 안동청년회에 참여하여 활동하던 최상하는 1921년 6월 안동청년회 주최로 열린 학술강습회에서 교사로 활동하였다.

■ 『동아일보』 1921.6.24

최인현(崔仁賢, 1903.4.10~1954.6.7)

(국내항일투쟁) 출신지는 동후면(東後面) 절강동(浙江洞: 현 와룡면 절강리). 최인현은 1919년 9월 대한민국 임시정부를 도와 김천(金泉)지역에서 독립운동을 전개하였다. 그는 1919년 9월 말 김천군 대항면(代項面) 주례동(周禮洞)에 있는 암자 삼성암(三聖庵)에서 남진희(南軫熙)·한규환(韓奎煥)·정홍

최인현

권(鄭以權) 등과 함께 임시정부에 참여하여, 항일투쟁을 전개할 것을 결의하고 활동하던 중 체포되었다.

이 활동으로 그는 1920년 2월 10일 대구지방법원 김천지청에서 실형을 받고 항소하였으나, 같은 해 3월 19일 대구복심법원에서 기각되어 징역 6월, 집행유예 2년형을 언도받았다. 1997년 대통령표창.

■ 「신분장지문원지」;「판결문」(1920.2.10, 대구지방법원김천지청);「판결문」(1920.3.19, 대구복심법원)

최재익(崔在益)

(안동노우회) 최재익은 1925년 10월 13일에 열린 안동노우회(安東勞友會) 창립총회에서 집행위원 가운데 한 명으로 선출되었다.

■ 『동아일보』 1925.10.18

최희상(崔熙相)

(한국광복군) 출신지는 길안면(吉安面) 구수(九水). 최희상은 한국광복군에 입대하여 활동하였다.

■ 「독립기념관 소장 사진자료」

ㅌ

탁기창(卓基昌, 1875~?)

(광복회) 탁기창은 광복회(光復會)에 가담하여 군자금 모집 활동을 전개하였다. 탁기창이 가입한 광복회는 1915년 7월에 결성된 단체로서, 1913년 채기중(蔡基中)을 중심으로 의병계열 인사들이 경상북도 풍기(豊基)에 모여 조직한 비밀 결사단체인 풍기광복단(豊基光復團)과 1915년 음력 정월 대구에서 결성된 조선국권회복단(朝鮮國權回復團) 일부가 결합하여 이루어진 단체이다. 여기에 가입하여 군자금 모집 활동을 전개하던 탁기창은 1918년 일본경찰에 체포되었다.

■ 『박상진자료집』

ㅎ

하중환(河中煥, 1875.6.24~1954.4.29)

(협동학교 설립 · 교남교육회 임원) 본관은 진주(晋州). 출신지는 서후면(西後面) 교동(校洞: 현 서후면 교리). 1907년 3월 류인식(柳寅植) · 김후병(金厚秉) · 김동삼(金東三) 등과 함께 근대 중등교육기관인 협동학교(協東學校)를 설립하는 데 주역으로 참여하였다. 1909년 4월 1일 정부가 지방비법을 공포하여 유림이 가지고 있었던 지방의 공물(公物)을 몰수하여 지방비로 쓰게 하는 조치가 내려졌다. 이를 기회로 삼아 하중환은 류인식 · 김동삼 · 김후병과 함께 기성회를 소집하여, 유림 다수의 찬성을 이끌어 내고 학부의 승인을 얻어 호계서원(虎溪書院)의 재산을 협동학교에 귀속시켰다. 또한 그는 1908년 3월 15일에 설립된 교남교육회(嶠南敎育會)에 참여하여 본회 도서부(圖書部) 편술원 · 평의원 · 간사 등을 역임하며 교육구국운동을 전개하였다.

- 『동산전집』; 『동산문고』; 『황성신문』 1908.9.27, 10.7 ; 『교남교육회잡지(회원명부)』

한문석(韓文石)

(후기의병) 출신지는 임동면(臨東面) 마령(馬嶺: 현 임동면 노곡). 한문석은 신사현(申士賢)의 부하가 되어 그의 부하 40명과 함께 예안면 전두(田頭)에 거주하는 최씨 집으로 가

서 60냥의 군자금을 모집하였다. 이후 안동군 노곡동(露谷洞) 문씨 집에서 돈 2백 냥을, 안동군 대곡(大谷)에 거주한 류(柳)가 집에서 80냥을, 임북면 미질(美質)에 거주하는 배부자(裵富者) 집에서 80냥의 군자금을 모집하였다. 그는 이 활동으로 체포되어 징역 15년을 언도받았다.

■ 『독립운동사자료집』 별집 1

한정숙(韓貞淑)

(안동여성회) 한정숙은 1925년 11월 7일에 열린 안동여성회 창립총회에서 집행위원으로 선출되었다.

■ 『동아일보』 1925.11.12

한한성(韓漢成)

(풍산소작인회) 한한성은 1923년 11월 11일에 열린 풍산소작인회(豊山小作人會) 창립총회에서 집행위원으로 선출되었다.

■ 『동아일보』 1923.11.18

한호(韓浩)

(동북항일연군) 본관은 의성(義城). 출신지는 임하(臨河) 천전(川前). 이명은 김영로. 한호는 동북항일연군에서 활약하며 항일무장투쟁을 전개하였다.

■ 『안동 사람들의 항일투쟁』

허억(許億)

(안동청년회) 1920년 5월 창립된 안동청년회(安東靑年會)에

참여하여 활동하던 허억은 1921년 6월 안동청년회 주최로 열린 학술강습소에서 교사로 활동하였다.

■ 『동아일보』 1921.6.24

홍기룡(洪起龍, 1869~1944)

(만주방면) 본관은 남양(南陽). 출신지는 와룡(臥龍) 지내(池內). 홍기룡은 만주로 건너가 자신계(自新契)를 조직하고 계장(契長)으로 활동하였다.

■ 「不逞團關係雜件-朝鮮人의 部-在滿洲의 部(6)」

홍명성(洪明聖)

(임동면 삼일운동) 홍명성은 1919년 3월 15일 임동면 중평동 편항시장(鞭巷市場) 안의 공동타작장에서 류연성(柳淵成)·류교희(柳敎熙)·박재식(朴載植)·박진선(朴晋先)·류곡란(柳谷蘭)·류동수(柳東洙)·이강욱(李康郁) 등 7명과 만나, 다음 편항장날인 21일을 기하여 거사하기로 결정하고 이강욱과 함께 갈전동을 담당하였다.

3월 21일 오후 2시경 500여 명의 군중이 편항에 모이자, 그는 7명의 동지와 함께 대열의 선두에 나아가 독립만세를 선창하며 만세운동을 지휘하였다. 이때 주재소에서 2명의 일본경찰이 출동하여 류연성을 강제로 잡아가자, 편항주재소와 임동면사무소로 달려가 건물을 파괴하고 문서와 비품을 파기하였다. 오후 5시경 안동에서 순사부장 1명과 수비병 8명이 출동하여 독립만세운동의 주모자를 검거하였으나 홍명성은 도망하여 검거망을 빠져나갔다.

■ 『독립운동사』 3 ; 『독립운동사자료집』 5집

홍종민(洪鍾敏, 1913.3.3~1969.11.24)

(한국민족혁명단) 이명은 홍윤(洪潤)·진영수(陳永洙)·이무(李武)·이유(李有). 1932년 8월 동북한·중연합항일군사령부 독립대대(東北韓·中聯合軍司令部獨立大隊)에 입대하여 동년 9월 길림성(吉林省) 전투에 참전하였다. 다음 해 5월에는 영안현(寧安縣) 동경성(東京城) 전투에 참가하였으며, 7월에는 왕청현(汪淸縣) 대전자(大甸子) 전투에, 9월에는 동녕현(東寧縣) 전투에 참가하였다고 한다.

1933년 중국 본토로 넘어가 동년 11월에 낙양(洛陽)에 있는 군관학교에 입교하여 군사교육훈련을 받은 뒤 1935년 졸업하였다. 이후 1936년 남경(南京)에서 한국민족혁명단에 가입하고, 다시 정치훈련반에서 교육을 받았다. 동년 3월 만주로 이동하여 학생모집활동을 전개하던 중 일본경찰에 체포되어 징역 2년, 집행유예 4년형을 언도받고 신의주형무소로 이송되어 옥고를 치렀다.

출옥 후 다시 만주로 망명하여 독립운동을 지속적으로 전개하였다고 한다. 1968년 대통령표창, 1990년 건국훈장 애족장.

■ 『독립운동사』 6권 ; 「사상정세시찰보고집」 ; 『한국민족운동사료』(중국편)

황극련(黃克鍊, 1898~?)

(풍산소작인회) 출신지는 남후면(南後面) 하아동(下阿洞: 현 남후면 하아리) 170번지. 1923년 11월 11일에 결성된 풍산소작

인회에 참여하여 활동하던 황극련은 이용만(李用萬) 등 여러 동지들과 함께 1924년에 소작료 인하운동을 대규모로 전개했다. 그러나 대지주와 일본인 지주들이 풍서농무회를 결성하여 탄압에 나서자 여기에 맞서 싸우다가 1924년 7월 10일과 11일 이용만을 비롯한 동지 12명과 함께 검거되어 징역 6월형을 언도받았다.

- 『시대일보』 1924.10.9, 10.18 ; 『동아일보』 1925.4.27 ; 『독립운동사자료집』 14집

황동석(黃東石)

(안동노우회) 황동석은 1925년 10월 18일에 창립된 안동노우회(安東勞友會)에 참여하여 집행위원으로 활동하였다.

- 『동아일보』 1925.10.18

황영남(黃永南, 1885.3.4~1919.3.24)

(안동면 삼일운동) 본관은 평해(平海). 이명은 황기실(黃基實). 자는 병선(丙善). 출신지는 남후면(南後面) 개곡동(皆谷洞: 현 남후면 개곡리) 301번지. 황영남은 1919년 3월 18일에 일어난 안동면 2차 시위와 3월 23일에 일어난 3차 시위에 참가하였다. 3차 시위 과정에서 일본경찰과 안동거류 일본인으로 구성된 자위단(自衛團)의 무력탄압으로 인해 순국하였다. 묘는 개곡리 공동묘지에 있다. 1995년 건국훈장 애국장.

- 『안동판독립사』

황윤중(黃允中)

(남후청년회) 황윤중은 1925년 9월 27일에 열린 남후청년회(南後靑年會) 창립식에서 위원에 선출되었다.

■ 『동아일보』 1925.10.2

황인규(黃仁圭, 1875.12.11~1933.11.17)

황인규

(안동면 삼일운동) 본관은 창원(昌原). 출신지는 안동면(安東面) 법상동(法尙洞: 현 안동시 법상동). 황인규는 1919년 3월 18일에 일어난 안동면 2차 시위를 주도하다가 일본경찰에 체포되었다. 이 활동으로 그는 1919년 4월 7일 대구지방법원 안동지청에서 징역 6월형을 언도받고 항소하였으나, 5월 2일 대구복심법원과 6월 5일 고등법원에서 기각되어 복역하였다. 1992년 대통령표창.

■ 『독립운동사』 3권 ; 「판결문」(1919.4.7, 대구지방법원안동지청) ; 「판결문」(1919.5.2, 대구복심법원) ; 「판결문」(1919.6.5, 고등법원)

황점봉(黃點鳳, 1880~?)

(임동면 삼일운동) 출신지는 임동면(臨東面) 중평동(中平洞: 현 임동면 중평리) 334번지. 황점봉은 1919년 3월 21일 임동면 중평동 편항시장(鞭巷市場)에서 일어난 만세시위에 참여하였다. 이 활동으로 체포되었으나 1919년 5월 31일 대구지방법원 안동지청에서 무죄판결을 받고 풀려났다.

■ 「판결문」(1919.5.31, 대구지방법원) ; 『독립운동사자료집』 5집

황하중(黃河中, 1896.11.22~86세 사망)

(남후청년회) 출신지는 남후면(南後面) 하아리(下阿里) 149번지. 황하중은 1925년 9월 27일에 열린 남후청년회(南後靑年會) 창립식에서 임원으로 선출되었다. 이후 그는 만주로 망명하여 활동하였다고 한다.
■ 『동아일보』 1925.10.2

황하중

황한산(黃漢山)

(납시서당 교사·교육구국운동) 황한산은 1910년에 설립된 납시서당(納是書堂: 남후면 고곡동)에서 교사로 활동하였다.
■ 『안동 사람들의 항일투쟁』

부록

(신원카드)

부록(신원카드) 447

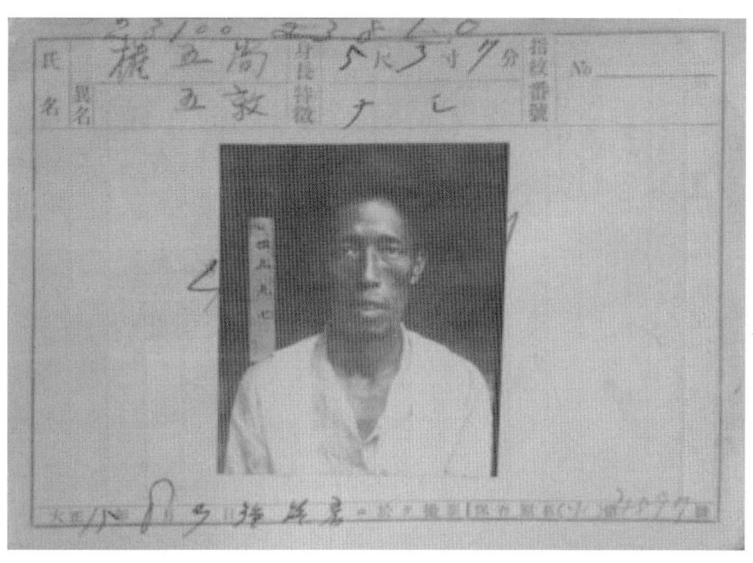

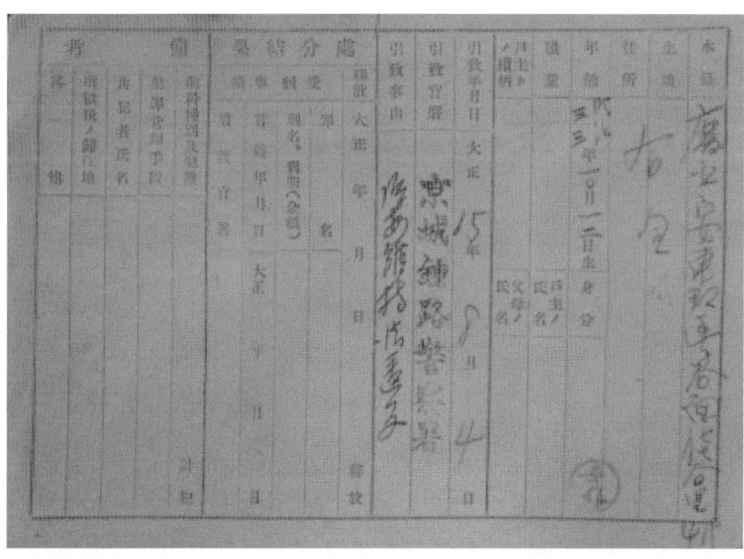

권오상

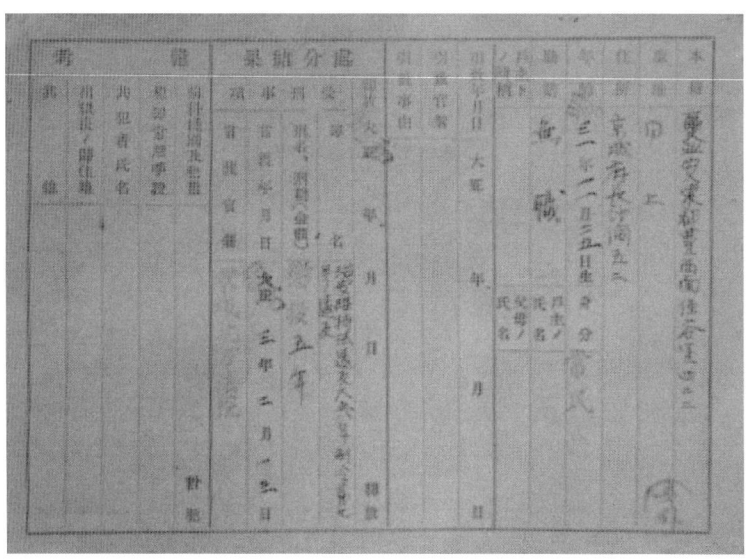

권오설

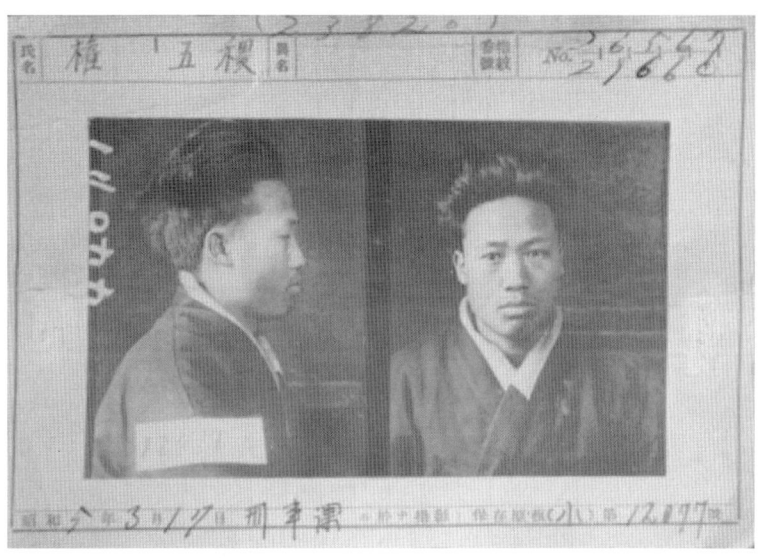

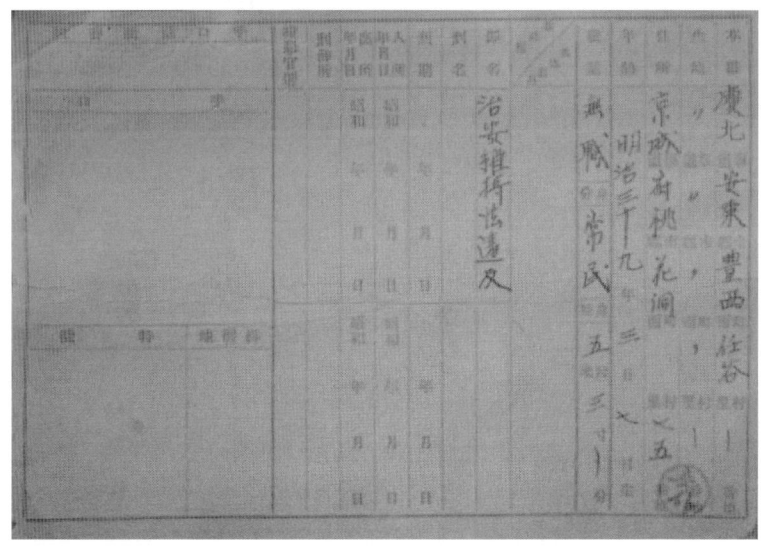

권오직

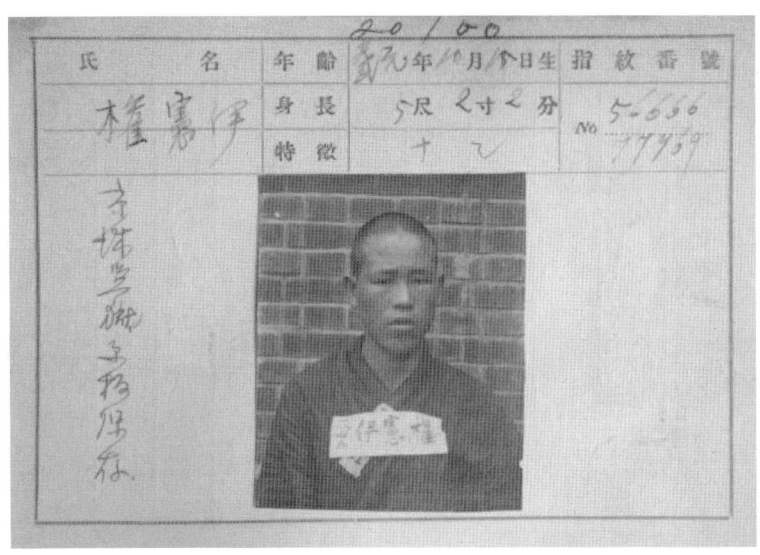

권헌이

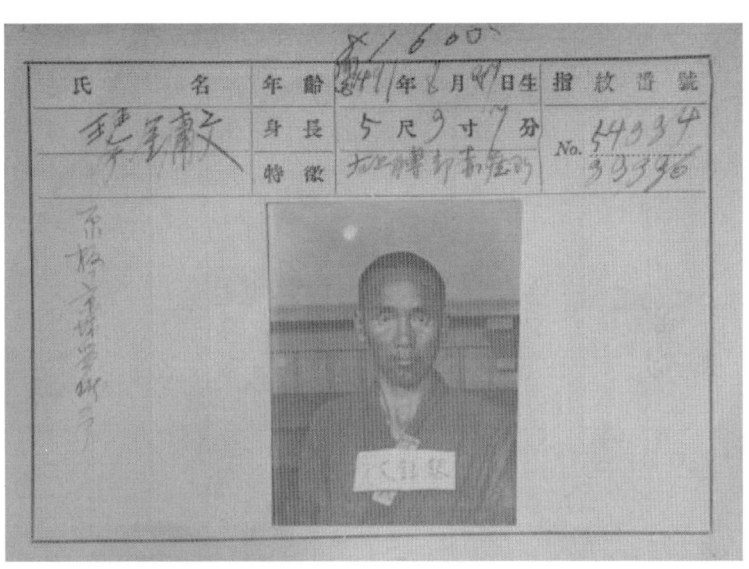

금용문

김긍식(김동삼)

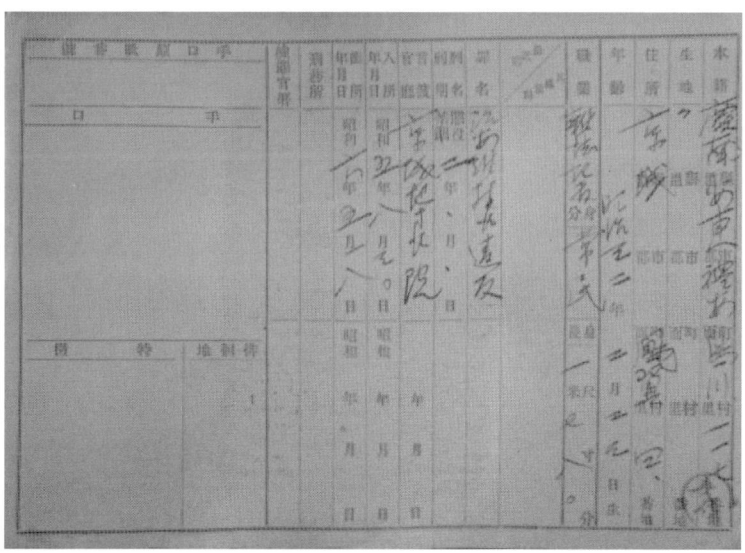

김남수

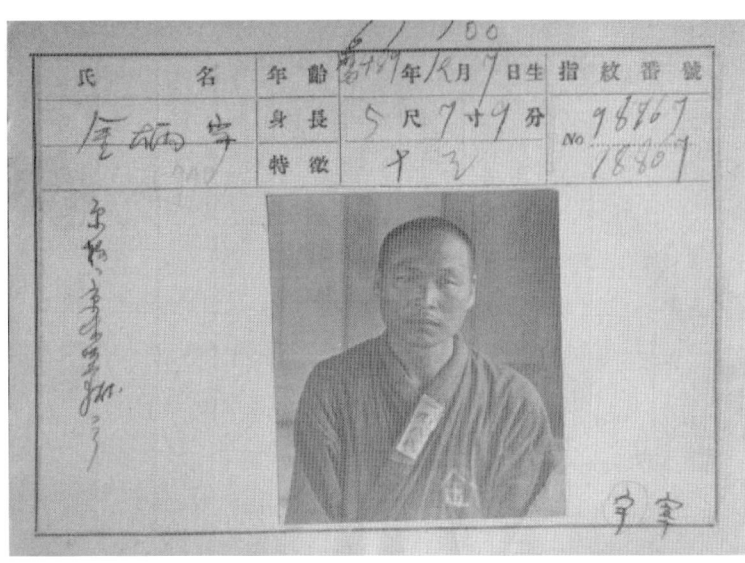

김병우

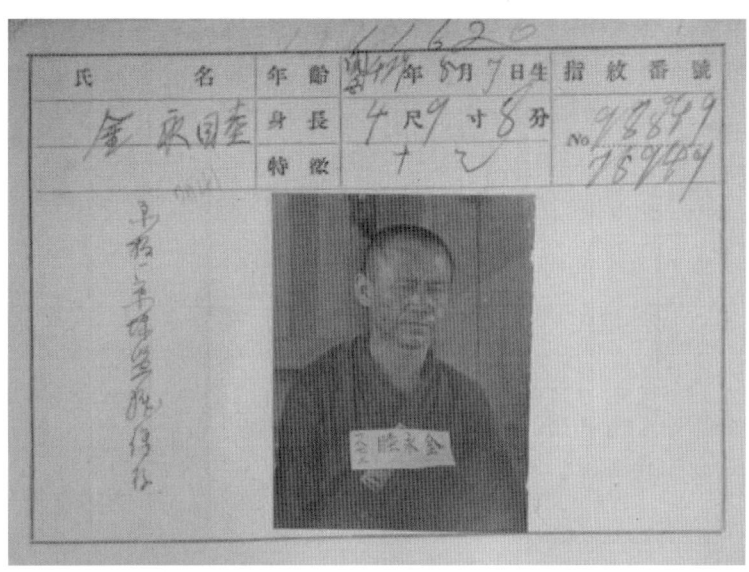

김영목

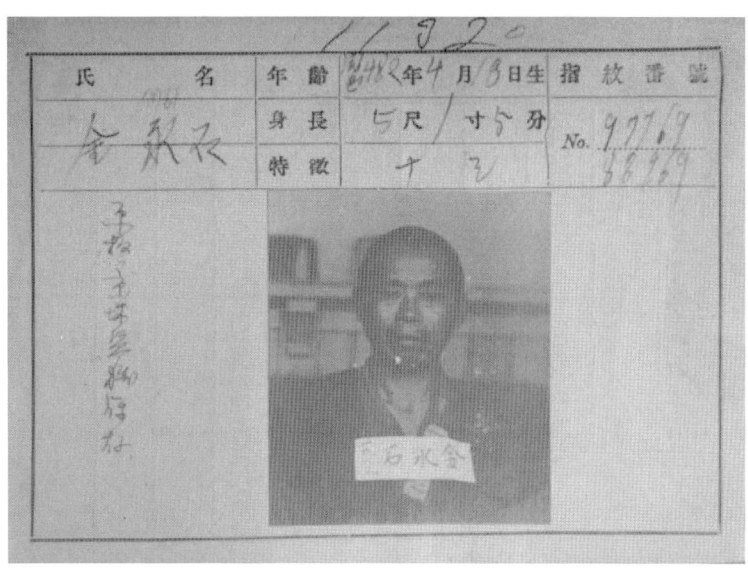

김영석

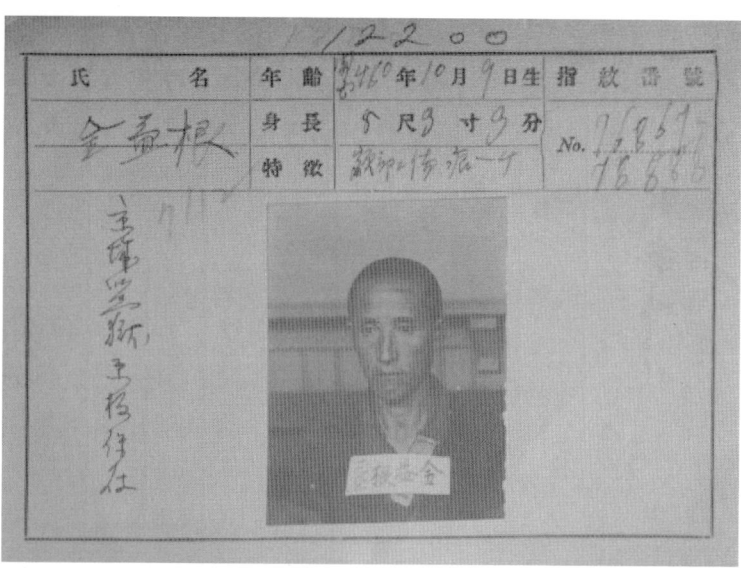

김익근

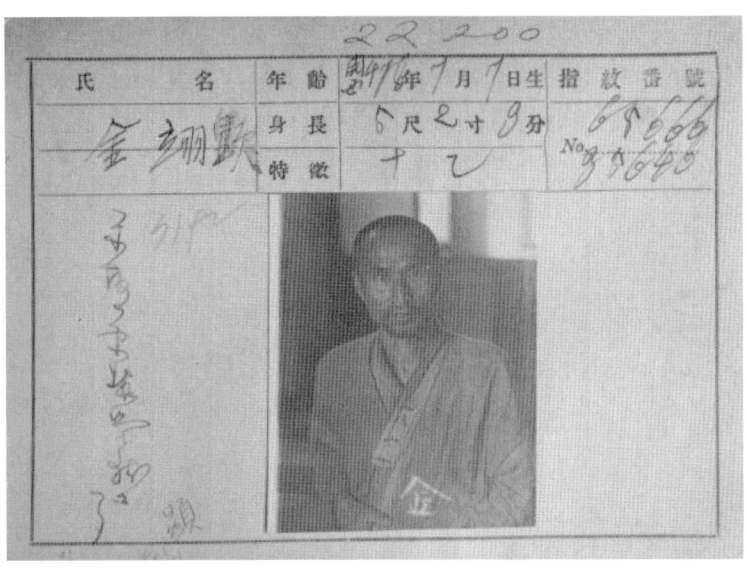

김익현

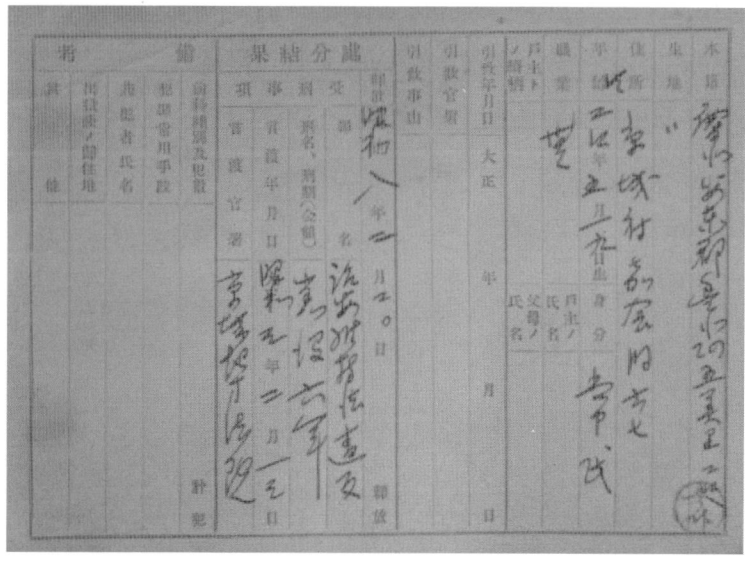

김재봉

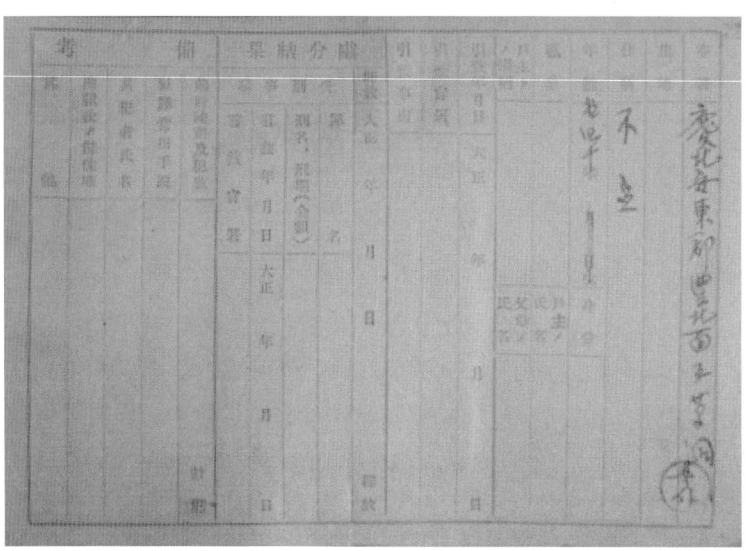

김지섭

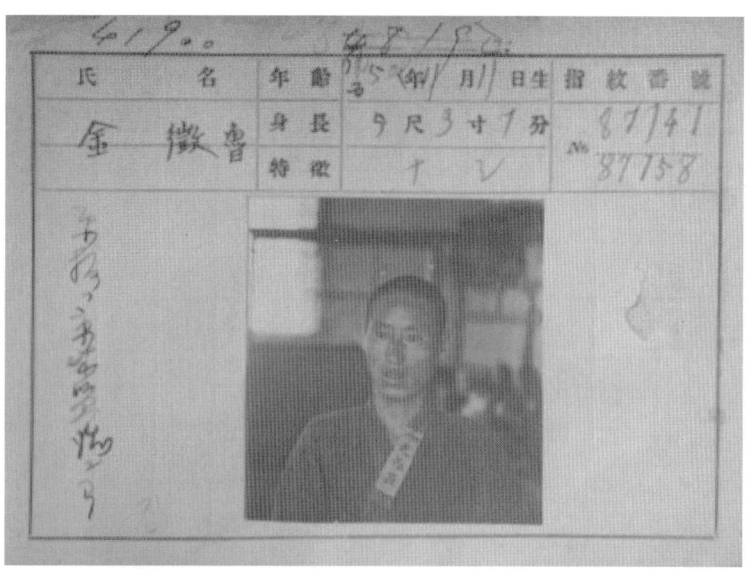

김징로

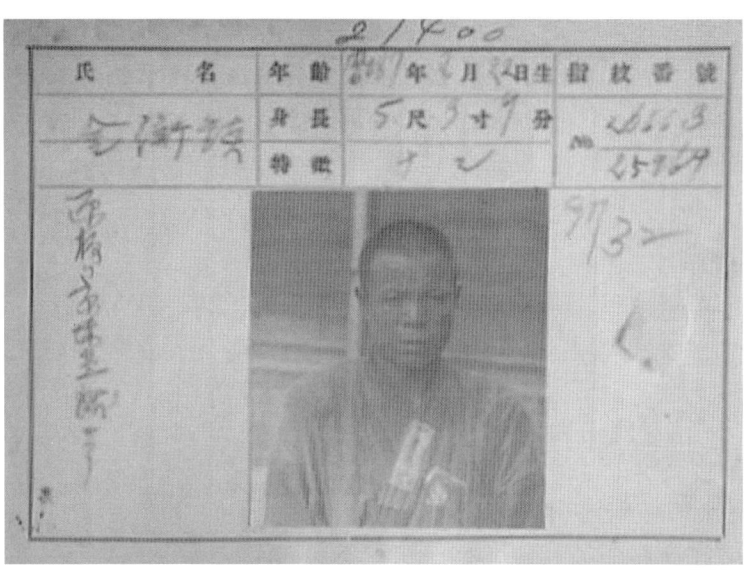

김형진

류연화

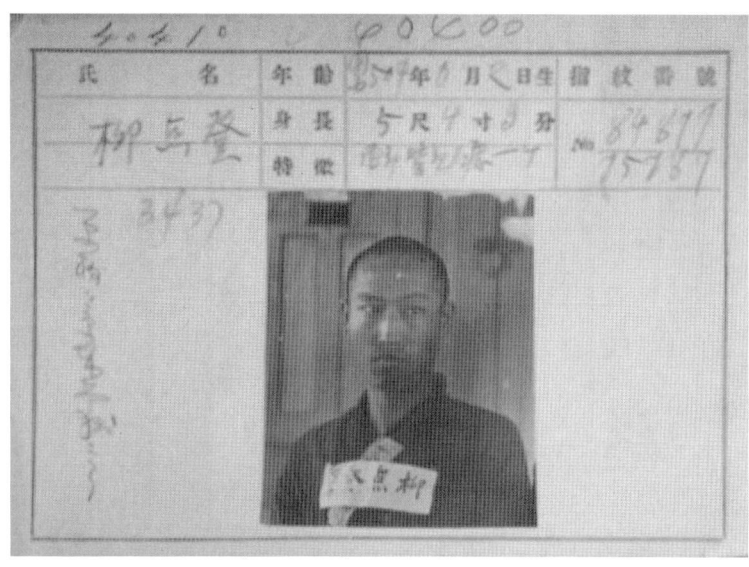

류점등

부록(신원카드)

류화영(류림)

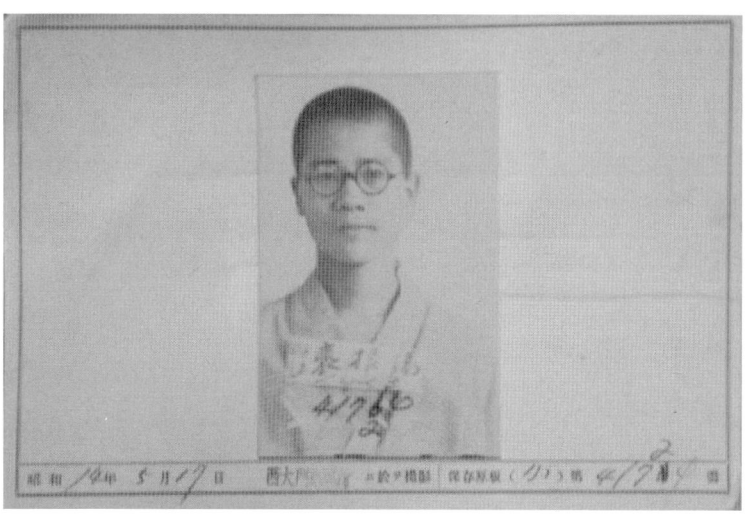

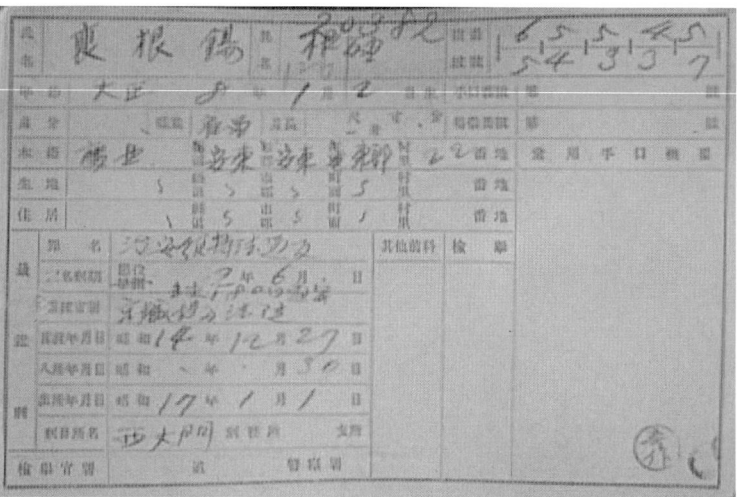

배근석

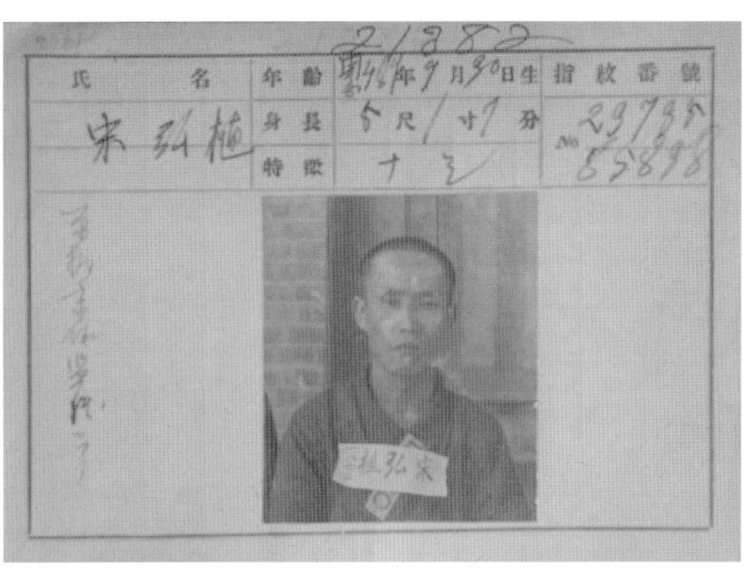

송홍식

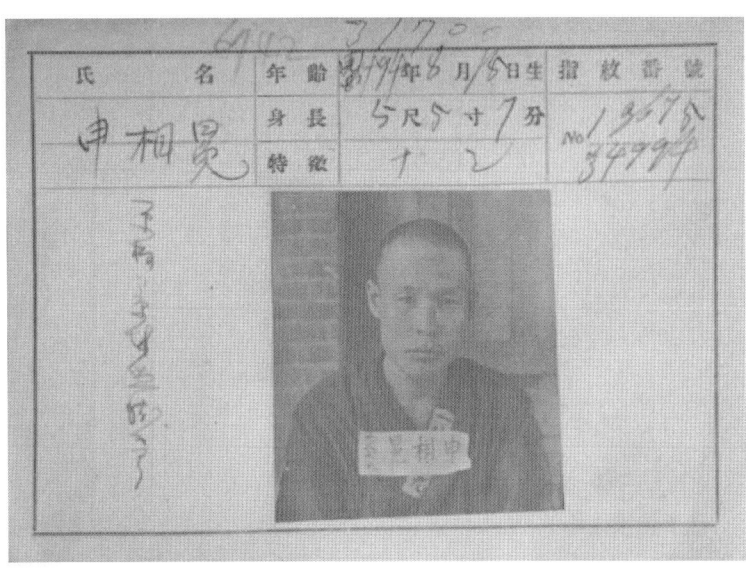

신상면

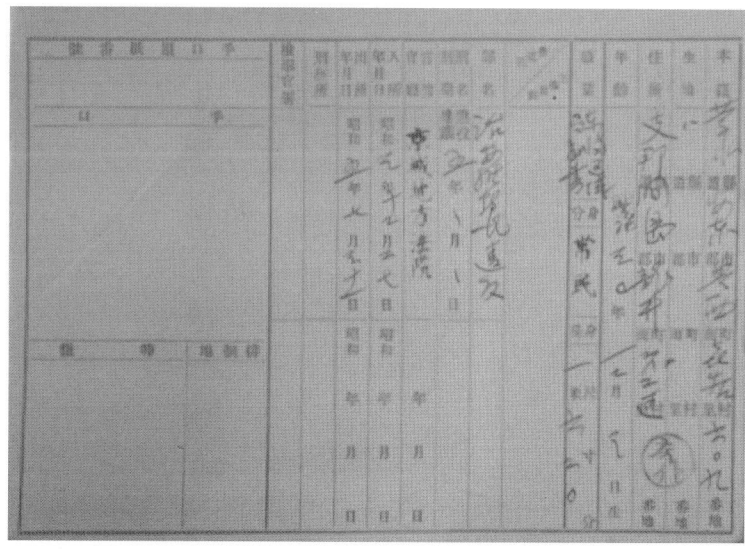

안기성

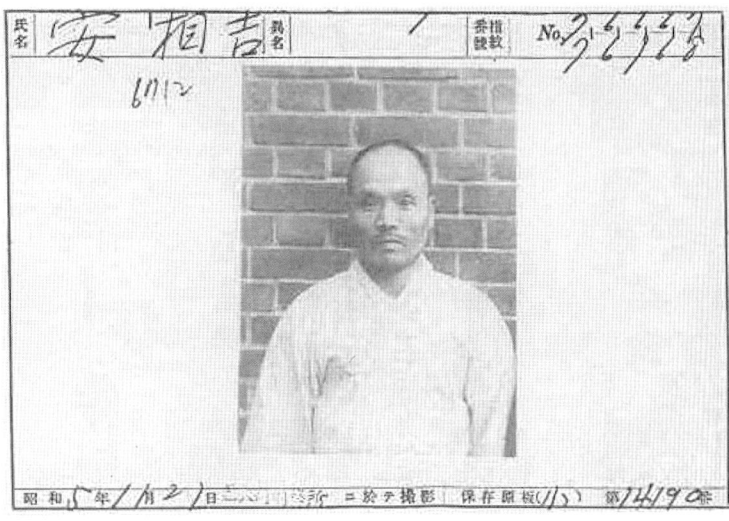

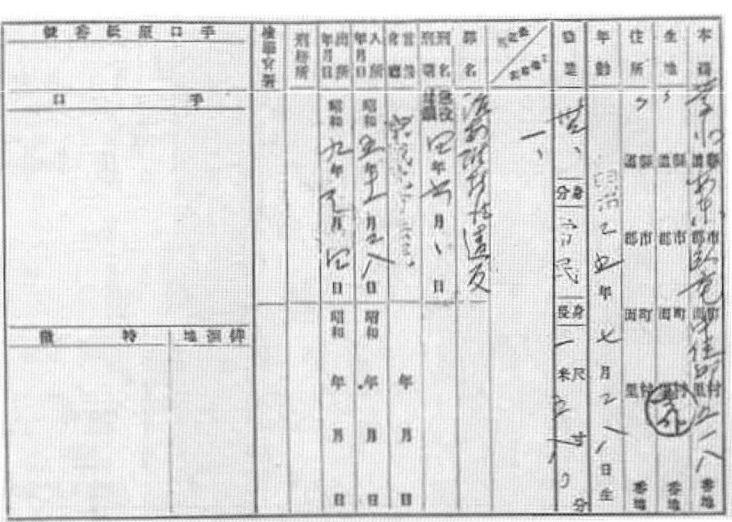

안상길

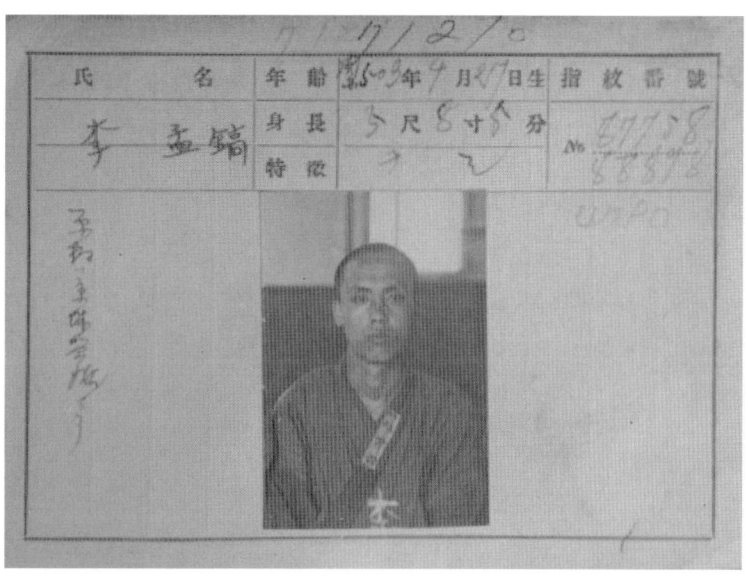

이맹호

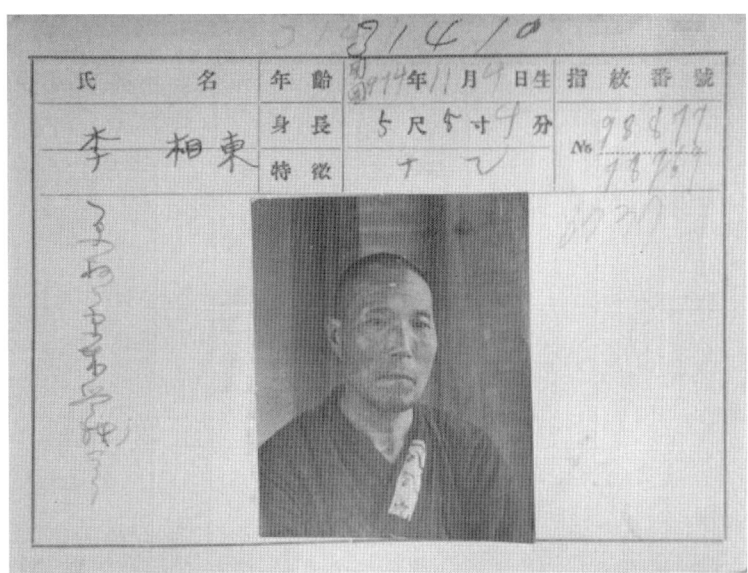

이상동

부록(신원카드) 473

이성철

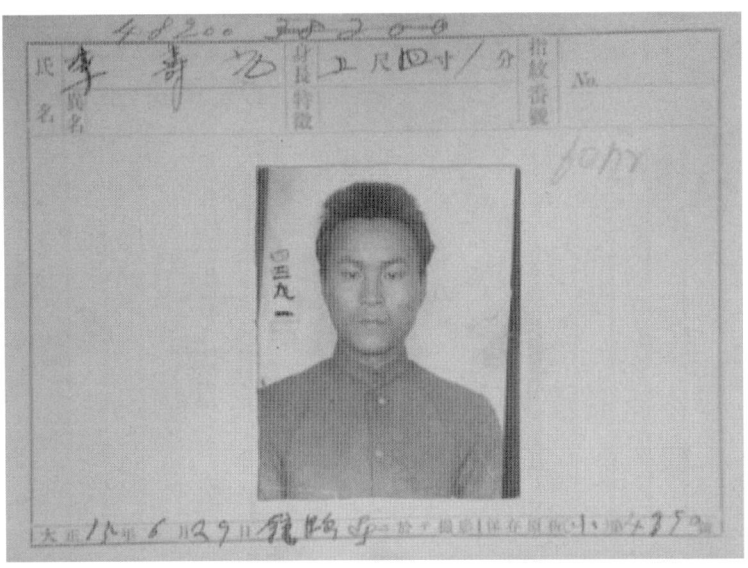

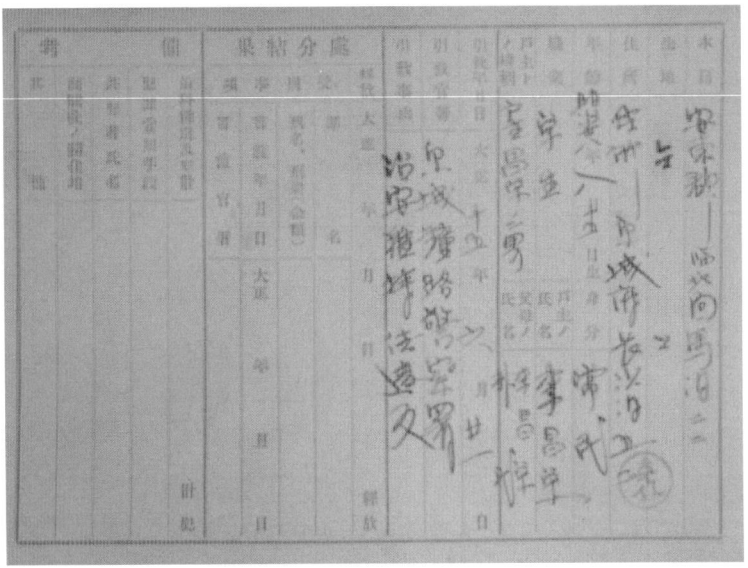

이수원

부록(신원카드) 475

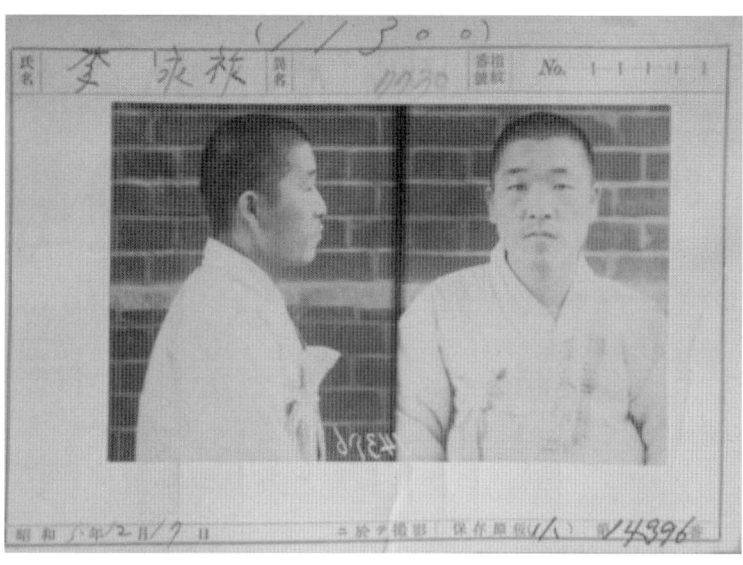

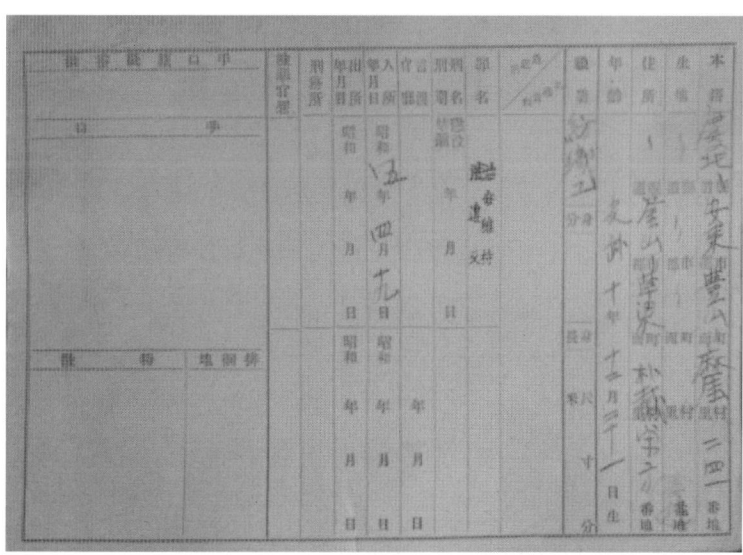

이영조

이운형

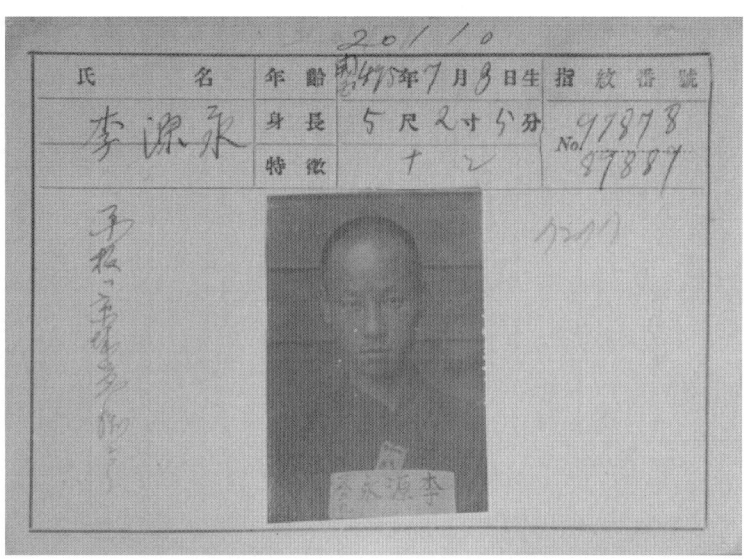

이원영

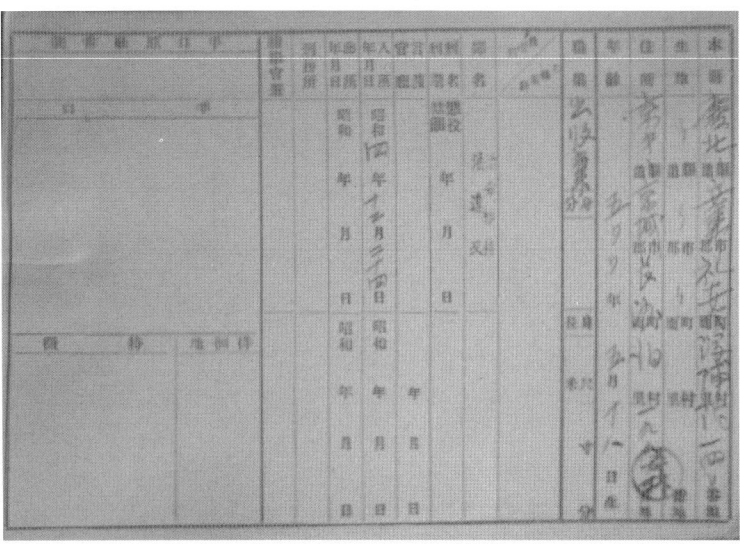

이원혁

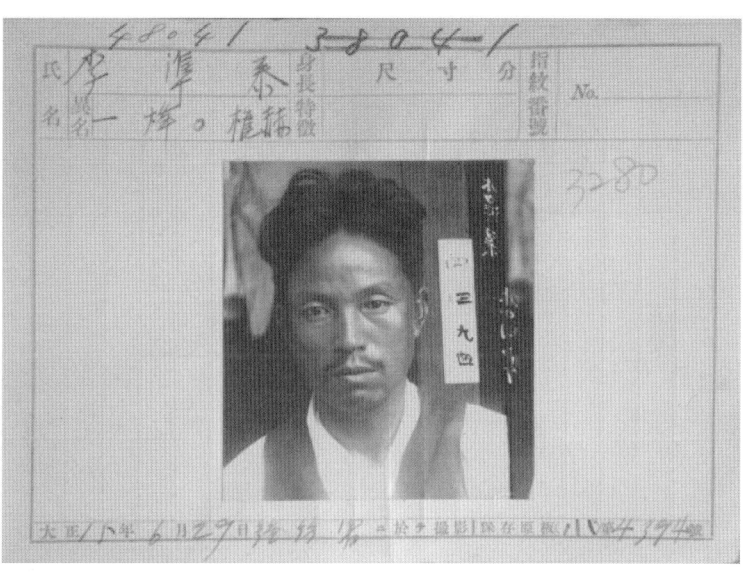

이준태

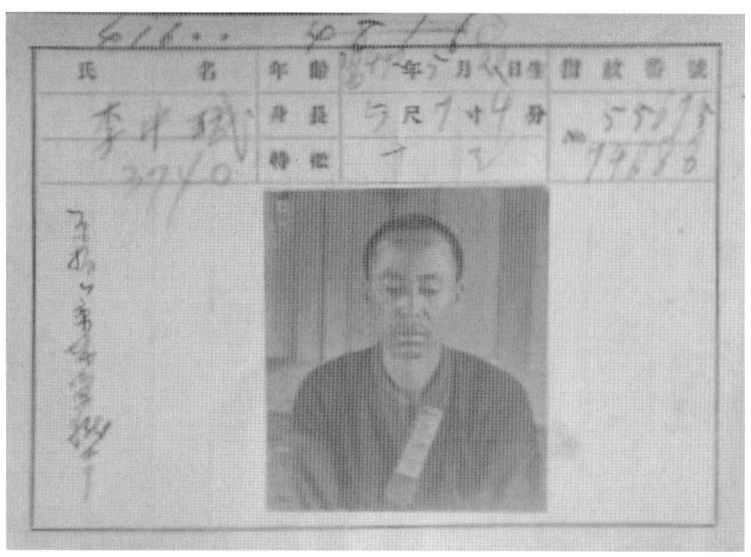

이중무

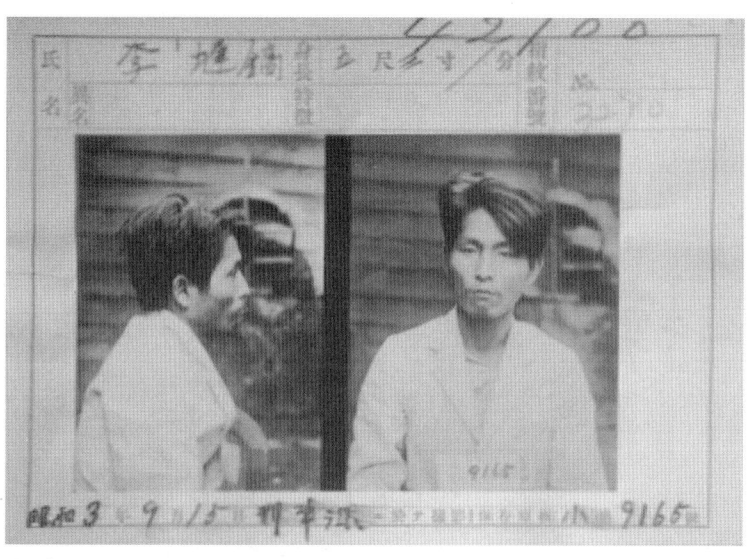

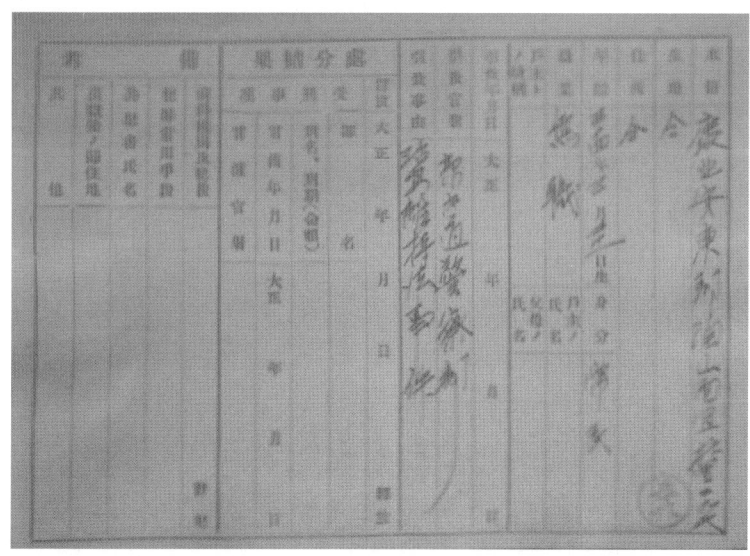

이지호

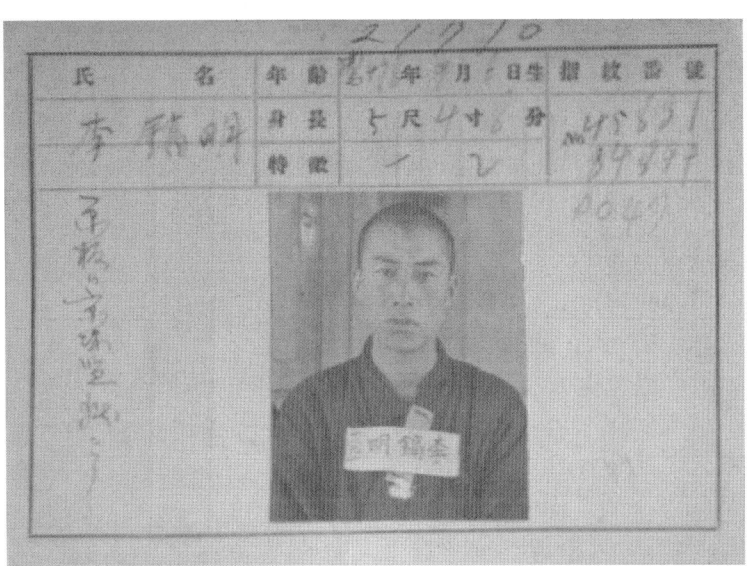

이호명

부록(신원카드)   483

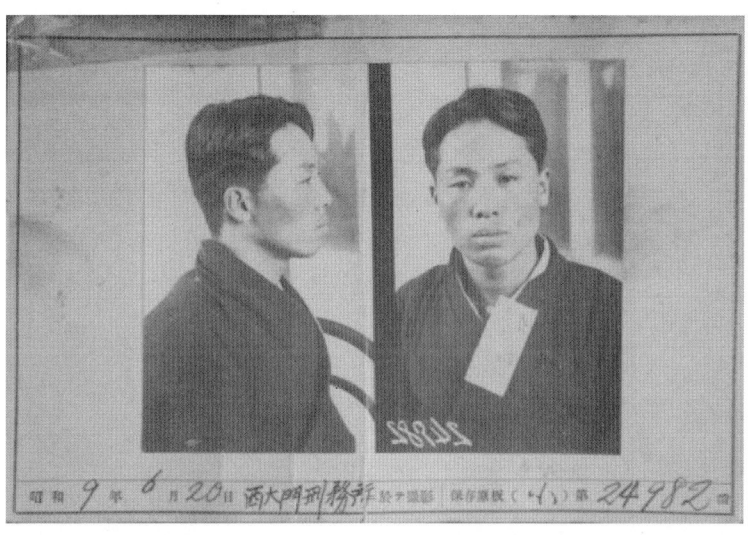

이활(이육사)

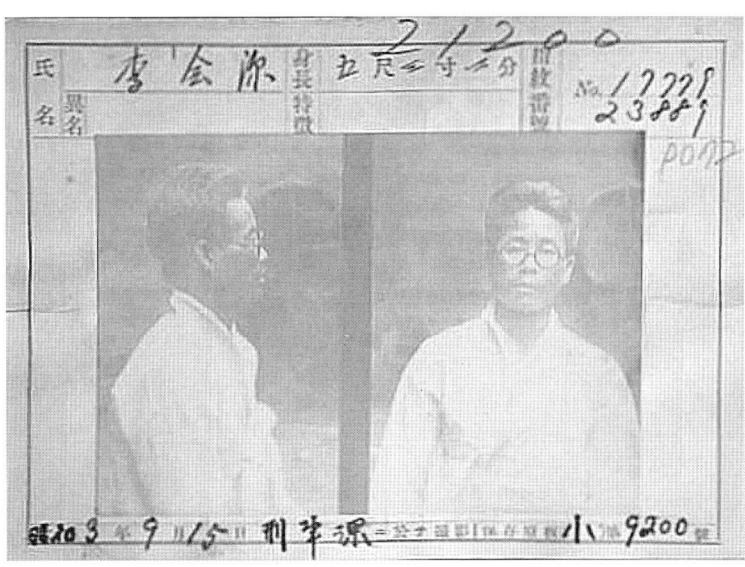

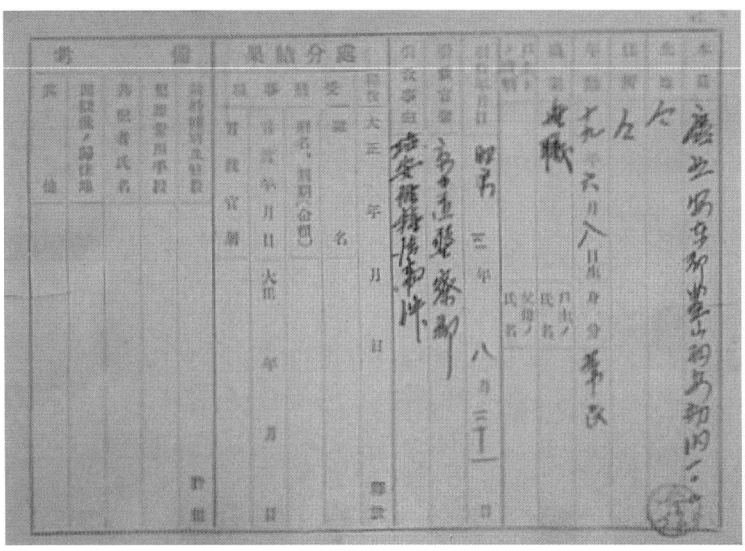

이회원

임득연

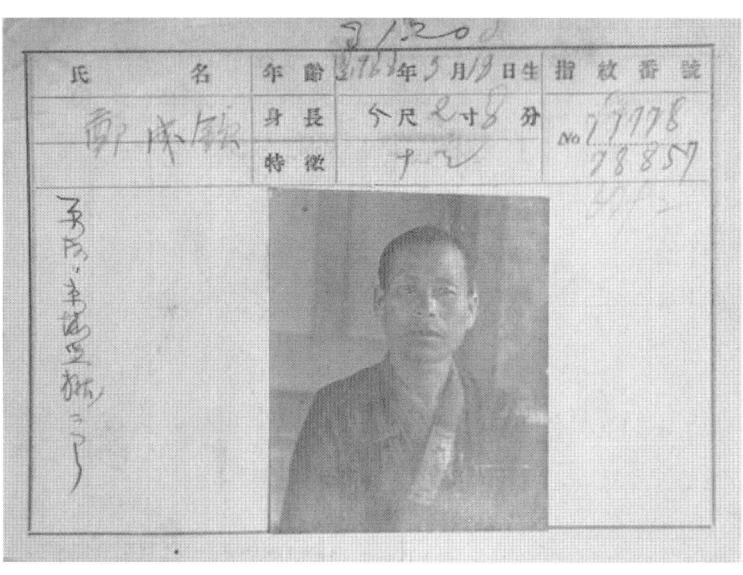

정성흠

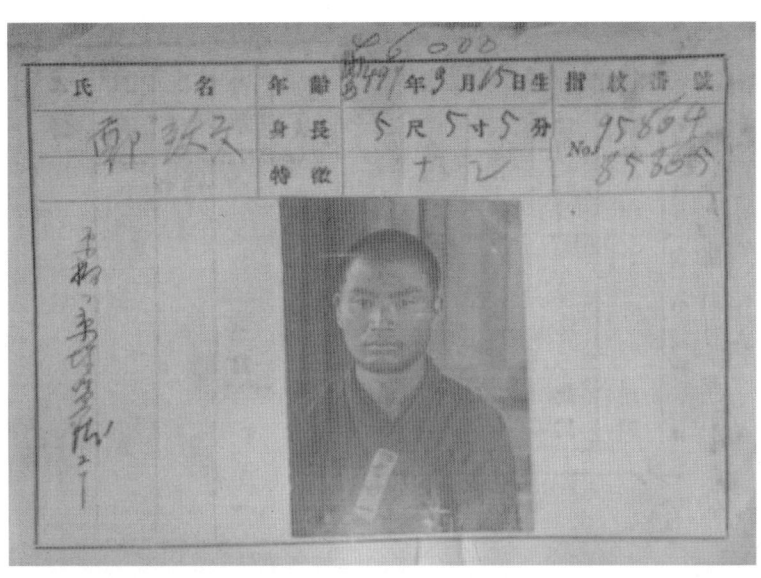

정치문

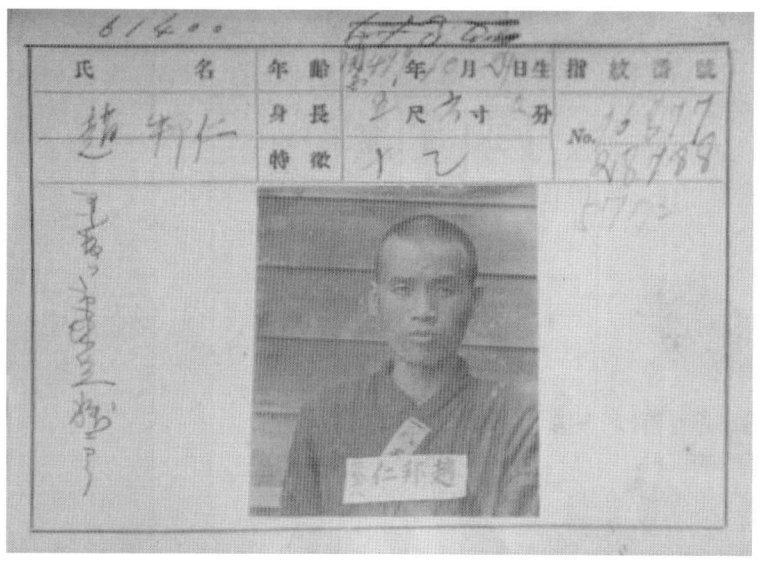

조방인

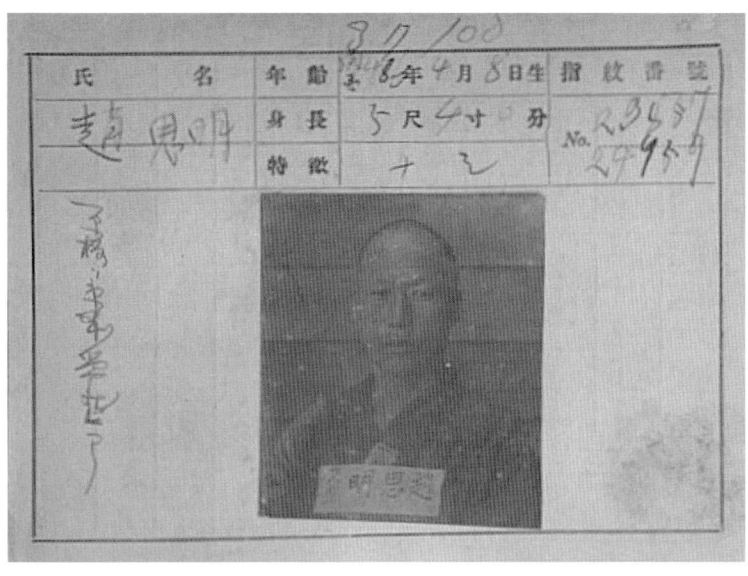

조사명

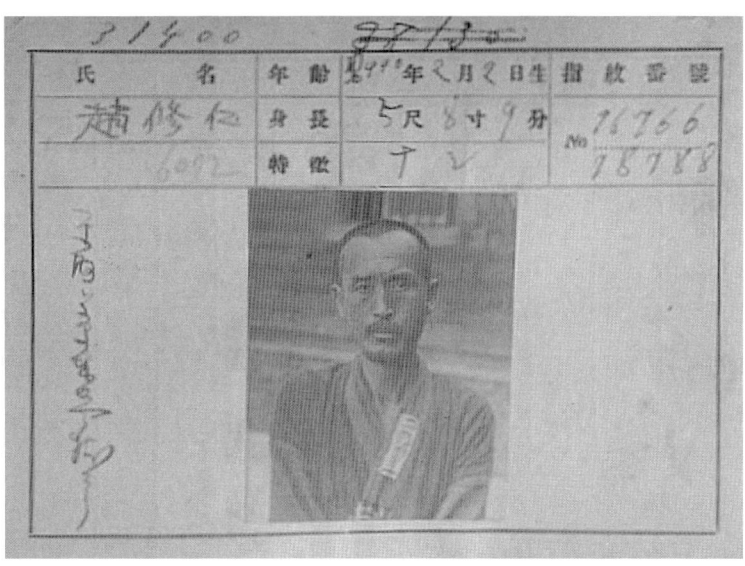

조수인